同济大学本科教材出版基金资助

Comparative Political Institutions

比较政治制度

(第4版)

徐　红　赵萍丽　杨士忠　编著

同济大学出版社
TONGJI UNIVERSITY PRESS
·上海·

图书在版编目(CIP)数据

比较政治制度 / 徐红，赵萍丽，杨士忠编著. —4版. —上海：同济大学出版社，2022.12
ISBN 978-7-5765-0456-9

Ⅰ. ①比… Ⅱ. ①徐… ②赵… ③杨… Ⅲ. ①政治制度-对比研究-世界 Ⅳ. ①D521

中国版本图书馆 CIP 数据核字(2022)第 208190 号

比较政治制度(第 4 版)

徐 红 赵萍丽 杨士忠 编著

出品人 金英伟 责任编辑 丁国生 责任校对 徐春莲 封面设计 张 微

出版发行 同济大学出版社 www.tongjipress.com.cn
(地址:上海市四平路 1239 号 邮编: 200092 电话:021-65985622)
经 销 全国各地新华书店、网络书店
排版制作 南京展望文化发展有限公司
印 刷 常熟市大宏印刷有限公司
开 本 787 mm×1092 mm 1/16
印 张 18.5
字 数 462 000
版 次 2022 年 12 月第 4 版
印 次 2022 年 12 月第 1 次印刷
书 号 ISBN 978-7-5765-0456-9

定 价 58.00 元

前　言

对于伴随着信息社会和互联网的蓬勃发展、在经济全球化浪潮中成长起来的年轻人来说，学习和了解当今世界各国的政治、经济和文化状况，懂得以全球化的视野看待我们所处的自然和社会环境是一项基本的素质要求。“比较政治制度”这门课程，就是本着让更多大学生认识和了解西方国家政治制度而开设的。对于政治学和行政学专业的学生来说，通过学习，对西方各国政治制度的基本状况有所了解，学会分析比较这些国家政治制度的基本结构和运行机制，有助于真正理解各国国情对政治体制产生的重要影响，对进一步拓展国际视野，深入进行比较政治学和比较政府体制的学习和研究有着极为重要的作用。对于非上述专业的学生来说，学习一些政治制度方面的知识，对西方主要发达国家的宪法制度、国家元首制度、议会制度、政府制度、政党制度、选举制度等有所了解，学着探讨各国政治制度的共性和各具特色的个性，能够逐渐培养起对政治学和国际政治的兴趣，从而确立起一种以崭新的国际视野看待人类现实生活的自觉意识。

世界各国形态各异的政治制度，是与各国不同的国情密切相关的，通过对各种政治制度的分析和比较，我们可以对中国的国情有更加深刻的认识，更加清楚地意识到走中国特色社会主义道路的历史必然性。同时，通过学习，我们也能清楚地认识到，西方国家的政治制度是现代西方文明的重要组成部分，我们应该以科学的态度去分析和看待西方国家政府处理其政治、经济和社会事务的各种政策以及法律法规的制订与实施过程，认识到各国现行政体的确立都经过了漫长的历史发展过程，都带有鲜明的本国特色，都是人类制度文明的重要结晶。我们在学习和研究的过程中应该注意思考和探讨西方国家政治制度中蕴含的那些具有人类制度文明价值的有效管理模式和治理模式，从而更好地为我国的改革开放事业服务，为实现中华民族的伟大复兴服务！

2004 年 3 月，我结合自己在同济大学多年讲授“比较政治制度”课程时汇集的各种资料和讲义，编著出版了本书的第 1 版，作为本科生和专科生的教材，内容比较简练，但切合学生实际需要进行教学，得到很多学生的认可。2009 年 9 月，在同济大学出版社的大力支持下，我们在第 1 版的基础上修改了全书的框架结构，增补了最新的数据和资料，增加了一些历史图片和照片，并为每章补充了案例分析，使本书的第 2 版更加贴近大学生的实际需求，使他们能够直观地掌握比较政治制度的基础知识，因此出版后深受高校师生欢迎，多次印刷。2015 年 8 月，由于本书的一些资料和数据已不再适应变化了的各国政治制度的实际状况，在同济大学出版社的督促下，我们三位作者着手在第 2 版的基础上对本书进行补充和修订，增添了许多新的数据和图片，大大增强了本书的理论色彩和实际运用性。《比较政治制度》(第 3 版)出版后，受到了广大高校师生的欢迎，因为全书的结构安排非常适合本科教学需要，形式生动，内容丰富，得到读者广泛肯定，因此一再加印，至2020年9月已基本脱销。同济大学出版社的张智中老师作为本书第1版至第3版的责任编辑，主动提出为本书再出新版，我们三位作者感到莫大的鼓舞，从2020年10月起着手进行第4版的修订，在2021年上半年基本完成初稿。但由于疫情影响，后续的修订工作时断时续，特别是2022年上半年上海市面临严峻的抗疫形势，使三位作者无法集中精力于书稿的修改，第4版的最后定稿工作一直没有完成。感谢同济大学出版社张莉老师的及时督促和大力支持，由于张智中老师已退休，她特地推荐在哲学社会科学领域非常有经验的丁国生老师担任本书第4版的编辑。在丁老师的帮助和督促下，本书终于完成了定稿，即将于2022年年底出版，在此，我们诚挚地感谢为本书出版付出心血的各位同济大学出版社领导和老师。

与第3版相比，本书的基本结构没有大的改动，但内容和数据资料等得到了大幅度的更新。赵萍丽负责修改和撰写第一、第三和第六章，并和我一起更新整理了参考书目；杨士忠负责修改和撰写第四、第五章并为本书补充了其多年来在本课程教学过程中积累的大量生动的案例；我负责安排写作的整体框架并撰写引论和第二、第七、第八、第九、第十章，并对全书进行统稿。我的研究生程风、周嘉豪、孟令航和热依汗古丽等也参与了本书的资料收集和部分撰写工作。可以说，《比较政治制度》(第4版)是我们共同努力的结晶。因为水平所限，加上编著时间拖得较长，书中难免有不少疏漏和不当之处，恳请各位读者多加批评指正。

在本书出版之际，我要感谢我的导师、曾任复旦大学国际关系与公共事务学院首席教授、比较政治制度资深研究专家、博士生导师曹沛霖教授，因为本书中相当部分的内容得自于他在比较政治制度领域的研究成果，没有他多年来在该领域中对我的帮助和指点，写成本书是不可想象的。我也要感谢母校复旦大学国际关系和公共事务学院的诸位师长对我的教育和培养，尤其是陈明明教授和唐亚林教授，作为师兄给了我在比较政治制度研究领域很多的指点。当然，我还要感谢同济大学政治与国际关系学院的各位领导和老师，没有你们的关心和支持，也不可能有这部书稿的完成。最后，我要真诚地感谢同济大学出版社的丁国生老师，正是他的热情支持和时时督促，才有了本书新版的诞生，在此致以衷心的谢意。

徐　红

2022年10月于同济校园

目　录

引　论

比较政治制度是一门运用比较研究的方法，对西方国家的政治制度和政府运作机制进行综合分析和研究的课程，研究领域涉及西方国家的宪法制度和国家机构体系，探讨国家元首、立法机关、行政机关、司法机关、政党组织等政治实体的组成和运作规律，并比较各国相关制度之间的差异。该课程的研究范围涉及西方主要发达国家如美、英、法、德、日、俄等国，分专题展开论述的方式有助于大家对西方国家的政治制度和政府行为形成一个整体性的全景式的了解。

在开始学习这门课程时，首先应该搞清楚三个问题：第一，什么是政治？第二，什么是制度？第三，什么是政治制度？

一、何谓政治

在中国古代，儒家对政治的阐释来自孔子的一句名言：“政者，正也。子帅以正，孰敢不正？”（《论语·颜渊》）他强调修己治人，为政以德；政治就是教导、指正的意思，因此，传统中国政治观具有人治训导、统治教化的倾向。

孔子

图片来源：百度百科，https://baike.baidu.com/pic/孔子/1584/1/50da81cb39dbb6fdecf5cad20a24ab18962b3793?fr=lemma&fromModule=lemma_top-image&ct=single#aid=1&pic=50da81cb39dbb6fdecf5cad20a24ab18962b3793

在西方，“政治”（politics）一词源于古希腊语中的“城堡或城邦”（polis），意谓以城邦为中心的公共领域的生活；古希腊著名哲学家亚里士多德曾提出一个著名的命题：“人是天生的政治动物。”人们常常误解他的意思，以为他指的是人生来就是要搞政治的，其实不然。众所周知，古希腊的政治一词从一开始就与人类的伦理目标相关联，从亚里士多德的原意来看，人类如果仅仅生活在他们的私人领域中，是无法追求道德至善的，一个人只有积极地投身于城邦的公共领域活动中，不断与他人交往，为城邦的公共事务做出努力，才能获得有意义的生活并追求道德的至善。因此，人类的本性是倾向于公共生活的，城邦的公共领域为人类这一“政治动物”提供了伦理化理想生活的广阔舞台。

伟大的民族英雄、伟大的爱国主义者、中国民主革命的伟大先驱孙中山先生曾经说过：“政，就是众人之事，治，就是管理，管理众人之事，就是政治。”他用浅显易懂的话语深刻点明了政治在当今社会中的重要内涵。只要有人群的存在，就需要过共同的生活，人类政治生活的开端，就是出于对共同的社会生活实行有序管理的迫切需求。

拉斐尔名画《雅典学派》中的
柏拉图与亚里士多德

图片来源："聚好画"网站，https://m.juhaohua.com/art/34952.html

孙中山

图片来源：中华人民共和国中央人民政府网站，http://www.gov.cn/govweb/lssdjt/content_1501294.htm

从伦理政治学的角度来看，政治的目的是鼓励人们弃恶从善，追求理想的生活，建立完美的秩序。

政治学是一种理解和治理社会事务的方法，它和经济学（研究物质关系）、社会学（研究社会关系）、地理学（研究空间范围）、历史学（研究时间维度）等学科一样，是以研究人类社会的权力关系为主要内容的。正如经济学研究有两个重要的前提一样，政治学研究的两大前提是：第一，政治资源（权力和利益）是稀缺的；第二，人的欲望是无止境的。如何有效地利用这些稀缺的政治资源来满足人类无止境的欲望，就是政治学所要研究的问题。

二、何谓制度

制度是新制度主义的核心概念，也是制度分析方法的理论基石和逻辑起点。制度（institution）的中心含义是从拉丁语动词 instituere（创立或建立）派生而来的，它表明一种已确定的活动形式，或者结构的结合。① 根据《韦氏大词典》第三版的解释，"制度"一般是在以下三种意义上使用的：一是诸如遗产继承等人为制定的行为方式；二是像法律等用来指导人们行为的规则体系；三是诸如风俗、习惯等反映人们的基本需要、行为和价值观念等文化生活中的具有重要意义的主导性规则。②

美国著名制度经济学家、诺贝尔奖获得者诺思认为："制度是一个社会的游戏规则，更规范地说，它们是为决定人们的相互关系而人为设定的一些制约。"③他还指出："制度提供了人类相互

① 薛晓源、陈家刚：《全球化与新制度主义》，社会科学文献出版社 2004 年版，第 8 页。
② *Webster's Third New International Dictionary*, G. C. Merriam Co, 1976, p.1171.
③ 道格拉斯·诺思：《制度、制度变迁与经济绩效》，上海三联书店 1994 年版，第 3 页。

影响的框架，它们建立了构成一个社会，或更确切地说一种经济秩序的合作与竞争关系。”①根据诺思对制度所下的定义，我们可以推论出，新制度主义把“制度”理解为一系列包括正式约束（经济规则）和非正式约束（道德规范、风俗习惯）的社会的“博弈规则”。所谓博弈就是选择，正式的和非正式的制度通过影响个人选择而对一国的经济绩效发生积极作用。一般而言，正式制度是由特定的人或集团为实现某种秩序和目的共同制定的行为规范形式，它的实施是靠某种外在的强制力量并按照某种固定的方式来实现的；非正式制度主要表现为人们的习惯性行为、习俗、信仰和人们对一定意义上心理趋同感的默认，从其产生的意义上讲，非正式制度具有自发性，很难确定这种制度确定的主体；从其实施的方式上讲，非正式制度主要是依靠社会舆论和人们的自发性倾向来实现的。② 从这个角度来看，新制度主义所研究的制度，就是与人的经济活动相关的规则，它既包括直接的市场制度，也包括与市场制度相关的法律制度和政治制度等。③

英国政治学家布赖斯（James Bryce）曾经说过，制度能够帮助人作良善的思想，有智慧的合作，让人有自制的能力，养成一种坚定的我们所谓的政治气质；“稳健”“守法”，对于一切争论都用和平的方法来解决，而不愿诉之于武力。④ 可见，人类所创立的良好的制度能够使人类良善的倾向更多地发展，对有害的倾向则加以防止，这是制度造福于人类的重要表征。

三、何谓政治制度

所谓政治制度（political institution），是指组织和安排政治生活、规范人们政治行为的规则。政治制度是人类通过漫长的发展历史所创造出来的制度文明的重要组成部分。文明的概念来自文化，所谓文化（culture）源于“耕作”一词，本意是指人类创造出来的自然界（nature）所没有的一切。最广义的文化概念是指人类在历史上所创造的一切物质文化、精神文化和制度文化的总和。文化的成果称为文明（civilization），包括物质文明、精神文明和制度文明三大领域，因此制度文明可以定义为人类创造的一切有关制度的文化的总和。从历史角度看，人类创造的制度文明极为灿烂，如中国古人所创立的礼治、法治、德治、科举制、中央集权制等，西方历史上所创立的政教合一制、立宪君主制、民主制、分权制、陪审制、联邦制等，都是人类为了更好地组织政治生活、维护社会秩序所进行的重要尝试，在特定的社会阶段或在一个相当长的时期，对人类的政治生活发挥着极为重要的影响，甚至影响着人类社会前进的方向。

从理论的视角分析，政治制度是规范人类政治生活的规则体系，主要涉及政治权力如何分配以及社会秩序如何维护等问题。政治制度同样由正式规则和非正式规则构成：非正式规则是由长期而稳定的政治经验演化而成的政治行为规范，具体体现为政治生活中的“惯例”“习俗”“价值”和“文化”；正式规则是由公共权威机构或其委托代理的机构设计和确立的，依靠国家强制力强力实施的具有普遍约束力的明确的政治行为规范。政治制度的确立为人类社会维护政治生活秩序、保障政治权利和政治利益分配、推进政治发展奠定了极为重要的基础。

从学术概念看，所谓政治制度，是指组织和安排政治生活、规范人们政治行为的规则。它与一国的社会性质相适应，以规范国家政权机构及其行为的规则为主要内容，同时也包含那些

① 道格拉斯·诺思：《经济史中的结构与变迁》，上海三联书店，上海人民出版社 1994 年版，第 225 页。
② 李松玉：《制度权威研究：制度规范与社会秩序》，社会科学文献出版社 2005 年版，第 35－37 页。
③ 程虹：《制度变迁的周期》，人民出版社 2000 年版，第 10 页。
④ 詹姆斯·布赖斯：《现代民治政体（上）》，吉林人民出版社 2011 年版，第 8 页。

不是国家政权但又与国家政权密切相关的其他政治实体行为的规则。法国政治学家莫瑞斯·迪韦尔热(Maurice Duverger)给政治制度下的定义是政府机构的总和,是包含有政党制度、选举方式、决策模式和压力集团的混合体,从广义上讲,可以把一个有统治者与被统治者之分的特定社会团体的形式称作政治制度。美国政治学家加布里埃尔·阿尔蒙德(Gabriel A. Almond)则认为,政治制度是负责维持社会秩序或改变这种秩序的合法制度。马克思主义学说认为,政治制度的基本含义是指统治阶级为实现其阶级统治而采取的统治方式和方法的总和,它包括国家政权的阶级实质、国家政权的组织形式、国家的结构形式、国家机关的体系和为保证国家机器正常运转而采取的一系列具体制度。在《中国大百科全书·政治学卷》中,比较政治制度的研究内容包括:各国政治制度的模式、政治形式,一些主要国家的政治制度史和现行政府体制、政党制度、政治过程、政治文化、精英人物,一些国家特别是第三世界国家的政治发展、政治稳定、政治变迁及其各种模式以及地区研究和国家研究等。

搞清楚上述三个问题,我们就能开始对比较政治制度的学习和研究了。

第一章　比较政治制度：研究对象与研究方法

在这一章中，主要讲述政治制度这门课程所涉及的基本概念和研究方法。比较政治制度是政治学和比较政治学研究领域的重要组成部分，了解其基本研究对象，掌握西方国家的政治统治原则、国家政权的组织形式和管理形式、统治者和管理者的行为准则等内容，可以对政治制度的总体内涵有更加清楚的认识。同时，本章通过介绍当代西方学者研究政治制度的方法，吸收学者们长期积累下来的有效研究经验，加深对马克思主义政治学理论和方法论的理解，改进我们传统的研究方法，开创东西方政治制度比较研究的新模式。

第一节　比较政治制度的研究对象和研究目的

一、比较政治制度的研究对象

根据政治制度的基本内涵，本书把比较政治制度的研究对象主要分为以下几项内容。

1. 国家政权的根本性质

国家政权的根本性质，也就是通常所说的国体问题，其重点是研究哪个阶级在国家政权中占统治地位。换句话说，就是研究一个国家中谁统治谁的问题。从国家的历史类型来看，奴隶制国家即奴隶主阶级占统治地位的国家，封建制国家即地主阶级占统治地位的国家，资本主义国家即资产阶级占统治地位的国家，社会主义国家即工人阶级和劳动群众占统治地位的国家。这些都是说的国体。从马克思主义政治学的角度来说，研究一个国家的政治制度首先要研究其国家政权的本质，弄清它是由哪个阶级统治管理的国家。

2. 国家政权的组织形式

国家政权的组织形式，就是通常所说的政体问题。主要研究统治阶级采取何种形式组织自己的政权机关，因为没有按照一定形式组织起来的政权机关，统治阶级就不可能对国家进行有效的统治和管理。因此，所谓国家政权的组织形式就是指国家中占统治地位的阶级，按照本阶级统治的需要，根据一定的原则设立国家权力机构，规定这些机构之间的权力关系，并确定这些机构的工作人员的产生方法。[1] 国家政权的组织形式是政治制度的重要内容，研究一个国家的政治制度，主要是研究国家政权的组织形式。

---

① 王邦佐等：《新政治学概要》，复旦大学出版社 1998 年版，第 86 页。

在人类历史上，曾存在过种类繁多的政体形式，许多政治思想家研究过政体的分类，归纳起来大致有两种：一种三分法，它最早由古希腊政治思想家亚里士多德创立，他按执政者人数的多寡把城邦国家分为王制（君主）政体、贵族（贤能）政体和共和政体三种，这三种政体又有三种相应的变态政体，即僭主政体、寡头政体和平民政体；后来，孟德斯鸠、洛克、霍布斯和布丹等人也提出了类似的政体三分法。另一种是二分法，有两种表示，一是把政体分为君主政体（monarchic）和共和政体（republic）两大类；二是把所有政体分为民主制（democracy）和专制制（autocracy）两大类。

3. 国家结构形式

国家结构形式是指国家整体与部分之间相互关系的形式，重点研究的是中央政权机关与地方政权机关之间的关系，其中心问题是中央与地方的权限划分问题，体现的是国家权力的纵向结构（配置）。任何国家在建国以后，都需要按照一定的原则和形式组织各地区的居民，把中央机关和地方机关联系起来。尤其是多民族国家，更要很好地构架整体与部分的关系，以利于民族问题的解决，以利于政权的稳固。所以，国家结构形式也是政治制度的重要内容，研究政治制度，也必须要研究这方面的内容。

国家结构形式主要分为单一制和复合制两种类型。单一制是指由若干行政区域构成单一主权国家的国家结构形式，按照中央权力机关和地方权力机关的相互关系以及权力的集中程度，单一制国家又可分为中央集权型和地方分权型两大类；复合制是指由若干个具有较大自主性的政治实体联合组成各种联盟的国家结构形式，它又分为联邦和邦联等几种形式。①

4. 国家机关体系

国家机关体系，主要是指统治阶级为行使国家权力而设立的整个国家机关的总称。一般说来，国家机关可以划分为立法机关、行政机关、司法机关等。立法机关是行使国家立法权的机关，西方国家宪法通常规定议会、国会、议院等为国家的立法机关，有一院制和两院制两种形式。行政机关是行使国家行政权力的机关，它负责执行立法机关制定的法律和决定，管理国家内政、外交、军事等方面的行政事务，西方国家的行政机关有内阁制、总统制、委员会制等形式，有的行政机关对立法机关负责，有的不直接对立法机关负责。司法机关通常是指行使国家审判权和检察权的机关。在大多数西方国家，司法机关与立法机关、行政机关互不从属。各国法院组织系统不同，但主要职能都是行使司法审判权，行使对诉讼案件的处理权。国家机关作为国家的正式组织，是政府职能与活动的载体，合理的、有效的国家机关是统治阶级有效行使政治权力的重要保证，它体现了一个国家政治制度的具体运转模式。因此，研究政治制度，必须要研究该国的国家机关体系及其政府机关的运行管理模式。

5. 其他具体的政治制度

这主要是指为保证国家机器正常运转和国家政治生活有序进行而规定的一系列具体的制

① 有学者认为国家结构形式只有单一制和联邦制两大类。其理由是邦联并不是真正意义上的国家，只是一种松散的国家联盟，如果把它归为国家结构形式的一种类型，那么就从根本上背离了有关国家结构的定义。因此，邦联更适合归入国家组织的范畴（见浦兴祖主编：《中华人民共和国政治制度》，上海人民出版社 1999 年版，第 585 页）。从这个理由出发来看，历史上出现过的君合国与政合国当然也不应归为国家结构形式的类型了。

度、机构及其运行规程，如选举制度、公务员制度、政党制度等。这些制度不包括在国体、政体和国家结构的范围之内，但它们都是政治制度的重要内容，在一国政治体系的运转中发挥着不可缺少的重要作用。因此，研究政治制度也必须要研究这些具体制度。

二、比较政治制度的研究范围

比较政治制度的研究范围，是指除中国以外的所有其他国家政治制度。目前世界上共有200多个国家和地区，截至2021年年底，全世界共有197个主权国家，其中有193个国家是联合国的成员国，这些国家的政治制度是极其复杂的。以政体为例来看，发达国家基本的政体模式有君主立宪制和民主共和制两大类，君主立宪制中又有二元君主立宪制和议会君主立宪制之分；民主共和制中又有议会共和制、总统共和制和委员会共和制之分。在发展中国家，除了发达国家所有的政体类型它们都具有以外，还有绝对君主制和军人独裁制、党政合一制和政教合一制等。至于具体政治制度更是五光十色、千差万别。政治制度之所以如此纷繁复杂，是因为它除了决定于国家政权的本质属性以外，还受到国家经济结构的特点以及政治文化、历史传统和国际环境等因素的制约。同时，政治制度又是一个历史的范畴，同一个国家在不同的历史时期，往往会出现完全不同的政治制度。

这么多国家，如此纷繁复杂的政治制度，不可能在一门课中进行全面研究，只能有针对性地研究少数个案。因此，本课程把视点集中于英国、美国、法国、德国、日本等西方主要发达国家，再加上一个横跨东西方的大国——俄罗斯，着重对以上6国进行政治制度的分析和比较，以求使学生通过几个专题的学习和研究，初步了解和掌握比较政治制度的基本理论和基本研究方法，从而对上述国家的政体情况也能有一个较为深入的了解。

三、比较政治制度的研究目的

学习和研究比较政治制度无论在理论上还是在实践上都有着极为重要的意义。

首先，通过学习，能够比较系统地了解世界不同类型政治制度的基本特点以及关于外国政治制度研究的一些基础理论，掌握政治制度的基本内容及其在国家政治生活中的地位、作用和职能。通过对比较政治制度的学习，可以了解当今世界政治生活的多样性和差异性。由于各国所具有的文化传统不同、所继承的历史遗产不同、所遇到的国际条件不同，因而所形成的政治结构、政治运行机制和政治发展途径都具有很大的差异。通过对这些国家的比较研究，就能对各国政治制度的运行以及政治生活的状态进行理论上的概括和解释，从而学会科学地揭示人类社会政治制度发展的共同规律。

其次，通过学习，不断加深对外国政治制度及其形成过程的了解，掌握各国政治制度发展变化的规律，可以帮助我们更加深刻地理解当代中国政治制度是人民的选择和历史的选择，并从中总结经验教训，以便取其经验，避免其失误，并从中探讨出一些可供我们借鉴的管理模式和制度模式，有助于我国社会主义政治制度的发展和完善。

再次，通过学习，提高在理论和实践方面的分析能力，积极地对一些国外较流行的政治学理论、政治现象及政治研究方法进行理论上的剖析，从而提高自己的理论水平，掌握最新的政治学研究模式和分析框架，把我国的政治学研究推向一个全新的发展领域。

第二节　西方学者研究政治制度的现状和方法

在西方国家中，研究政治制度的大学、研究机构种类繁多，专攻比较政治制度研究的学者也人数众多，并发展出了多种多样的研究模式和研究方法。不过从总的方面来看，比较政治制度的研究方法和政治学的研究方法基本一致。

在早期，比较政治制度的研究方法主要有三种，即：理性主义→哲学推理法；历史主义→历史探究法；经验主义和实用主义→经验研究法，这些方法可以统称为旧制度主义的研究方法。旧制度主义的比较政治研究在总体上所遵循的是思辨的、规范的、演绎的方法论，这种方法论构成了传统的比较政治制度研究的基本方法和手段。在传统的比较政治制度研究中，人们重视的是政治原则、政治价值，而不太重视对政治生活进行实证的考察，对量化研究更是抱有成见。学者们的注意力主要在于收集有关各国宪法以及政府体制的相关资料并对其进行直观的描述，间或提出自己的主观判断和价值评价。但整个学科缺乏基本的、一致性的理论建构工作，学科领域的各种知识既没有能联结成一个整体，也没有任何一种理论框架能够贯通首尾。

20 世纪 20 年代，英国的华莱士和美国的本特利都认为，研究政治制度仅仅从哲学上、法律上、制度上来研究是不能令人满意的。这些方法的主要缺点是偏重于静态，要从活的制度去研究，就必须进行动态的、系统的研究。第二次世界大战以后，随着经济学、社会学、心理学乃至历史学已经运用更为严格的资料收集方法和分析方法取得了诸多的理论成就，特别是这些学科内部同样使用比较研究方法所实现的理论创新和体系构建（如社会学有关社会结构和过程的见解），直接侵入了政治学的研究领域且大有取而代之之势；如果比较政治制度研究仍不能提升自身的分析潜力而依旧坚持原有的理性主义、历史主义和经验主义的描述，其作为严肃的科学知识的地位将是岌岌可危的。随着 20 世纪五六十年代美国行为主义和结构功能主义的兴起，各国学术界越来越倾向于从行为、机制、环境等方面入手，对政治制度进行研究。一方面，比较政治制度研究与社会科学其他学科形成了更加紧密的互动，政治学者们开始主动地、有意识地汲取经济学、社会学和人类学以及其他学科的理论发现，结构—功能主义、系统理论、有机体学说及其相关术语逐渐成为比较政治制度研究中常用的一些语汇；另一方面，比较政治制度研究开始采用“科学化”的量化研究方式，包括问卷调查、访谈、抽样统计、理性模型等方法开始成为常用的研究技术。尤其是，过去二三十年间，比较政治制度研究领域的最大变化就是统计研究技术越来越大量的应用，包括变量计量法（Variable instrumentation）、匹配法、矢量回归等。近几年，与人工智能相结合的大数据比较研究更是日益成为比较政治制度研究领域的时髦方法，它带来了比较政治制度研究的又一次深刻变革和飞跃。

20 世纪 60 年代以来，西方学者中较为常用的研究方法包括以下六种：

一、比较研究的方法

这是最为基本的一种研究政治制度的方法。所谓比较，就是根据一定的标准把彼此之间有着某种联系的多个事物加以对照，从而确定其间的相同与相异之处，由此对事物作出初步的分类；在分类的基础上，人们可以认知和把握不同事物的共同或相异的表象特征和本质特征，进而达到对特定事物的理解和解释。① 所谓比较研究，则是将比较方法系统地运用于科学研究而形成的一种特定的研究活动和研究方式。② 在比较政治制度的研究中，比较研究的视角大致分为三类：一是国别的比较，也称为个别比较法，如《比较政府体制》③一书的结构，是把一个一个国家分开进行全面的阐述，从不同国家的政治体制的特点来区分其差别，了解其主要特征；二是分类型的综合比较，如《比较政治体系：三个世界的权力和政治》④就是如此，它更多的是关注不同政治体制国家的可比性问题，关键是选择好比较的标准和尺度；三是就各国政治体制的某一个专题进行比较，对一些专门领域进行较为深入细致的研究，从而对政治制度的各个侧面加深了解，如《中外立法制度比较》⑤就属此类。比较研究的方法能帮助人们通过建立参照体系和分类框架的方式，对种类繁多的有关外国政治制度的知识素材进行加工和处理，进而得到更加完整和系统化的知识。它不但可以用来验证一些理论上的假说，也可以用来对一国政治制度的发展前景作出预测和推演。

二、结构—功能主义的分析研究方法

所谓结构—功能主义是指那种将社会看作是一个系统，试图通过探讨其结构和功能而揭示其运行规律的研究方法。由美国著名政治学家阿尔蒙德首创，他通过 1956 年撰写的《比较政治体系》、1960 年撰写的《发展中地区政治》以及 1966 年撰写的《比较政治学：发展的路径》等著作逐步地建立起这一理论框架。结构—功能分析的基本概念包括结构和功能，结构即某一系统内由特定行为主体所构成的组织安排、反复出现的行为方式或不同角色之间相对稳定的关系，功能即与此类行为主体的行为方式之目的和过程相关联的影响或行为结果；其基本的分析逻辑在于强调结构与功能的不可分割性与互相转化；任何结构都会产生特定的功能，而任何功能也必定来自某种结构。结构与功能的研究所关注的中心在于特定的结构与功能对于某一系统的维持和延续或崩解和变迁所产生的作用与影响。在比较政治制度研究领域，这种方法强调把政治制度作为一个整体，根据对整体与部分之间的相互作用的分析来进行研究。如阿尔蒙德从体系、过程和政策三个不同层次考察政治体系的功能类别。他认为涉及体系层次的功能主要包括政治社会化和政治录用，其功用在于为体系塑造和吸收特定的政治角色以维持和调整体系的延续和发展；涉及过程层次的功能主要包括四个方面即利益表达、利益综合、政策制定和政策实施，其功用在于将要求与支持的输入转换成权威性的政策输出；涉及政策层次的功能主要是政策输出和政策分析，前者包括资源的提取、产品和服务的分配、行为的管制以及象征和信息的交流，后者则主要是沟通输入与输出的反馈。结构—功能主义研究方法的优点是用联系的观点来分析问题，但缺点也很明显，就是过于简单化，把政治体制完全作为一个输入与输出的机器。同时，由于这种研究方法的前提是现行政治体制的稳定性和不变性，因此它排除了体制本身进行改革和变化的因素，由此得出的结论会趋于保守。

---

① 刘蔚华主编：《方法论词典》，广西人民出版社 1988 年版，第 195 - 196 页。
② 张小劲、景跃进：《比较政治学导论》，中国人民大学出版社 2001 年版，第 3 页。
③ 曹沛霖等：《比较政府体制》，复旦大学出版社 1993 年版。
④ Gary K. Bertsch, *Comparing Political Systems: Power and Policy in Three Worlds*, N. Y., Wiley, 1978.
⑤ 曹海晶：《中外立法制度比较》，商务印书馆 2004 年版。

三、行为主义的研究方法

所谓行为主义的研究方法，是指那种认定在人的行为中存在着可以观察的各种一致性并据此可以解释政治行为和政治机构运作的研究方法。它是20世纪五六十年代作为对当时政治学和国际问题研究中占主导地位的研究方法的一种反应而产生的研究方法，体现了对法律取向、道德偏见以及第二次世界大战后代表着政治学特色的那种局限于欧洲主要国家的"比较"分析研究的摈弃。

行为主义研究方法主要受心理学影响，并关注社会化和人的学习过程、行为动机、人们对权威的观念和态度以及其他一些相关问题，它所涉及的研究单位往往是个人和小团体。从价值评价的角度看，行为主义常自称为纯科学研究，即只研究事物的本身，不研究事物的价值。行为主义主张研究者本人和社会的价值准则应被排除在研究过程之外，价值中立或价值祛除的研究不仅可能而且成为必须。从具体的研究方法来看，行为主义强调政治研究操作中的资料收集和分析处理必须遵循严格的科学要求和方法依据，特别是量化方法以及基于量化概念的研究操作方法，如问卷调查、访谈、民意测验、抽样统计、要素分析、理性模型方法等在该种研究方法中占有重要的地位。与以往的政治学研究方法相比，行为主义政治家主要把精力用于各种分析层次的经验主义的理论建构工作，如权力多元理论、博弈论和公共选择理论等。从根本上看，行为主义研究方法最大的特点就是它不研究事物的本身，而只是研究事物的行为。而就事物的本质来看，主体和行为是不可分的，离开了事物主体只研究事物的行为是片面的、不可行的。在政治学研究领域中，行为主义强调研究个体和团体的行为，它不对政治制度本身，而只是对政治制度中不同角色的行为进行研究。如：对掌权者行为的研究；对利益集团行为的研究；对选举人行为的研究等。在实践中这些方法主要是为竞选人提供行为指导和竞选战略策划，成为一种纯商业化的运作模式。

行为主义革命曾经在政治学领域盛极一时，且产生了许多至今仍具有一定意义的理论成果。然而，行为主义也确实存在着一些引起过强烈反响的基本问题：(1) 存在着经验主义的危险，行为主义可能陷入大量收集资料的漩涡中，而无法把握明确的理论重心；(2) 行为主义可能导致过分强调方法，特别是计量的方法的使用，从而用那种要求数据完整性的统计学方法来处理所有有关政治行为的经验性资料；(3) 它可能堕入科学主义(scientism)或确信政治生活受一系列自然法则的控制，而这些法则是在进行大量的经验主义探讨时被发现的；(4) 对道德问题的忽视，可能会把有关正义的关键性问题简单地归入某些非科学的推理范围。① 20世纪70年代以后，"后行为主义"开始出现，它强调把制度和价值观重新引进行为主义研究方法中，以寻求理解政治问题的新途径，从而使行为主义的研究方法得到了根本性的改造。

四、系统论的研究方法

系统论的研究方法首先要解决的是确定一个系统，然后才是对系统本身的研究。那么，系统是如何确定的呢？一般说来，事物内部的定型化关系组成一个系统。系统和环境之间必须

① 戴维·米勒等：《布莱克维尔政治学百科全书》，中国政法大学出版社2002年版，第57页。

要有分界线，有系统的输入、输出和反馈等活动。系统通常可分为开放型的系统和封闭型的系统，它们还可细分为适应态和稳定态等等。20世纪五六十年代，美国政治学家戴维·伊斯顿把系统论的研究方法运用到政治学研究中，创立了政治体系的概念体系及其相应的体系理论。在伊斯顿看来，政治体系就是一个为了描述社会大系统中政治子系统状况而建构起来的分析系统。它具有这样一些特征：作为一个系统，其边界范围乃是由与政治当局制定有约束力的决策有关的行为所构成，并因之具有相对的封闭性与稳定性；系统有其内部环境即受到同一社会非政治系统的其他系统的包围，也有其外部环境或“超系统”的环境即受到非同一社会的其他系统的包围，并因之受到环境的各种压力和影响；系统在环境的压力下与环境发生输入—输出式的互动以维持自身的平衡，并因之具有开放性和反应性；在输入与输出之间还有反馈回路，系统可以持续不断地与环境处在互动之中，并因之具有了动态性和生命体特征。其中的输入由“要求”和“支持”构成，前者直接指向行政当局以要求实行特定的政策；后者指向政治共同体、体制和行政当局，并驱动“要求”的输入转换为相应的“输出”；“反馈”则沟通着输入与输出，是向当局发送的有关要求、支持和对于输出的进一步反应的政治信息。整个政治系统的平衡有赖于经由反馈所实现的输入与输出之间的调适。在他的《政治生活的系统分析》①一书中，伊斯顿把美国的政治生活体系主要划分为三大系统：选举系统、社会团体系统及政党系统，并分别做了有关输入与输出的详尽分析。

从总的方面看，伊斯顿的政治体系理论是以有机复合的政治互动行为作为分析起点、以系统的生存即系统的平衡和自我维持作为分析内容、以输入—输出和反馈作为核心概念而展开的一种对于政治系统的整体性宏观分析。其特点在于通过将政治体系最具一般性的变项抽离出来而列为一个完整的分析系统，从而将各种政治现象和政治力量置于交互作用和相互依赖中加以考察，并试图在宏观结构与微观要素之间建立可供观察和研究的联系。② 将一般系统论的原理引入政治学研究中，不但开辟了政治学研究的新路径，而且开启了政治学与社会科学其他主流学科乃至自然科学的交流渠道，其意义是十分深远的。

五、新制度主义的研究方法

20世纪七八十年代，西方社会科学领域“重新发现”了制度分析在解释现实问题中的地位和作用，进而形成了新制度主义分析范式。新制度主义兴起于对行为主义和理性选择理论的反思。行为主义本身存在着不可避免的缺陷，它强调像研究自然一样地研究人类社会，因此，很快就暴露出其固有的研究缺陷。这就引起了越来越多政治理论家的反思和批判。1984年，马奇和奥尔森发表了《新制度主义：政治生活中的组织因素》一文，他们指出，由于行为主义的影响，作为政治生活基本因素的组织被忽略了，而实际上，组织和法律制度才是政治生活的主导者。个体“表现出来的”偏好与真正的偏好是存在距离的，集体决策不是个体偏好聚集的结果，而是决策规则影响的产物，而且集体决策无法还原为个体偏好。他们提出用“新制度主义”观点来看待政治生活，重新复兴制度分析。在政治学领域中，“新制度主义强烈反对把行为确定为政治分析的基础要素；他们不相信行为能够为解释‘所有政府现象’提供足够的基础。因

① 戴维·伊斯顿：《政治生活的系统分析》，华夏出版社1999年版。
② 张小劲、景跃进：《比较政治学导论》，中国人民大学出版社2001年版，第131页。

为，行为发生在制度环境中，因此，在理解这一概念时，必须考虑制度因素”。[①] 新制度主义要解释的问题是：制度的性质以及制度如何影响人的行为。新制度主义提出了社会科学的经典问题，即组织、结构、文化、规范、习俗是怎样构成社会行为，如何在行动者之间分配权力，以及怎样塑造个人的决策过程和结果的。

20 世纪九十年代以来，新制度主义分析范式已经变成超越单一学科，遍及经济学、政治学、社会学乃至整个社会科学的分析路径。美国学者盖伊·彼特斯概括出新制度主义分析范式的各种流派：规范制度主义、理性选择制度主义、历史制度主义、经验制度主义、社会学制度主义、利益代表制度主义和国际制度主义。[②] 这些不同学科、不同流派的制度研究共同建构了新制度主义的理论体系。它们有一个根本性的共同特征，即强调制度，认为制度因素是社会分析的最恰当出发点，从而断定政治学中存在着一种宽泛的——如果允许多样化的话——新制度主义分析方法。在盖伊·彼特斯所提出的这几种制度主义中，影响较大的是社会学制度主义、理性选择制度主义、历史制度主义和规范制度主义。

1. 社会学制度主义。社会学制度主义倾向于在更广泛的意义上界定制度，制度不仅包括正式规则、程序和规范，而且还包括为人的行动提供“意义框架”的象征系统、认知模式和道德模块。这种界定打破了制度与文化概念之间的界限，倾向于将文化本身也界定为制度。社会学制度主义解释的重点是为什么组织采取一套特定的制度形式、程序或象征符号，这些又是如何在组织内传播的。

2. 历史制度主义。历史制度主义重视从时间维度对制度进行分析，强调制度运作和产生过程中权力的非对称性、制度发展过程中的路径依赖和政治结果的多元动因。历史制度主义是“历史的”，历史是克服人类理性局限性的一个主要途径；同时历史制度主义又是“制度的”，它注重以制度为核心来考察历史，以国家、政治制度为中心来分析历史。

3. 理性选择制度主义。这种分析路径源于对美国国会制度的研究，关注国会的规则如何影响立法者的行为。理性选择制度主义首先坚持把“理性的个人”作为理论分析的起点；其次，理性选择制度主义认为要对政治现象提供充分的解释，就必须对制度进行分析，因为所有的政治行为都发生在一定的制度背景下。

4. 规范制度主义。规范制度主义认为，人们的行为不是以计算回报为基础，而是以确认“什么是恰当的行为”为基础的，人们的行为是一种规范驱使的行为，即人们的行为遵循“恰当性逻辑”。制度是政治的基本特征，制度分析赋予政治制度更为独立的角色。制度代表了制度化的价值，制度的变化源于“价值的冲突”。当规则所反映的价值与社会产生矛盾和冲突时，制度就会通过学习和适应逐渐调整。制度的变化是学习、适应和演进的结果。

新制度主义的多样性无疑大大提高了人们对政治世界的理解水平，但是，正如盖伊·彼得斯所言：“制度主义者重新占领政治学领域的尝试还远未成功，制度主义和政治学其他理论之间还存在着显著的紧张。”[③]它们在显示自己独特优势的同时也暴露了相应的不足之处：从理论本身来看，新制度主义更多地关注制度对政策及其他政治选择的影响，而没有为制度的形成

① Ellen M. Immergut, *The Theoretical Core of the New Institutionalism*, *Politics & Society*, *Stoneham*; Volume, 26, Mar, 1998.

② 盖伊·彼得斯：《政治科学中的制度理论：新制度主义》(第 2 版)，上海人民出版社 2011 年版，第 1 页。

③ 同②，第 2 页。

与变化提供充分的解释；新制度主义各分支在方法论方面存在很多问题，如“制度”概念的测量与验证问题；“新制度主义还不同程度地存在‘无法证伪’的可能性”；可能还带有循环论证的倾向，等等。

六、定量研究方法的新进展——大数据和人工智能

近年来，随着“互联网＋”技术的发展，比较政治制度的定量研究方法出现了新的进展，集中体现在大数据分析方法和人工智能分析方法的进展上。研究者们充分运用大数据所拥有的“4V”特点[Volume(大量)、Velocity(高速)、Variety(多样)和 Value(价值)]，把比较政治制度从“因果关系”研究进一步发展到“相关关系”研究。不仅如此，西方不少学者还开始尝试把大数据统计分析的结果与计算机语言相结合，搭建基于人工智能与机器学习算法的政治现象和政治事件的预测模型。

尽管比较政治制度的研究方法随着政治形态的演进和信息技术的发展而不断变化，但是，任何新出现的研究方法就如同它以前的研究方法一样，不可能拥有无限的理论解释力，而且任何能够解释一切政治现象的研究方法也是不存在的。因此，新的由行为主义、统计分析和大数据等主导的研究方法的出现，不是否定，也不是取代原有的几种研究方法。相反，每种研究方法各自本身的缺陷和优势，已经使越来越多的学者认识到不同研究方法彼此之间既存在着差异性也有其互补性，因此，根据研究需要综合运用不同研究方法，也成为当下方法论发展的重要选择。新的研究方法的出现，只能是更加丰富了比较政治制度的研究工具，以便使我们能更好地探究政治现象的规律，加深对政治现象的理解。

第三节 研究西方国家政治制度的独特视角

除了上述的几种研究方法之外，西方国家比较政治学研究中还曾经运用过以下一些独特的研究视角：

一、政治地理观

政治地理观也称为“地缘政治学”，由法国思想家孟德斯鸠在其名著《论法的精神》(*The Spirit of Laws*)一书中最早提出，它可被称为政治科学中最古老的分支学科之一，其理论渊源可上溯到古希腊的柏拉图[《法律篇》(*Laws*)第 4、5 卷]和亚里士多德[《政治学》(*Politics*)第7 卷]。

政治地理观认为，一国的地理和生态状况与该国的政治生活有着密切的关联，如古代的民主制只能在一些气候温暖的国家才能产生与维持，因为它是同人民的大规模集会联系在一起的；又如气候和植被条件较好的南北半球的温带同时也是世界上经济、政治最为发达的地区，等等。随着人类征服大自然能力的增强，地理条件的不均等正在被缩小，因而政治系统对天赋的地理条件的依存性会减少。但是，地理方面的天赋条件的差距不会完全消失，它还会对该系统的存在与发展产生某些间接的影响。在地缘政治学后来的发展中，美国人马汉提出“马汉主义”，用地理概念来论证他的海权理论。后来，英国学者麦金德也提出了“心脏地带论”，他得出

"谁控制了东欧，谁就将控制中心岛；谁控制了中心岛，谁就将控制世界岛；谁控制了世界岛，谁就将统治全世界"的论断，为殖民主义者称霸世界提供了理论依据。在当代，地缘政治学比较重视战略原料资源特别是石油、天然气所在地所处的空间的意义，并开始将目光投向宇宙空间，强调宇宙空间对一个国家的利益所具有的重要价值。

二、经济成长阶段论

经济成长阶段论来自比较政治学研究中有关发展问题和现代化研究领域，由美国著名经济学家罗斯托于1960年在《经济成长的阶段》一书中提出。在罗斯托看来，整个人类社会的发展过程就是经济成长的历史，其间又必然经历6个阶段。第一是现代科学技术缺乏、生产力水平低下、以农业生产为主体且由家族与部落充当社会组织角色的传统阶段；第二是科学知识和观念开始渗入生产与生活、开始造就新型企业家并通过他们扩张生产、从而为过渡到更加迅猛的发展阶段准备条件的"为起飞创造前提阶段"；第三是实现了必要的社会政治制度建构、不断加大投资和积累的比重、进而越过增长的临界点而在较短时间内产生决定性成果的"起飞阶段"；第四是扩张的经济将现代技术应用到各个经济领域并因而实现经济持续增长的、相对时间较长的"向成熟推进的阶段"；第五是工业高度发达、人均收入提高、经济主导部门转为耐用消费品制造的"大众高额消费阶段"；最后则是以服务业为代表的提高生活质量的"追求生活质量阶段"。围绕着这些阶段的划分，罗斯托分别论证了每一个阶段的主要特征，同时也探讨了阶段与阶段之间实现替代的根本动因，他特别强调了经济起飞的意义，并据此分析了该阶段应实施的政策措施。经济成长阶段论运用到发展政治学领域中，就是把一国的经济发达程度与政治民主化程度相联系，用经济变化的因素来说明民主化发展的因素。经济成长阶段论偏重于对社会经济现象的考察与分析，而马克思主义也主要是按照对经济关系的研究来分析政治现象的。根据这种研究视角，随着人类社会的发展和经济生活的日益发达，人们对未来世界的看法出现了两种截然不同的观点：一种称为技术专制主义，认为经济的不断发展，必定会导致专制主义，其理由是对分工日益复杂的现代化政府系统的管理只能实行集中和强有力的管理和控制方式。另一种被称为技术民主主义，认为现代科学技术的发展为共同参预民主制的实现创造了前提条件，"电脑民主制的神话"有了实现的可能。美国未来学家约翰·奈斯比特在《大趋势》中认为，美国现在出现的"共同参与民主制"已经代替了传统的"代议民主制"，由公民直接通过电脑按钮参与国家政策的制定即将成为现实。

近年来，现代科学技术的发展的确部分实现了奈斯比特的预测，公民网络政治参与的范围和数量越来越多，影响力也越来越大。然而，技术的发展也是一把"双刃剑"。事实上，随着经济生活的发展和技术的不断创新，人们对技术专制主义(也可以称为"数字专政")的担心也在与日俱增，这是当前比较政治制度研究不能回避的一个重要议题。

三、政治文化

政治文化是一个非常近期的概念，它的提出不过是20世纪50年代的事情。此时，人们对政治文化的研究兴趣在某种程度上是对法律制度研究方法的一种反动。主张政治文化研究的学者们认为，法律制度研究方法把研究的注意力过分地集中于那些形式上的政治机构如政府、制度、法规和国家上面。但是，对政治文化的研究却历史久远。古希腊时期亚里士多德曾专门研究政治革命和政治变迁的心理因素。近代思想家孟德斯鸠的《论法的精神》和《罗马盛衰原因论》，马克斯·韦伯的《新教伦理与资本主义精神》，托克维尔的《旧制度与法国大革命》和《论美国的民主》等著作都可以被看作政治文化研究的典型案例。

所谓政治文化，是指个体对国家政治生活的政治心理倾向和政治价值取向。1956 年，美国政治学家阿尔蒙德在其所著的《比较政治系统》中，提出了政治文化这一概念，并形成了一定的分析框架。他认为，政治文化是政治体系的心理方面，每个政治体系都表现为一个特定的政治行为模式，这种特定的模式便是政治体系的政治文化，从个人看政治文化是个人对政治行为和政治评估的主观倾向。政治文化的内容，是政治观念形态的一系列表现形式，它包括政治认识、政治情感、政治态度、政治动机、政治意向、政治信念、政治思想及政治理想，等等。用一句话来概括，政治文化就是指政治体系的心理方面，它包括一国居民中当时所盛行的态度、信仰、价值观和技能等，如道德标准、神权标准、理性、平等、自由、博爱等。

围绕着政治文化这个核心概念，政治学家们还引申出了政治社会化、政治亚文化、精英文化与大众文化、文化的世俗化以及政治文化的危机等相关概念。政治社会化是指公民获得本国政治文化，包括政治信念、政治倾向和政治价值的发展过程，“政治社会化给每个人灌输政治系统流行的价值，它把个人与系统联结起来……政治社会化有助于维持政治系统与政府的运作，并使其合法化”。[①] 政治亚文化是指整体政治文化中某一个社会团体或政治机构带有的特殊政治态度，如种族团体或行政部门人员与众不同的态度等，一般说来，如果公民对种族团体的忠诚感高于对国家的忠诚感，政治系统就面临分裂的危险，因此，政治亚文化过强，可能会威胁政治系统的稳定；一个国家要想长治久安，就应该设法将亚文化融入主流文化之中。文化的世俗化则是指现代化过程中公众的文化素养和思维方式所出现的全新变化，如对个人影响政治事务的能力抱有自信、更加积极地参政、更乐于接受新经验和新观点，等等。政治文化的危机包括认同危机和合法性危机两种，认同危机指公民个体或群体在政治取向方面发生危机，形成群体性的心理困扰，认同危机如不解决，会导致政治系统的分裂；合法性危机是指人们对政治权威的评价发生分歧，导致政府的结构和行为受阻，甚至崩溃；克服合法性危机的措施包括建立现代化的政府体制和在政策上处理好革新与传统、长远发展与现实利益的关系等。[②]

时至今日，尽管对于将政治文化和作为整体的政治制度的运作与一种特定的政治现象之间的确切联系阐述清楚，还存在着许多概念上和技术上的难点，但很显然，政治文化的研究已经越来越明确地提醒政治学者们注意它本身与政治制度、政治行为之间的复杂关系。

四、政治心理学

政治心理学处于政治学和心理学的结合部，是探索个性、人际关系如何影响政治活动的一个研究分支，其潜在的研究领域是很广阔的。政治心理学试图利用能够确定行为规律的方式对政治行为者进行分类，探讨政治家们的行为动机。如在《伍德罗·威尔逊总统和豪斯上校》(*Woodraw Wilson and Colonel House*)一书中，作者亚历山大和朱利安·乔治就把威尔逊总

① 迈克尔·罗斯金等：《政治科学》，华夏出版社 2001 年版，第 142 页。
② 王乐理：《政治文化导论》，中国人民大学出版社 2000 年版，第 30 页。

统在舞台上的成功和挫折与其儿童时期痛苦的奋斗所形成的个性联系起来。而将政治价值的形成和变化追溯到政治家们儿童时代经历的最具有代表性且影响最为广泛而持久的著作无疑首推阿多尔诺等人所著的《独裁主义者的人格》(*The Authoritarian Personality*),书中用心理分析的方式考察了种族偏见和政治独裁主义的发展。美国学者斯通等人也写了不少有关政治心理学方面的著作,集中研究领导者心理、投票者心理和统治者心理等,为政治制度的研究开拓了一个全新的领域。

当然,政治心理学研究的学者们不仅仅对领导者的个性在政治生活中的影响感兴趣,他们对于决策集团的集体特性对政治生活所产生的影响也表现出愈益浓厚的研究兴趣。如社会心理学家欧文·贾尼斯在其开创性的研究《集团思维的受害者》(*Victims of Groupthink*)一书中探讨了为什么由信息灵通、谨小慎微的专家所组成的决策委员会或顾问委员会有时也不能充分考虑到所采纳政策的代价和风险,而终于作出灾难性的选择。①

思考题:

1. 比较政治制度的研究对象主要有哪些?
2. 研究比较政治制度对我国政治学研究的意义何在?
3. 比较政治制度的研究方法主要有哪些?试举例说明。

案例一:本尼迪克特与国民性研究

本尼迪克特认为,人类的行为方式有多种可能,但一个部族、一种文化在这样无穷可能性里,只能选择其中一些,而这种选择有自身价值取向,通过形式化方式演变成风俗礼仪,从而形成这个部落的文化模式。1944年,本尼迪克特受美国政府邀请,通过研究日本而写成的《菊花与刀:日本文化的诸模式》一书,代表国民性研究的开始。

国民性建筑在一个民族的经济地域基础上并渗透着该民族共同文化传统,决定着该民族人们性格和行为模式的共同心理倾向,经历了阶级时代种种变迁,却保有某种形式结构的稳定性,以独特的心理物质扎根于每一个具有共同祖先民族成员的心理结构之中。《菊花与刀》正是向我们展示日本人民族性格的一部经典著作。在书中,本尼迪克特这样归纳日本人的民族性格:"日本人既好斗又和善,既保守又善于接受新事物,既尚武又爱美,既蛮横又文雅,既顺从又不甘任人摆布,而且这一切相互矛盾的气质都在最高程度上表现出来。"正如书名中的"菊花"与"刀":菊花,高雅,柔和;刀,好斗,残忍。为什么日本人能把这两种鲜明对比的性格融合起来?他们究竟是怎么选择的?又是如何整合的?我们就从这里来谈论日本人暧昧的性格。

日本人的教育如同一个巨大的"U"字形曲线,与美国人相反,婴儿、老人享受最大的自由,幼儿期以后,约束渐强。儿童期,父母摆弄孩子腿使他们摆正坐姿,训练不动坐着,还有睡姿的训练,女孩按"ぎ"字曲身睡,表示"自制的精神"。然后,参加宗教仪式,赏樱、茶道,接着一大套复杂的礼仪。而后,他们进行传统的"义理""忠"的教育,一种带有武士道精神渗透的教育。

武士道,是日本民族精神的一种体现,这种基本观念很早就在日本人民中形成。《叶隐闻

---

① 韦农·波格丹诺:《布莱克维尔政治制度百科全书》,中国政法大学出版社2011年版,第498-499页。

书》中阐述武士为自己主人忠诚效命思想。武士，作为藩主们的武装组织产生，为藩主慷慨赴死。作为武士，一方面必须有良好的修养，禅宗是他们修身之道；一方面又培养着对死亡冷漠态度。在武士身上就能看见菊花与刀的性格。正如日本古典作品中常描述的："勇敢高贵的武士，一边吟颂高雅的和歌，一边将对方将领的头颅砍下"，体现着一种残忍的美。

关于如何实现社会整合，本尼迪克特是这样认为的：真正把人们维系在一起的是文化，即他们所具有的观念准则。但，整体并非仅是所有部分的总和，而是那些部分独特的排列和内在关系所产生的一种新实体。黑色火药并非仅是硫、碳、硝的总和。新的潜能是在作为结果的混合物中才有，却不曾在各种元素中出现。日本人这种暧昧矛盾的性格，不仅是硫和碳的简单化合。他们是站在"服从之道"本性基础，不紧不慢地调和矛盾。

首先是关于"服从之道"。在世界各国旅游景点中，我们可以看到成群结队，迈着整齐步伐的日本旅行团，偶尔队伍散乱，只要导游小姐纤手一挥，游客们如士兵集合般迅速归队。我们也可以看看日本产品说明书，厚厚一本，详细周到，这大约是由于日本传统社会结构所致。江户时代封建社会等级森严，统治阶级共分二十多个等级，下层又分为若干等级，百姓下有贱民，这种对上忠诚意识，促使形成等级意识，再加上武士道传统精神渗入，使社会中下层自我意识处于睡眠状态。日本人这种服从之道，一定程度上也表现了集团意识。社会学上那种"去个性化"，使个体意识被淹没，形成"集团我"，扩展至"国家我"。这在二战中，体现为战争中的日本人顽固不化，绝对服从天皇。正如一位西方评论家所说："日本人好比一群小鱼，他们有秩序地沿着一个方向游着，一块石子投入水中，打乱了队形，使它们突然调头，朝相反的方向游去，而队伍依然是井井有条。"

其次是关于调和矛盾。日本史上第一次调和，就是调和中国文化。据日本史记载：从石器时代起，日本文化就是凭中国文化传入不断发展，从文化方面的汉字、汉籍、儒佛两教文化到物质方面的技术、农业、水利建筑。圣德太子文化立国，派遣唐朝留学生，引入汉籍包括《诗经》《孟子》《史子》《汉书》等。圣德太子所立法中，有十七条出自汉籍，日本培养官吏的教科书就是《尚书》《周礼》《论语》等。他们全盘吸收，模仿与创造并举，把"中庸""调和"成"和"，占为己有，并把"和"冠以本土国有的东西：从和歌、和服、和琴到"大和民族"。第二次调和是在明治维新时期。在 1868 年，明治政府发布了《五条誓约》，庄严地宣布"求知识于世界"。于是开始了又一次"吸星大法"。从 1872 年到 1898 年间，日本官方雇外国专家总数达 6 193 人，民间雇外国专家 12 540 人，在三十年间，成功复制了包括资本主义生产方式在内各种制度、学问和技术，走上了"脱亚入欧""富国强兵"之路。只是，这是模仿性创造，还是创造性模仿？说不清。

日文里，悲哀与美是相通的。日本的美，体现服从之下自我意识丧失的迷惘，以及菊花与刀交织着的悲哀的美。

（摘编自：钱明瑜社会学论文，有删改。原文载"上海大学校园网书苑文库"，www.shu.edu.cn/campuslife/shuxjt/wenzhang/shuyuan/japan.htm，2009 年 6 月 30 日登录。）

思考题：

1. 何谓国民性？本尼迪克特的国民性研究给了你什么启示？
2. 试举例说明传统政治文化对日本民族性格的影响。

第二章　历史与国情：西方国家政治制度建构的基础

当我们谈到西方国家政治制度的建立和发展过程时，许多人不禁要问，为什么同样实行的是西方民主制，在不同的国家却呈现出截然不同的面貌？比如说，在最先爆发资产阶级革命的英国，通过“光荣革命”诞生了一个君主立宪制的国家，而同样以盎格鲁-萨克森民族为主，通过独立战争在英国殖民地建立起来的美利坚合众国，却创立了一种全新的总统共和制。分析其中的缘由，一个不可忽视的重要因素就是各国历史与国情的差异：不同的历史条件造就了各国千姿百态的制度模式和政治文化，而别具特色的国情与民情把各国历史长河中的传统文化积淀与西方民主制度的观念有机融合，从而开创出丰富多彩的政治制度模式，为人类政治文明的宝库增添了奇异的色彩。

第一节　国情与政治体制的建立

一、英国君主立宪制建立的历史背景

英国是大不列颠及北爱尔兰联合王国（The United Kingdom of Great Britain and Northern Ireland）的简称，它是一个位于欧洲西北部，方圆约 24.41 万平方千米（包括内陆水域）①的岛国。行政区划分为英格兰、威尔士、苏格兰和北爱尔兰四部分。现有人口数约 6 708.1 万（2020 年）②。居民中大多信奉基督教新教。英国是世界经济强国之一，2021 年，英国国内生产总值（GDP）约 3.19 万亿美元，经济总量居世界第五位。③ 私有企业是英国经济的主体，占国内生产总值的 90％以上。服务业是英国经济的支柱产业，占国内生产总值的 3/4 以上，制造业仅占 1/10 左右。此外，能源产业在英国经济中占有重要地位，煤、石油、天然气、核能和水力等能源资源储量丰富，其主要能源生产约占总 GDP 的 10％，在主要工业国家中居于前列，但主要工业原料依靠进口。④

今天英国的政府体制是在漫长历史过程中通过政治实践逐步完备起来的。英国学者塞缪尔·芬纳认为：“有三个因素，有助于使英国成为世界上最为成功的民主体制之一，即地理、历

---

① https://www.mfa.gov.cn/web/gjhdq_676201/gj_676203/oz_678770/1206_679906/1206x0_679908/
② https://www.ons.gov.uk/peoplepopulationandcommunity/populationandmigration/population estimates/
③ https://databank.worldbank.org/data/download/GDP.pdf
④ 同①。

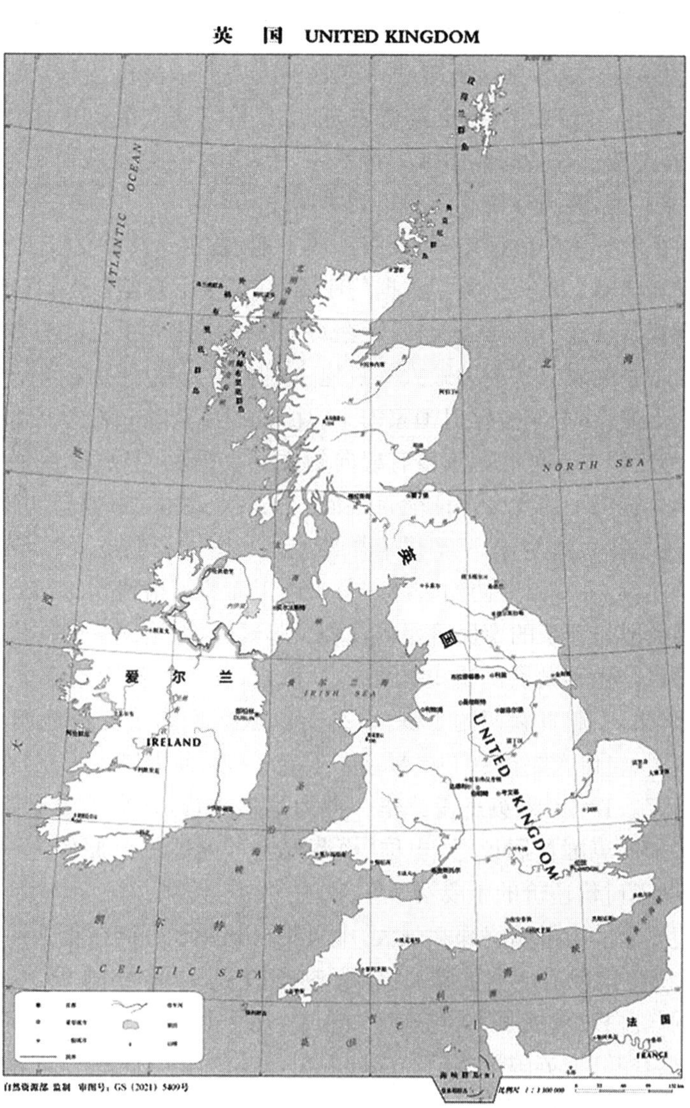

英国

图片来源：自然资源部地图服务平台，审图号：GS (2021)5409 号

史的连续性和工业化。”①因此，要了解英国的现行体制，必须先要了解英国的政治传统及其发展过程。英国的政治制度，不论是中央的还是地方的，不论是涉及议会和法院的，还是涉及行政机关的，都根植于悠久的历史之中，而并非完全由法令规章或宪法条文来创立。

约公元前 3000 年，欧洲大陆的伊比利亚人移居到不列颠群岛南部的冈陵上，这是英国最早的居民。公元前 700 年到公元前 100 年之间，原先居住在欧洲西部的凯尔特人部落分三批移居不列颠，其中的一支称为“不列颠人”。公元前 1 世纪中叶，罗马帝国的恺撒征服了不列颠，使之成为罗马帝国的一个行省。公元 442 年罗马人撤离不列颠之后，原居住在欧洲大陆易

① 麦克里迪斯·沃德：《现代欧洲政治制度》(第 2 版)，普伦蒂斯—霍尔出版公司 1968 年版，第 34 页。

北河口附近海岸和丹麦南部的日尔曼人纷纷入侵不列颠，并在那里陆续建立起一些盎格鲁·撒克逊小王国。9世纪初，威塞克斯王国获得联合王国中的最高统治权，统一了七国，并开始使用“英格兰”这一名称。1066年，英王爱德华去世，自称已获其继位承诺的法国诺曼底公爵威廉率兵进攻英国，击败已登基的英国国王哈罗德，于12月在伦敦威斯敏斯特大教堂加冕为英国国王，史称威廉一世，英国开始了诺曼王朝时期。

在诺曼底公爵征服英国的过程中，每征服一块土地，就把这零块的土地赐给部下，建立了诸侯割据的领主型封建制。每一个领主占据的庄园，在经济上自给自足，在政治上也俨然独立王国。领主不但握有其领地中的司法大权，还在每个庄园中建立了自己的军事组织，用来保护庄园和庇护依附于领主的农奴。英国最大的封建主国王与封建领主之间是一种契约关系，国王有义务维护国内治安，率军作战保卫国家安全，保障封臣占有的采邑。到了战时，国王一声令下，领主即前来为之服务。英国国王虽有权向领主征收捐税，但数额受到领主的有力遏止，根本无法像封建地主经济下的皇帝那样能直接向农民征收赋税，来掠夺和积累大量财富。因此，无论在财源上还是在兵源上，国王都得依靠领主。当国王与领主发生矛盾时，国王通常只能同封建领主讨价还价，并常以妥协而告终。每当国王需要筹措钱款时，必须召集领主以及后来随着城市的发展而成长起来的市民阶层的代表一起聚会，讨论国王的征税事宜。显然，这正是以后英国议会得以产生和发展的历史渊源。13世纪，英王约翰因连年征战，打破过去征收捐税的惯例，横征暴敛，引起贵族们的不满。1215年，贵族们为了保持他们已经取得的地位，强迫英王约翰签署了《自由大宪章》(*The Magna Carta*)，从而限制了王权，这成为英国宪政史上一个重要的转折点。1295年，英王爱德华一世为筹集战费，召集了由贵族、僧侣、骑士代表和市民代表共同参加的英国首届议会，史称“模范议会”，此后议会便作为一项制度而经常召开，并成为贵族与国王讨价还价的重要场所。

如果英国封建贵族的力量始终那么强大，中央集权制就不可能在英国建立起来。然而，到15世纪中期以后，历史出现了一个重要契机，从1455年到1485年的30年中，英国爆发了为争夺王位而进行的“红白玫瑰战争”。在这场内战中，几乎全部英国封建贵族在血战中被消灭。到1485年都铎家族登基后，英国贵族已经四分五裂，经济穷困，势衰力微。随着庄园经济的不断瓦解和王权的日益加强，英国专制的中央集权制逐步建立起来，新兴的资本主义生产方式在中央集权制下得到进一步发展，资产阶级同封建王权的矛盾开始尖锐起来，资产阶级革命被提上重要的历史日程。

1640年，国王查理一世为了筹集军费，镇压起义，被迫召开长期关闭的议会。资产阶级和新贵族联合起来，利用议会同国王进行斗争，起草了《大抗议书》，抨击查理一世暴政，要求限制王权，取消国王的专卖权。查理一世拒绝接受《大抗议书》，最终和议会决裂。1642年，查理一世挑起内战，组织王军，向议会军发起进攻。1643年，克伦威尔前往英格兰东部，募集了一支主要由自耕农和城市平民组成的骑兵，在马斯顿荒原战役(1644年)和纳西比战役(1645年)中屡次击溃王党军。内战结束后，1649年1月，查理一世被送上断头台，英吉利共和国成立。1653年，克伦威尔发动政变，解散议会，宣布自己就任英格兰、苏格兰和爱尔兰(1649年占领)的“护国主”，以克伦威尔的个人军事独裁为特色的护国政体时期开始。1658年，克伦威尔病逝，英国重新进入混乱时期。1660年，斯图亚特王朝的查理二世复辟，他们实行血腥报复，严重损害了资产阶级和新贵族的利益。1688年，支持议会的辉格党人与部分托利党人邀请国王詹姆士二世的女儿玛丽和时任荷兰奥兰治执政的女婿威廉(后来的玛丽二世和威廉三世)回国执政，发动宫廷政变，推翻斯图亚特王朝封建统治，建立了资产阶级新贵族的统治，这次政变没有流血而获得成功，因此史称“光荣革命”。1689 年，标志着资产阶级民主制建立的重要历史文件“权利法案”颁布，英国最终确立了以保留君主行政权和强调议会立法权为重要特征的君主立宪制政体。

英国之所以确立君主立宪制政体，有它的历史原因。一方面，英国的资产阶级和新贵族早在革命初期就建立了稳固的同盟关系，革命的矛头对准了实行专制统治的国王和旧贵族，却不可能把消灭所有贵族阶级作为革命的最终目标。因此，在革命以后，保留王权和新贵族的既得利益很快成为统治集团的共识。另一方面，英国传统的信奉保守主义的政治文化在君主立宪制形成的过程中发挥了巨大的作用，由于历史上遗留下来的政治妥协传统和独特的法治文化的影响，英国资产阶级革命的胜利并没有带来一部全新的成文宪法，英国统治精英们惯用的“旧瓶装新酒”的统治模式大行其道，终于造就出一种在保留封建外表的前提下实行“两权分离”的资产阶级民主制度模式。事实证明，这种独特的君主立宪制政体是符合英国国情和民意的。

当然，英国现今所实行的君主立宪制政体的内涵已在原有的基础上发生了很大的变化。在这一漫长的发展过程中，英国政治制度的变迁始终与经济领域和社会领域的革命联系在一起。如 18 世纪上半叶开始的工业革命，不但使英国成为 19 世纪中叶世界最大的工业强国，还使英国的社会结构从传统农业社会向现代工业社会转型。新兴的英国资产阶级以新的生产方式创造了前所未有的生产力，使英国成为举世闻名的“世界工厂”，并通过炮舰和贸易最终建立了“日不落大帝国”。它在全球所到之处，竭力按照自己的面貌来改造旧世界，传播肇始于不列颠岛的现代文明，特别是以代议民主制为特征的新的制度模式。因此，当今西方各国政治制度，或多或少都直接或间接地受到英国的影响，尽管这些国家由于本国的传统和特定的国情，并不是英国政治制度的复制品。在此之后，随着新旧阶级结构的不断调整和整合，19 世纪的英国又爆发了国会改革运动、宪章运动、文官制度改革运动和劳工立法运动等民主化运动，这些运动使得英国资产阶级代议民主政治的各种形式——立宪政治、公民政治、选举政治、议会政治、政党政治、利益集团政治、文官政治、传媒政治、自治政治等日益从近代走向现代，为今天英国的政治体制奠定了坚实的基础。

二、美国总统制的起源

美国，全称美利坚合众国(The United States of America)，它位于北美洲中部，领土还包括北美洲西北部的阿拉斯加和太平洋中部的夏威夷群岛，北与加拿大接壤，南靠墨西哥湾，西临太平洋，东濒大西洋。根据美国官方统计资料，美国的国土总面积约为 983.351 7 万平方千米，其中陆地面积为 914.759 3 平方千米，[①]分为 50 个州和 1 个首都华盛顿所在的哥伦比亚特区。美国人口数量约为 3.328 亿(截至 2022 年 7 月 1 日)，为世界上人口第三大国。[②] 美国人口高度城镇化，在 2017 年时约有 82% 人口居住在城市及其郊区。美国的国土中山地面积相对较少，拥有广阔的大西洋沿岸平原和中部大平原，另有牧草丰茂的大草原和广袤的森林，国土的 1/5 为可耕地，森林覆盖率达 33%。美国濒临大西洋和太平洋两个大洋，东西两大海岸

---

① https：//www.census.gov/geographies/reference-files/2010/geo/state-area.html
② https：//www.census.gov/popclock/

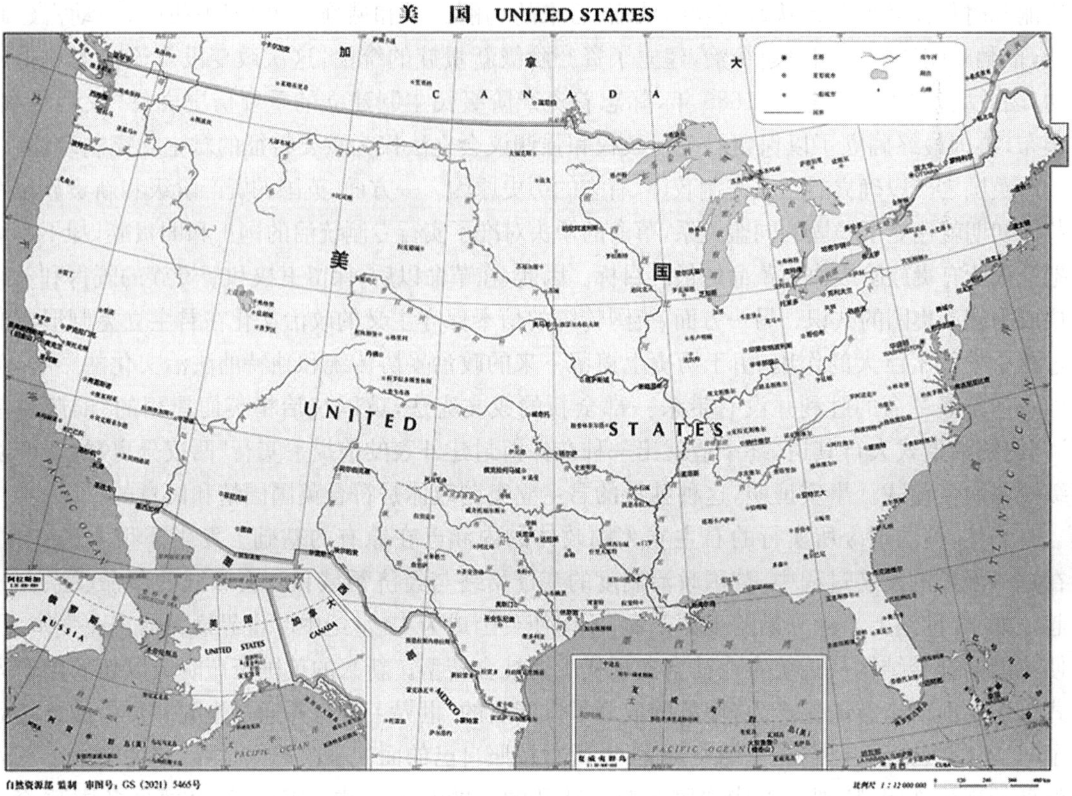

美国

图片来源：自然资源部地图服务平台，审图号：GS (2021)5465 号

线长达 22 680 千米，拥有众多的不冻港。在内陆，密西西比河与密苏里河等支流形成了一个庞大的内河航运系统，从五大湖直达墨西哥湾。美国地跨温带、亚热带和热带，具有气候复杂、气候类型多样的特点。美国自然资源丰富，煤、石油、天然气、铁矿石、钾盐等矿物储量均居世界前列，水电资源也非常丰富，可以说美国的自然条件得天独厚。

美国具有高度发达的资本主义市场经济，2021 年国内生产总值(GDP)达 22.996 万亿美元，居世界首位。① 近几十年来，美国产业转型加快，在其工业中占有主导地位的制造业所占比重呈下降趋势，劳动密集型产业不断被淘汰或转移到国外。与此同时，美国金融业和现代服务业十分发达，在世界经济中具有重要影响；军事工业和尖端技术领域处于世界领先地位，信息技术和生物制药等高科技产业发展迅速，利用高科技改造传统产业也取得新进展。美国农业高度发达，机械化程度高，粮食产量约占世界总产量的 1/5。

美国的前身，是英国在北美大陆建立的 13 块殖民地。1606 年，伦敦弗吉尼亚公司经英王特许成立，第二年，该公司的 120 多名殖民者到达詹姆斯河河口，建立了詹姆斯敦定居点，这是英国在北美大陆的第一个永久移民点，随后发展成为弗吉尼亚殖民地。1629 年，由英国清教徒建立的马萨诸塞海湾公司为逃避宗教迫害将公司迁往新大陆，建立了马萨诸塞海湾殖民地，

① https: //databank.worldbank.org/data/download/GDP.pdf

这类殖民地统称为特许殖民地。1620 年，102 名在荷兰逃避宗教迫害的英国清教徒乘“五月花号”船来到今马萨诸塞州的普利茅斯，他们在抵达美洲大陆登陆前，由 41 名成年男子在船上共同签署了一份契约，奠定了未来新英格兰诸州自治政府的政治基础，这就是著名的《五月花号公约》，它被认为是美国民主制发展中一个重要的里程碑。1639 年，康涅狄格河沿岸三个城镇的殖民者共同制定了一个称为“康涅狄格基本法”的文件，依照股份公司的组织模式建立了殖民地政府，该基本法成为北美历史上的第一部成文宪法；类似的契约殖民地还有朴茨茅斯、纽黑文等。此外，在向北美殖民的过程中，英王也把那里的一些土地赐给他的宠臣或贵族，让他们根据特许状进行统治，这就是业主殖民地，如马里兰、纽约、宾夕法尼亚等。后来，英王以内部管理混乱为借口，先后吊销了弗吉尼亚和马萨诸塞两公司的特许状，宣布由英王政府直接统治，并派总督管辖，至此，直辖殖民地开始形成。当时，各殖民地政府实行的是一种立法、行政和司法三个部门混合在一起的政体形式，是英国政治体制在北美的延伸。到 1773 年，英国在北美已建立了 13 个殖民地。

18 世纪中期，英属北美殖民地的经济发展迅速，北部工商业发达，中部盛产小麦，南部种植园经济繁荣。在 1756—1763 年的“七年战争”中，为争夺对北美殖民地的控制，英国与法国进行了长期的战争。英国虽然打败了法国，控制了北美大部分地区，但因长期的战争而导致财政困难。于是，英国政府不断地向北美各殖民地增加税收，并实行高压政策，对殖民地进行蛮横的压榨和残酷的剥削，殖民地人民不满英国的盘剥和束缚，双方矛盾日益尖锐，1773 年发生了波士顿倾茶事件，1774 年英国政府通过一系列“强制法案”(Coercive Acts)，旨在加强控制。1775 年 4 月，列克星敦打响了“声闻全世界”的第一枪，揭开了美国独立战争的序幕。

北美大陆会议通过《独立宣言》

图片来源：百度百科，https://baike.baidu.com/item/%E5%A4%A7%E9%99%86%E4%BC%9A%E8%AE%AE

1775年5月10日到1778年3月1日，第二届大陆会议在费城召开，会议于1775年6月15日通过组织大陆军和任命乔治·华盛顿为总司令的决议。1776年7月4日，来自各殖民地的代表通过由杰斐逊等人起草的《独立宣言》，该宣言宣称“人人生而平等”，肯定人民追求自由和幸福的权利，正式宣告殖民地脱离英国而独立，成立共和国。各殖民地一方面确定建立共和国，制定宪法；另一方面着手联合起来正式结成同盟。1777年11月15日，第二届大陆会议通过《邦联和永久联合条例》(通称《邦联条例》)。根据这一条例，美国是一个邦联性质的国家，中央政府实行以邦联国会为唯一权力机关的体制，大多数主权州确立了分权的政府形式。1781年10月，美法联军取得了约克敦战役的胜利，英军统帅康华利率部向华盛顿投降。1783年9月3日，英王代表与殖民地代表于凡尔赛宫签订1783年《巴黎条约》(*Treaty of Paris*)，英国正式承认美利坚合众国独立，至此，美国独立战争胜利结束。

根据第二届大陆会议所制订的《邦联条例》组成一个统一国家的美利坚合众国，从一开始就在组织和管理等方面存在严重且难以为继的缺陷。由于《邦联条例》只有在所有的成员国都全票通过的情况下才能修改，每个成员国都拥有对任何提议的否决权，而且《邦联条例》也没有赋予这个弱小的邦联政府任何征税的权力。作为一种松散的政治联合，邦联制度既不能巩固独立战争的胜利成果和解决严重的经济、财政困难，也不利于资本主义经济的发展，还导致社会矛盾日趋激化。面对社会动荡不安的形势，成立新的联邦国家已成为一种共识。1787年5月25日，邦联各成员国派出代表在费城召开会议，原来只是委托参加会议的代表审查和补充《邦联条例》，但他们却超出自己的权限，起草了新的宪法，把本意在于修改《邦联条例》的会议变成了具有历史意义的“制宪会议”。会议过程中，不同利益代表集团之间矛盾重重，但经过激烈斗争之后，最终达成了“伟大的妥协”，制定了宪法草案。制宪会议的重要成果之一，就是废除邦联制，确立全新的联邦制结构，把国家主权赋予联邦政府。为了避免权力过分集中，新宪法将联邦政府的权力分给国会、总统和联邦法院三个独立的政府部门。在政体方面，新宪法明确规定美国实行总统制。这种政府体制是美国人民的一项创举，因为在此以前，没有一个国家的元首或政府首脑通过选民选举产生，也没有一个国家的元首或政府首脑可被民选代表通过弹劾程序所罢免。这种以共和制为基础的总统制的确立，大大推动了美国乃至世界资产阶级民主制度的发展。

《美利坚合众国宪法》草案于1787年9月15日由39名代表签字后提交在纽约召开的邦联国会通过。接着，宪法草案交各州批准，经过一场广泛、激烈的辩论，最后以尽快增加权利法案为条件，方在一些大州得到通过。1789年3月4日，即第一届联邦国会召开之日，该宪法正式宣布生效。1789年4月30日，乔治·华盛顿在联邦政府临时所在地纽约宣誓就任第一任美利坚合众国总统。自此，美国真正成为统一的联邦制国家，而原来的13个独立共和国则降格为联邦以下的州。

美国总统制政治体制的基本构架从此正式固定下来。但美国资产阶级革命的任务并未结束。1860年，反对黑奴制度的共和党人亚伯拉罕·林肯当选为总统，他在政纲中提及的保护关税及《宅地法》大大削弱了南方奴隶主的利益，这使南卡罗来纳州在1861年宣布退出联邦，南方蓄奴州亦纷纷响应南卡罗来纳州脱离联邦，并成立美利坚联盟，推举来自肯塔基州的杰弗逊·戴维斯为总统，南北战争爆发。1862年9月，林肯颁布《解放黑奴宣言》废除黑奴制度，使人民群众和黑人奴隶的革命情绪迅速高涨，战争形势开始有利于北方。1865年4月，持续4年之久的内战以北方的胜利而告终，为资本主义在美国的迅速发展扫清了道路。19世纪初，

华盛顿总统像

图片来源："趣历史"网站，http://www.qulishi.com/news/201703/175980_2.html

林肯总统像

图片来源：http://www.sohu.com/a/476490876_120854003

随着资本主义的发展，美国开始对外扩张。在100年左右的时间内，美国领土几乎扩张了10倍。随着美国社会政治经济的不断发展与变革，总统制政府的内部结构也在相应地发生调整和演化，现今所实际运行的政体形态是历史发展的综合结果。

三、法国半总统共和制的产生

法国的全称是法兰西共和国(The Republic of France)，它位于欧洲西部，面积为55万平方千米(不含海外领地)，①是欧盟面积最大的国家。地理上紧凑、单一、连成一片，和一个不规则的六边形很相似，三边分别与比利时、卢森堡、德国、瑞士、意大利、摩纳哥、西班牙、安道尔接壤；三边濒海，西北是英吉利海峡和多佛尔海峡，与英国隔水相望。法国地势东南高西北低，平原占总面积的2/3。除了法国本土外，法国领土还包括地中海中的大岛科西嘉以及大西洋中的一些小岛。法国地理位置十分优越，交通也很方便。法国人口约为6 563万(截至2022年1月，不含海外领地)，②是欧洲第三人口大国。其中移民人口达到670万，约占全国总人口的10%。

法国是世界最发达的工业国家之一，在核电、航空、航天和铁路方面居世界领先地位，钢铁、汽车、建筑为其工业的三大支柱。2021年法国国内生产总值(GDP)为2.937万亿美元，是世界第七大经济体，欧洲第三大经济体。③ 服务业在法国的经济和社会生活中占有举足轻重的地位，近年来服务业产值占国内生产总值的70%以上。法国还是世界第一旅游大国，2019年，全年接待游客约9 000万人次，④超过了法国的人口总数。

法国是一个历史悠久的国家，漫长而又值得法兰西民族骄傲的过去给法国乃至全世界留下了宝贵的财富。公元前1000年，腓尼基人出现在法国沿岸。公元前600年左右，高卢人侵入法国并在此定居下来。公元前58年，罗马帝国派遣大将恺撒率军远征，占领了整个高卢，自

① https://www.mfa.gov.cn/web/gjhdq_676201/gj_676203/oz_678770/1206_679134/1206x0_679136/
② 同①。
③ https://databank.worldbank.org/data/download/GDP.pdf
④ 同①。

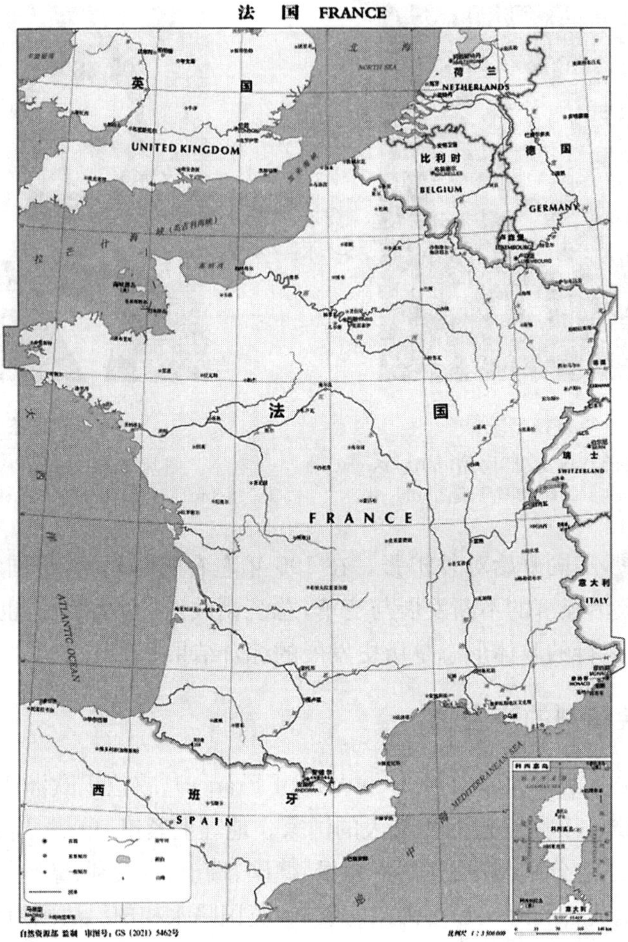

法国

图片来源：自然资源部地图服务平台，审图号：GS (2021)5462 号

此，高卢成为罗马帝国的一部分。公元 375 年，匈奴人向西扩张，迫使定居在莱茵河和多瑙河流域的日尔曼部落大举南下，高卢由此被日尔曼部落逐渐分割。其中一支法兰克人逐渐吞并了其他部落，在高卢建立起法兰克王朝。公元 843 年，神圣罗马帝国皇帝查理大帝的三个孙子在凡尔登会晤，签订了三分帝国的条约，这标志着法兰西、德意志和意大利三个欧陆国家的肇始。9 世纪后，封建制度已在法兰西占统治地位，大封建领主不仅有武装，而且有自己的法庭和行政机关，他们可以同国王分庭抗礼，割据一方；而国王的权力仅限于自己的领地范围之内，与领主们实际上只是以封建契约为基础的宗主与附庸的关系。随着农民反对封建领主斗争的发展和城市的兴起，国王乘势利用市民和中小贵族的力量，削弱了封建领主的权力。16 世纪中叶，国王通过没收封建主的领地，建立全国性司法机关以及加强地方行政管理等措施，几乎统治了法国的全部领土。至此，法国中央集权的专制君主制开始萌芽。16 世纪后期，波旁王朝的路易十三牢牢控制了地方行政、司法和财政，专制君主制最终形成。路易十四执政后，自称“朕即国家”，专制君主制发展到了登峰造极的地步。专制君主制使法国完成了国家统一的任务，对当时经济的发展起了一定的促进作用。但是，17 世纪末 18 世纪初，随着资本主义的

产生和发展，法国资产阶级和封建贵族阶级之间的一场大搏斗注定是不可避免的。

18 世纪，法国资产阶级在思想领域内掀起了具有伟大历史意义的启蒙运动，一代思想先驱高举“理性”“人权”及“自由、平等、博爱”的旗帜，对中世纪的“神权”“王权”的黑暗统治进行了无情的揭露和批判，召唤人民为“天赋人权”而斗争。伏尔泰提出了“自由平等”的思想；卢梭提出“社会契约论”，把“人民主权”思想推到人民对不合理的社会制度拥有革命权利的高度。孟德斯鸠发展了英国思想家洛克的“分权学说”，他认为国家权力应该分为立法、行政和司法三权，并认为没有分权，自由就不复存在，其锋芒直指封建王权的专制统治。启蒙思想家的这些超凡脱俗的新思潮为法国大革命作了思想上的准备，也为资产阶级民主制度的建立奠定了理论基础。

1789 年 7 月 14 日，巴黎人民攻克了象征封建统治堡垒的巴士底狱，法国大革命正式开始。8 月 27 日，制宪议会通过《人权宣言》，将法国启蒙思想家的政治主张以法律形式肯定下来。在吉伦特派掌权期间，废除了君主制，处决了路易十六，于 1792 年 9 月建立了法兰西第一共和国，从而摧毁了数百年来的封建君主专制制度。

法国大革命让欧洲各王室感受到威胁，1792 年奥地利、普鲁士和英国等国结成反法同盟，试图毁灭法兰西共和国。经过雅各宾派执政和热月党人的统治以后，1799 年 11 月 9 日，拿破仑·波拿巴在资产阶级支持下发动“雾月政变”，推翻督政府，担任第一执政并建立军事独裁制。1804 年，拿破仑加冕当上了法兰西第一帝国的皇帝。经过多次重大战役并战胜第五次反法联盟后，法国直接或间接统治了欧洲大陆的大部地区，拿破仑帝国从原来 88 个省扩展到 130 个省，人口数达 7 500 万。在拿破仑执政期间，颁布了《拿破仑法典》(即《法国民法典》)，这是西方资本主义国家中最早的一部民法典，把法国大革命的胜利成果以法律形式固定下来，对法国资本主义所有制的巩固和发展、防止封建制度的复辟起到了重大的作用。1812 年，拿破仑进攻俄国以惨败告终。1814 年 4 月拿破仑战败退位，被流放到地中海上的厄尔巴岛；但 1815 年 3 月，拿破仑率兵又回到巴黎并建立“百日王朝”，6 月 18 日滑铁卢战败之后，拿破仑再次退位，被流放到南大西洋上的圣赫勒拿岛，法兰西第一帝国走向灭亡。

拿破仑·波拿巴

图片来源：“乐酒客”网站，https://www.lookvin.com/article/taste/detail-50969.html

1814—1830 年是法国的复辟时期。1830 年法国七月革命取得胜利后，建立起实行君主立宪制的奥尔良王朝。1848 年二月革命爆发，成立了法兰西第二共和国，实行总统制。1848 年 12 月，拿破仑一世的侄子路易·波拿巴利用农民对拿破仑一世的怀念登上总统宝座。1852 年 11 月，他强迫人民投票赞同恢复帝制并获得通过，法兰西第二帝国从此诞生。1870 年 9 月，普法战争中法国惨败，普鲁士军队兵临城下，包围了巴黎，法国国防政府不战而降。3 月 18 日，巴黎工人阶级和其他革命群众举行武装起义，成立了巴黎公社，摧毁资产阶级国家机构，建立了立法和行政合一的新型政权机构。5月28日，在梯也尔政府的镇压下，新生的巴黎公社失败。

1871年9月，实行议会共和制的法兰西第三共和国成立，共和派自此在法国国家权力机构中占据了主导地位。在此之后，当政的共和派还制定了一系列关于新闻、集会、结社自由和增加地方民主权利的法令，进一步放宽了民主生活的范围。法国经济获得了迅速的发展。20世纪初，法国侵占了阿尔及利亚和摩洛哥，其殖民地领土已相当于法国本土面积的20倍，成为仅次于英国的殖民大帝国。第一次世界大战后，法国作为战胜国，收回了1870年丧失的领土，获得了巨额的战争赔款，使经济得到了迅速的发展。第二次世界大战全面爆发后，德军于1940年6月攻占巴黎，法国贝当政府向德军投降，法兰西第三共和国存在69年后结束了自己的生命。

第二次世界大战期间，戴高乐在海外领导了“自由法国”运动(1942年6月改组为“战斗法国”运动)，法国共产党在国内领导人民坚持游击战，使抗击德国法西斯的武装斗争遥相呼应。1944年8月，在盟军的帮助下，戴高乐率领“自由法国”的部队和盟军欧洲方面军攻入巴黎，法国宣告解放，以戴高乐为政府首脑的临时政府迁回巴黎。由于临时政府在酝酿制定新宪法时发生了分歧和争论，戴高乐于1946年1月辞去临时政府首脑职务，法国出现了法共、社会党和人民共和党联合政权。1946年10月，制宪议会起草宪法并获得通过，法兰西第四共和国正式诞生。第四共和国是典型的议会共和制政体，议会拥有较大的权力，在一定程度上反映了战后法国人民对民主与和平的要求。但是，在第四共和国期间，由于党派斗争尖锐，政府更迭频繁，政局动荡不定，体制上的缺陷日益暴露出来。

戴高乐

图片来源：FOTOMEN网站，https://fotomen.cn/2011/03/31/celebrity-portraits/4/

1958年5月，法国驻阿尔及利亚军队发动叛乱，扬言向巴黎进军，整个法国政府顿时陷入一片混乱状态。戴高乐临危受命，他根据早年的政治设计，制定了一部新宪法，把“议会至上”的议会共和制改变为“总统至上”的半总统共和制。为此，人们把1958年建立的第五共和国政府体制称为“戴高乐体制”。

为什么戴高乐在设计法兰西第五共和国的政体形式时没有直接采用美国式的总统共和制？原因可能有很多，但最重要的是：首先，戴高乐充分吸取了法兰西第三和第四共和国政体失败的教训，意识到如果缺乏一个强有力的行政首脑的直接控制，采用多党制的法国议会就不可能建立一个稳定的中央政府。因此，他大胆地把美国总统制的某些特征运用到法国的议会制共和政体中，首创了由总统和总理共掌行政权的“双头制”权力运作模式，保障了总统在实施国家权力时的强势地位。其次，作为一个对传统的中央集权和威权政治抱有好感的法国政治家，戴高乐对美国三权分立体制下总统的权力受到国会和最高法院制约的现实有着清醒的认识，因此，他在宪法中明确规定了共和国总统作为国家独立、领土完整和遵守共同体协定与条约的“保证人”和所有公共权力机构的“仲裁人”的重要使命，这一规定使法国总统的权力大大超过了美国总统，确保了他在整个国家权力体系中的超然地位。法兰西第五共和国的体制实行60多年来，法国的政局彻底摆脱了第三、第四共和国时期的动荡不定的局面，大大促进了法国政治、经济和文化的发展。事实证明，戴高乐所设计的半总统制共和政体是符合法国国情的。

四、德国议会共和制产生的历史渊源

德意志联邦共和国，简称联邦德国或德国，英文名称为“The Federal Republic of Germany”。德国地处欧洲中央，它东邻波兰、捷克，南接奥地利、瑞士，西连荷兰、比利时、卢森堡、法国，北与丹麦接壤并邻北海和波罗的海，是欧洲邻国最多的国家。德国地势北低南高，领土面积为35.8万平方千米，分为16个州。① 人口约8 322万(截至2022年6月底)②。除俄罗斯外，它是欧洲人口最多的国家，也是欧洲人口最稠密的国家之一。联邦德国的居民90%以上是德意志人，少数为丹麦人和索布族人。居民中约30%信奉基督教新教，31%信奉罗马天主教，此外还有东正教、犹太教和伊斯兰教教徒。德语是德国国语。德国是西方高度发达的工业国家，经济实力居欧洲首位。2021年德国国内生产总值为4.223万亿美元，为世界第四大经济体③。德国工业侧重重工业，汽车和机械制造、化工、电气等部门是支柱产业，食品、纺织与服装、钢铁加工、采矿、精密仪器、光学以及航空与航天工业也很发达。德国是一个商品出口大国，主要工业部门的产品一半以上销往国外。中小企业是工业的中流砥柱，专业化程度和技术水平较高。

德意志民族的祖先是古代日尔曼人。从公元3世纪起，日尔曼人部落开始结成部落联盟，其中较大的有法兰克、东哥特、西哥特等，这些部落联盟为形成日尔曼民族奠定了基础。公元476年后，日尔曼人大举南迁，他们向罗马人学到了许多先进生产和文化知识，并逐渐接受了基督教，开始向文明社会过渡。公元919年，萨克森公爵亨利一世正式建立了德意志王国，开始了萨克森王朝在德意志的统治。在德国的封建社会时期，选帝侯们几乎享有和国王同等的地位，“德意志民族神圣罗马帝国”的中央皇权已名存实亡，帝国只是各自独立的几百个封建邦国的结合体。到16世纪，马丁·路德领导的宗教改革和闵采尔领导的农民战争成为德国历史上第一次反封建的群众运动。此后，17世纪爆发的30年战争，使整个帝国分裂成365个大小邦国和1 000多个骑士国，皇帝已无实权，德意志进一步处于四分五裂状态。

此时，德意志境内两个起决定性作用的权力中心已逐渐形成，它们是东北部的普鲁士和西南部的奥地利，两强争雄基本上决定了17至19世纪的德意志史。随后，法国大革命和拿破仑战争给德国封建专制制度以沉重打击，施泰因等人的政治、经济和军事改革推动了德国资本主义的发展。自19世纪起，德国开始了工业革命。1848年2月，在法国二月革命的鼓舞下，德意志各邦国的市民、学生、工人纷纷举行武装起义，开始了德国历史上第一次声势浩大的资产阶级民主革命，并于1849年3月通过了《德意志宪法》，但此后不久，各地起义先后被镇压下去。革命失败后，资产阶级把注意力从政治转向经济，消除分裂，统一德国已成为当务之急。普鲁士国王威廉一世于1862年任命俾斯麦为宰相，俾斯麦实行“铁血政策”，充分运用政治策

---

① https://www.mfa.gov.cn/web/gjhdq_676201/gj_676203/oz_678770/1206_679086/1206x0_679088/
② 同①。
③ https://databank.worldbank.org/data/download/GDP.pdf

略，施展外交手腕，凭借普鲁士的经济优势和军事势力，通过王朝战争自上而下逐步地统一了德国。1871 年 1 月 18 日，俾斯麦在巴黎近郊的凡尔赛宫镜厅宣告统一的“德意志帝国”诞生。普鲁士国王威廉一世成为德意志帝国皇帝，俾斯麦被任命为帝国宰相，控制了帝国的所有大权，统一后的德国经济得到了长足的发展。

德皇威廉一世加冕

图片来源：搜狐网，https://www.sohu.com/a/402193033_120157677? _trans_=000019_hao123_pc

第一次世界大战结束后，德国作为战败国被迫向协约国投降，《凡尔赛和约》签订后，德国失去了原有领土的 1/8 和原有居民的 1/10，并且失去了所有海外殖民地。1918 年“十一月革命”是德国历史上第二次声势浩大的资产阶级民主革命。这次革命结束了德国千年帝制，建立了德国历史上第一个资产阶级共和国——魏玛共和国。20 世纪三十年代初，希特勒利用严重的经济危机和国内矛盾，煽动狂热的民族主义情绪，终于在 1933 年 1 月夺取了政权，建立了法西斯专制制度。1939 年 9 月 1 日，德国发动了对波兰的进攻，由此开始了第二次世界大战的欧洲战争。经过世界反法西斯同盟和各国人民艰苦卓绝的斗争，纳粹德国于 1945 年 5 月 8 日宣布无条件投降。苏、英、美、法四国分区占领了德国及其首都柏林，接管了德国的最高权力，德国完全沦为丧失主权的战败国。由于四国在重建德国和解决柏林问题上发生尖锐的意见分歧，导致东西方危机不断加深。随着柏林分裂为东西两部分，东西方盟国分道扬镳。在美、英、法三国的推动下，1949 年 9 月，德意志联邦共和国在西方占领区内诞生；同年 10 月，在苏联支持下，德意志民主共和国在苏占区内宣告成立，在德意志的土地上出现了两个国家并存的局面。

对于战后联邦德国的政治体制问题，美、英、法三国占领当局有一套详尽的考虑方案。1948 年 7 月 1 日，占领当局要求德国 11 个州的州长召集一次制宪会议，同年 9 月 1 日，各州议会选举产生一个由 65 名成员组成的委员会。该委员会在《魏玛宪法》的基础上，为联邦德国制订并通过了《德意志联邦共和国基本法》，该基本法于 1949 年 5 月 23 日颁布生效。从结构上看，联邦德国基本法吸收了 1919 年至 1933 年期间《魏玛宪法》执行过程中的经验和教训，突出了保障公民的基本权利以及国家尊重和保护人的尊严的职责条文，并明确规定了德国国家制度的 5 项原则：德国是共和制和民主制国家、联邦制国家、法治国家和社会福利国家。在政府体制方面，《德意志联邦共和国基本法》确立了实行议会共和制的基本架构，这和《魏玛宪法》的规定有很大的不同。魏玛共和国承袭了帝国制传统，国家首脑称为总统，他不仅是国家的最高代表，而且拥有巨大权力，有权解散议会、任命和罢免总理和部长，有权统帅武装力量，向国防军下达最高命令并颁发重要的紧急命令，在非常时期，他还是立法者。这一国家元首制到了魏玛共和国末期，在兴登堡担任总统时产生了灾难性的后果。为此，《德意志联邦共和国基本法》参照英国立宪君主制的模式，把总统设定为虚位的国家元首，虽然他名义上仍是国家权力的拥有者和"国家的公证人"，但他的所有指示和命令需要有联邦政府的副署才有效，他对立法机关和联邦总理不具有直接的政治影响力。以联邦总理为首的联邦政府是联邦德国的最高国家行政机关，拥有《德意志联邦共和国基本法》保证的广泛权力，主宰着国家的重要行政事务，它由议会多数党组阁产生并对议会负责。事实证明，这种"虚位总统、实权总理"的政体模式，大大增强了联邦议会在国家事务中的作用，为战后德国的民主化建设提供了重要的保障。

在战后漫长的冷战时期，由于分属北约和华约两大军事集团，两个德国的关系发展充满了矛盾和斗争。1966 年后，社会民主党主席勃兰特推行"新东方政策"，两德关系从此逐步走向正常化，至 1972 年 9 月，两个德国同时加入联合国。此后，由于东西方关系不断紧张，两德统一问题被搁置。1989 年，民主德国的形势发生了迅猛的变化，11 月 9 日柏林墙开放，民主德国举行自由选举，新政府宣布实行与联邦德国一样的政治、经济体制和政策，两个德国迅速走向统一。1990 年 10 月 3 日，民主德国宣布整体加入联邦德国，两个德国正式统一，科尔出任德国统一后的首任总理，《德意志联邦共和国基本法》随即在新成立的东部 5 州生效。在规定民主德国加入联邦德国的统一条约的基础上，《德意志联邦共和国基本法》的序言和最后条款被重新改写。自此，《德意志联邦共和国基本法》成为统一德国的宪法，议会共和制也被证明是一种适合德国国情的政体形式。

五、日本议会内阁制形成的历史原因

日本全称日本国(Japan)，位于亚洲东部、太平洋西岸，是一个由东北向西南延伸的弧形岛国。日本西隔东海、黄海、朝鲜海峡、日本海与中国、韩国、朝鲜和俄罗斯相望，东临浩瀚的太平洋。日本国土由北海道、本州、四国、九州 4 个大岛和其他 6 800 多个小岛组成，总面积约37.79 万平方千米。日本境内多山，山地约占总面积的 70%。截至 2022 年 5 月底，日本总人口数约为 1.250 5 亿人[①]，连续 10 年减少。居民多数集中在各岛沿海平原和沿河地带，以东京、大阪、名古屋三大城市为中心的地区集中了全国人口的一半。居民绝大部分属于大和民族，北海道

---

① https://www.mfa.gov.cn/web/gjhdq_676201/gj_676203/yz_676205/1206_676836/1206x0_676838/

地区约有 2.4 万阿伊努族人。国民的宗教信仰以神道教、佛教为主，信仰人口分别占宗教人口的 49.6%和 44.8%。日本的国语是日本语。

日本国土狭小，资源贫乏，但战后的日本奉行“重经济、轻军备”路线，重点发展经济，使日本在 20 世纪 60 年代末成为世界第二大经济体，经济实力仅次于美国。2021 年，日本国内生产总值(GDP)约为 4.937 万亿美元，为世界第三大经济体。①

早在旧石器时代，日本列岛就有原始人类生存。距今一万年左右，日本开始进入以绳纹文化为代表的新石器时代。约公元前 3 世纪，日本列岛进入以农耕为主的弥生文化时代。公元 2 世纪后期，出现了以邪马台国为中心由 30 多个部落小国组成的军事联盟国家。3 世纪中叶，大和国兴起于本州中部，以今天的奈良地区为中心，5 世纪初，实力强大的大和国征服各部，建立起日本列岛第一个统一国家政权。推古元年(公元 592 年)圣德太子摄政，他派出遣隋使，出使大陆，后来又以法制完备的大唐帝国为典范，革新政治，对日本社会进行根本改革，公元 645 年，以“大化改新”为标志，日本仿照唐朝律令制度，建立起以天皇为绝对君主的中央集权国家体制。公元 12 世纪末进入由武士阶层掌握实权的军事封建国家，史称“幕府”时期。5 个多世纪中，日本的封建政治制度随着天皇制度的兴衰经历了由中央集权的专制君主制到地方将军专权辖制天皇的“武家政治”的演变，特别是 1603 年在江户(今东京)建立的德川幕府，是日本历史上统治时间最长的幕府。直到 19 世纪初，西方资本主义殖民势力以强大的军事实力叩开封闭多年的日本国门，才彻底打破了德川幕府长期奉行的锁国政策。1854 年，美国以炮舰政策迫使日本签订了《神奈川条约》，开放下田、函馆为对美通商口岸。在民族危机意识的驱动下，长州、萨摩等藩的地方武士中开始出现“尊王攘夷”思想，并积极酝酿各藩联合在“王政复古”的口号下发起“倒幕运动”，倒幕派在木户孝允和大久保利通等人的领导下，先是于 1867 年实现了“奉还大政”，宣布废除幕府制度，建立了由 17 岁的睦仁天皇亲掌权力的明治天皇政府，又于 1868 年发动了武装倒幕征伐德川幕府的战争，迫使德川幕府的最后一任将军德川庆喜投降，彻底交出幕府掌握的一切权力。至此，统治日本 260 多年的德川幕府终于彻底崩溃。

明治天皇

图片来源：搜狗网，https://baike.sogou.com/v257264.htm

1871 年，明治政府在全国范围内成功推行废藩置县的改革，它标志着推翻封建制度的日本资产阶级革命已基本完成，为建立中央集权的政治制度、发展资本主义经济提供了必不可少的政治前提。1889 年 2 月，《大日本帝国宪法》颁布实施，它标志着二元君主制在日本正式建立起来。

明治维新后，在政府“殖产兴业”“富国强兵”政策的积极推动下，日本资本主义经济在迅速完成产业革命的基础上突飞猛进。从 1884 年开始，日本积极推行以占领朝鲜半岛为桥头堡、进而向中国大陆扩张的战略构想。1894 年 7 月日本终于发动蓄谋已久的甲午战争，达到了以

① https://databank.worldbank.org/data/download/GDP.pdf

发动侵略战争为手段向中国大陆武装扩张的目的。1895 年与清朝政府的《马关条约》签订之后，日本彻底改变了它在东亚地区的战略地位。1904 年日俄战争爆发，最终以俄国的败北和日本"大陆政策"的得逞而结束。1910 年，日本侵吞朝鲜。一次大战期间，日本利用主要资本主义国家的两大军事集团在欧洲相互厮杀、无暇顾及远东地区的机会，发动了夺取德国在中国的势力范围以及德属南洋群岛殖民地的战争。20 世纪 20 年代，法西斯主义思潮开始在日本泛滥。1929 年资本主义世界经济大危机爆发之后，日本垄断资产阶级为了维持和发展国内占主导地位的军事化垄断经济组织，加快了进一步发动对外军事扩张的步伐。1931 年 9 月 18 日，日本关东军发动了蓄谋已久的侵吞中国东北的"九一八事变"，为发动全面侵华战争、进而实现"大东亚共荣圈"的侵略野心做好了准备。1937 年，"七七(卢沟桥)事变"爆发，日本开始了全面侵华战争。1941 年 12 月 8 日，日本海军以偷袭珍珠港美军基地的方式发动太平洋战争，使第二次世界大战在全世界范围内全面展开。在全世界人民反法西斯同盟共同的坚强抵抗和浴血奋战之下，1945 年 8 月 15 日日本政府宣布无条件投降，日本法西斯天皇专制统治彻底灭亡。

战后，美国迅速派出 15 万军队对日本实行单独占领。1945 年 9 月 22 日，美国政府发表《占领初期美国对日本政策基本原则》，宣称："美国对日本的最终目的是：(一) 保证日本不再成为美国的威胁，不再成为世界安全与和平的威胁。(二) 最终建立一个和平与负责的政府，此政府应尊重其他国家的权利，并应支持联合国章程的理想与原则所显示的美国的目标"。为了实现上述目标，美国首先在日本进行了"五大改革"：妇女解放和参政；奖励成立工会；学校教育民主化；废除秘密审讯司法制度；经济制度民主化，包括"非军事化"、"民主化"和"农地改革"。同时，为了不让远东委员会行使修改日本宪法的权限，美国占领军司令麦克阿瑟抢先于 1946 年 2 月 3 日对日本政府提出制定新宪法的三原则：(一) 改革天皇制，使其权力受宪法限制，并从属于人民的最高意志；(二) 放弃战争和战争准备；(三) 废除一切封建制度。在美国人看来，要实现日本政治民主化的关键是废除原有的帝国宪法，制定新宪法，作为日本政治体制改革的重要依据。围绕新宪法的制定，美国占领当局与币原内阁为代表的日本政府进行了反复的较量，矛盾的焦点集中在天皇制在日本政治制度中的权力与地位问题上。1946 年 2 月，在币原内阁提交的新宪法草案上，依然保留了天皇在日本政治制度中至高无上的地位和最高军事统帅权，这是与美国占领当局既想保留天皇制，又想以民主的方式改造天皇制的意向发生根本抵触的。于是，麦克阿瑟命令"盟总"民政局直接起草《日本国宪法草案》，完全按照美国政府的意见，使天皇仅仅保留为象征性的国家最高元首。在占领当局的强大压力下，日本政府除了征得美国同意将议会一院制改为两院制、不规定土地国有之外，通过了基本上以美国制定的草案为蓝图的"宪法修改草案纲要"，经过议会两院审议并做了一些重要的修改和补充后通过。1946 年 11 月 3 日正式公布了《日本国宪法》，规定 1947 年 5 月 3 日新宪法开始生效。自此，日本由一个实行绝对天皇制的国家转变为以天皇为国家象征的议会内阁制国家。

《日本国宪法》对明治维新以来的政治制度进行了重大改革，除了规定天皇是日本国家统一的象征和放弃战争权力这两项富有日本特色的重要条款外，该宪法几乎完全是美国宪法的翻版。宪法确立了国家主权以全体国民意志为依据的原则，天皇不过是国家的象征，从这一点来看，把日本的政体形式类比于英国式的君主立宪制是不确切的。日本虽然保留了君主，但主权属于国民的规定颇有共和制的特征。新宪法以议会作为国家权力的中心，采用了英国式的议会内阁制模式，规定由大选后产生的议会多数党组阁产生政府，内阁总理大臣作为政府首脑掌握国家的实权。从历史的积极意义来看，议会内阁制的确立对日本战后的民主化建设产生了重要的作用。

六、俄罗斯半总统制共和制的建立

俄罗斯，全名俄罗斯联邦(The Russian Federation)。原是解体苏联的一个加盟共和国，1991 年 12 月正式成为完全独立的主权国家。

俄罗斯位于欧亚大陆的北部，领土包括欧洲的东部和亚洲的北部，陆地邻国西北面有挪威、芬兰；西面有爱沙尼亚、拉托维亚、立陶宛、波兰、白俄罗斯、乌克兰；南面有格鲁吉亚、阿塞拜疆、哈萨克斯坦；东南有蒙古、中国和朝鲜，并与日本和美国的阿拉斯加隔海相望。俄罗斯领土总面积 1 709.82 万平方千米，①是世界上领土面积最大的国家。俄罗斯的自然资源极为丰富，它拥有世界上最大面积的农业耕地，煤炭、石油、天然气等能源的储量约占世界总量的1/3，森林面积和水利资源均居世界前列。2021 年，俄罗斯国内生产总值(GDP)为 1.775 8 万亿美元，为世界第十一大经济体。② 俄罗斯领土广大，人口众多，截至 2022 年 6 月底，总人口约为 1.46 亿。③ 境内有大小民族 194 个，其中俄罗斯族占 77.7%④，其他少数民族有鞑靼、乌克兰、白俄罗斯、哈萨克、犹太等。俄语为俄罗斯联邦全境内的国语，主要少数民族都有自己的语言和文字。主要宗教是东正教，但伊斯兰教也有广泛的影响。

俄罗斯人的祖先是古代的东斯拉夫人。6 世纪时，东斯拉夫人的部落开始解体，并逐渐形成许多部落公国。882 年诺夫戈罗德大公奥列格占领基辅，建立了基辅罗斯。12 世纪后，随着蒙古人的到来，基辅罗斯不断衰落。15 世纪下半叶，伊凡三世在莫斯科建立了中央集权国家——莫斯科大公国，随着统一的俄罗斯国家的形成，统一的国家管理机构也逐步建立。1547 年，伊凡四世改大公号为沙皇，开始向西伯利亚扩张，此后俄罗斯历史进入了中央集权巩固的时期。

彼得一世

图片来源：搜狐网，http://mt.sohu.com/20161108/n472641795.shtml

彼得一世时期，由于大力推行西方式的改革，俄罗斯国力日渐强盛，中央集权的国家机器也日臻完善。从 1700 年到 1721 年，彼得一世通过北方战争打败瑞典，夺得了波罗的海的出海口，并把首都从莫斯科迁到圣彼得堡。1721 年，彼得大帝正式改国号为俄罗斯帝国。18 世纪后半期，俄国女沙皇叶卡捷琳娜二世推行了一系列改革措施，强化了国家政权，将农奴制推上了发展顶峰。她在位期间，俄罗斯领土得到了极大的扩张，获得了黑海出海口，沙俄势力跨过了高加索山。此后，由于历代沙皇的残暴统治招致了人民的强烈不满，农民运动不断高涨。1861 年 2 月，沙皇亚历山大二世被迫推行农奴制改革，俄国开始走向资本主义。

① https://www.mfa.gov.cn/web/gjhdq_676201/gj_676203/oz_678770/1206_679110/1206x0_679112/
② https://databank.worldbank.org/data/download/GDP.pdf
③ https://eng.rosstat.gov.ru/
④ 同①。

1904年日俄战争失败后，沙俄的社会矛盾空前激烈，终于爆发了1905年革命。在革命中，俄国无产阶级显示了自己的巨大力量。1917年，俄国爆发了“二月革命”，推翻了统治俄国300多年的罗曼诺夫王朝。为了进一步推动革命，在列宁的领导下，俄国社会民主工党(布)中央委员会决定于1917年11月7日(俄历10月25日)举行武装起义，起义之火在彼得格勒燃起后迅速传遍全国，俄罗斯各地相继建立了苏维埃政权。1918年1月23日，全俄工兵苏维埃第三次代表大会宣告俄罗斯苏维埃社会主义共和国成立。1922年12月30日，在苏维埃社会主义共和国联盟第一次代表大会上，通过了苏联成立宣言和联盟条约。根据列宁的提议，俄罗斯、乌克兰、南高加索、白俄罗斯四个独立的苏维埃共和国在自愿、平等并可以自由退出的原则基础上建成了一个统一的新国家。以后又有一些国家陆续加入，发展到共有15个加盟共和国。斯大林时期，苏联掀起了一场轰轰烈烈的加速工业化和农业全盘集体化运动。苏联由一个落后的农业国迅速成为一个工业国。到20世纪30年代末，苏联的工农业总产值已居欧洲第一，世界第二，经济实力大大提高。1939年9月，第二次世界大战爆发。战争初期，苏联并没有参战，直到1941年6月德军不宣而战侵入苏联，才被迫转入战争的轨道，以斯大林为首的最高统帅部领导苏联人民开始了长达四年的卫国战争，终于战胜了法西斯。

战后，随着冷战的开始，苏联作为社会主义阵营的领袖无可争议地成了两极世界中的一极。在斯大林之后，赫鲁晓夫、勃列日涅夫、安德罗波夫、契尔年科相继当政，到八十年代，苏联的经济发展速度开始减慢，经济体制也日趋僵化，内政和外交都一度陷入困境。1985年3月，戈尔巴乔夫登上苏联的政治舞台，为了革除斯大林体制的弊病，他开始推行大规模的经济和政治体制改革，从根本上改变了以党代政的弊端，为实行多党制打开了缺口。1990年2月，苏联最高苏维埃以多数票通过设立总统制，并选举戈尔巴乔夫为苏联第一任总统。1990年6月12日，俄罗斯联邦最高苏维埃发表《主权宣言》，宣布俄联邦拥有“绝对主权”。1991年8月苏联发生“8·19事件”，戈尔巴乔夫遭反对派软禁，莫斯科的形势急转直下，俄罗斯联邦总统叶利钦发表《告俄罗斯公民书》，接管俄罗斯境内的武装部队，控制了莫斯科的局势。8月22日，戈尔巴乔夫回到莫斯科，他于8月24日发表声明，宣布辞去苏共中央总书记职务，要求苏共中央自行解散。政变的发动者本想挽救苏联这个濒临解体的超级大国，而政变失败的结果则加速了苏联的解体。1991年12月8日，俄罗斯与白俄罗斯、乌克兰3个加盟共和国签署《独立国家联合体协议》，宣布组成“独立国家联合体”。12月21日，俄罗斯与另外10个加盟共和国共同签署了《阿拉木图宣言》和《独立国家联合体协议议定书》。12月25日晚19时，戈尔巴乔夫向全国和全世界发表讲话，宣布辞去苏联总统职务。入夜时分，苏联国旗从克里姆林宫缓缓降下，俄罗斯的白蓝红三色旗徐徐升起，这既标志着苏联解体，也标志着俄罗斯联邦从此成为完全独立的主权国家。第二天，苏联联盟院举行最后一次会议，正式宣布苏联停止存在。

苏联解体前后，为了摆脱政治、经济困难，避免重现苏联时期政治体制中的问题，俄罗斯必须尽快建立适合自己国情的政治体制。1991年4月，《俄罗斯联邦总统法》获得通过，6月12日，俄罗斯举行全民投票直接选举俄罗斯联邦总统，叶利钦以57.3%的选票当选为俄联邦第一任总统。但这种总统—议会体制由于在权力划分上存在着许多不明确的地方，在实施的过程中不可避免地引发一系列问题。以叶利钦为首的行政部门主张采用更便于总统集权的法国式的半总统制，由总理组阁行使联邦行政权，并向议会负责，而总统则成为一个具有超然地位的实权元首。以哈斯布拉托夫为首的立法部门则倾向于建立德国式的议会共和制，使议会成为国家权力的中心，并迫使总统放弃实权，成为虚位元首。到 1993 年 10 月，俄罗斯总统和议会之间的矛盾已经成为俄罗斯最严重的政治问题，并且愈演愈烈，终于发生了 10 月流血事件，叶利钦为对付议会不惜动用阿尔法特种部队，炮轰俄罗斯议会办公地白宫，并擒获哈斯布拉托夫等人，俄罗斯总统与议会之间的斗争最终以总统的胜利而告终。1993 年 12 月 12 日，《俄罗斯联邦宪法》经全民投票被通过，总统的特权地位得到了确认，至此，采用法国式的半总统制的俄罗斯政治体制正式确立下来。

第二节　影响政治体制建构的因素

各国政治体制之所以呈现出丰富多彩的类型，是与各国独特的历史与国情密切相关的。托克维尔在他的《论美国的民主》一书中曾精辟论断："自然环境不如法制，而法制又不如民情。"①在他看来，美国之所以建立起民主制度，是与它具有的得天独厚的自然条件和特有的民情密切相联的。联想到后来拉美许多国家仿照美国的模式建立起总统制，但民主制度的运作问题却大多没能很好地解决，导致不少国家先后经历一段漫长的军人独裁统治时期，在走过长时期弯路以后，才明白一个好的政治体制是不能直接从外国照搬过来的，只有那些适应于本国国情的体制，才能在本国的土壤中生根、开花、结果。因此，一谈到政治体制的建构，就必须把它放到一个系统性、整体性的框架中去考察，应该说，只有适合本国实际的政治制度，才是最好的制度。

究竟有哪些因素直接或间接地影响了一国政治体制的建构？综合世界各国的有关情况，可以发现政治体制的建构往往和下列一些因素有着较为密切的关系。

一、自然环境、国土面积和地理位置

从政治地理和历史发展的角度看，一个国家是地处大陆还是岛屿，它有没有邻国，邻国有多强大，对这个国家是否建立强大的国防乃至庞大的官僚阶层有着极为密切的关联性。例如，英国所处的地理环境中最为重要的，是它相对孤立的海岛位置。孟德斯鸠曾经说过："岛屿的人民比大陆的人民爱好自由，岛屿通常是很小的，一部分的人民不那么容易用来压迫其他部分的人民；海洋使他们和大的帝国隔绝；暴政不能够向那里伸展；征服者被大海止住了；岛屿很少受到征略战争的影响，他们可以比较容易保持自己的法律。"②在这样一种海岛地理环境中，海洋构成了一道天然屏障，使其能够长期远离欧洲大陆封建列强的战争。而且凭着这道天然屏障，英国不需要像欧洲大陆国家那样不管战时还是平时都必须耗费大量资财维持一支庞大的常备陆军，但为了抵御外敌入侵和干涉大陆的需要，却逐步建立起一支强大的海军，这为它以后建立"日不落帝国"创造了条件。而对于法国这样一个具有悠久历史的农业大国来说，情况就有了很大的不同。作为一个强敌包围下的大陆国家，为了维护统一和抵御外敌入侵，建立一

① 托克维尔：《论美国的民主》(上卷)，商务印书馆 1991 年版，第 358 页。
② 孟德斯鸠：《论法的精神》(上卷)，商务印书馆 1982 年版，第 282 页。

支数量庞大的常备陆军成为国家稳定的必要条件，而为了获得巨额的军费，法国不得不维持一支庞大的官员队伍，以应付收税之所需；加上法国中央集权制的传统影响，长期以来，从中央到地方都拥有庞大的官僚队伍，官僚主义作风盛行，官僚势力强大。同时，作为一个传统上以农业发展为主业的国家，法国农业人口较多，小农意识浓厚，地方封建势力较为强大，社会矛盾长期以来始终较为激烈，社会常常处于动荡不定之中。随着农民反对封建领主斗争的发展和城市的兴起，国王乘势利用市民和中小贵族的力量，削弱了封建领主的权力，从 16 世纪开始，法国中央集权的专制君主制逐渐形成并达到了登峰造极的地步。用法国政治家阿兰·佩雷菲特的话来说，就是“法国乃是西方的中国”①。法国特有的国情预示着它在发展资本主义的进程中将走上一条与英国截然不同的道路。

地理条件和生态环境对一个国家政治体系的影响不仅可以从宏观上加以审视，而且还可从微观上加以说明，一国的经济结构、城市布局、民族分布、社团结构乃至政治体制都与地理因素有着密切的关联。如“地缘政治学”的杰出代表、法国思想家孟德斯鸠就认为，一国的地理和生态状况与该国的政治生活有着密切的关联性，如古代的民主制只能在一些气候温暖的国家才能产生与维持，因为它是同人民的大规模集会联系在一起的。从国土面积对政治体制的影响来看，孟德斯鸠认为，小国适合于建立共和政体，中等大小的国家适合于由君主治理，幅员辽阔的国家则只能建立专制制度②。他的这种说法不能说有多少科学道理，但还是从一个侧面指出了国土面积与政治体制的关联度。

二、历史传统与习俗民情

一个国家政治体制的建构与该国人民的国民性与民族融合程度密切相关。马克斯·韦伯在他的《新教伦理与资本主义精神》一书中就指出过，信奉新教的民族中易于培养起资本主义精神的萌芽，这从英、美两个主要新教国家的历史发展中可以清楚地看出来。托克维尔曾在他的《论美国的民主》一书中用大量的篇幅详细分析了美利坚民族的特性对美国民主制的产生所起的重要作用。美国的原住民虽是印地安人，但它基本上是一个移民国家，早期移民中大多来自它的宗主国英国。根据 1790 年的调查，在美国 13 个最早的殖民地的人口中，80%是白人，而且 3/4 以上的白人来自英伦三岛。因此，各殖民地的居民以英语为共同语言，具有相同的欧洲文化背景，为美国建国后民族凝聚力的形成创造了条件。美国没有经历过封建社会，早期移民中大多是为了逃避宗教迫害、追求自由和幸福生活而来，因此人民的自由意识较强烈，加上华盛顿、杰斐逊和潘恩等民主思想的先驱们不懈地传播与努力，在新生的美利坚土地上，民主和平等的观念深入人心，封建专制主义和等级制观念根本没有市场。加上美国又是在明确宣告摆脱英国殖民统治、取得独立战争胜利后建立自己的政治体制的，因此它全盘抛弃了英国的王权主义和保守主义传统，其独特的政治体制没有历史上的继承性，而完全是在尊重殖民地民情的基础上，由开国元勋们理性架构的产物。

另外，在民族矛盾十分尖锐的国家中，中央集权专制统治的势力必定非常强大，因为要把宗教信仰截然不同的各民族融合起来，建立统一的民族国家，必然需要实行一种自上而下的高

① 阿兰·得雷菲特：《官僚主义的弊害》，商务印书馆 1981 年版，第 420 页。
② 孟德斯鸠：《论法的精神》(上卷)，商务印书馆 1993 年版，第 126 页。

压统治;如以前的沙皇俄国就属此类,2000 年前后俄罗斯国内针对车臣恐怖势力的斗争也在一定程度上反映了民族矛盾对政治体制的稳定所产生的负面影响,这一影响在短时间内很难消除。

三、传统的法律习惯与法律制度

各国在历史上对法律的理解和尊重程度极为不同,有着较好法律传统的国家中人民对法律较为尊重,也比较守法,政治体制建立时依法治国的原则能得到较好的贯彻。如英国传统的"法治"原则就明确规定,国家除依据法律统治之外,不再存在专横武断的权力和其它特权,英国人由法律,也仅仅由法律统治①。这就决定了英国的"法治"既是公民保护自己日常生活和权利的盾牌,也是阻止政府滥用权力的一道防线。这一思想保证了英国宪政制度灵活而稳健地逐步发展,虽历经数百年,却很少倒退。以至于在今天的英国,尽管大量中世纪的政治外壳依然保留,但宪法和体制的改良还是不断地给旧的形式注入新的活力,使其始终成为民主国家中的重要成员。英国历史学家汤因比曾评论说,"英国顺利地在旧瓶里装进了新酒,还不至于引起旧瓶爆炸",并认为这"可以说是一种宪法方面的胜利,这种胜利应该当作是一种惊人的技艺"。② 英国的宪政发展之路有力印证了一国传统法律文化对政治体制的重要影响。

此外,不同国家封建时期的法律习惯对该国的经济制度和政治制度影响甚大,甚至决定了该国走向现代国家的进程。如欧洲封建时期实行土地和爵位的长子继承制,规定土地不能买卖,这一制度导致欧洲土地所有权与政治统治权不分,既为领主型封建制奠定基础,也迫使贵族的次子们不断转向经商和发展产业,培育起庞大的资产阶级队伍。而中国两千多年来的封建社会始终实行土地自由买卖制度和家庭财产的诸子均分制,决定了取得土地的依据不是血统,而是货币。这一制度不但稳定了封建制度的基础,导致了一个"分久必合,合久必分"的乡土社会封闭循环圈的形成,也确保了一个以榨取赋税为生存条件的庞大的官僚阶层的存在。

四、传统政治文化的影响

政治文化具体包括一个国家国民的政治观念、宗教信仰和价值观等。不同的政治价值观必然会导向采取不同的政治体制。英国虽然在西方国家中率先进入资本主义社会,但它的资产阶级革命是以妥协告终的,大量封建的因素,如王权、教会、贵族等封建保守势力都在革命后继续存在,这成为英国保守主义滋生的肥沃土壤。保守主义作为一种社会价值观念,给英国政治和经济生活带来了巨大的影响,在保守主义思想主导下的英国革命呈现出典型的"渐进式革命"的特点,英国政治体制的健全和完善也是通过非暴力的"砌墙式改革"最终实现的。而在法国,法兰西民族特有的以走极端为特色的感性主义传统在政治制度的建构方面产生了重要的影响。在近代史上,法国是资产阶级革命最彻底的国家,从 1789 年到 1958 年的 160 多年间,它前后共经历了十多次政体变化,几乎尝试了所有的政体类型,但它并没有像英国、美国那样,

---

① 曹沛霖、徐宗士:《比较政府体制》,复旦大学出版社 1993 年版,第 49 页。
② 汤因比:《历史研究》(第 1 卷),商务印书馆 1986 年版,第 300 页。

建立起一个稳定的资产阶级政治制度。正如有些西方学者所说，法国革命留下的是思想，而不是制度。

日本是亚洲的封建军国主义国家，具有中央集权制的传统。在日本的封建时代，因为从未出现过由农民起义造成的改朝换代、推翻天皇制度的现象，权力分配一直是在天皇家族和地方贵族之间进行。因此长期以来，日本国民具有强烈的"忠君"意识和"武士道"精神，愿意为天皇尽忠，为国家效力；加上日本单一的民族构成形成了很强的民族凝聚力，这就为 20 世纪日本军国主义发动侵略战争做了政治文化方面的准备。战后，单独占领日本的美国人在重建日本政治体制的过程中，曾组织不少学者对日本的传统政治文化进行研究。著名的文化人类学家本尼迪克特撰写的《菊花与刀》一书，从历史和文化的角度深入剖析了日本民族对称为"万世一系"的天皇具有的一种传统的敬畏、崇拜和服从意识，指出天皇作为日本民族精神支柱这样一种深刻的政治文化特征。她的观点被美国占领当局所接受，在麦克阿瑟推出的日本战后新宪法中，不但没有把天皇裕仁作为战犯加以处置，而且确立了"天皇是日本国的象征"，其地位"以主权所属的全体国民的意志为依据"的政体形式。这就在顾及日本民族感情的基础上，在肯定天皇为"虚位"国家元首的前提下，为建立起以议会内阁制为特征的资本主义民主制度奠定了基础。从战后日本政治的发展状况看，这样一种政体形式的设计是符合日本国情的。但是，出于对日本军国主义势力进行严格限制的目的，美国在新宪法中明确规定日本将放弃战争，否认交战权，这一规定对战后日本政治文化的导向产生了深刻的影响，使得一部分民族主义倾向严重的日本国民十分不满，复活军国主义的思潮至今在日本仍有一定的市场，并对日本今后政治制度的发展产生深远的影响。

五、政治制度建构者的个人素质

一个国家政治体制的建立，离开了其建国者的作用是不可想象的。拿破仑深受法国封建传统意识的熏陶，在担任第一执政后想的就是当法兰西帝国的皇帝。而美国的开国元勋们对原来的宗主国英国的王权制度深恶痛绝，他们极为推崇欧洲启蒙运动思想家的平等意识和分权思想，在《独立宣言》和《美利坚合众国宪法》中确立了国民主权和三权分立的原则，为美国民主制度的建立奠定了坚实的基础。而美国首任总统华盛顿在两届任期届满之后回归平民生涯，更是开创了废除国家元首任职终生制的先河，为美国政治领导者的和平更替树立了光辉的典范。

俄罗斯历史上曾经是欧洲专制制度的典型标本，从彼得大帝开始的历届沙皇都推行了由个人意志主宰的中央集权的专制统治。这一传统也影响了苏联的政治发展轨迹。尤其在斯大林掌权时期，过度强调的集中统一领导和对领袖意志的绝对服从虽然为苏联从一个落后的农业国迅速走向工业国创造了条件，但也造成了由于"大清洗"而对社会主义民主原则的严重背离。从 1917 年十月革命到 1991 年苏联解体，社会主义制度在俄罗斯大地上存在了整整 73 年，在这期间，有过无数的成就与挫折，光荣与悲哀，经验与教训，都给今天的俄罗斯留下了宝贵的财富。作为一个国土面积巨大、民族众多的国度来说，如何把集权的传统与加强国家的完整和统一结合起来，是赋予新一代政治领导人的艰巨任务。在具有领导者意志决定国家走向的传统的俄罗斯政治文化影响下，领导者的政治取向和个人品质成为决定俄罗斯发展道路的重要因素。而苏联曾经有过的超级大国的地位，也促使俄罗斯人时刻准备着为恢复强国的梦想而努力。正因为如此，俄罗斯政治体制的建立和完善离不开强有力的集权统治，它在民主政治建设方面的发展方向，也一定带有强烈的独特的本民族色彩。

思考题：

1. 试简述英、美、法、德、日、俄六国现行政治体制建构的基本脉络。
2. 试举例说明政治体制的建构与一国历史与国情的内在联系。
3. 试分析我国的基本国情与政治体制之间的密切关系。

案例二：戴高乐东山再起——法兰西第五共和国的诞生

第二次世界大战结束后，1945 年 11 月戴高乐担任法国临时政府总理。但新政府成立不久，由于政见不合，戴高乐就与制宪议会内各政党之间爆发了一场激烈的冲突，这场冲突的实质实际上是在法国实行何种政治体制问题。戴高乐以他对法国历史的深刻理解，坚决反对政党政治，主张在法国建立一个强有力的类似美国总统制式的中央政府。而制宪议会内各政党则坚持主张法国实行议会共和制，由议会掌握国家最高权力，控制政府。由于双方各持己见，互不相让，缺乏政党支持的戴高乐被迫于 1946 年初辞去临时政府总理一职，回乡归隐。

虽然离开了法国的政治中心——巴黎，但戴高乐并没有从此意志消沉，而是静观法国政局的发展变化，积极等待机会，以便东山再起，施展自己的“雄心大志”。

1958 年 5 月 13 日，法国驻阿尔及利亚殖民军总司令萨朗利用军队对政府的不满，发动反政府的军事叛乱。5 月 24 日，法国科西嘉岛的中下层军官发动政变夺取当地政权，并扬言向巴黎进军。军队的骚乱激起了法国左翼政党、工会和广大民众的强烈愤慨，他们纷纷走上街头，举行大规模示威游行，抗议军队暴动，内战大有一触即发之势。危机面前，弗林姆兰政府束手无策，完全陷于瘫痪。

这种情况下，法国人民重新想起了戴高乐，希望他能够在危难中再次拯救法兰西。而一些戴派政治人物也为自己的政治领袖东山再起及时摇旗呐喊，他们或策划于密室，或积极牵线搭桥，更有人甚至直接运作军队发起拥护戴高乐上台的请愿运动。

面对这一历史性机遇，5 月 19 日，待机而起的戴高乐及时举行记者招待会，公开表示愿意“承担共和国权力”。5 月 27 日，正当科西嘉岛叛军准备向巴黎进军时，戴高乐进一步发表公告，声明自己已经在采取实际步骤来接管早已瘫痪的中央政府的权力。这一公告发表非常及时，它促使军方叛乱将领发生分裂，防止了一场即将爆发的大规模内战，国内局势开始渐趋稳定。

关键时刻，戴高乐以自己非凡的个人威望，粉碎了军队的叛乱阴谋，这证明他确有能力拯救国家。由此，原先对他不同程度上怀有敌意的国内各政党乃纷纷捐弃前嫌，支持他上台执政。6 月 1 日，议会以 329 票对 224 票通过决议，授权戴高乐组阁。6 月 3 日，议会又以 350 票对 161 票的绝对多数通过决议，授予新政府修改宪法的权力。之后议会宣布休会。法兰西第四共和国寿终正寝。

根据议会授予的修宪权力，戴高乐一上台，即任命德勃雷具体负责新宪法的起草工作。

德勃雷二战期间就开始追随戴高乐，深谙戴高乐的思想和主张。他接手修宪工作后，组织了一个由18人参加的工作组，以戴高乐关于法国政治体制的思想和主张为基础，遵循议会休会前通过的五项宪政原则，借鉴了法兰西第四共和国政治体制在实践中的经验教训，同时还参照了英、美等国政治体制的机制和运行情况，于7月中旬完成了新宪法草案文本的起草工作。

综观这一部新宪法草案，其最主要的特点是，它扩大了总统的权力，削弱了议会权力，降低了总理和内阁的作用。新宪法规定，总统由选民选举产生，对选民负责，任期7年。总统为国家元首，有行政、军事、立法、外交等大权。总统有权直接任免总理和高级官员，解散议会，并可撇开议会行使"非常权力"等。对于这一政治体制的设计，有人称之为"没有议会权力的议会制度"，戴高乐则称这一制度"既是议会制，又是总统制"。实际上它使法国由原来议会制的共和制变为半总统制的共和国。

之后，经过多次讨论和修改，8月11日，新宪法草案获得宪法咨询委员会通过。9月4日，戴高乐借第三共和国成立87周年纪念日，在巴黎共和国广场正式提出了新宪法草案，呼吁公民投票予以通过。

对于这部新宪法草案，当时法国国内各大政治力量，总的来说，社会党、人民共和党、独立党以及其他右翼政党和社会团体持积极肯定态度，担心戴高乐因此走向独裁的法国共产党和民主与社会抵抗联盟则持坚决否定立场。

为了争取新宪法草案在公民投票时获得通过，新宪法草案公布后，戴高乐及其支持者们一路马不停蹄，前往各省和各大中城市宣传新宪法草案，呼吁公民届时投赞成票。他们为此还特地改组整顿了国家广播电视台，派得力干将坐镇，动用一切宣传工具：口号、标语、海报、刊物等比比皆是，宣传新宪法草案对法国未来的重大意义。相较之下，当时反对党所能使用的宣传手段非常有限，无论宣传规模还是声势都相形见绌。

1958年9月28日，全体法国公民正式就新宪法草案投下庄严一票。投票结果大出人们意料之外：根据法国本土的统计，赞成新宪法草案的有效票为79.25%，反对票约为20.75%，弃权人数占登记投票人数仅为15.6%。法国政治史上除1936年议会选举外，就数这次投票弃权率最低，它表明在国家危难时刻极大多数法国公民都拥有关心国家前途和命运的高度使命感。至于这次投票赞成率这么高，根本原因在于，这部宪法适应了当时法国经济、政治和社会发展的需要，新宪法所规定的法国政治体制符合法国国情，顺应了民心。

新宪法草案的被通过，标志着法兰西第五共和国正式诞生。1959年1月，戴高乐当选为共和国总统。至此，戴高乐终于实现了多年的宿愿，完成了他对法国政府体制的改造。

（摘编自吴国庆：《战后法国政治史》，社会科学文献出版社2004年版。）

思考题：

1. 作为西方民主制成熟的国家，1958年法国为什么也会发生军队内乱？
2. 法国民众当年高票支持通过戴高乐宪法的原因是什么？

第三章　宪制：西方国家政治制度的本质特征

宪制常被称为宪制主义或立宪主义，是一种制定宪法的政治实践。宪制制度中包含有体现有限政府原理的规则，它们通常含有保障政治或经济权利和自由的法案或宪章，以及旨在保护个人权利不受国家侵犯的其他结构性特征。① 古典的宪制思想传统上关注于最大限度地"保护社会成员彼此不受侵害""同时将政府侵害公民的机会降至最小程度"。它的目标就是"避免暴政"。正如麦基尔韦恩所说的，宪制就是意味着"对政府施加合法的制约(它的)反面是专制统治"。② 世界立宪史向人们预示，立宪政体就是控权政体，就是保障政治自由的政体；宪法不仅是一种权力，而且是一种对政府加以控制的法律。"宪制即有限政府"的古典信条就是宪制主义最根本的内涵。

第一节　宪制的产生

一、西方国家宪法的产生

在西方，宪法(Constitution)一词源于拉丁文 constitutio，原为建立、组织、构造的意思。在中世纪的欧洲，宪法一词常用来表示确立国家基本制度的法律。到了中世纪末期，英国确立了议会制，出于对"议会主权"的尊崇，英国学者称这种代议制度为英国特有的宪法。后来经过长期演变，18 世纪末，美国宪法诞生，这是世界上第一部成文宪法。自此，宪法成为规定国家政权如何组织和活动的最重要法律，宪制制度也就成为一国政治制度的基本内容。

在世界各国中，美国第一次在组织州政府和联邦政府时使用了"宪法"一词，宪法从此获得了自身的坚实基础和专门的含义。但是，从发生学的角度看，宪制主义的源头并不在美国，美国人承续的是在英国逐渐成长起来的限权政府传统。这一传统最早可以追溯到 1215 年的《大宪章》，这一划时代的政治文献明确规定了对国王权力的制约，为限权政府的形成奠定了重要的基础。

---

① 戴维·米勒等：《布莱克维尔政治学百科全书》，中国政法大学出版社 2002 年版，第 183 页。
② 斯蒂芬·L. 埃尔金、卡罗尔·爱德华·索乌坦：《新宪政论》，生活·读书·新知三联书店 1997 年版，第 27 页。

1. 英国宪法的产生

1215年6月，反叛的英国贵族逼迫国王约翰在《大宪章》（也称为《自由大宪章》）上签字。《大宪章》共63款，数千言，它是当时仓促草拟的文件，不是议会政治的产物，因为当时没有正式的议会。然而，它作为一部成文法典在亨利三世（1216—1272）在位的半个世纪中被奉为法律基础，这样便使它成为此后英国宪制发展的一个起点。《大宪章》中最为精髓的条款是：一、除封建义务所规定的贡款赋税外，“王国内不可征收任何兵役免除税或捐助，除非得到本王国一致的同意”“为了对某一捐助或兵役免除税的额度进行讨论并取得全国的同意，国王应发起召集大主教、主教、寺院长老、伯爵和大男爵等开会，讨论研究征款事宜”。二、“若不经同等人的合法裁决和本国法律之审判，不得将任何自由人逮捕囚禁、不得剥夺其财产、不得宣布其不受法律保护、不得处死、不得施加任何折磨、也不得令我等群起攻之、肆行讨伐”。国王若对以上规定或基本原则蓄意违反，则贵族可随时造反，国内任何人亦可随贵族造反。① 这两项条款确立了宪制主义的早期重要原则：即臣民对其财产和人身安全的保障权，以及在臣民与君王的契约关系中臣民对暴君的反抗权。所以，尽管它作为一份表现封建贵族意志和自由的正式宣言书，在此后几个世纪的大多数时间中曾被湮没未闻，但是，到17世纪的英国革命时，《大宪章》又被人们发掘出来，作为议会权利的一个法律方面的传统依据而为反抗暴政者所利用。《大宪章》的生命在于，后世人们在当时的历史环境中，把它作为一种约定俗成的习惯法加以应用，从而在传统的外壳下对它进行了发展和延伸。所以，在它的大部分具体规则随时间的流逝而失去光泽后，《大宪章》却一直作为国王应该遵守法律的象征而矗立着，成为英国有限君主制传统的永久的历史见证。

17世纪的英国革命以资产阶级、新贵族和封建贵族之间的妥协而告终，这种妥协具体表现为立宪君主制的形成。在英国革命期间和之后，资产阶级和新贵族结成联盟，迫使国王签署了一系列限制国王权力并承认资产阶级权利的重要法律文件，如1628年的《权利请愿书》、1679年的《人身保护法》、1689年的《权利法案》、1701年的《王位继承法》、1911年和1949年的《议会法》（Parliament Act），以及历次修改的选举法、市自治法、郡议会法等。这些法律文件确定了英国立宪君主制的重要原则，成为英国宪法的重要组成部分。但由于资产阶级革命的不彻底，英国没有像美国和法国以及其他西方国家一样，制定成文的宪法。英国宪法是由各个时期议会通过的一系列重要的法律和惯例、判例所组成的不成文宪法。

2. 美国宪法的产生

从1775年到1783年，英国在北美的13个殖民地进行了反对宗主国的独立战争。1776年7月4日，由殖民地代表组成的大陆会议通过了由杰斐逊起草的著名的《独立宣言》。《独立宣言》首先提出了当时新兴的资产阶级的最激进的政治原则：“我们认为这些真理是不言而喻的：人人生而平等，他们都从他们的‘造物主’那边被赋予了某些不可转让的权利，其中包括生命权、自由权和追求幸福的权利。为了保障这些权利，所以才在人们中间成立政府。而政府的正当权力，则系得自被统治者的同意。如果遇有任何一种形式的政府变成损害这些目的的，那么，人民就有权利来改变它或废除它，以建立新的政府。”②随后，《独立宣言》列举了英国殖民

---

① 钱乘旦、许洁明：《英国通史》，上海社会科学院出版社2002年版，第60－61页。

② 摘自《独立宣言》，选自李道揆：《美国政府和美国政治》，商务印书馆1999年版，第770页。

统治的27条罪状，庄严宣告联合殖民地脱离英国而独立。《独立宣言》是美国和西方各国资产阶级革命历史上的一个重要文献。1787年9月，在费城召开的制宪会议通过了《美利坚合众国宪法》，这是人类历史上第一部成文宪法。它开宗明义地指出制宪的主要目的："我们合众国人民，为建立更完善的联邦，树立正义，保障国内安宁，提供共同防务，促进公共福利，并使我们自己和后代得享自由的幸福，特为美利坚合众国制定本宪法。"①宪法在接下来的章节中明确规定立法权、行政权和司法权分别由国会、总统和最高法院行使，规定了与各州有关的事项并肯定了联邦地位高于州的原则。由于该宪法在制宪会议上经过了各州代表的反复酝酿和争论，许多条文是大州与小州、以及北部工商业资本家和南部种植园奴隶主在政治上妥协的结果，因此以阐明基本原则和政府架构为主，并没有列入《独立宣言》所宣布的公民应该享有的基本权利和自由，这也成为宪法在后来遭到各州批评的主要原因。此后，在批准宪法的过程中，许多州提出了宪法修正案，力图对宪法的内容加以补充。1791年12月25日，第1至第10条宪法修正案生效，明确规定了公民的一些基本权利和自由。第10条宪法修正案还明确宣布，凡不由联邦政府行使，也未禁止各州政府行使的权力，"均由各州或由人民保留之"。这10条宪法修正案后来被称为美国宪法的"权利法案"，它的通过标志着《美利坚合众国宪法》真正具备了一部完整的成文宪法的基本条件。

3. 法国宪法的产生

1789年至1794年，在轰轰烈烈的法国资产阶级大革命中，法国资产阶级在民众的积极支持下开展了法兰西民族的现代制宪运动。1789年8月26日，法国制宪议会通过《人权和公民权利宣言》(简称《人权宣言》)，宣布"主权属于国民"，"在权利方面，人们生来是而且始终是自由平等的。"同时，宣言也明确宣布"自由、财产、安全和反抗压迫是天赋不可剥夺的人权。人民享有言论、信仰、著作和出版的自由，私有财产神圣不可侵犯"。同时，《人权宣言》还公开声明：法律面前，人人平等。②《人权宣言》是法国大革命中第一个以启蒙思想为基础制定的纲领性文献，它所具有的伟大进步意义是不言而喻的。它从根本上否定了封建主义的王权、神权和特权，用人权和法治取而代之，并以后者作为新的社会秩序的奠基石。把《人权宣言》称为法国"新制度的诞生证书"是不为过的。1791年，法国制宪议会正式颁布了欧洲大陆上第一部资产阶级成文宪法，这部宪法明确了国王不再代表天主，君权不是由神授予，"法律不承认一切宗教的许愿或其他违反自然权利或违反宪法的诺言"，这使得法国"旧制度的基石遭到了废弃"。③同时，宪法将《人权宣言》作为前言，宣布法国是君主立宪制国家；国家主权属于国民；国家实行权力分立与相互制衡制度，即立法权属于选举产生的立法议会，行政权归国王，司法权由选举产生的法官执掌，司法独立；对于国王的行政权，宪法特别规定，没有比法律更高的权力，国王只有根据法律，才能治理国家和要求服从。在选举制度上，宪法规定年满25岁的男子享有公民权，但又按其财产多少将他们划分成有选举权的"积极公民"和无选举权的"消极公民"。④尽管这部宪法存在着这样或那样的不足与局限性，但它所具有的进步意义是不言而喻的。此后，从资产阶级革命到巴黎公社成立的80多年间，法国政局长期动荡，发生了多次革命和政

① 摘自《美利坚合众国宪法》，选自李道揆：《美国政府和美国政治》，商务印书馆1999年版，第775页。
② 吕一民：《法国通史》，上海社会科学院出版社2002年版，第108页。
③ 郭华榕：《法国政治制度史》，人民出版社2005年版，第85页。
④ 同②，第114页。

变，前后制定过10部宪法，其中包括1793年6月24日在国民公会通过的“共和元年宪法”（也称为“雅各宾宪法”），它规定法国为统一的共和国，公民享有较为广泛的自由权利；1795年8月22日通过的“共和三年宪法”；拿破仑上台后制定的共和八年宪法，该宪法规定在行政权方面，第一执政（拿破仑）享有全权，第二和第三执政只起咨询作用，这就在法国建立起一个高度中央集权的政府体制；普法战争后，法国制定了1875年宪法，成立法兰西第三共和国；二战以后，法国又制定了1946年宪法，成立法兰西第四共和国；现行宪法是1958年通过的《法兰西第五共和国宪法》（也称“戴高乐宪法”）。

4. 德国宪法的产生

德意志民族的首部宪法是在德国统一以后产生的，随着“铁血宰相”俾斯麦领导的“民族统一运动”经过3次王朝战争取得胜利后，1871年1月18日，普鲁士国王威廉一世在法国凡尔赛镜厅被立为新成立的德意志帝国的皇帝。同年4月16日，俾斯麦亲自领导制定的《德意志帝国宪法》，在新选出的德意志帝国议会上原样通过，从本质上看，这部宪法是一种特殊的普鲁士式的君主立宪精神的“开创”。在统一的德意志帝国中，原来的普鲁士王国是最大的邦，占帝国全部面积的55%和人口的61%。新帝国形式上是作为一个联邦组织起来，参加帝国的各邦表面上并未失去各自的原有地位，但是统治权属于普鲁士控制的帝国政府，而不属于各邦。宪法规定德意志帝国的首脑为“德意志皇帝”，由普鲁士国王担任，并由他的家族世袭。皇帝代表帝国，有权宣战、媾和、结盟、接受和委派大使，并任免宰相和其他行政官员，皇帝还是陆海军最高统帅。皇帝以下不设内阁，只设一名帝国宰相，由普鲁士宰相俾斯麦兼任，他是帝国最高行政首脑，只对皇帝负责。帝国立法机构由帝国议会（下院）和联邦议会（上院）组成，帝国议会名义上是人民代议机构，但实际权力很小，它通过的议案，只有经联邦议会同意才得生效。帝国议会随时可以被联邦议会和皇帝解散。联邦议会代表各邦，是真正的实权机构，相当于各邦使节构成的帝国最高合议机关，对立法和决策有决定权，任何法律未经联邦议会同意均不能生效。两院对行政机关均没有监督权。总体上看，这部宪法保存了许多封建制度的残余，普鲁士的军国主义精神渗透到整个德国。这种普鲁士风格的君主立宪是由君主和容克掌握实权，直接行使统治权，它同英国虚君式的君主立宪有重大区别，成为近代具有广泛影响的普鲁士式君主立宪模式，成为马克思所指出的“一个以议会形式粉饰门面、混杂着封建残余、已经受到资产阶级影响、按官僚制度组织起来、并以警察来保卫的、军事专制制度的国家”①。一次大战以后，随着帝制被彻底推翻，1919年8月14日，德国颁布《德意志国宪法》（即魏玛宪法），宣布成立德国历史上第一个共和国——魏玛共和国（Weimarer Republik）。魏玛宪法是近代主要资本主义国家中产生最晚的一部民主宪法，它吸取了欧美各国宪法的民主精华，成为当时最有民主特色的宪法。魏玛宪法在政体方面贯彻权力的分立与相互制衡原则，即国会、总统与政府、法院各自分别享有立法权、行政权与司法权且彼此相互制衡。其中，国会是最高立法机关；总统是国家元首，由全体公民直接选举产生；政府即内阁，由总理与各部部长组成；法官地位独立并只服从法律。魏玛宪法还对人民的基本权利和义务作了十分详尽的规定。然而，由于与“权威主义占据支配地位的德国文化”不协调，以及规定“帝国内阁可以宣布和实施紧急状态”的

---

① 丁建弘：《德国通史》，上海社会科学院出版社2002年版，第234页。

第 48 条被希特勒利用，魏玛宪法所确立的民主制被最终结束。① 现行的德国宪法是 1949 年德意志联邦共和国成立后制定的《基本法》，1990 年两德统一后继续沿用了该宪法。

5. 日本宪法的产生

1889 年《大日本帝国宪法》（也称“明治宪法”）是 1868 年“明治维新”的产物。就其体例和内容看，这部宪法是以《德意志帝国宪法》为楷模的，几乎绝大部分是普鲁士宪法的翻版，仅有少部分为日本的独创。它规定日本“由万世一系之天皇统治之”，天皇是“总揽统治权”的国家元首，不仅直接掌握国家的一切军政、经济、社会、神祇事务的权力，而且高居于议会立法权之上，拥有以令代法和随时解散和召开议会的权力。宪法宣布天皇“神圣不可侵犯”，实际上取消了臣民的一切权利和自由，确立了以绝对专制的天皇制为中心的国家制度。就其实质而言，它所确立的是二元制君主立宪制，为推行发展资本主义政策的专制主义天皇制披上了一件资产阶级立宪君主制的合法外衣。日本现行宪法是二次大战结束后，由美国人帮助起草并在 1946 年正式公布的《日本国宪法》。

6. 俄罗斯宪法的产生

现行的《俄罗斯联邦宪法》是在苏联解体、俄罗斯联邦正式成立的过程中逐步形成的。1990 年 10 月 12 日，叶利钦领导的俄罗斯联邦宪法委员会通过了新的宪法草案，并将它刊登在报纸上，作为俄罗斯公民讨论的基础。该宪法草案宣布要在俄罗斯联邦建立美国式的共和国，但当时由于各级共产党组织和人民群众的强烈反对，叶利钦只好放弃了这个计划。1991 年年底，苏联解体，俄罗斯联邦成为一个独立主权国家。叶利钦为首的民主派加快制定俄罗斯联邦新宪法的步伐，以便确认苏联解体和俄罗斯独立的事实，规定新的俄罗斯联邦国家制度。以总统叶利钦为首的俄罗斯联邦制宪委员会和以哈斯布拉托夫为首的俄罗斯联邦最高苏维埃都投入制宪工作中。叶利钦主张进一步扩大总统的权力，建立美国式的总统制；哈斯布拉托夫反对实行有绝对权力的总统制，坚持总统与议会有平等的权限，实行限制总统权力的议会制。由于政见相去甚远，总统和议会展开了一系列的对抗与斗争，最终，叶利钦在 1993 年 10 月 3 日动用武力解散了议会；同年 11 月 10 日，俄罗斯公布了确认总统制的新宪法，建立了法国式的半总统制共和国。

纵观西方国家宪法的产生过程，可以发现几乎所有宪法都是在资产阶级革命取得胜利以后，为适应宪制主义制度的需要而产生的。西方国家宪法的产生有着深刻的历史原因，主要表现为两个方面：第一，制定统治规则的需要。西方国家的资产阶级作为占统治地位的主导阶级，在革命胜利以后需要利用宪法这种形式来巩固它的统治。例如，在新的政府机构中，哪些人能够代表资产阶级执政，国家权力在资产阶级内部如何分配，国家机关如何组织和活动……所有这些内容都需要制定出一定的规则，因此宪法就起到了制定统治规则的作用。第二，传播宪制主义观念的需要。占统治地位的资产阶级在其统治权确立以后，需要把有关资产阶级民主制度的各项原则（如主权在民、权力分立与相互制衡、议会至上等）载入宪法，力图通过对宪法的宣传推进宪制主义思想在全社会的传播，从而彻底消除封建主义思想在人们头脑中的残余，通过国家根本大法的形式确认一种全新的民主观念将会使其更加深入人心。

---

① 劳伦斯·L. 迈耶、约翰·伯内特、苏珊·奥格登：《比较政治学》（第 2 版），华夏出版社 2001 年版，第 209 页。

二、西方国家现行宪法的主要内容

1. 英国宪法——内容庞杂的不成文宪法

英国是宪制制度的发源地，有着"宪法之母"的美誉，但它并没有单独编订一部成文宪法。① 实际上，英国宪法的大多数内容是书面的，只是不在一个地方，不是一个级别而已。英国著名宪制学家布赖斯曾指出："英国宪法是任何作者也作不出透彻说明的一组智慧的产物，它所具备的性质是它在几个世纪中逐渐浸染而成的。"②由于特殊的历史和现实原因，近现代英国的宪制制度中，宪法性的法律还包括某些从中世纪传下来的封建法律文献。当然，这些封建法律文献并不是原来意义上的那些原封不动的版本，而是被近现代英国资产阶级所重新解释和利用的法律文献。英国宪法是由 13 世纪以来的数百年间，在各个不同时期通过的各种法律文献、议会法案、宪法惯例等各种成文或不成文的、形式上多种多样的具有宪法性质的法律、先例和程序共同构成的。大约包括 6 个方面：一是英国历史上产生的具有规约性质的重要文件，如《大宪章》(1215 年)、《权利请愿书》(1628 年)、《权利法案》(1689 年)、《1998 年人权法案》《定期议会法案》(2011 年)③等，如《大宪章》中关于英王如需征收代役金和补助金都必须通过"共同议会"同意的规定，至今仍是英国议会有权决定财政问题的根据。二是历届议会通过的各种有关"人权"和政府权力的法案，如《人身保护法》(1679 年)、《地方政府组织法》(1888 年、1894 年、1929 年、1972 年)和《国籍法》(1981 年)等。三是法院判例中起宪法作用的部分，这里指的是涉及英国公民的"自由权利"以及保护公民权利不受国家公职人员和国家机关侵犯的有关判例，如 1679 年的拉什尔案审判中关于"陪审官独立"原则的判决，以及 1678 年豪厄尔案关于法官特权原则的判决等等，这些是不成文宪法中的成文部分。四是习惯法，其中只有很少一部分是成文的，大部分是不成文的，如刑事案件的陪审制度、"言论自由""集会自由"等都是习惯法。五是宪法惯例，惯例与习惯法的根本区别在于习惯法是法律，可由司法机关执行，惯例虽然是宪法的一部分，却不是法律，不能由司法机关执行。如议会每年召开一次；议会组织采用两院制；首相由下院多数党领袖担任；内阁失去下院信任要辞职或请求国王解散议会等等。构成英国宪法中最重要的部分都是不成文的惯例，这些惯例虽不是法律，但能发挥重要约束力而起到宪法的作用。这是因为，第一，许多重要惯例与法律相联系，若违背了惯例就触犯了法律，如议会每年召集一次，这和军队法案相联系，因为该法案规定议会每年必须议决支出费用，否则每年的军队法案无从产生，军事费用也就无法筹措；第二，在于所谓"人民公意的势力"，实际上是政治斗争的制约作用。④ 六是英国入欧和脱欧所带来的宪制变革。1973 年 1 月 1 日英

---

① 长期以来，英国一直被认为是不成文宪法的典型国家，但鲜为人知的是，人类近代史上第一部国家颁布的成文宪法就出现在英国，即 1653 年的《政府约法》(*Instrument of Government*)，它产生于英国资产阶级革命时代，是克伦威尔护国主政体的宪法，是在继承了英国革命时期多部法律文件的基础上，结合平均派与新贵族派的观点而成的。具体分析参见王思杰：《近代第一部成文宪法——英国 1653 年〈政府约法〉述评》，载《外国法制史研究(辑刊)》2015 年第 18 期。

② 佐藤功：《比较政治制度》，法律出版社 1984 年版，第 109 页。

③《定期议会法案》规定，政府如果失去下院信任，两周内，任何赢得下院支持的议员都可以组织政府，不用选举。

④ 曹沛霖等：《外国政治制度》，高等教育出版社 1992 年版，第 33 页。

国加入欧共体后，1975 年引入了全民公投①、1977 年以来的大量宪制改革（包括布莱尔时期和卡梅伦时期议会给苏格兰、威尔士和北爱尔兰议会的权力下放），以及 2015 年的英国议会通过的《欧洲公民投票法》，这些都是英国宪法体制的新变革。② 而 2016 年 6 月 23 日公民投票及其结果开启的脱欧威胁到英国的统一，这一点毋庸置疑，但它所带来的不仅仅是英国的政治危机，而且还暴露了具有无限灵活性的英国不成文宪法本身的宪制危机，放大了英国面临的宪法问题——主权应该在哪里？——女王？女王和议会？议会？还是公投？③ 脱欧排除了欧盟机关在其中的作用，使欧盟宪法赋予英国人民的权利不复存在，也彻底改变了入欧后新形成的英国宪制框架，英国面临着如何逐步将 40 余年来进入英国境内的现行有效的欧盟法与英国国内法进行有效整合的难题，面临着重构国家政权结构秩序的难题。④ 此外，为了避免和《欧洲人权公约》可能发生的冲突，英国于 2009 年设立了最高法院。2019 年 9 月 24 日就英国首相鲍里斯·约翰逊因脱欧陷入僵局请求女王让议会休会一事，英国最高法院 11 位大法官一致同意并作出最终判决，宣布鲍里斯关闭议会是非法行为。这一事件涉及了女王、首相、议会、最高法院四方，引发了“谁能代表英国的最高权力”的激烈争论，被 BBC 称为是“近几十年以来英国最大的宪政危机”。

与其他西方国家宪法相比，英国宪法有几个明显的特点：它不是由某个专门机关制定的一个书面宪法文件，而是形式多样，内容庞杂；修改宪法的程序与普通立法程序一样，凡是议会通过的法案，假若超出了原来的宪法惯例就算修改了宪法。这样，英国统治阶级就可以审时度势，根据需要以制定普通法的方式来修补宪法，无需废除旧的即可增加新的内容。英国宪法作为西方各国中唯一的“柔性宪法”，它各个部分的创制和修改由不同的机构进行。首先，议会随时可就任何问题进行立法或者推翻先前的议会立法，从而成为宪法的主要创制和修改机关；其次，创制了大量惯例的君主和内阁政府，事实上也在进行着制宪和修宪工作；再次，由于许多宪法原则形成于最高法院和普通法院的判决，法官创制这些判例时无需经过议会讨论通过，因此可以说法院也是宪法的创制机构。

2. 美国宪法——最早的成文宪法

《美利坚合众国宪法》是世界各国所实施的宪法中年代最久远的成文宪法。这一宪法奠定了迄今为止美国政治制度的法律基础，勾画了美国政府体制最初的蓝图。

美国宪法是一部被称为“简单明了和富有弹性”的文件。它包括一个极为简单的序言和 7

---

① 举行公民投票在英国宪制安排中仍是一个相对较新的现象。1975 年威尔逊首相发起 20 世纪唯一的一次公投，决定英国是否脱离欧共体，当时英国加入欧共体才两年，结果 2/3 的人选择留在欧共体。卡梅伦在位期间 3 次公投：2011 年发起关于选举改革的公投，获胜；2014 年苏格兰独立公投，获胜，苏格兰留在联合王国；2016 年脱欧公投，没想到最后有 52%的选民支持脱欧，卡梅伦失败，宣布辞职。

② 英国加入欧共体后，欧共体的规章和指令约束议会，欧盟法律至上的原则和直接效力原则与英国长期以来坚持的“议会至上”原则产生一定的冲突。权力下放是英国国内将权力从英国议会手中转移到附属的民选部门，其目的是在未达到独立或联邦制的情况下，以领土为基础达到某种程度的自治，并确保权力分立。

③ 我国著名英国史专家钱乘旦认为，这种理解欠妥，至少是表达方式不完整。英国的主权，至少在 20 世纪民主制度完全确立之后，主权所在仍然是“人民”。比较正确的表达应该是，议会代表人民行使主权，而不是说主权在议会。从理论上说，虽然权力是在人民的，但是人民把权力授于议会，议会代表人民来行使主权，这就是所谓的“代议制”。见专访《脱欧与英国政治的“病”》，钱乘旦：《暴露出政治传统弊端》，澎湃新闻，2020-02-01。

④ 杨勇：《脱欧将英国推入宪法危机》，载《社会科学报》，第 1667(7)期。

条正文。序言申述立国原则和立宪的6项目标，它宣布："我们合众国人民，为建立更完善的联邦，树立正义，保障国内安宁，提供共同防务，促进公共福利，并使我们自己和后代得享自由的幸福，特为美利坚合众国制定本宪法。"①正文共7条，条内分项。第一条立法，最为详尽，占全文的一半，其中第一款明确宣布，"本宪法授予的全部立法权，属于由参议院和众议院组成的合众国国会"。第二条行政，明确规定"行政权属于美利坚合众国总统"。第三条司法，宣布"合众国的司法权，属于最高法院和国会不时规定和设立的下级法院"。以上三条占全文的80%。第四条为各州相互关系和义务，如"每个州对于他州的公共法律、案卷和司法程序，应给予充分信任和尊重"、"每个州的公民享有各州公民的一切特权和豁免权"。第五条为增修宪法办法，即"国会在两院三分之二议员认为必要时，应提出本宪法的修正案，或根据各州三分之二州议会的请求，召开制宪会议提出修正案"。第六条为强调此宪法是全国最高法律权力所在。第七条为各州批准办法。

美国宪法本身规定，正式改变美国宪法的唯一手段是制定宪法修正案；200多年来，正式成为修正案的共有27条。前10条是一次性通过的，通称为"权利法案"，于1789年提出，1791年实行。其主要内容包括："国会不得制定关于下列事项的法律：确立国教或禁止信教自由；剥夺言论自由或出版自由；或剥夺人民和平集会和向政府请愿伸冤的权利。""人民持有和携带武器的权利不得侵犯。""人民的人身、住宅、文件和财产不受无理搜查和扣押的权利，不得侵犯。""不得在任何刑事案件中被迫自证其罪；不经正当法律程序，不得被剥夺生命、自由或财产。"其余的17条宪法修正案则是逐次获得通过的，内容可分为两大类：一类是对政府体制结构做出一些调整，另一类是对公民权利做出调整，如规定黑人和妇女的选举权等。

美国联邦宪法除规定一般政治原则外，还为政府体制的构造绘制了一幅蓝图：首先，联邦不再是各州的联盟，而是一个统一的国家；联邦政府与州政府实行分权，但联邦的地位高于州，权力也远远大于州；其次，联邦政府实行权力分立与相互制衡原则，政府的3个部门——立法、行政和司法互相牵制，各司其职。

3. 法国宪法——以总统权力为中心的宪法

法国现行宪法是1958年制定的《法兰西第五共和国宪法》，于1958年9月经公民投票通过，10月4日生效，是法国历史上第16部宪法，共分15章92条。该宪法极大地削弱了议会权力，加强了行政权力，国家权力中心从国民议会转移到总统手里。宪法规定的政府体制实行分权原则，国民议会和参议院组成的议会是立法机关，总理领导的政府是行政机关；最高法院是司法机关。在以上三权之外，还设立了宪法监督机关——宪法委员会，以及咨询机关——经济与社会委员会。但是法国的这种分立的三权之间既没有美国式的"制约与均衡"的关系，也没有英国式的立法和行政相一致的关系。在今日法国，所谓"三权分立"，实质上只是围绕着总统的权力，并受其控制和支配的三个职能部门的分工。宪法规定，总统凌驾于三权之上，既是国家"统一"的保证人，又是"分歧"的仲裁人。总统任命总理，并且主持内阁会议；总理必须执行总统的政策，并向议会负责。总统可以解散国民议会，而议会对总统除叛国罪由两院组成特别最高法院进行司法审判之外，对总统涉嫌的其他任何罪都不能进行弹劾，因为法国宪法根本就没有关于弹劾总统的规定。总统还负责保证司法的独立，并担任最高司法会议主席。可见，法

① 李道揆：《美国政府和美国政治》(下)，商务印书馆1999年版，第775页。

国“三权分立”中的司法并没有制约行政的司法职能，相反，司法却要受制于总统任主席、司法部长任副主席的最高司法会议的行政职能。

《法兰西第五共和国宪法》关于国家结构的规定是拿破仑时代就已形成的中央行政高度集权体制。各级地方虽然都有自己的议会，但并不是独立的政策制定中心，而只是中央行政的延伸，是执行中央政策的代理人，地方根本没有多少自主权。

法国现行宪法原来规定了两种修改程序：一是由两院以相同文本通过后，交由公民投票表决，如果公民投票通过，宪法修改部分就开始生效；二是不经由公民投票，而是共和国总统直接把宪法修正案交由议会两院组成的联席会议讨论，如果两院联席会议以有效票数的 3/5 多数赞成，则最终通过。1962 年后，戴高乐总统开创了一个新例，使单独的公民投票成为宪法修改的一个重要途径。

法国曾先后于 1960 年、1962 年、1963 年、1974 年、1976 年、1992 年、1993 年、1995 年、2000 年、2007 年和 2008 年等共 23 次修改宪法，至此，《法兰西第五共和国宪法》已“有一半的条款有所改动”①。如 1995 年 7 月 31 日，法国议会通过一项宪法修正案，这项法案使总统有权更多地使用公民投票来解决经济和社会问题。法国总统在政府或参议院、国民议会的建议下，可将所有事关公共权力组织、法国经济或社会政策的改革方案交由公民投票表决。2000 年 9 月 24 日，法国全民公决之后修改了宪法关于总统任期的规定，确定总统任期 5 年制。2007 年 2 月 19 日，法国国民议会和参议院在凡尔赛召开联席会议通过一项宪法修正案，将废除死刑正式写入法国宪法，修改后的宪法规定，在法国“任何人不得被判处死刑”。2008 年 7 月，法国议会两院联席会议经过二度共 130 个小时的公开辩论，通过了多达 47 条的宪法修正案，主要从规范和限制总统的某些权力、加强立法权对行政权的监督以及赋予公民新的重要权力等方面对现行体制进行了改革。

4. 德国基本法——议会共和制的典范

联邦德国《德意志联邦共和国基本法》于 1949 年 5 月 23 日颁布和生效，之所以被称为《基本法》，是因为它不是最终的宪法，而只是一种暂时性措施，它对德国人民的要求始终是“在自由的自决中，完成德国的统一和自由”。《基本法》前后经过 70 次左右的修改，1956 年和 1968 年曾作过较大修改。1990 年 8 月，两德统一条约对《基本法》某些条款又作了适应性修订，随着 1990 年 10 月 3 日民主德国加入联邦德国，《基本法》中关于重新统一的要求如愿以偿，《基本法》也在新成立的勃兰登堡州、萨克森州等 5 个州以及柏林东部生效了。在规定民主德国加入联邦德国的统一条约的基础上，重写了《基本法》的序言和最后条款，《基本法》成为统一德国的宪法。2006 年 8 月 26 日（2006 年 9 月 1 日生效），德国通过联邦制改革法案，采取“以权力换权力”的办法，重新调整和明确了联邦与各联邦州的管辖权限，将部分立法权下放到联邦州，同时减少主要代表各州利益的联邦参议院的立法参与权和审批权，从而提高了政府决策能力和立法效率。2019 年 11 月 15 日是德国《基本法》最新一次的修订，2019 年 11 月 21 日生效。

《基本法》共 11 章 146 条。放在《基本法》首要位置的是关于基本权利的条文以及国家尊重和保护人的尊严的职责，这一保证由自由发展个性的权利这一条加以充实，它给予公民以广泛的保护使之不受国家违法的侵犯。《基本法》关于公民权利的规定是十分广泛和具体的，除了西方

① 舒适：《法国第五共和国宪法改革评议》，载《法国研究》2009 年第 1 期，第 47－50 页。

国家宪法一般所规定的财产、言论、信仰、集会、结社、居住、通讯等传统权利外，还规定了"人的尊严不可侵犯"和"自由发展个性权"，以及"有权自由选择其职业、工作及接受培训地点的权利"。同时，《基本法》对男女平等作了明确规定，强调母亲有权要求社会的保护和照顾，并保证所有德国人都同样具有担任公职的权利，以及给予政治上受迫害的外国人在联邦地区要求庇护的权利等。

在"联邦和州"这一章中，《基本法》明确规定了国家制度的 5 项原则：德国是共和制和民主制国家、联邦制国家、法治国家和社会福利国家。它规定："全部国家权力来自人民。人民通过选举和投票表决并通过特定的立法、行政和司法机关行使这种权力。""立法权应服从宪法秩序；行政权和司法权受法律和正义的制约。"①《基本法》规定国家结构实行联邦制，由各州联合组成联邦制国家。它既规定各州有较广泛的"自治权力"，又特别强调"联邦的权力得置于州的权力之上"。这反映出联邦德国既是中央集权，又有集权下的分权，在德国的联邦制下，"联邦政府要对大多数政策负重大责任，而各州在教育、文化、法律执行和地区规划方面享有管辖权。虽然联邦法律享有优先权，但在一些其他政策领域，联邦政府与州政府共同承担责任。另外，在《基本法》没有明确划归联邦政府的领域，各州可以进行立法"②。实现法治国家原则的基本因素是国家权力的职能由立法、行政和司法 3 个各自独立的机构行使，其意义在于通过立法、行政和司法 3 个机构彼此之间的相互监督和限制来调节国家权力，保护个人的自由。社会福利国家的原则是对传统的法治国家思想的一个现代化的补充，它责成国家保护社会上的弱者，并不断地谋求社会公正。

《基本法》和英美等国的宪法不同，一是它把政党列入宪法的内容，从形式上确认政党的建立是自由的，承认多党制的合法性；同时，它也把政党及其活动完全纳入法制范围，规定政党"应相互协作以实现国民的政治意愿"，其内部组织必须与民主原则相符合，它们的经费与财产来源及使用必须公开报告。同时还规定国家不得资助依其目的及党员之行为，意图损害或废除自由、民主之基本秩序或意图危害德意志联邦共和国之存在者的政党，如果被排除在国家资助之外，则这些政党也不再有权获得税收优惠。二是它确立的政治结构和体制使执政过程复杂化了，鉴于魏玛共和国的教训，《基本法》的精神之一就是极力避免权力集中于任何一个人或一个机构的手中；在德国，总理没有解散立法机关并召集新的选举的权力，基本法还创设了"建设性不信任投票(constructive non-confidence vote)"，规定联邦议院要免除总理的话，就得同时选出一位继任者，也就是说必须要有一位获得多数同意的替代者，这使得立法机关通过不信任投票免除联邦总理变得更加困难。

对《基本法》的修改有着严格的规定，即只有在联邦议院 2/3 议员同意以及联邦参议院2/3同意的情况下方能对其进行修改。而且，《基本法》中有几项规定是不得修改的，这些规定包括联邦制的国家制度、权力的分立与相互制衡、民主制、法治和社会福利国家等原则，不可触犯的还有信奉人的尊严以及基本权利方面的平等与自由法的核心。

5. 日本宪法——以放弃战争为特色

《日本国宪法》最基本的内容以及表现出的最基本的特点是以国民主权为核心，确立了议

---

① 吴志成：《当代各国政治体制——德国和瑞士》，兰州大学出版社 1998 年版，第 302 页。
② 加布里埃尔·阿尔蒙德、小 G·宾厄姆·鲍威尔、拉塞尔·J. 多尔顿、卡雷·斯特罗姆等：《当今比较政治学：世界视角》，中国人民大学出版社 2014 年版，第 284 页。

会共和制的政治体制，规定了放弃战争这一独特的条款。从结构上看，该宪法包括前言、正文、补则，共 11 章 103 条，涉及天皇、和平与放弃战争、国民权利与义务、国会、内阁、司法、财政、地方自治、修订、最高法规、补则等项。从文字上看，这部宪法基本上是以美国和欧洲国家的宪法为模型，所强调的基本原则和具体条文有极大的相似性。

否定"皇权神授"，承认"国民主权"是战后新宪法的基本特点。该宪法在前言中宣布："兹宣布主权属于国民，并制定本宪法。盖国政源于国民的严肃信托，其权威来自国民，其权力由国民的代表行使，其福利由国民享有。这是人类普遍的原理，本宪法即以此原理为依据。"①宪法宣布天皇的地位"以主权所在的全体日本国民的意志为依据"，这就明确了日本的国体实质上是"国民国家"，天皇只是日本国家与民族统一的象征。宪法根据"国民主权"原则，宣告国民具有选举权、罢免权和"国民审查"权。宪法用了将近 1/3 的篇幅对国民的政治权利、社会权利、经济权利做了广泛的规定。具体权利有国民基本人权、财产权、参政权、生存权、自由权、要求赔偿权等，并且规定在这些权利上没有任何等级差别，保证了国民平等地享有这些权利，消除了明治宪法规定的封建等级制度。同时，宪法采用欧美国家普遍实行的三权分立原则和英国式的议会责任内阁制，以此来防止以往国家权力的独裁、专制倾向。根据这部宪法，立法权、行政权、司法权分别由国会、内阁、法院行使，彼此相互平衡、相互制约。宪法规定，"国会是国家最高权力机构，是国家唯一的立法机关"，由众议院、参议院两院组成。内阁直接从国会中产生，对国会负有连带责任。宪法还规定，司法权属于法院，法院独立审判，不受立法机关、行政机关的干预。

放弃战争，否认交战权是战后日本宪法的一个独特的规定。宪法第九条宣布："日本国民真诚希求基于正义与秩序的国际和平，永远放弃以国权发动战争、以武力威胁或武力行使作为解决国际争端的手段。为达到前项目的，不保持陆海空军及其他战争力量，不承认国家的交战权。"②从有宪法以来，还没有一个国家的宪法公开宣布放弃战争，否认交战权。因此，战后日本新宪法被国际社会和日本国内誉为一部"和平宪法"。当然，这并非意味着放弃或剥夺日本国的自卫权。在美国的支持下，1954 年 7 月 1 日日本正式设立防卫厅，并在原有保安队的基础上建立了自卫队，这事实上建立了日本的陆海空力量。

《日本国宪法》给自身明确了最高法律的地位，凡是与之相违背的法律、命令、诏敕等都一律无效。从天皇到普通公务员"均负有尊重和拥护本宪法的义务"，并仿效美国规定，最高法院为"有权决定一切法律、命令、规则以及处分是否符合宪法的终审法院"，从而建立起违宪审查制度。并且，为维护宪法的神圣地位，从修改手续上，把它规定为不能轻易修改的"刚性宪法"。宪法九十六条规定，修改现行宪法必须经过国会参众两院全体议员 2/3 以上的赞成，并将修改条文由国会交由全体国民讨论、投票表决，只有当半数以上国民投票赞同时，该修改条文方可成立。

从 20 世纪六十年代到八十年代，很少有人讨论宪法修订。然而，自 20 世纪九十年代起，支持和反对宪法，构成了日本政治法律领域的分歧立场，拥护宪法的观点认为战前体制是错误的，反对派则认为宪法应当修改或者重新制定。日本政坛一批以前首相安倍晋三为首的保守

① 刘小林：《当代各国政治体制——日本》，兰州大学出版社 1998 年版，第 47 页。
② 同上，第 49－50 页。

派政客对日本宪法第九条的规定持否定态度，力推修宪。其理由是宪法此规定事实上是美国占领军起草，并强加给日本国民的，所以不具正当性。1990 年以后，随着冷战结束，特别是日本经济发展进入长期衰退期，自民党政权基础动摇，1995 年自民党失去执政权，1997 年又重新执政，但政党政治已经呈现出多党化的趋势，各种声浪此起彼伏。在伊拉克战争期间，日本政界掀起派遣自卫队参加海外维和行动是否合宪的争论，在此种背景下，日本国内主张修改宪法的声音开始走高。同时，自民党因为经济陷入困境，也试图通过修宪主张来博取民众支持，通过挑起民族主义情绪，转移国民对经济问题的不满。21 世纪以来，日本国会成立宪法督察会，开始就修宪问题进行研究，在研究各国宪法的基础上，提出宪法修改的草案。2006 年，安倍晋三第一次组阁时，其参选政治主张之一就是修宪。2007 年 5 月，日本参议院通过与修改宪法程序有关的《国民投票(公决)法》，这被认为是从法律程序上解决了修改宪法的问题。《国民投票(公决)法》的通过，使安倍政府的修宪迈出第一步。但同年，自民党在国会选举中失去多数议席，安倍的败选说明日本国民并不支持该主张。2012 年 12 月自民党重新执政，安倍晋三第二次出任首相，再次加速了修宪进程，他强调要推动修改宪法，改自卫队为国防军，并最终实现可行使集体自卫权的目标。2019 年，时任日本首相的自民党党首安倍晋三重申了“将自卫队的存在写进日本宪法第九条”的想法，宣称自卫队是“防卫的根本”，态度坚决地宣布将修宪，打造“令和时代”的宪法。按日本修宪派的说法，对日本宪法的修改是全面的修改，其中包括对诸如首相公选、保护公民隐私权和保护环境等涉及社会生活各个领域的宪法内容的修改，也包括对和平宪法中第九条的修改。

截至今日，日本社会对于修宪的讨论依旧没有停歇，无论在政界还是民间，赞成者和反对者均有相当的支持比例，而自民党力推修宪的决心一如既往。无论是第 99 任首相菅义伟还是第 100 任、第 101 任首相岸田文雄，都继续延续着安倍晋三推动修宪尤其是“将自卫队纳入宪法第九条”的修宪强军计划。

6. 俄罗斯宪法——博采众长的联邦制宪法

苏联解体后，经过各种政治力量之间的反复较量，以叶利钦为首的总统派占了上风，现行的《俄罗斯联邦宪法》于 1993 年 12 月 12 日经全民投票通过，共有 9 章 137 条。

该宪法包括一个简单的序言，申述制定宪法的目的。宪法的主要内容分为两大部分，第一部分为正文，内分 9 章：宪法第一章规定了宪法制度的基础，宣布“俄罗斯联邦是共和制的民主联邦法制国家”(第 1 条)，“俄罗斯联邦各族人民是它的主权的拥有者和权力的唯一源泉”(第 3 条)，“俄罗斯联邦是社会国家，其政策致力于创造保障人的正当生活和自由发展的条件”(第 7 条)，“在俄罗斯联邦，国家权力的行使是建立在立法权、执行权和司法权分立的基础之上。立法、执行和司法权力机关相互独立”(第 10 条)，“在俄罗斯联邦的国家权力由俄罗斯联邦总统、联邦会议(联邦委员会和国家杜马)、俄罗斯联邦政府、俄罗斯联邦法院行使”(第 11 条)[①]。第二章规定了人和公民的权利和自由，强调“人的基本权利和自由是与生具有不可转让的”，并强调“在法律和法庭面前人人平等”。在这一章中，共列举了 48 条有关公民权利、政治权利、经济权利、社会、文化权利、司法保护的权利以及公民义务等条款。第三章规定联邦体制，宣布俄罗斯联邦的组成包括如下 89 个联邦主体：即 22 个共和国，9 个边疆区，46 个州和 1

① 孔寒冰：《当代各国政治体制——俄罗斯》，兰州大学出版社 1998 年版，第 190－192 页。

个犹太自治州，3 个联邦直辖市，4 个自治专区。并详细规定了属俄罗斯联邦管辖的权力范围、属俄罗斯联邦和俄罗斯联邦各主体共同管辖的权力范围以及在此之外由联邦各主体行使的职权范围。第四章关于俄罗斯联邦总统，明确宣布“俄罗斯联邦总统是俄罗斯联邦宪法、人和公民的权利与自由的保障”，并详细规定了总统的职权以及罢免程序。第五章关于联邦会议，明确指出“俄罗斯联邦会议为俄罗斯联邦议会，是俄罗斯联邦的代表与立法机关”、“联邦会议由联邦委员会和国家杜马两院组成”，并规定了两院的职权。第六章涉及到俄罗斯联邦政府的职责和权限。第七章规定了司法权，强调“俄罗斯联邦境内的司法审判权只能由法院行使”、“法官独立并只服从俄罗斯联邦宪法和联邦法律”。第八和第九章规定了有关地方自治和宪法的修改与重新审议的问题。第二部分为结论性和过渡性条款，分为 9 项，主要是有关该宪法的生效日期，联邦条约，联邦机关、官员、任期、程序等问题。

《俄罗斯联邦宪法》明确规定，联邦总统、联邦委员会、国家杜马、联邦政府、联邦主体的立法机关以及联邦委员会不少于 1/5 的成员或国家杜马不少于 1/5 的代表集体均可提出关于修改和重新审议宪法条款的建议。如果关于修改宪法第 1、2、9 章的条款的建议得到联邦委员会成员总数和国家杜马代表总数各 3/5 的赞同，则按照联邦宪法法律召开制宪会议。制宪会议要通过俄罗斯联邦新宪法草案需得到其成员总数的 2/3 的赞同或就新宪法草案举行全民投票。在举行全民投票时，如果有一半以上的选民参加投票，在参加投票的选民中又有一半以上投赞成票，《俄罗斯联邦宪法》即视为通过。

2008 年 12 月 30 日，由时任总统梅德韦杰夫签署生效关于延长总统任期和国家杜马议员任期改革的宪法修正案。最近一次对宪法的修改为 2020 年，此次修宪是 1993 年宪法实施以来范围最大的一次。2020 年 6 月 25 日至 7 月 1 日对宪法修正案进行的全民公投，计票结果显示 77.92%的选民投票赞成修宪，21.27%的人反对。此次修宪共涉及 40 多项条款，约占法条总数的 1/3。其中，涉及国家权力结构变化的就有 22 项之多，主要体现在联邦立法、联邦行政、联邦司法检察和国家安全与稳定 4 个方面，包括在宪法层面上确保一系列社会保障措施的实行、禁止将俄罗斯领土出让给其他国家、加强国家杜马在政府组阁中的权力、禁止高级官员拥有双重国籍或外国长期居留许可、赋予联邦委员会任命最高法院院长和法官的权力，以及明确规定总统连任不得超过两届等，但允许现任或前任总统再参加两届总统选举，这意味着，现任总统普京可在 2024 年继续参选，如当选，则有可能连任到 2036 年。客观上看，修宪再次改变了联邦宪法中各权力主体之间的关系，虽然在某种程度上增加了国家杜马和联邦委员会等公民代表机构的权力，改变了国家的集中型权力结构，加强了核心权力机构间的整体性均衡与协调性，优化了中央联邦与地方政府的统一公共系统。但从实际效果看，此次修订强化的是总统权力在俄罗斯国家权力实际运行中的主导地位，俄国家权力机构仍以联邦总统为核心。[①]该宪法修正案已于 2020 年 7 月 4 日正式生效。

三、宪法与立宪政府

宪法与立宪政府（constitutional government）既有联系又有区别。在实行立宪政府条件下，一切国家机关、官员和公民都必须遵守宪法和法律，但一个国家仅有宪法或宪法性法律，并

① 郝龙：《俄罗斯 2020 年修宪前后的权力机制变迁》，载《俄罗斯学刊》2020 年第 6 期，第 44－68 页。

不意味着这个国家已经建立了立宪政府。

《不列颠百科全书》在阐释“宪法和立宪政府”时写道，事实上，当代的一切政府都有宪法，但是，仅仅拥有和颁布宪法并不等于一个政府必然就成为立宪政府。立宪政府实际上应该包含下列因素：

1. 程序的稳定性。某些基本的程序绝不容经常地、任意地变更。公民必须知悉政治运行所依据的基本规则。

2. 责任性。在立宪政府下，负责治理者应当定期地向至少是部分的被治理者报告工作。在立宪民主制度下，政府的一切人员都对选民负有这种责任。

3. 代表性。在职者必须作为自己选民的代表来行事。代表意味着出席者以缺席者的名义来行动。当然，选举并不是保证政府具有代表性或者保证政府中有自己的代表的唯一方法。

4. 分权性。立宪政府要求把权力划分给政治体的若干机关。立宪主义是通过权力的划分——例如，地方与中央的分权，立法机关、行政机关与司法机关的分权——来保证政治制度中存在一定的“制约”和“平衡”。这样，公民就可以通过诉诸政府的不同部门来影响政策。

5. 公开性和透明性。民主制度以民众参加治理为基础，立宪制度则以政府事务的透明性和公开性为基础。因为，除非人民能够知悉政府的工作，否则，他们无从合理地参与治理。

6. 合宪性。在美国，虽然宪法并没有明确规定，但在建国后初期，就在实践中发展了一种对立法进行“司法审查”，即“违宪审查”的制度。二战结束后，法、德、意等国也建立了不同形式的“违宪审查”制。

7. 宪法的解释和修改。相互冲突的利益集团或政党很可能对宪法规定做出不同的解释，但任何权威的宪法解释都不可能是绝对的，因而就需要建立宪法解释和修改宪法的制度。

8. 宪法的稳定性。那些能够把程序上的稳定性与实体上的灵活性结合起来的宪法制度是最成功的制度。也就是说，要把历代如一地沿袭下来的一般规则保留下来，与此同时又要便于适应变化着的情况。①

从上述特点来看，西方发达国家基本上已建立了立宪政府制度。但是，不能排除某些国家在特定时期背离了立宪政府的基本原则，如希特勒统治时期的德国和墨索里尼统治时期的意大利。从发展的眼光看，立宪政府制度的建立代表了人类社会自由、平等和民主的发展趋势，必将成为绝大多数国家的必然选择。

第二节　宪法的基本原则

任何一部宪法的产生，都是和一国当时的政治、经济情况和历史文化传统相联系的。虽然各国宪法的种类多样，有成文宪法和不成文宪法的差异，也有柔性宪法和刚性宪法的差异，但几乎所有西方国家的宪法，都包含有一些基本的原则，这些原则不仅体现在政府体制的设计中，而且贯彻落实在国家政治生活的方方面面。综合起来看，西方国家宪法普遍遵循的基本原

① 参见《不列颠百科全书》第4卷，中国大百科全书出版社1999年国际中文版，第437－438页，转引自沈宗灵：《比较宪法——对八国宪法的比较研究》，北京大学出版社2002年版，第7页。

则主要包括以下方面。

一、私有财产神圣不可侵犯原则

私有财产神圣不可侵犯原则是资产阶级宪法中最具有实质性的原则，是全部宪法条文中最为重要的规定，是资产阶级宪法的核心和灵魂。早在1215年英王约翰被迫签署的《自由大宪章》中，就有关于限制侵犯财产权的条款，这也是英国宪法性文件中最早的关于财产权保障的法律条款。1789年法国的《人权宣言》第十七条规定："财产权是神圣不可侵犯的权利，除非当合法认定的公共需要所显然必需时，且在公平而预先赔偿的条件下，任何人的财产不得受到剥夺。"1791年生效的美国宪法修正案第五条宣告："未经正当法律手续不得剥夺任何人的生命、自由或财产。凡私有财产，非有相当赔偿，不得占为公有。"德国《基本法》第十四条规定："财产权和继承权受到法律保护，其内容及范围由法律规定之。"1947年生效的《日本国宪法》第二十九条规定："财产权不得侵犯。"1993年俄罗斯联邦宪法也把财产权作为一项"人和公民的权利和自由"来规定，"每个人都有权拥有私有财产"；"任何人都不能被剥夺属于自己的财产，法院判决的除外"；强制划归公有"只有在事先等值补偿的情况下才能进行"。

随着资本主义经济的发展，国家对经济生活的干预日益增强，19世纪有些国家的宪法开始规定，为了"公共利益""公共目的"或"公平原则"，可以由国家有偿地征用私有财产。如1946年《日本国宪法》第二十九条规定："私有财产，在正当的补偿下得收归公用。"这种规定不仅不会与确保私有财产的宪法原则相抵触，而且可以限制国家垄断资本向私人资本领域渗透，并保证国家对经济生活实行全面的干预。

二、主权在民原则

从法律的角度来说，主权是不受限制的最高权力。法律上关于主权的定义出自于近代国家产生的历史时期，是为统治阶级谋求最高权力而提出的。主权在民(Popular Sovereignty)作为一项宪法原则，是近代资产阶级革命的产物，现已被世界绝大多数国家所普遍接受。

在英国，由于传统上一贯坚持议会主权，所以并未公开宣称主权在民。法国《人和公民的权利宣言》第三条称："全部主权的本原根本上存在于国民之中：任何团体、任何个人都不得行使主权所未明白授予的权力。"1958年《法兰西第五共和国宪法》宣称："国家主权属于人民，人民通过自己的代表或者通过公民复决来行使国家主权。""任何一部分人或任何一个人都不得擅自行使国家主权。"美国宪法中虽然没有明确出现主权在民的字样，却处处体现了主权在民的思想。如宪法开宗明义说："我们合众国人民，为建立更完善的联邦，树立正义，保障国内安宁，规划共同防务，促进公共福利，为使我们自己和后代得享自由之福祉，特为美利坚合众国制定和确立本宪法。"[①]这一简短的序言明白无误地告诉人们，美国人民制定美国宪法，就是为了保障自己的自由和权利。作为世界上第一部成文宪法，美国宪法被奉为资本主义宪法的样板。到19世纪六十年代，美国总统林肯提出"民有、民治、民享"(……the government of the people, by the people, for the people)的口号，对主权在民的原则作了极为精辟的阐释，他的意思是说，美国的权力属于人民，权利由人民享受，国家由人民管理。后来，各国纷纷把主权在民原则

① 谭君久：《当代各国政治体制——美国》，兰州大学出版社1998年版，第336页。

作为宪法的重要原则确定下来。如德国《基本法》第二十条第二款指出："主权属于人民。它由人民通过选举和全民投票方式，以及通过有立法权、行政权和司法权的专门机构行使之。"即使以天皇为国家象征的日本国宪法第一条也规定：天皇的地位"基于主权所存在之日本国民"。

当代"主权在民"的原则主要体现在代议民主制上，即人民通过选举自己的代表组成议会制定法律，来间接地实现人民掌握国家主权的目标。当然，由人民直接行使立法权的直接民主形式在不少国家的宪法中也有所体现，如意大利的"公民创制权"和法国的"公民表决权"等，美国的一些州宪法中也明确规定公民拥有直接的立法权、复决权和罢免权。

三、法治原则

所谓"法治"（Rule of law），就是宪法明确规定国家完全受法的约束，政府机关的一切活动都要以宪法和法律为依据；一切公民都是权利的主体，并受法律的保障。《布莱克维尔法律词典》将法治解释为："由最高权威认可的并且通常以准则或逻辑命题形式出现的，具有普遍适用性的法律原则。"《牛津法律大词典》认为，法治"意指所有的权威机构、立法、行政、司法及其他机构都要服从某些原则。这些原则一般被看作是表达了法律的各种特性，如：正义的基本原则、道德原则、公平和合理诉讼程序的观念，它含有对个人的至高无上的价值观念和尊严的尊重"。① 可见，"法治"的含义主要涉及两个方面：一是对公民权利的保护，二是对政府行为的规定。也就是说，政府权力必须受到法律的限制，政府权力的行使要遵守法定的程序，为了实现这一目标，必须设置和加强司法机关，并保障公民个人享有某些不容侵犯的基本权利。

从根本上说，法治是和人治根本对立的观念，法治并不等同于"依法治国"（Rule by Law），因为早在秦始皇时代就有法家提出"依法治国"的主张，但在这个幌子下，仍实行了严酷的专制主义统治。法治应高扬法的至高无上性，含有用以治国的法律所必须遵循的原则、规范或理想，如"公正原则""平等原则"和"维护人的尊严的原则"等。1959 年在印度德里召开的"国际法学家会议"对"法治"观念作了当代较具体的阐述。在该会议通过的德里宣言中，总结了当代世界各地法学家的意见如下：

1. 根据法治原则，立法机关的职能就在于创设和维护得以使每个人保持"人类尊严"的各种条件。法治原则不仅确认个人的公民权利和政治权利，而且要求建立得以使人格充分发展的社会、经济、教育和文化条件。

2. 法治原则不仅要对制止行政权的滥用提供法律保障，而且要使政府能有效地维护法律秩序，借以保证人们具有充分的社会和经济的生活条件。也就是说，要为个人谋福利，如通过保健法、社会安全法等社会立法。

3. 司法独立和律师业自由是实施法治原则的必不可少的条件。必须使每个法律工作者做到能毫无顾虑地"为顾客办案"，不怕国家干涉，不怕金钱、名誉和地位的损失。

《德里宣言》对于上述 3 项原则做了详尽的发挥。1961 年 1 月在尼日利亚首都拉各斯召开的"法学家代表大会"再次重申和修改了上述原则，称之为"拉各斯法则"（Law of Lagos）。②

---

① 选自《牛津法律大词典》，第 790 页。

② 龚祥瑞：《比较宪法与行政法》，法律出版社 2003 年版，第 80 页。

关于公民人身自由的司法保障程序是法治的重要内容，许多国家的宪法对此有详细规定。在这些国家里，警察机关或司法机关都必须根据法律办事，公民的人身自由是有保障的；而且宪法还明确规定，国家公职人员与国家机关一旦不依据法律活动而造成侵权行为时，应负民刑事责任，有关当事人可以按照《国家赔偿法》获得相应的补偿。当然，西方大多数国家的宪法在强调"法治"的同时又有关于"紧急状态宣告"的规定，即在一些紧要关头政府可采取各种暴力手段，而不必受宪法或其他法律的约束。美国宪法虽无关于"紧急状态宣告"的规定，但战后美国总统曾多次宣布国家进入紧急状态，并行使平时所不能行使的广泛权力，如 2001 年"9·11 事件"发生以后，布什总统所采用的多项反恐措施就属此类。印度宪法甚至规定总统一旦做出"紧急宣告"，就有权中止宪法中某些重要条款的效力。从政府管理的角度看，随着二战以后西方国家行政部门的权力大大增强，出现这样的规定是完全可以理解的，它不会从根本上改变西方国家所一贯奉行的法治原则。

四、分权与制衡原则

分权与制衡(Checks and Balances)原则是指把国家权力主要分为行政权、立法权和司法权三部分，由不同的国家机关分别行使，这三种权力之间又必须相互制约以保持平衡的一种政制原则。在西方国家中，最早的分权是一种"阶级分权"，即由新兴的资产阶级与国王和贵族实行分权，前者掌握立法权，后者掌握行政权与司法权。英国思想家洛克曾对英国实现立宪君主制的"光荣革命"进行了创造性的总结，并将其上升为一种分权学说。他虽然提出了一个国家有三种主要权力——立法权、执行权和对外权，但执行权和对外权实际上均属行政权，司法权则被他明确归入行政权的范围。因此，洛克提出的是立法权和行政权两权分立的思想，目的是论证和肯定一切权力从属于议会的立宪君主制政体。但是，分权与制衡政治学说作为一种反对集权和专制的尖锐武器，在历史上产生了一定的进步作用。

法国启蒙思想家孟德斯鸠大大发展了洛克的理论，他明确指出："一切有权力的人都容易滥用权力，这是万古不易的一条经验。""从事物的性质来说，要防止滥用权力，就必须以权力约束权力。"他进而指出："每一个国家有三种权力：（一）立法权力；（二）有关国际法事项的行政权力；（三）有关民政法规事项的行政权力。依据第一种权力，国王或执政官制定临时的或永久的法律，并修正或废止已制定的法律。依据第二种权力，他们媾和或宣战，派遣或接受使节，维护公共安全，防御侵略。依据第三种权力，他们惩罚犯罪或裁决私人讼争。我们将称后者为司法权力，而第二种权力则简称为国家的行政权力。"他分析说："当立法权和行政权集中在同一个人或同一个机关之手，自由便不复存在了。""如果司法权不同立法权和行政权分立，自由也就不存在了。""如果同一个人或是由重要人物、贵族或平民组成的同一个机关行使这三种权力，即制定法律权、执行公共决议权和裁判私人犯罪或争讼权，则一切便都完了。"①根据孟德斯鸠的观点，国家不同的权力必须分立，司法必须独立，只有将分权与制衡作为一项普遍性的政制原则，公民的权利和自由才能得到基本的保障。"分权"是为了"制衡"，要"制衡"就必须"分权"，因此，分权与制衡是同一原则的两个方面。

美国是实行分权与制衡原则最典型的国家。美国宪法规定，行政权、立法权与司法权分别

① 孟德斯鸠：《论法的精神》(上)，商务印书馆 1961 年版，第 154－156 页。

由合众国总统、国会以及最高法院行使，且彼此之间相互制约以保持平衡。行政权属于总统，政府官员不向国会而只向总统负责，总统的职权和任期在宪法上有明确规定，因而是独立的，不得被国会罢免；立法权属于国会，总统和部长们都不出席和投票，也无提案权和使之通过的责任，国会两院定期改选，不被解散；司法权属于法院，保持对其他两大部门的独立。英国实行的是一种典型的权力混合体制，它的分权制度实质上是两权分立，在政党制度日益发展起来以后，英国实际上形成了以执政党为纽带把政府和议会融合起来的制度。法国则实行总统一元化下的分权，实质上最终权力是由总统控制的，加上法国在政制上实行行政优先体制，司法机构无权制约立法和行政，连行政诉讼也由设在行政系统内部的行政法院受理，普通法院没有违宪审查权。其他西方国家也分别实行了立法权、行政权、司法权由不同的机构来行使的体制，只是这些机构在法律上的关系各有不同。

当然，由于分权与制衡政治学说的提出具有时代性的特点，因此随着时代的发展，分权与制衡体制的现实表现也在原有基础上发生了一些变化。如美国宪法中的分权原则本是以自由资本主义时期把国家作为“守夜人”的指导思想为背景的，美国第三任总统杰斐逊说过一句名言，即“管得最少的政府就是最好的政府”，正是当时政治形势的真实写照。自 20 世纪以来，联邦政府的职能大为增加，美国国会不得不冲破原有体制的旧框框，设立了众多的“独立管制机构”(Statutory Independent Regulatory Agencies)，如州际贸易委员会(1887 年)、联邦商业委员会(1914 年)、联邦电力委员会(1930 年)、证券交易委员会(1934 年)、联邦交通委员会(1934 年)、全国劳资关系局(1935 年)等，这些行政机关享有半立法权、半司法权，这种“混合权力”，美国人造出一个名词，叫做“管理权”(Administrative Power)，以区别于宪法上的所谓“行政权”(Executive Power)。[①] 这种“管理权”被非正式地称为“第四种权力”，它反映了西方国家经济基础的变化要求国家制度发生重大变化的时代要求。为此，美国的“独立管制机构”在今天仍不断强调必须严守立法程序和司法程序的基本特征，正是为了保持分权与制衡体制所体现的传统价值。

五、保障公民权利和自由的原则

何谓权利？从法律的角度看，权利就是法律所保障的自由，即法律赋予人们享有的某种权益，表现为享有权利的人有权作出一定的行为和要求他人作出相应行为(义务)的能力，必要时甚至可以请求国家机关(法院和行政当局)以强制性的协助实现其权益。一般来说，生存的权利是最基本的权利。人身自由和参政权(选举权和被选举权)是为保护言论、出版、集会这些实质性权利而设的，它们统称为政治权利。此外，保障公民权利通常还涉及实行普遍性与平等性原则，实行“法律面前人人平等”原则。所谓自由，当然不是每一个人爱做什么就可以做什么，这样的自由是根本不存在的，也不是说，自由可以不受任何法律的限制。政治自由只是指，法律的内容可以限制自由的程度不能超过保障全体公民权利的要求。西方国家宪法对政治自由的保障措施通常规定：限制政治自由必须遵守法定手续；对法律是否破坏政治自由要进行司法审查；对被告进行的审判要设立陪审制；防止非法拘禁；限制行政(警察)的权力等。

---

① 龚祥瑞：《比较宪法与行政法》，法律出版社 2003 年版，第 71 页。

有关公民权利和自由的理论，最早产生于17—18世纪资产阶级启蒙运动中，法国启蒙思想家卢梭在他的《社会契约论》一书中明确提出："每个人都生而自由平等。"[①]在他的思想感召下，法国《人权宣言》庄严宣告："任何政治结合的目的都在于保存人的自然的和不可动摇的权利。这些权利是自由、财产、安全和反抗压迫。"美国1776年的《独立宣言》是世界上最早宣布人权和公民权内容的宪法性文件。它明确宣布："人人生而平等，他们都从他们的造物主那边被赋予了某些不可转让的权利，其中包括生命权、自由权和追求幸福的权利。"后来，美国人将公民权利列举在宪法的权利法案之中，但是又明确人民的权利不限于宪法所列举的范围："不得因本宪法所列举的某些权利，而否认或者抹煞人民所保留的其他权利"（权利法案第九条）。可见，美国人认为人的权利不是法律赋予的，而是人生而固有的，甚至宪法也不能赋予而只是列举某些最重要的权利。

关于公民究竟可以享有哪些权利和自由，各国宪法的规定很不一致，一般包括政治、经济、社会文化等方面的权利，如公民有言论与表达、集会、结社、自由迁徙、居留、取得、保持与处置财产、职业等自由，但有些国家的宪法中也有条文对公民的自由和权利进行限制。在二次大战期间，美国总统富兰克林·罗斯福曾经在《大西洋宪章》中阐述了他对公民自由权利的看法，即著名的"四大自由"——言论自由、信仰自由、免于恐惧的自由和免于匮乏的自由。前两项自由通过个人的努力能够实现，后两项自由的实现则需要借助于国家和政府的力量，这一思想与罗斯福一贯强调的加强国家对社会生活干预的主张是一脉相承的。战后，随着各国经济实力的日益强大，西方国家纷纷实行"福利国家"政策，扩大社会保障，使人民的社会经济权利不断扩大，享有更多劳动和社会保障方面的权利；有关自由和人权保障的观念也已深入人心。

第三节　西方国家民主制的发展

民主（democracy）一词，最早出现于希腊语中，由demos和kratia两个字合并而成，前者指人民，后者指统治或权威，合起来为democatia，意即人民的统治。民主从它产生的那一天起，就是一个政治概念，它指的是一个城邦国家的宏观管理体制。在这种民主制下，城邦的政治主权属于全体公民，公民们直接参与城邦的治理，而不是通过选举代表，组成代议机关来治理。亚里士多德曾总结说：民主政体"以自由为宗旨"，"人人轮番当统治者和被统治者"，"政事裁决于大多数人的意志，大多数人的意志就是正义"。[②]

古希腊城邦国家和古罗马共和国灭亡以后，人类进入了由皇权或教权凌驾于一切法律和一切机构之上的时代，"人民的统治"化为乌有。直到资产阶级启蒙运动时期，启蒙思想家们才重新发展了古希腊的民主内涵。卢梭提出"人民主权"思想，主张建立一种得到一致同意的民主，一种程序极为简单、最好是不需要程序的民主，在他那里，人民的统治变成了绝对多数原则。后来，密尔继承和发展了洛克和卢梭的思想，系统地论证了实现人民统治的最好形式是建立"代议制政府"。近代资产阶级革命开创了人类历史的新纪元，随着传统的封建等级制度被

① 卢梭：《社会契约论》，商务印书馆1982年版，第9页。
② 亚里士多德：《政治学》，商务印书馆1965年版，第312页。

打破，"天赋人权"、"主权在民"、"社会契约"、"法治国家"等现代民主政治理念从根本上动摇了等级制度存在的基础，并在整个西方世界中得到普遍的传播。

19 世纪末 20 世纪初，代议制政府的弊端开始显现，人们对民主的概念进行了重新审视。以帕累托和米歇尔斯为代表的意大利精英理论家认为，在每一个社会中，都会出现一个统治阶级，广泛的人民统治是不可能的，寡头统治是铁律。后来，这一思想被马克斯·韦伯和熊彼特发展成"精英民主理论"，韦伯认为民主就像市场一样，是一种淘汰最弱者的制度机制；熊彼特则把民主看成是一种竞争政治领导权的政治方法，他说："民主方法就是那种为作出政治决定而实行的制度安排，在这种安排中，某些人通过争取人民选票取得作决定的权力。"①

随着人类政治生活的不断发展，新的民主理论不断涌现，尤以罗伯特·达尔为代表的多元主义和查尔斯·林德布洛姆为代表的新多元主义民主理论为主要流派。达尔高度重视利益集团在民主政治中的作用，觉得社会中的权力是众多利益集团之间"无休止的讨价还价过程"，政治决策则是政府部门试图调和这些集团冲突的结果。他认为，民主可以被定义为"多重少数人的统治"，这是民主过程的价值所在。民主的实际意义不在于是多数人统治还是少数人统治，而在于群众的广泛参政。② 达尔主张以"多元政体"(Polyarchy)代替"民主政治"一词，"多元政体"就是"现实的民主"。

回顾西方民主制的发展过程，我们看到了民主制作为一种国家形式，从产生到成长至今 300 多年的全部历史。概括起来说，民主作为一种政府形式，主要经历了三个发展阶段：

一、代议民主制

代议民主制是指由全体公民通过自由选举产生的议会掌握立法权威和政治权威的政体形式。从历史发展角度看，代议民主制不仅是资产阶级革命的产物，而且也是从古代民主制向现代民主制的伟大发展。它反映的是自由资本主义时期的生产关系和人与人之间的关系，与资本家用资本和劳动力在市场上平等交换的关系一样，代议民主制的主要特征是公民普选制和候选人竞选制，就其形式来看，体现了平等和自由的政治理念。实行代议制的原因在于，人民不可能直接行使主权，而不得不由他们选出极少数代表来行使。从法律上说，主权在民意味着每个公民都平等地拥有国家主权的一部分，对于管理国家的事务享有同等的发言权。但在实践中，既不可能由每一个公民个别地、直接地行使自己的那一份主权，也不可能由所有的公民一起集体行使国家的主权。要有效地管理国家事务，必须将分散的权力集中起来，由极少数人和专门的机构来行使。从某种程度上看，如果没有代议民主制的出现，仍然固守直接民主制，那么就不可能有真正的民主制，因为如此人口众多的民族统一国家，无论如何全体公民不可能在同一时间、同一地点平等地表达自己的意志。

不过，为了使这极少数人和专门机构行使权力具有合法性、正当性和公正性，需要经过一定形式的"授权"，即全体选民通过选举，由他们信得过的少数人来代表他们组织政府，行使权力。与此同时，这种授权必须是有期限的，这种权力的行使过程必须受到严格的、来自多方面的监督，并且人民仍然保有对主权的"所有权"，他们可以定期更换或随时罢免不称职的代表和

① 熊彼特：《社会主义、资本主义和民主主义》，商务印书馆 1999 年版，第 395－396 页。
② 罗伯特·达尔：《现代政治分析》，上海译文出版社 1987 年版，第 21 页。

政府成员，从而保证权力的正当行使。

由于各国民主制的发展走过截然不同的道路，因此西方国家代议制政府之间只在基本特征方面是相同的，即：一是设有合法的代议机关，二是代议机关由公民普选产生。但是，代议制政府在各国的组织形式是千差万别的，如最初的代议制政府就可以分为三大类型，这就是英国的“虚君”共和制、美国的总统共和制，法国的议会共和制。它们构成了现代西方代议制政府的三个基本原型，以后出现的所有代议制政府基本上都是从这三个基本原型演化过来的。

代议民主制的产生有它的历史必然性，但也存在着一定的缺陷。由于目前在许多西方国家中，存在着大量对民众选举权的实际限制，因此有不少学者主张否认代议制的民主性和人民性。其实，最早对代议制进行批判的人物是法国大革命时期的杰出民权主义思想家卢梭，他认为，主权既不可以转让，也不可以被代表；人民的代议士并不是也不可能是人民的代表，而不过是人民的受托者；凡人民不能亲自批准的法律都是无效的。他指出：“英国人民自以为是自由的，他们是大错特错了。他们只有在选举国会议员时才是自由的：议员一旦选出之后，他们就是奴隶，他们就等于零了。”①应该承认，代议制确实存在着一些缺陷，但像卢梭那样全盘否定它，也是不可取的。在现实社会中，任何一个具有一定规模的国家要实行直接的“全民统治”都将是非常困难的。即使是世界公认的实行直接民主制的、小国寡民的瑞士，也不是事事都由全民公决，而是存在着某种程度的代议政治，国家的大政方针大多还是由人民的“代表”来决定。因此，代议民主制作为现代社会第一种真正付诸实施的民主制，具有它的历史合理性，无论存在着多少不足，它都将作为民主制的一种基本实现形式而存在下去。

二、行政集权民主制

行政集权民主制和代议民主制相比，具有时代性、实践性的特点。它在一种特定的历史时期产生，为特定的政府政策服务；它不像代议制那样具有深刻的理论基础，但在政府实践中不断演变和发展，成为西方各国20世纪民主制实践的重要组成部分。

如果说代议民主制是以“议会主权”为特点的，那么，行政集权民主制就是以行政集权、行政首脑专权为特点的。行政集权民主制的经济基础是国家垄断资本主义，因为在垄断时期，权力大部分转移到政府行政部门，特别是政府首脑手里，政府的职能范围不断扩大，经济上的集中最终引起了政治上的集中。可见，行政集权民主制是西方国家经济、政治和社会日益尖锐的矛盾所导致的政府体制，它具有很强的针对性。在20世纪30年代，由于遍及全球的经济危机的严重影响，西方国家都面临着只有依靠政府的力量才能走出大萧条低谷的选择，从只管“法律和秩序”的“小政府”走向全面干预社会经济事务的“大政府”已势在必行。但是，各国的道路发生了分岔：以美、英为首的一部分国家走上了行政集权民主制的道路，以德、意、日为首的一部分国家则走上了行政集权独裁制的道路。前者仍保留着代议民主制的一切设施，并仍按常规运转，所不同的是通过强化国家行政干预职能，实行行政集权和行政首脑专权。后者是行政集权民主制的变态类型，它公开或事实上完全抛开代议民主制的普选、议会等一切民主设施，实行政府首脑的个人专制集权统治。

第二次世界大战以后，西方国家越来越明显地在逐步走向行政集权民主制。这种变化主

① 卢梭：《社会契约论》，法律出版社1958年版，第121页。

要表现在两方面，一是作为公民权利表现形态的民主，如政治上的普选权和参政权，以及各种社会经济权都进一步扩大了；二是作为国家表现形态的民主，代议制政府内部权力关系发生了变化，行政高度集权和空前扩权，从以议会为中心的权力结构走向以行政为中心的权力结构。20世纪六十年代，西方学术界称英国的民主是“首相民主”，德国是“总理民主”或“宰相民主”，美国总统则被称为“帝王般的总统”，戴高乐在私下称法国体制是“选举产生的君主制”，如此等等，实质上是同一个意思，即行政首脑集权。行政集权民主制的基本特征包括：第一，仍然保留着代议民主制的普选制、议会制、内阁责任制等民主形式及其设施；第二，议会的权力已大大削弱，传统的议会制已不复存在，行政集权民主制不是议会立法行政执行，而是行政执行自己制定的法律，议会只是授权或起通过认可的作用；不是议会监督行政而是行政监督议会；第三，行政权力大大加强，行政首脑成为权力的中心，传统的内阁责任制实际上已经成为总理或首相个人责任制，行政权力几乎已经管辖到社会的各个领域，政府“权力的容量”以及职能机构和官僚队伍已经达到空前庞大的程度。①

这样一种状态，是与西方国家传统的议会民主制和权力制衡模式完全背离的。随着20世纪七十年代初行政集权民主制显示出越来越明显的弊端，各国不同程度地出现行政权力被批评和受到限制的局面。其中尤为著名的是美国，“水门事件”的发生在很大程度上唤醒了美国各界对行政集权民主制的反思和批判，国会两院顺应民众的强烈要求，先后颁布了一系列限制总统权力的法律，在一定程度上恢复了国会在宪政体制下所赋予的传统权力。尽管今天的美国政治生活中，作为行政首脑的总统仍占据着中心的地位，但国会作为民意代表机构和国家论坛，也在政治体制的运转过程中发挥着不可缺少的重要作用。不过在其他西方国家中，行政集权民主制的种种表现仍未有根本的改观。

三、共同参与民主制

民主从其本质来看，意味着一切公民拥有平等参政的权利。政治参与，作为一种普通公民通过一定方式直接或间接影响政府决定或与政府活动相关的公共政治生活的政治行为，已在极其广泛的层面上成为西方国家民主制发展的重要标志之一。在资产阶级革命时期，以卢梭、密尔、杰斐逊为代表的古典民主主义者都曾主张过参与民主理论，认为政治参与是社会活力和创造力的源泉，是抵制暴政的强有力的工具，是集中集体智慧的重要途径。由于扩大的参与权使众多的公民忙于国事，所以政治参与活动又具有保持国家稳定和加强社会秩序的作用；由于政治参与活动给予每个人发表自己意见的机会，使得最大多数人能从中获得最大的好处；由于大批的志士仁人在参与中得到智慧和能力的表现，社会就能从中挑选优秀活动家为其所用；由于政治参与活动增强了公民对自身尊严和价值的认识，这实际上提高了他们的社会地位。政治参与活动还可以经常提醒统治者和被统治者，不要忘记各自对社会承担的责任和义务。②正因为如此，随着社会的进步、人类文明程度的提高以及个人独立意识和权利意识的觉醒，当代社会的人们越来越要求以民主的方式分配政治资源，采用以民众参与为主要特征的新型民主制。

---

① 曹沛霖、徐宗士：《比较政府体制》，复旦大学出版社1993年版，第20页。
② 杨光斌：《政治学导论》，中国人民大学出版社2000年版，第233页。

美国学者奈斯比特在《大趋势》一书中说："70 年代是政治上共同参与民主制的发展时期，复决和创制事例都有空前的增长。""共同参与民主制正在美国的地方政治中引起革命性的变化，同时正在向上面沸腾，要改变中央政府的发展方向。"①他指出："直接民主是共同参与民主制的心脏和灵魂。"共同参与民主制的主要形式是"公民创制"、"公民复决"和"公民罢免"，它体现了作为民主制度主体的公民能够通过有效的途径直接参与政府重要政策和法律的制定。目前，许多西方国家都不同程度上采用了直接民主制的某些形式，如：法国总统有权将一切影响政府体制运转的法律草案提交公民表决；日本宪法规定修改宪法必须经过公民表决；意大利公民依宪法规定达到一定人数的签名就可以行使立法创制权和公民复决权，等等。共同参与民主制的出现，既是为了顺应民众积极参政的要求，也是为了缓和行政集权民主制在体制上难以克服的矛盾（即公民的参政要求和行政高度集权的矛盾）而提出来的"新型民主工具"，它通过用"公民创制权""公民复决权"和"公民罢免权"的行使来使公民政治参与的要求在一定的程度上得到满足。某些西方学者甚至认为，美国正在从代议民主制向直接民主制过渡，并将首先达到共同参与民主制的崭新阶段。当然，实现这一目标的前提条件是公民的知识水平和政治责任感的不断提高，为其积极参与政治活动提供主观方面的条件；以及现代信息技术的快速发展，它从物质基础方面为"网络民主"的实现提供先进的技术手段，为共同参与民主制的实现创造客观方面的条件。我们认为，共同参与民主制是对代议民主制的补充，它部分地取代了代议民主制的功能，在某些方面极大改变了代议民主制的功能和运作方式。

纵览民主制的发展路径，可以深刻体会到人类制度文明发展史上的伟大和艰辛。与传统的君主专制政体相比，民主政体具有不可比拟的巨大优越性。美国政治学家罗伯特·达尔曾将民主制的长处归纳为以下 10 项：

（1）民主有助于避免独裁者暴虐、邪恶的统治。

（2）民主保证它的公民享有许多的基本权利，这是非民主制度不会去做也不能做到的。

（3）民主较之其他可行的选择，可以保证公民拥有更为广泛的个人自由。

（4）民主有助于人们维护自身的根本利益。

（5）只有民主政府才能够为个人提供最大的机会，使他们能够运用自我决定的自由，也就是在自己选定的规则下生活的自由。

（6）只有民主的政府才为履行道德责任提供了最大的机会。

（7）民主较之其他可能的选择，能够使人性获得更充分的发展。

（8）只有民主政府才能造就相对较高的政治平等。

（9）现代代议制民主国家彼此没有战事。

（10）拥有民主政府的国家，总是比非民主政府的国家更为繁荣。②

从历史的层面看，西方民主制的建立，第一次把政治系统的合法性建立在取得民众支持的基础之上，它的实施带来了广大民众自我权利意识的觉醒和政治参与意识的提高，也在政府机构之间牢固地建立起了法治化的权力运行规则。民主制的建立和发展大大推进了人类制度文明建设的步伐，在早期适应了西方社会发展的需要，它的历史意义是极为重大的。

① 约翰·奈斯比特：《大趋势》，中国社会科学出版社 1984 年版，第 161 页。
② 罗伯特·达尔：《论民主》，商务印书馆 1999 年版，第 67－68 页。

然而，我们也必须同时看到，近些年来西方民主制发展的困境也日益凸显。首先，自英国脱欧公投和特朗普当选美国总统以来，民粹主义尤其是右翼民粹主义强势崛起，激活了多元文化主义发展以来的认同解构和异质化趋势，西方民粹主义与多元文化主义二者之间的对抗，已然构成对民主体制的冲击，①不断侵蚀西方民主有效运行的基础。其次，随着互联网的快速发展，大数据分析、机器学习、人工智能等最新技术应用到西方民主政治实践中，并开始在政治决策、政治宣传、政党建设、选举预测、投票竞选等方面发挥重要甚至关键作用。然而，大数据时代背景下，西方政治领域的互联网新技术有滥用的倾向，导致了政治极化、民主价值和民主规则受到侵蚀、政治风险增加等问题，不断挑战西方民主政治的基础逻辑和游戏规则。② 不仅如此，随着以"互联网＋"、大数据和人工智能为特征的数字时代的到来，传统媒体格局和政治话语权也发生了革命性的变化：一是传统媒体与新兴媒体交相辉映，政治精英与普通民众力量对比发生戏剧性扭转；二是网络政治的碎片化、部落化对政治共识和国家认同构成直接挑战，两个方面共同作用下，旧有的身份认同被冲击，新的身份意识被激发，身份政治的崛起，对传统民主政治的理论和实践构成了实质的冲击和挑战。此外，互联网技术的发展也为假新闻的传播提供了途径，在西方民主发展中从未缺席过的假新闻虽然没有改变西方民主制度的能力，但是在假新闻的蛊惑下，西方民主精神正从内部被逐渐侵蚀。③ 此外，2020年新冠肺炎疫情肆虐全球，西方式民主陷入了否决式政治日益严重、国家治理能力弱化、不平等状况加剧、选举制度失灵、民主共识成为政治稀缺品、社会秩序失序的多重困境。

当然，任何一个国家民主制度的发展都有赖于其特定的历史、文化和民族素质等方面的影响，不可能整齐划一，民主制的成长过程中还会遇到各种各样的逆流与回潮，但是，人类政治制度发展的历史已经证明，民主制是一种代表着人类前进方向的先进政治文明，它将朝着更加多样化的方向发展，并为人类政治制度的完善做出应有的贡献。

思考题：

1. "主权在民""分权与制衡"的原则在西方国家政治制度中是怎样体现的？从现代西方文明角度看有什么价值和意义？

2. 西方民主制度的发展经历了哪些重要阶段？它们的主要特点各是什么？

案例三：合法乎，违宪乎？

2013年5月，美国中央情报局前分析师和国家安全局前雇员爱德华·斯诺登携带美国棱镜监视计划的绝密情报影印件从夏威夷潜逃香港。三个星期后，斯诺登将他带出的众多秘密情报中的两份绝密资料交给英国《卫报》和美国《华盛顿邮报》，向外界披露，引起全世界震动，国际舆论称之为"棱镜门"事件。

"棱镜"是一项由美国国家安全局自2007年起开始执行的绝密级电子监视项目，其前身是

① 张国军、程同顺：《当代西方民主的基础与危机——右翼民粹主义与多元文化主义对抗的政治冲击》，载《中南大学学报(社会科学版)》2019年第4期，第116－127页。

② 杨春林：《大数据时代的西方民主困境》，载《当代世界社会主义问题》2019年第3期，第158－167页。

③ 汝绪华：《假新闻泛滥与西方民主的整体性危机》，载《马克思主义研究》2019年第5期，141－151＋160。

小布什总统任内在“9·11”事件发生后实施的对恐怖分子的秘密监视计划。该计划启动之初，因其可能侵犯公民的隐私权而广受质疑。但多年来，美国国家安全局一直没有终止该计划。奥巴马担任总统后，美国国家安全局继续运作该计划。

据斯诺登爆料，“棱镜计划”自实施以来，美国国家安全局一直在微软、雅虎、谷歌、苹果等9大互联网公司中进行数据挖掘工作，从中获取了包括电话通讯和电子邮件在内的大量信息。斯诺登还披露，过去几年，美国国家安全局在全球范围发起了超过6.1万起网络黑客行动。其中，从2009年起针对中国内地和香港的行动达到数百起。“我们攻击网络主干，如大型网络路由器，以获取数十万台电脑的数据，而不用一个一个地去获取。”斯诺登说，“我不知道国家安全局在这些电脑上寻找什么特定信息，但使用技术手段未经授权地侵入民用电脑是违法行为，在道德上也是有问题的。”

《纽约时报》的一篇报道指出，为了处理每天获得的海量信息，美国国家安全局迅速扩张。过去10年，从小布什到奥巴马的两任政府给国家安全局投入了数十亿美元，在犹他州的山区修建了一座占地10万平方米的城堡。该局在全美设立了众多窃听站，还建造了一台世界上速度最快的计算机，用于破解截获的电子信息。

英国《卫报》援引美国国家安全局的一张“全球热度图”显示，仅在2013年3月期间，该局就从全球互联网上收集到970亿条数据，其中14%来自伊朗，许多来自巴基斯坦，另有约3%来自美国本土。

斯诺登的“背叛”，使美国“棱镜计划”彻底曝光，世界为之侧目。俄罗斯总统普京表示，政府的监控行为应该在法律许可的范围内。英国则极力撇清，避免留下与美国“同流合污”的印象，其外交大臣黑格说：“我们的部门一向执行并遵守英国法律。即便是在处理来自英国以外的信息也一样。”欧盟司法委员雷丁震惊之余致信美国司法部长霍尔德说：“‘棱镜’这类项目以及授权此类项目所依据的法律，可能会给欧盟公民的基本权利带来严重的负面影响。”雷丁希望美方对欧盟的有关忧虑做出答复。

“棱镜计划”的曝光在美国国内更引发巨大争论。美国民众和政界的反应非常两极化，而且没有明显的党派和意识形态色彩，这在美国历史上极为罕见。

美国总统奥巴马竭力为国家安全局的秘密监视计划辩护，说他们是在法律许可的范围内行动，并对保护国家免受恐怖袭击至关重要；美国国家安全局局长亚历山大则告诉国会，监控计划过去已经阻止了几十起恐怖阴谋；美国联邦调查局局长穆勒干脆明确表示，美国政府将全力缉拿斯诺登，让其为大量泄露国家机密的行为负责。

但是，并非所有的人都认同美国国家机构的秘密监视特权。2012年总统大选的独立候选人罗恩·保罗称，秘密监视计划是“蓄意破坏宪法的行为”。因为美国宪法第四修正案保护公民权利免受“不合理的搜查和获取”。

著名广播节目主持人林博指出，秘密监视计划是“彻头彻尾的威权主义行径”。“关键的问题是，如此大规模的秘密监视计划有何存在的必要？幕后发生的事情究竟是什么？谁是我们的敌人？”林博发出一连串疑问。

来自肯塔基州的共和党参议员兰德·鲍尔索性鼓励民众对美国政府的秘密监视计划发起“集体诉讼”。鲍尔受到“茶党”的青睐，是2016年总统大选的竞争者之一。“对电话记录随时被收集和监听，美国民众有理由感到担心。”鲍尔说。截至2013年6月，已有25万人在鲍尔的政治行动委员会网站签名，支持对秘密监视计划发起“违宪”挑战。

法国《世界报》则援引一位不愿意透露姓名的美国政府前高官的话指出：“从外表看，美国显然不是一个警察国家，但是从其网络监控和法律违宪对公民私生活的侵犯来看，早已名副其实。”他还断言：假如美国再发生类似“9·11”的恐怖袭击，我对我们一直引以为豪的民主制度的未来不敢乐观。因为这些被滥用的权力异常危险。无论如何，美国总统和国会都无权以反恐的理由对宪法进行修订，对受到法律保护的公民人身自由、居所安全、言论和文字等一切权利进行践踏。

而美国最具影响力的民权组织美国公民自由联盟反应更为激烈，直接拿起法律武器捍卫自己的正当权利，起诉美国联邦政府。起诉书指认美国联邦政府开展秘密监视项目“棱镜”侵犯了公民言论自由和隐私权，违反国家宪法，请求联邦法院下令终止这一监视项目。

“棱镜计划”曝光后，对斯诺登的评价，他究竟是个“英雄”还是“叛徒”，美国民众给出了不同的答案。据盖洛普公司对 1 008 个成年人进行的电话调查显示，44%的民众认为斯诺登将“棱镜”计划公之于众是正确的，42%的人则认为他的这一做法是错误的，另有 14%的受访者表示不确定。美国两党对“棱镜门”的态度也略有不同。在受访者中，有近一半的共和党及独立人士认为斯诺登做得对，认同这一看法的民主党人士则只占 39%。

从上面美国国内正反两方面对“棱镜”秘密监视计划的辩论来看，支持者的主要依据是认为秘密监视计划对反恐有利，而对是否违法违宪则避而不谈。反对者的主要理由是，认为秘密监视计划侵犯了公民隐私权，违反了国家法律和宪法。

这一场争论目前暂时尚未见分晓，但 6 月下旬美国政府向全球发出对斯诺登的通缉令，这似乎又意味着美国政府并不太过担心反对者对其违宪的指责。看来，由于种种原因，今天，美国政府的权力确实已经得到极大扩张，这在几十年前几乎是不可想象的。

其实对于目前美国政府的权力越来越大，越来越凌驾于宪法和法律之上的状况，美国《华盛顿邮报》早在 2012 年就指出，“9·11”事件后美国造就了一个大权在握、权力基本不受监管的政府，任意的司法制度、无证搜查、秘密证据、秘密法庭、连续监视公民和非常规引渡等 10 条理由，已让美国不再是“自由之邦”。美国民众唯一能够期望的是，“政府明智地使用这些权力”。

（根据《光明日报》《法制日报》等 2013 年 6 月有关的报道编写）

思考题

1. 你认为美国棱镜秘密监视计划究竟合宪还是违宪？为什么？
2. 你认为今天美国公民的民主自由权利究竟是扩大了还是缩小了？为什么？

第四章　元首：国家权力的最高体现者

人类历史上，几乎所有政治制度都设有能够赋予自身合法地位的国家元首职位。因此，只要有国家，就有国家元首。他（她）对内是国家权力与权威的化身，象征国家统一和民族团结；对外代表国家，负责国际交往，接受外国使者呈递国书。同时，有的国家（如实行总统制的美国）国家元首也担任政府首脑（行政机关的最高领导人）。从本质上讲，国家元首是主权国家对内对外的最高代表，在国家机构中拥有实质或象征性的最高地位，是国家机构的重要组成部分。它随着国家的产生而出现，与一定的社会政治制度有着极为密切的联系。当今世界各国，政体不同，国家元首的地位也不尽相同；国情不同，国家元首的称谓、产生方式、职权也不同。观察一个国家的国家元首在政治生活中的地位和发挥的作用，可以在一定程度上了解该国的政治状况。

第一节　何谓国家元首

古代社会，任何国家元首都是一个国家最高权力的执掌者。现代社会，由于国际关系和国际交往的发展，国家元首又成为国家在对外关系中的最高代表。“元首”一词，在中国最早见之于古代典籍《尚书》。该书“益稷”篇在论述元首与大臣及社稷的关系时说：“元首明哉，股肱良哉，庶事康哉。”这里元首即为君主之意。世界上最早在宪法中使用“元首”一词的是 1871 年的《德意志帝国宪法》①。从历史的发展来看，人类早在国家形成之初便有自己的首脑，因此，国家元首是最早产生的国家机关。奴隶制社会和封建社会时期，国家权力由世袭的君主掌握，君主是真正的统治者，独揽行政、立法和司法等国家最高权力。其称号有国王、皇帝、国君、沙皇、天皇、大公、首长等；现代社会，绝大多数国家废除了君主制，建立了共和制，由选举产生国家元首，国家元首职权受到很大限制，其称号也相应地发生改变，一般称为总统或国家主席。

一、国家元首的形式

严格来说，古代君主与今天的国家元首不是同一个概念。从法律上将国家元首当作一种职位予以规定是 19 世纪的欧洲各国。通常，国家元首由一个人担任，这叫单一国家元首。在

① 国外也有部分学者认为世界上最早在宪法中使用“元首”一词的是 1831 年比利时王国的宪法，该宪法当时明确规定：国王即国家元首。

西方国家,由一人独任国家元首的做法是最普遍的形式,如英国国王,美国、法国、德国、意大利、俄罗斯等国的总统,卢森堡的大公等。需要指出的是,有的共和制国家,在国家元首之外,宪法还规定设有副总统一职,他(她)们在法律上不是国家元首,宪法设置这样的职位,采取的只是一种预防措施,即当总统出现缺位时,由副总统继任,或者当总统因故不能视事时,由副总统代行其职位。换言之,副总统只是储位国家元首,它根本不是国家元首的组成部分。因此,这类国家在形式上仍然属于单一国家元首的国家。

与由一个人担任国家元首的做法不同,今天世界上也有极少数国家,国家元首的职位不是由一人独任的,而是由两个或两个以上的人组成合议机关,由其全体成员共同担任国家元首职务和行使国家元首职权,这叫集体国家元首。实行集体国家元首的国家,构成集体元首的各成员之间彼此地位基本平等,权力相同。如现代瑞士国家元首就是由该国的联邦委员会集体出任的。联邦委员会由 7 名成员组成,虽然也设有主席 1 名(由 7 名委员轮流担任,任期为 1 年),但他(她)在国家事务的处理方面并无决定权,联邦的一切重要决策均由委员会成员共同商定。作此制度安排,仅仅是为了在内部集会时主持会议和对外代表国家的需要而已,他(她)并没有超越其他成员之上的权限和地位。又如圣马力诺,该国的国家元首由两名权力相等的执政官组成。安道尔的国家元首由法国总统和西班牙塞奥德乌赫尔地方主教组成,两人并称两大公。再如波斯尼亚和黑塞哥维那宪法规定,由该国主席团履行国家元首职责①,主席团由波什尼亚克、塞尔维亚和克罗地亚三族各出一名代表组成,任期 4 年。主席团采用轮值制,由三族代表每 8 个月轮换一次。

除了上面两种形式外,当今西方国家中还有一类国家的做法比较特殊,如澳大利亚、加拿大、新西兰等英联邦国家,它们的国家元首不是由本国住民担任的,而是维持殖民地时代的做法,将英国国王或女王奉为自己的国家元首。有学者据此认为,这一类国家没有自己的国家元首,这种看法太过偏颇。一个国家的国家元首职务安排本来就受该国历史、传统文化等国情影响,澳大利亚、加拿大等国历史上都是英国的殖民地,独立之后在国家机构的设置上保持和原宗主国的特殊联系并无不可。因此,这几个国家应该被归为个人国家元首之列。当然,一个国家自己的国家元首不是由本国住民出任,而是由一个外国人来担任,对国家主权的完整性来说总是一种缺憾,所以最近几十年来,这些国家不断有国内学者和民众呼吁,要求废弃殖民地时代的做法,立法明确规定国家元首由本国住民出任。

二、国家元首的产生方式和任期

国家元首的产生方式世界各国都由宪法或法律规定。现实中,产生方式主要有两种,分别是世袭制和选举制。凡担任国家元首职位不经民主选举,而是按照血统亲属原则,依法世代相传的即为世袭制。当代西方各国中,政体采用君主立宪制的国家,国家元首均由世袭产生,如英国、荷兰、比利时、西班牙、丹麦、挪威、瑞典、日本等国。这些国家的世袭国王,人们一般称之为“立宪君主”,他(她)们基本上终身任职,但大多没有实权,只在形式上为国家最高权力的执

① 简称波黑,位于巴尔干半岛中西部,1995 年成立。面积 5.12 万平方千米,2018 年总人口 332 万多,GDP 总额 197 亿美元,首都萨拉热窝。主要民族为波什尼亚克族、塞尔维亚族和克罗地亚族,三族分别信奉伊斯兰教、东正教和天主教,官方语言为波什尼亚克语、塞尔维亚语和克罗地亚语。

掌者，对国家统而不治，属于“虚位国家元首”。虽然君主立宪制下各国宪法和法律都规定世袭国王为终身任职，但实际上并不是每个国家的世袭国王都终身任职，历史上有些国家曾出现过两种例外情况：一种是国王因种种原因提前退位，如 1936 年英国国王爱德华八世因为“不爱江山爱美人”，坚持和一位离过两次婚的外国平民女子结婚而主动退位；另一种是国王因年老体衰，对国事不堪重负而主动退位，如 2013 年 4 月 30 日，荷兰女王贝娅特里克斯因年事已高而主动让位给长子亚历山大。

君主立宪制国家元首由世袭产生，这是它们共同的特点，但具体到各国，世袭国王究竟怎样产生，各国法律规定和惯例又各不相同，主要有以下几种表现形式：（1）嫡长子继承制，如日本的《皇室典范》规定，天皇的继承者必须为男性，并且长子优先。（2）王储选择制，如沙特阿拉伯国王的继承人是从各王子中选择出来的，并非一定要由长子继位。（3）顺序继承制，如英国 1701 年《王位继承法》规定，王储中男女成员均可继承王位，但男性优先，不过这一带有明显重男轻女传统的不合理规定现已被颠覆，2011 年 10 月，在澳大利亚珀斯举行的英联邦首脑会议上，与会各国首脑一致同意更改《王位继承法》，规定王室成员无论男女都将能拥有同等继承权。之后，新的王位继承法律于 2012 年底获英国议会两院通过；2013 年 4 月 25 日，英国女王予以御准，这部新法律被称为《王位继承法 2013》，新继承法规定，以 2011 年珀斯协定的日子(2011 年 10 月 28 日)为起点，自当日起，所有王室子女将根据出生先后决定继承王位顺序。

与君主立宪制国家的做法相反，西方各国中，凡实行共和制政体的国家，国家元首均由选举产生，具体选举方式各有不同。法国总统由选民通过两轮多数投票直接选举产生；俄罗斯总统选举采用和法国相类似的制度①；美国总统由选民选出的总统选举人间接选举产生；德国、意大利、希腊等国总统则由议会间接选举产生。共和制国家的国家元首既然不实行世袭制，而是由选举产生，则必有任期限制，对此，各国宪法规定不一。其中，美国总统一届任期 4 年，法国、德国、意大利总统一届任期 5 年，俄罗斯总统原来一届任期 4 年，现为一届任期 6 年(2008 年修改宪法，2012 年后执行)。在国家元首任职届数上，有的国家规定总统不得连选连任，如韩国、墨西哥等；有的国家规定总统可以连选连任，但连任不超过二届，如美国、法国、德国等；还有的国家规定总统可以无限制连选连任，如尼加拉瓜、厄瓜多尔等。

三、国家元首的职权

各国国家元首的职权由各国宪法规定。各国政体不同，国家元首行使的实际权力也不完全相同。一般而言，国家元首的“有效权力”——借用白哲特的用语——所具有的重要性要小于他的“荣誉权力”所具有的重要性；但是遇到紧急事变，前者的重要性就会大大提高。在某些情况下，国家元首可以享有真正的自由裁量权。②

正常情况下，国家元首根据在权力体系中是否拥有实权，可以分为虚位元首和实权元首两大类。在实行内阁制的国家，国家元首一般不直接掌握国务实权，只以国家的名义从事一些象征性和礼仪性的活动，因而被称为“虚位元首”。目前世界上绝大多数议会制国家既需要一个

---

① 最近几届俄罗斯总统选举因参选者普京竞选优势比较明显(2008 年为梅德韦杰夫)，第一轮投票就已击败竞争对手，故第二轮投票一直没有出现。

② 戴维·米勒：《布莱克维尔政治学百科全书》，中国人民大学出版社 2002 年版，第 334 页。

国家元首（通常是君主或总统），又需要一个政府首脑（通常是首相或总理）。议会制国家元首的权力是有限的，但有时他的权力也会变得举足轻重。例如，政府总理通常由国家元首任命，当议会各政党都未获得议会多数席位时，国家元首可以行使指定权。在某些国家，当国家元首认为不存在可供选择的政府时，他可以拒绝接受总理解散议会的建议。而在实行总统制的国家，国家元首和政府首脑两个角色被结合在一起置于总统的职位上，国家元首成为真正拥有实权的国家最高首脑，对国家重大决策的制定和执行均负有实际的直接的责任，拥有很大的决定权，处于国家权力体系的中心。

总起来看，不论是虚位国家元首还是实权国家元首，各国宪法都会赋予其以下一些基本权力，它们是：

1. 公布法律权

即议会通过的所有法律文件（如宪法修正案、法律、政令或条约）须经国家元首签署后才能生效。其中，虚位国家元首一般按惯例应予签署，总统制、半总统制等实权国家元首则拥有立法否决权，他（她）既可以批准议会制定的法律，也可以予以否决。任何法案遭到国家元首否决后都必须发回议会重新审议，经修改或重审后才能再次提交国家元首签署公布。

2. 发布命令权

即国家元首在平时或战时有权向全国通过发布命令、敕令、规则等形式以作为立法权的补充，如公布举行大选的时间，宣布在全国实行"紧急状态"等。在君主立宪制国家，如英国，英王有权制定有法律效力并且对全社会有约束力的命令，但英王发布这样的命令，是根据议会委托进行的，不是其本身固有的权力。在半总统制国家，如法国，总统可以根据情况发布举行全民公决的命令，就修改宪法、组织公共权力机构、批准国际条约或法律草案等事项提交公民投票表决。

3. 召集和解散议会权

这一权力尤以英国为典型。从法理上讲，英王是议会的重要组成部分，一切立法权的行使和上、下两院的运作都是在君主的意愿下进行的。每届议会的开幕式上，照例由国王宣读"我的政府"的政策主张，议会开会和闭会均由国王宣布，国王根据内阁的建议还可以随时解散下议院。不过，国王在议会宣读的政府政策主张是由内阁为其起草的，国王并不能自作主张地做出任何变动。日本、德国、法国、俄罗斯等国，国家元首也同样象征性或实际拥有召集和解散议会的权力；但美国是典型的三权分立国家，其总统无权对议会的召开及其活动情况进行干预。

4. 外交权

国家元首在法律上是负责本国与外国之间关系的国家代表，他（她）有权任命驻外大使、公使和领事，接受外国大使的国书，保护海外的本国公民的安全和利益。国家元首有权在议会的协助下承认新国家和新政府，有权代表国家与外国签订条约。由于国家元首对外代表国家，因此在国际交往中享有礼仪上的特殊待遇，如在正式出访的国家享有鸣 21 响礼炮的最高外交礼遇等。

5. 任免权

也称人事权，即国家元首有权任命政府首脑，有权根据政府首脑的提名任命政府重要官员。虚位国家元首在行使这项权力时通常遵循惯例或宪法程序，实权国家元首则在任命政府重要官员时享有程度不同的真正决定权。

6. 军事权

即国家元首依据宪法规定拥有统帅武装部队的权力。在英、美、法、俄等国，国家元首任三军总司令之职，是全国武装部队的最高统帅，拥有任命武装力量高级指挥官或领导最高军事会议的权力。美、法、俄等国元首还有掌控国家“核按钮”的权力。

7. 司法权

国家元首拥有的司法权一般包括赦免权和任命高级法官的权力。无论是虚位还是实权国家元首，在法律上都享有对任何被判破坏国家法律的人作完全或有条件赦免的权力，赦免权通常以宣布实行大赦或特赦的方式履行。

8. 国家荣典权

几乎所有国家元首都拥有给予本国公民最高荣誉的授予权。在实行君主立宪制的英国，英王被称为“荣誉之源”，他(她)常常通过册封贵族、授勋、奖励等形式表彰那些为国家做出过贡献的本国或外国公民。在俄罗斯，颁布国家奖赏、授予俄罗斯荣誉称号及专门称号等荣誉权都属于联邦总统。

四、国家元首制度的演变趋势

从历史的角度看，国家元首制度基本上经历了从专制君主制到君主立宪制再到总统制的发展过程。伴随着现代西方民主政治制度的建立与发展，国家元首逐渐从历史上拥有无限权力的传统型权威过渡到以宪法条文明确规定其权限的法理型权威，实现了国家元首制度从传统走向现代的重大突破。从拥有权力的内容看，国家元首的权力总体上呈逐渐减弱的趋势，从以往立法、行政、司法、军事、外交诸权集于一身，走向只在国家权力的多极架构中处于一极的态势，甚至落到只拥有象征性权力的虚位状态，这种变化发展的趋势是和西方国家议会制度的建立与发展密切相关的。一般说来，国家元首的权力与议会拥有的权力呈现出此消彼长的态势。随着议会民主制在世界范围内的普及，原先属于国家元首的大多数权力逐渐转至议会、政府和最高司法机构。同时，随着分权理论在资产阶级革命后不断融入现实的政治生活，越来越多的国家为了规避权力被滥用的危险而采用了分权制度，这就必然使国家元首的权力内涵从根本上发生变化，从集权走向分权成为衡量一个国家民主制度走向成熟的重要标志。

从国家元首制度现有的发展格局看，存在着两种截然不同的演变趋势：一是随着民主制度不断向纵深发展，民众的政治参与热情持续高涨，政治参与渠道日益拓宽和完善，作为民意表达机构的议会获得了更大的发展空间，国家元首和政府机构在权力框架中的原有空间被不断压缩。随着国家元首和政府首脑职能的日益分开，政府作为行政权实体的地位得到加强。因而，从长远看，虚位的国家元首将会增多，国家元首所拥有的行政决策权会不断流向政府，政府首脑在制定政策的过程中将会发挥越来越大的作用。二是随着现代科技的不断发展和经济全球化趋势的日益增强，国与国之间的竞争日趋激烈，区域性国家组织不断涌现，各国为了在全球化的竞争中处于优势地位而不断进行体制内的权力重组，在情势的逼迫下，立法机关因其缺乏效率而日显疲弱，行政机关则因其行动迅速而成为政治生活的主导。此外，随着二战以后西方国家行政集权趋势的不断增强，加上美国作为经济与军事强国在世界上的影响力日趋增强，美国总统制政体在后起国家中产生强大的示范效应，不少新成立的国家采用类似于美国总统制的形式，把国家元首和政府首脑的双重身份集于总统一身，赋予其独立处理国内外重大事务的权力。由于这些国家普遍缺乏民主制与分权制的传统，因而从权力的实际运转过程看，大权独揽的总统已成为国家权力的中心。从这个角度分析，融合了政府首脑职权的国家元首的权力将呈现出另外一种不断增强的趋势。

未来这两种趋势到底哪个会占上风？仅以今天的政治现实还无法判断。但有几个参照系可以帮助我们更好地分析这种趋势，那就是，国家元首制度的未来发展如何，取决于民主制度的发展前景，取决于政治体系内部各行为主体的互动关系，取决于一个国家的政治传统与政治文化，也取决于国家元首个人对政治制度的适应与改造能力。当国家元首真正获得最适合于其发展的空间时，这一制度才能稳定下来，并产生出具有普遍意义的制度效应。

第二节　国家元首职权与作用比较研究

一、英王——英国的权威象征和精神领袖

从理论上说，英王是世袭的国家元首、立法机关的组成部分、司法系统的领导、全体武装部队的总司令和英国国教的世俗总管。当今英国国王是查尔斯三世，其教名为查尔斯·菲利普·亚瑟·乔治，2022 年 9 月登基。已故的汉诺威王朝第 11 代君主伊丽莎白二世的头衔是：“蒙上帝的恩惠，大不列颠及北爱尔兰联合王国，以及其他国土和领地的女王，英联邦元首，基督教的保护者伊丽莎白二世。”她在位 70 年，成为英国历史上在位时间最长的君主。

1953 年 6 月加冕时的伊丽莎白二世

图片来源：“360 百科”网站，https://baike.so.com/doc/5176232-5407121.html?from=216596&redirect=merge

在英国，政府被称为“国王陛下的政府”。政府的任何权力行为都是以英王的名义实施的。哪怕是由法律直接授权给英王的某些官员，他们也是以“国王或女王的公仆”的地位来行使所授权力，并在英王的指挥和监督下执行这种权力。按照英国宪法，英王是“国家的化身”，一切权力的源泉，英王通过议会制定法律，并可否决法律；他（她）可以任命官吏，对外宣战或媾和，统帅三军；英王是“司法正义”的捍卫者，任命所有的高级法官。从法律上看，英王可谓大权独揽，处于至尊至上的地位，然而，经过几百年来的演变，英王早已丧失了实权，他（她）几乎所有的权力都是象征性的，一切权力的行使都只是在履行传统的手续。正如美国学者罗威尔所说的：“国王在法律上仍旧具有他的前辈们所具有的特征，虽然执行他的职务的权力已经落到别人手里了。”[①]也就是说，虽然法律明文规定的国王权限一直未加改变，但是国王的权力实际上要受到一系列宪法性习惯的限制，如：国王“统而不治”，不直接参政；国王绝对不可介入政党政治，必须以“公平无私”为原则，严守中立；国王的一切国事活动由内阁建议或安

① 罗威尔：《英国政府（中央政府之部）》，上海人民出版社 1959 年版，第 15 页。

排，国王对此不能行使否决权，等等。在任命首相的权力上，英王只能依惯例召见在大选中获胜的下院多数党领袖，并任命其为首相进行组阁。对其他高级官员的任免，英王也总是根据首相和内阁的决定来进行。至于其他的行政权力，也都必须在有关大臣的“忠告”并联署下才能行使。因此在日常政治生活中，英王一般只参加如下国事活动：召开枢密院会议；听取首相、大臣和其他官员的汇报；阅读公文，签署政府文件；认可内阁通过的决议；出席议会开幕式；听从内阁建议进行国事访问等。依据惯例，每星期二晚上是首相向英王汇报政务的时间，通常为1小时左右，谈话不做记录，绝对保密。英王平均每天要花2～3小时批阅议会、内阁及各部的公文。① 此外，宪法规定，英王还拥有一些法律赋予的个人特权，即除有法律明文规定外，法律一般不适用于英王本人，英王不能被起诉等。②

和其他实行君主制的国家一样，英国的王位由英王的后裔按照《王位继承法》确定的规则世袭。《王位继承法》是英国议会于1701年通过的一个专门规定王位继承问题的法律文件，从通过至今一直被沿用，它所规范的英国王位继承的基本规则为：英王为世袭，只有詹姆斯一世之孙女——汉诺威选帝侯之妻索菲亚公主的后裔可以继承王位；王位继承人必须是信奉新教的新教徒，除非英联邦的成员国取得一致意见，否则不得改变这条继承路线；英王王位继承的顺序是，以英王之子依年龄长幼顺序为王位继承人；若英王无子，则英王之女依年龄长幼顺序为王位继承人；若英王逊位时长子已故，则由长子后嗣继承王位；若英王无子女，则由其弟继承王位；当英王之女继承王位时，称为女王，女王享有与国王相同的权力。国王逊位后，枢密院全体官员大会应尽快宣布新国王的名字，并在新国王即位一年左右在威斯敏斯特大教堂举行隆重的加冕庆典仪式。③ 继承法还规定，罗马天主教徒或与天主教徒结婚者均不得继承王位。如英王在即位后改信天主教或与天主教徒结婚，英国臣民可不承认其为英王。不过，2013年新的《王位继承法》修改后，不仅规定英国君主的子女不论性别享有平等的王位继承权，而且，根据此次修改，君主不得与天主教徒结婚的禁令被废除，但君主本人还必须是新教徒。

威尔士亲王是英国王位继承者在储位期间的称号。现任英国国王王位第一继承人是查尔斯三世的长子威廉王子，第二继承人是威廉王子的长子乔治王子。根据《摄政法》规定，如果君主完全丧失能力，或王位继承人尚未满18岁的法定即位年龄，或因出访等原因暂不能行使职权时，就需有人代为摄政。摄政者可由王位顺序继承人、下院议长、高等法院院长、上诉法院院长等人担任，但摄政不得批准改变王位继承法的法令，也不能废除保障苏格兰教会的法令。

王室内设有许多为英王服务的专门机构，如英王私人秘书处、英王档案保管处、王室财产保管兼英王司库办事处等。国王私人任用人员一般也要由政府选定，其中的高级官吏须与政府共进退。国王、王室其他成员和王室机构的开支除来自国王及王室成员的私人财产收入外，主要依靠政府拨款，即王室年俸(Civil List)。王室年俸源于17世纪末威廉三世和玛丽二世女王，最初年俸为70万英镑，1991年涨至790万英镑，2018年增加至惊人的7 610万英镑。当然，这笔“君主拨款”名义上是发给英王一个人的，但实际上它是整个王室的开销。④

① 冉隆勃：《当代英国》，中国社会科学出版社1990年版，第2页。
② 施雪华：《当代各国政治体制——英国》，兰州大学出版社1998年版，第88页。
③ 同②，第92-93页。
④《英国王室收入公开　成员都是咋挣钱的》，2018年5月11日中国搜索，https://www.dzwww.com/xinwen/guojixinwen/201805/t20180511_17359185.htm

英王作为国家元首的地位和职权虽然都只是象征性的，但其仍不失为英国政治体系中的重要组成部分。佐藤功曾指出："作为与'政府首脑'有区别的'国家元首'的英王，不仅是英联邦统一的象征，而且由于其在政治上的中立性，无党派性，也是英国安定与连续性唯一的象征。这种确信可以说已经成为一般英国人的信念。它一方面确是根源于不合理的感情，然而应该注意的是它在另一方面，又是根源于英国人的现实主义、经验主义思想。在那里对这种英王的实用性曾被认真地考虑过。在英国人传统的而且占主导地位的君主制思想上，虽然英王已失去了实际的政治权利，但其却因此'在国民的心目中和精神上树立起崇高的形象'。而且这种政治上的中立性、无党派性，在保全英国议会主义的民主政治方面，亦即抑制急剧的革命变革方面发挥了作用。"[①]概括言之，英王在政治体制中的作用大体如下：

1. 国家统一与民族团结的象征

对普通英国人而言，君主是国民道德感情的表现，是国民的象征，也是国民崇拜和精神寄托的偶像。如《天佑国王》被定为英国国歌，英王的生日就是法定国庆日，英国人对英王的即位、加冕、结婚、寿辰往往大肆铺张，视为全民节日，举国欢庆。显然，君主在英国政治统治中所起的精神支柱作用是不可估量的。

2. 联系英联邦各成员国的纽带

第二次世界大战以后，英国的殖民帝国体系已经解体，但殖民帝国的传统观念和英联邦的形式依然存在。英王作为英联邦成员国的共同元首，在精神上仍然起着维系英国本土与英联邦国家的纽带作用。目前，英王在法律上仍是加拿大、澳大利亚、新西兰、牙买加等十多个国家的国王，并通过指派总督代行其职权。国王和王室成员经常到这些国家访问，联络感情，以维护英国残存的殖民利益。这些英联邦国家的普通民众亦对英王抱有尊崇之心，一些国家近年来的"共和运动"未能得到多数民众的支持，也与此密切相关。

3. 在国家面临特殊情况时发挥特殊的作用

一般情况下，英王履行的是虚位国家元首的职责，是"统而不治"的人物，但如果在国家政局发生特殊变化的情况下，英王潜在的作用就会发挥出来。从名义上看，英王具有立法否决权，即对法律的不批准权，这是自安妮女王以来就没有实行过的，因为国王的权限原则上都是根据内阁的建议而行使的，但并非国王对国政和内阁就没有任何影响。如在 1911 年制定议会法和 1913 年制定爱尔兰自治法时，国王虽没有拒绝内阁关于贵族叙任权和行使批准权的建议，但乔治五世曾就此事极其热心地与内阁讨论，要求内阁重新考虑而对内阁施加影响。特别是在批准爱尔兰自治法时，由于国王的影响，内阁也对该法案的内容作了修订。[②] 又如，当内阁已丧失在下院中的多数席位时，英王有权独立决定解散下院，"以求诉诸选民裁定"；英王还可罢免大臣，或以下院多数已经不再代表选民意志为借口要求内阁辞职。此类事件虽在 18 世纪以后从未发生，但并不排除将来发生的可能性。这些处于"休眠"状态的特权只要在形势需要的情况下，就会苏醒过来，并发挥重要的作用。

4. 对党争起调节作用

英国议会的各政党常因各自的利益或因为对某议案发生严重分歧，进而引发严重的政治

---

① 佐藤功：《比较政治制度》，法律出版社 1984 年版，第 183－184 页。
② 同①，第 124 页。

危机。英王每遇这种情况时常居中斡旋，调解关系，以避免出现“真空式”的政治危机。如1931年当工党麦克唐纳政府陷入危机时，国王乔治五世就出面斡旋，建议组成保守党、工党、自由党三党联合政府，并主张由三党中处于软弱地位的工党领袖麦克唐纳继续留任首相。在国王的调解下，三党中最大党领袖鲍德温表示同意在工党领袖手下服务，这样，一场政治危机得以避免。

5. 向首相和大臣提供咨询作用

由于世袭的英王比大臣和不断更替的政党政治家具有更长的政治生命（例如，维多利亚女王在位64年，伊丽莎白二世女王在位70年），因而可以积累丰富的政治知识和经验，他（她）对内政和外交日积月累的了解往往要超过责任内阁制的首相；同时，由于英王可以从内阁以外的、与外部接触的人（亲信者）那里得到许多判断资料，这使英王发表的意见往往极具参考价值。因此，英王经常针对首相和大臣们提出的问题阐述自己的观点，提请他们注意有关制定政策时应该考虑的关键性问题，发挥对于国家事务的重要咨询作用。

6. 行使荣典权册封贵族

英王常常通过册封贵族、授勋、奖励等形式表彰那些为国家作过贡献的人，英国称“英王为荣誉之源”，这在处理一些重要的国事活动中往往能起到某种特殊作用。例如，过去英国有内阁阁员必须是议会议员的惯例，如果首相在组阁时遇到个别被选中的大臣既非下院议员、又非上院议员的情况时，就可借助于英王的荣典权册封其为终身贵族，使其能顺利地进入内阁。

可见，英王虽然实际权力非常有限，但在英国的政治作用却表明其不失为英国政治制度中不可忽视的重要组成部分，英王的精神作用更是不可估量。

二、美国总统——国家权力的中心

美国是世界上首创实行总统制的国家。美国宪法严格规范总统和国会及最高法院的权限，它们各自独立，互不统属，在这种分权与制衡制度下，总统代表的行政机关与国会代表的立法机关不是互相依赖的关系，而是互相牵制的关系。总统既是国家元首，又是政府首脑，他拥有三权中的行政权，并担任武装部队总司令，他握有许多重要的政治权力和国家主权权力，业已成为整个美国政治生活中的权力中心。

美国联邦宪法规定，凡年满35周岁，出生在美国并居住14年以上的公民均可当选总统。美国总统实行间接选举制，即先由选民选出总统选举人，再由总统选举人组成总统选举人团选出总统。总统选举人团制度是美国一项独特的选举制度，由于选民在选举总统选举人时，只是选择已明确表示会选某一总统候选人的选举人，所以，美国总统选举作为间接选举却具有直接选举的意义。但由于这种选举人制度在美国许多州采用“胜者得全票”的计票规则，最终获胜的候选人可能在全国性计票中实际得票数少于败选的一方，因此美国国内目前对该项总统选举制度提出不少质疑，要求进行总统选举制度改革，完全采用法国式的“一人一票”直接选举制度。

由于总统在国家政府体制中的重要地位，美国总统选举成为4年一度的全国性的政治运动。美国总统的选举过程大致包括四个阶段：第一阶段是总统预选，即由某一政党的普通党员直接选举出席该党全国党代会的代表，这是候选人赢得总统提名的重要起点，从某种意义上讲，总统预选也就是普通党员直接选举本党总统候选人的过程。第二阶段是两党分别召开党的全国代表大会（时间为大选年的7月或8月），主要是确定本党的总统和副总统候选人的提名，一般情况下，在各州的预选过程中，总统候选人的优势已基本明确，全国代表大会不过是为预选中的优胜者履行一下正式手续而已。第三阶段是竞选，两大党和各自的总统候选人在这一阶段会动员一切人力、物力和财力为自己拉选票，常用的方法包括在全国各州发表竞选演说、与各州选民直接见面、举行候选人的电视竞选辩论等。第四阶段是大选，美国总统的大选日定在总统选举年 11 月份第一个星期一以后的星期二，这一天，各州选民到指定的投票站投票选举总统选举人(近年来邮寄选票的选民比例越来越高)。各州总统选举人的数目同本州在国会两院的议员总人数相等，没有议员的首都华盛顿(即哥伦比亚特区)有 3 张选举人票，故美国总统大选的选举人票共有 538 张。总统选举人的选举采用"胜者得全票"(winner take all)规则，即某位总统候选人只要获得某州的多数选举人票，其就获得该州的全部选举人票。然后，各州总统选举人组成选举团，于大选年 12 月第二个星期三后的第一个星期一在本州首府集会，分别投票选举总统和副总统，并把选票邮寄给美国参议院议长。次年 1 月 6 日下午，国会两院联席会议当众开票选出总统和副总统。当选的美国总统和副总统于 1 月 20 日正式宣誓就职。

美国总统一届任期为 4 年，以两任为限。除本人自动辞职外，只有通过弹劾并加以定罪，才能解除其职务。一旦总统因死亡、辞职或丧失能力，则由副总统继任总统；当总统和副总统两人都被免职或死亡时，继任总统的顺序为：众议院议长、参议院临时议长、国务卿等。

美国总统是当今世界最有权力的职务之一。总统权力的来源有宪法、宪法惯例、国会制定的法律和最高法院的判决等，其中最主要的来源是美国宪法。美国宪法以笼统和模糊的措辞赋予总统很大的权力。佐藤功曾指出："在制定宪法的当时，'软弱的政府'这种思想在起草人的头脑中占统治地位。然而，其后以至于今日，美国宪法正在以强有力的总统的形式，向着'强有力的政府'的方向发展，这是美国宪法历史发展的特点。当初起草宪法时，把总统纳入平衡统治的政治机构中，但由此反而造成加强总统权力的结果。换言之，权力集中于总统的可能性，在当初制定宪法之时就已经存在了，这是值得注意的。"①此外，美国总统在实际运用这些权力的过程中，又逐渐获得了一些宪法并无明文规定的重要权力。

随着政党政治的发展，出现了由政党提名总统候选人的惯例，选举人必须投总统候选人的票，实际上已经使总统选举具有了直接选举的性质。这种直接选举的方法，一方面使总统直接与国民大众相联系，同时又不受国会约束，从而使总统成为得到国民直接支持的强有力的执政者。

综合起来看，美国总统的主要权力可以概括如下：

1. 广泛的行政权

宪法第 2 条规定，"行政权属于美利坚合众国总统"，总统应忠实地执行法律、维护法律。根据这一条，政府的各部、委、局、署等一切机构，都向总统负责，受总统的领导和监督。总统可发布对联邦政府有法律约束力的规则和政令，以领导和协调行政部门的工作。宪法第 2 条第 2 款规定，总统根据参议院的建议和同意，有权任命一切官吏。这表明美国总统具有广泛的行政任免权，他可以选定所有行政部、委、局、署等机关的首长，以及所有其他美国高级行政官员。总统的任命没有任何资格限制，但其任命必须经参议院简单多数批准。

---

① 佐藤功：《比较政治制度》，法律出版社 1984 年版，第 211 页。

2. 握有事实上的立法权

虽然联邦宪法规定“一切立法权”均属于国会，但身为公共政策主要制定者的总统在立法过程中占有重要的地位。首先，根据建议立法权，总统每年年初都要在国会发表国情咨文，这些咨文通常就是一个全面的立法方案，国会的主要立法活动就是在总统的这些立法计划的基础上进行的；总统还可以采取由行政部门起草法案，委托议员提出法案的形式干预立法。其次，立法否决权是总统控制立法的另一重要手段。宪法规定国会通过的任何法案须经总统签署才能成为法律，如果总统认为某项法律不合适，可以拒绝签署，将法案发还提案的议院并说明理由，这叫做“正式否决”；如果总统收到法案后在 10 天内不发还，则该法案即成为法律；如果在法案通过之后 10 天内国会闭幕，总统未签署而搁置起来，法案即作废，这叫“搁置否决”(也称“口袋否决”)。国会如果还想通过这项法案，必须在下届会议时再度提案，讨论表决。被总统正式否决的议案，如果经两院三分之二多数再次通过，则可以推翻(override)总统的否决，宣布法案当然成立。再次，总统还拥有委任立法权，即由国会通过规定一般原则的法律，总统和其他行政机构负责制定具体的法律细则。

3. 司法权

总统拥有的司法权，是一种特殊的司法权，主要有两项：一是任命联邦法官，包括最高法院法官，但必须获得参议院认可；二是拥有赦免权和缓刑权，除了被弹劾者外，他可以对任何被判破坏联邦法律的人作完全或有条件的赦免。

4. 军事权

宪法规定，美国总统是合众国陆海空三军以及被征集的服现役的各州民兵的总司令，拥有军事指挥权，他可以根据需要随时征召各州的国民警卫队为联邦服务。除此之外，在战时总统还拥有“动员参战”的权力，如二战爆发后国会曾授予总统动员国家人力、物力资源的权限。总统还拥有宣布国家实行紧急状态的权力。

5. 外交权

美国总统是负责合众国和外国之间关系的主要联邦官员。他有权任命大使、公使和领事(须经参议院认可)，接见外国大使及其他官员。他和国务卿一起处理和外国政府间的全部官方接触，并通过国务院负责保护海外美国人的安全和利益。总统有权决定是否承认新国家和新政府，并有权同其他国家谈判、缔结条约，这些条约经参议院 2/3 多数批准后便对美国有约束力；总统还可以和外国签订“行政协定”，这不必由参议院批准。

6. 以政党领袖身份握有的权力

作为本党领袖的总统有领导全党的权力。在党内，全国委员会由他控制，主席由他选择和任命；在议会两院内，他可以指挥本党议员，委托他们代提政府的议案，并提出投票意向。总统还可以通过媒体和网络等多种途径，直接向美国民众发表各种政治观点，寻求民众对公共政策的支持。

美国总统制的发展是伴随着总统权力的扩展而进行的。宪法本身早已承认加强行政权限的可能性，自 19 世纪末以来，为了适应产业的调整以及为保护与调节社会经济生活，尤其在西奥多·罗斯福和威尔逊时代，联邦行政权通过扩大总统领导权而明显加强。在 20 世纪 30 年代，由于富兰克林·罗斯福总统的努力，这种总统扩权倾向有了飞速发展之势，他使今天的美国总统成为具有下面这些头衔的巨人：“国家元首、政府首脑、最高外交官、最高司令官、立法部门的领导者，和政党的领袖、人民的喉舌、和平的保卫者，以及经济繁荣的管理人、自由国家共同体的领导者。”①二战以后，美国总统的权力不断膨胀，集权趋势日益明显；“水门事件”发生以后，国会通过了一些限制总统权力的法案，对总统权力的扩张起到一定的抑制作用。但冷战结束后，为了适应所谓更好地领导世界和加强对社会经济发展宏观调控的需要，在提高政府决策效率的借口下，美国总统的行政权再一次呈现出扩张之势，到特朗普总统时期达到极致。

三、法国总统——国家的“保证人”与“仲裁人”

法国国家元首是共和国总统。《法兰西第五共和国宪法》规定了以总统为权力中心的政府体制，总统成为最重要的权力机关。宪法明确规定：“共和国总统是国家独立，领土完整，遵守共同体协定和条约的保证。”“共和国总统要确保宪法得到遵守。总统通过仲裁，保证公共权力机构正常行使职权和国家的持续性。”可见，现行法国宪法赋予总统以“保证人”和“仲裁人”的地位。所谓“保证人”和“仲裁人”，其根本意义就在于，总统是国家一切权力之上的权力，凌驾于立法、行政、司法分立的“三权”之上，总统行使权力的行为不仅无需承担政治的和法律的责任，而且除了犯叛国罪由议会控告之外，宪法再没有规定任何弹劾总统的条款。

《法兰西第五共和国宪法》规定：“共和国总统由普遍直接的自由选举产生。”法国总统选举实行“多数两轮投票制”，以有效票的绝对多数当选。如果第一轮投票无人获得绝对多数，则在投票后的第二个星期日举行第二轮投票。这一轮投票仅在前轮中得票最多的两个候选人中进行。总统候选人必须是年满 23 岁的法国公民，同时还需获得 500 名民选代表的联署支持和提名担保，这些担保人必须是现任国民议会议员、参议员、经济与社会委员会成员、地方议员或市长，至少必须来自 30 个不同的省和海外领地，同一个省和海外领地的担保人不得超过总数的 1/10。宪法委员会负责审核候选人资格并正式公布候选人名单。候选人必须向宪法委员会提交密封的本人财产状况报告，以备当选总统后开启公布。总统候选人还必须向国家缴纳少量保证金，方能参加竞选，如果候选人在第一轮投票中所得有效票不足 5%，保证金将被没收上缴国库。这些严格的限制主要是针对法国党派林立这一现实的，以此排除众多小党参加竞选。总统一届任期原来为 7 年，可以无限连任，2000 年和 2008 年两次修改宪法后，将总统一届任期调整为 5 年，连任不得超过两届。

法国现任总统是埃马纽埃尔·马克龙，2017 年 5 月首次当选，时年 39 岁，成为法国历史上最年轻的总统；2022 年 4 月成功连任。作为国家元首，总统是整个国家权力的中心。宪法赋予法国总统的具体职权是：

1. 总统享有广泛的任命权

宪法第 8 条规定：“共和国总统任命总理，总统根据总理提出的辞职要求免除总理职务。共和国总统根据总理的建议，任免政府的其他成员。”总统任命总理和内阁部长时，无须“依惯例”征询议会的意见，也无须议会通过。他也可以不考虑议会中各派力量对比的情况，任命总理时不按多数党组阁的原则而完全由个人决定。宪法第 13 条规定：“共和国总统任命国家的文职人员和军职人员。”同时规定：“行政法院法官、荣誉勋位局局长、大使和特使、审计院审计官、省长、驻海外领地政府代表、将级军官、中央行政机关的长官，都在内阁会议上任命。”此外，总统还有权通过

---

① 佐藤功：《比较政治制度》，法律出版社 1984 年版，第 222 页。

特定程序任命大学校长、宪法委员会成员和最高司法会议成员。

2. 总统享有行政权

法国总统虽然不是政府成员，却可以参加政府的活动。宪法第 9 条规定："共和国总统主持内阁会议。"内阁会议讨论和决定政府的各项重要方针政策、人事任免、行政法规和命令。内阁会议的各项决定，实际上都须经总统认可。内阁会议决定的法规和命令，须经总统签署，并由总理或必要时由有关部长副署。但总统对决议不负政治上的责任。如果受到国民议会的弹劾，则由副署的总理或有关部长负责。内阁会议的议事日程由总统安排，事前通知与会的部长和国务秘书，可见，内阁会议的主要职能是为总统提供决策与咨询。

3. 总统享有广泛的立法权

宪法第 18 条规定："共和国总统以咨文同议会两院联系，使咨文在两院宣读，但随后不再进行任何辩论。"总统咨文，就是总统对于当前形势的总体看法和立法意图，许多紧急立法和重大决策，总统均可通过咨文的形式向议会提出，这是总统立法创议的重要方式。总统除了可以影响议会的立法权外，还可以通过行使立法否决权来干预立法。宪法第 10 条规定："在最后通过的法律送达政府后的 15 天内，共和国总统应予公布。在上述期限届满前，共和国总统可以要求议会就该项法律或其中的某些条款重新审议，议会对此项重新审议的要求不得拒绝。"

4. 总统享有外交权

宪法规定："共和国总统派遣驻外国大使和特使，并接受外国大使和特使。""共和国总统议定并且批准条约。为了缔结无须总统批准的国际协定而进行的一切谈判，都应报告总统。"这就是说，宪法把外交权力赋予总统，总统对外代表国家，是国家主权的象征。他可任命驻外使节，进行国际谈判，缔结和批准条约。

5. 总统拥有司法权

宪法第 64 条规定："共和国总统是司法机关独立的保障者。"总统担任最高司法会议主席，有权任命最高司法会议成员，并主持该委员会会议(只不过在任命最高司法委员会成员等高级职务时，须征求议会相关委员会意见，当有五分之三议员反对时，总统不得行使任命)。宪法第 17 条规定，共和国总统有赦免权。总统还负责任命宪法委员会的成员(只不过在任命最高司法委员会成员等高级职务时，须征求议会相关委员会意见，当有五分之三议员反对时，总统不得行使任命)，总统也有权任命法官和监督法官遵守纪律。

6. 总统享有军事权

宪法规定，总统是武装部队的统帅，主持最高国防会议和国防委员会会议，掌握最高层次的威慑武器和使用核武器攻击力量的决定权。总统行使国防权时，一般具有排他性。

除了拥有上面这些权力外，法国宪法还赋予总统三个特殊权力，这些特殊权力的存在，使法国总统超过美国总统，拥有更大的权力。

首先是解散国民议会权。宪法第 12 条规定："共和国总统可以在征询总理和议会两院议长意见后，宣布解散国民议会。"总统可以任何原因解散国民议会，不需要任何人的副署。当总统或政府同国民议会发生冲突时，总统就可行使该项权力，宣布解散国民议会，重新大选。总统在行使解散议会权力时实际上仅受两项限制，第一项限制是一年内不得解散两次；第二项限制是需征询两院议长的意见，但宪法并没有规定必须经他们同意，因此总统完全可以不受两院议长意见的约束。宪法虽规定解散议会要征询总理的意见，但议会弹劾政府，对政府表示不信任时，总统解散议会是对政府的有力支持，总理自然不会不支持总统。宪法赋予总统这一权力，是政府和总统对付国民议会中反对派的有力武器，也是使政府能够稳定运作和坚强有力的保证。法兰西第五共和国成立以来，总统曾经五次使用这一权力，迫使议会不得不接受政府的许多重大改革措施和议案。①

其次是举行全民公决的权力。宪法第 11 条规定："共和国总统可以根据《政府公报》发表的、政府在议会会议期间所提出的建议或者议会两院提出的联合建议，将含有认可共同体协定的或者旨在授权批准一项不违反宪法但可能影响(现行)制度运行的条约的一切有关公共权力机构的组织的法律草案，提交公民投票。"这项规定表明，总统有权绕过议会，就修改宪法、组织公共权力机构、批准共同体协定或法律草案，提交公民投票表决。这是法国宪法赋予总统的一项重要权力。总统可以根据情况决定是否举行公民投票，由公民表决通过的法案不经任何批准，由总统在 15 天内公布即成法律。这一权力大大加强了总统的地位，削弱了议会的权力。

最后是紧急状态权。宪法赋予总统最广泛的权力莫过于第 16 条确定的"紧急状态权"，它明确规定："如果共和国的制度、国家独立、领土完整或者义务的履行受到严重的、直接的威胁时，以及宪法上规定的公共权力的机构的正常活动受到阻碍时，共和国总统在正式咨询总理、议会两院和宪法委员会后，根据形势采取必要措施。"这是一项十分重要的权力，因为根据这一规定，总统甚至可以停止实施宪法的部分规定，把立法权、行政权、司法权集于一身。戴高乐把这项规定称作是"祖国和政权的最高保证"，足以显示其重要性。对于行使非常权力，宪法只做了两条限制，即总统在"行使非常权力期间，不得解散国民议会"；总统行使宪法第 16 条赋予的"紧急状况"权 60 天后，宪法委员会可随时依照职权审查其条件是否继续存在，30 天后宪法委员会应请求也可以审查。

四、德国总统——德高望重的政治调停人

联邦总统是德意志联邦共和国的国家元首。德国政府体制是议会内阁制，总统是"虚位元首"，是国家权力象征性的代表。

德国联邦总统的选举实行间接选举制，总统由联邦大会选举产生。联邦大会由联邦议院的全体议员和同等人数的各州议会代表组成。总统候选人由各党提名，联邦大会不经过讨论就投票选举，凡获得联邦大会法定成员过半数票者即当选为总统。如果在前两轮投票中没有一个候选人获得过半数票，则在第三轮投票中，得票最多者当选为总统。根据《基本法》规定，总统应是年满 40 岁，享有选举权的德国公民。总统一届任期 5 年，可连选连任，但以一次为限。德国《基本法》还明确规定了对联邦总统的弹劾和罢免制度，联邦总统如犯有蓄意损害《基本法》或其他联邦法律的行为，将受到联邦议院和联邦参议院的弹劾。凡由联邦议院或联邦参议院四分之一的议员提出，并得到该院三分之二多数票赞同，弹劾案便告成立。随后，弹劾案呈交联邦宪法法院进行裁定，如确认联邦总统对违反《基本法》或其他联邦法律应负责任，便宣布剥夺其总统职权。但德国自 1949 年建国以来，从未发生过弹劾总统的事件。

由于联邦总统不是联邦政府的成员，他基本上不拥有行政权力，但在法律上总统是联邦的代表，他名义上还是有很多权力的。按《基本法》规定，德国总统拥有任命和罢免联邦政府总理

---

① 韩国明：《外国行政制度》，兰州大学出版社 2004 年版，第 17 页。

和各部部长、签署法律和法令并予以颁布、解散联邦议院、宣布国家处于防御状态、代表联邦签署批准与外国签订条约、任命联邦法官、联邦官员、军官和驻外使节，以及接受外国使节的到任、发布国际性声明、颁发联邦勋章和奖章、代表联邦实施大赦等权力。但所有这些权力，联邦总统并不能独立行使。因此，联邦总统的职权实际上不过是对法律、法令、委任和各种文件进行例行公事的签署和颁布，以及代表国家进行主持礼仪、礼节等国事活动。

德国联邦总统作为"统而不治"的人物，其权力完全是形式上的，但他的政治作用却是非常重要的。首先，联邦总统享有显赫的法律地位，加上当选者都是国内享有声望的政治活动家，因此，他对联邦议院和联邦政府都有一定的政治影响；其次，由于联邦总统很少参与日常行政事务，他既不隶属于联邦政府，也不是联邦议院和联邦参议院的成员，这就使他在形式上超然于联邦各政府机构间矛盾冲突之上，从而有可能在联邦政府、联邦议院以及各党派之间发挥协调的作用；再次，由于联邦总统拥有党派身份，往往是在两个政党联盟执政时，由主要政党领袖占据联邦总理的职位，而参加联盟的政党则给予联邦总统的职位，这就在很大程度上保证了联邦政府的稳定以及在政策制定和执行过程中的协调一致。可见，联邦总统作为国家机构的重要组成部分，他通过同联邦政府、联邦议会等机构密切合作，从而有效地维护现行的德国联邦政府体制。这也是德国设置联邦总统职位最为重要的目的。

五、日本天皇——日本国的象征

天皇是日本国的国家元首，但其职权与以往相比有很大的不同。1946 年通过的《日本国宪法》虽然保留了天皇制度，但是在宪法第 1 条中明确规定："天皇是日本国的象征，是日本国民整体的象征，其地位以主权所属的全体国民的意志为依据。"这一规定表明，日本是一个以天皇为象征并强调国民主权的议会内阁制国家，这与英国的君主立宪制具有法理上的重要区别。

该宪法同时对天皇的职责做了具体规定："天皇有关国事的一切行为，必须有内阁的建议和承认，内阁负其责任。"宪法规定的天皇有关国事的行为包括：(1) 公布宪法修正案、法律、政令及条约；(2) 召集国会；(3) 解散众议院；(4) 公告举行国会议员的总选举；(5) 认证国务大臣和法律规定的其他官吏的任免，全权证书以及大使、公使的国书；(6) 认证大赦、特赦、减刑，刑罚执行的免除以及恢复权利；(7) 授予荣誉称号；(8) 认证批准书以及法律规定的其他外交文书；(9) 接受外国大使及公使；(10) 举行仪式。但这些权力的行使都是"根据内阁的建议与承认"为前提的，不得擅自行使，甚至规定天皇对国事不得任意发表言论。而且就这些权力本身的内容来看，它们也都是形式上、礼节上象征性的国家权力，以往天皇所拥有的决定政策、人事任免、实施国政、监督立法与司法权力都不复存在，原来辅佐天皇的实际权力机构枢密院、贵族院等也被废除，天皇制的传统支柱——军部也早已被铲除，天皇仅仅成为一种国家的象征物。

该宪法也从根本上铲除了天皇制的神权政治基础。按照 1889 年《大日本帝国宪法》，天皇的统治是万世一系、无比神圣的。明治政府把天皇神格化的神道教奉为国教，实行政教合一的统治，这使近代天皇制度蒙上了一层神圣的宗教外衣。1945 年 12 月，在宪法颁布之前，美国占领当局做出了使天皇神格化的神道教与国家分离的指令。1946 年元旦，在麦克阿瑟的劝告下，天皇发表了《关于建立新日本的诏书》(即《人间宣言》)，明确表达了自己是人而不是神的意愿。"朕与国民同在，从来都与你们利害相关、休戚与共。朕与国民的关系始终是相互信赖与敬爱的关系，而绝不是神话和传说所创造出来的。把天皇说成是现世神，把日本民族说成是比别的民族优越的民族，进而认为日本负有统治整个世界的使命的观念是没有根据的。"天皇神化色彩的破灭为日本现代民主政治的建立奠定了基础。

与现代日本政治制度密切相关的裕仁天皇是1926年继任天皇的，他于1989年1月去世，年号为昭和。裕仁天皇是历代天皇中在位时间最长的。在他即位之初，正值日本帝国主义走向极端，法西斯主义势力抬头之时，日本对外军事、政治、经济扩张极度膨胀，以中国、朝鲜为主的东亚国家人民在此期间遭受了日本帝国主义的侵略、征服以及殖民统治的灾难，作为日本国家的最高统治者裕仁天皇负有不可推卸的责任。1989年继位的明仁天皇在位30年，因年事已高，于2019年4月30日主动退位，现称为"上皇"。当今日本天皇为德仁，2019年5月1日即位，年号"令和"，为日本第126代天皇。

根据《皇室典范》的规定，日本的皇位世袭，属于"皇统的男系男子"，即天皇亲血统的男系才可以继承皇位，皇族内的女子以及女系的男子都不得继承皇位。日本的皇室机构分为皇室会议、皇室经济会议和宫内厅。宪法规定皇室的一切财产属于国家，皇室的一切费用必须列入预算并经国会决议通过。

六、俄罗斯总统——政治舞台的中心角色

俄罗斯现行宪法明确规定，俄罗斯联邦总统是国家元首，俄罗斯的国家权力由联邦总统、联邦政府、联邦议会（含联邦委员会和国家杜马）和联邦法院共同行使。联邦总统不对任何国家权力机构负责。这表明，总统在俄罗斯政治舞台上扮演着最重要的角色，凌驾于联邦议会、政府和法院之上，拥有极为广泛的权力。

关于当选总统的条件，俄罗斯宪法规定："年满35岁，在俄罗斯联邦定居10年以上的俄罗斯联邦公民，可以当选为俄罗斯联邦总统。"总统一届任期2012年之前为4年，现为6年，可以连选连任，但同一个人不得担任俄罗斯联邦总统职务连续两届以上。[①] 关于总统产生方式和原则，宪法明确规定："俄罗斯联邦总统由俄罗斯联邦公民按照普遍、平等和直接的选举制，并采用无记名投票方式选举产生。"总统候选人由选民和各政党推荐，需要征集足够的符合宪法规定的支持选民签名，但已进入国家杜马的政党推荐的候选人不需要再去征集选民签字支持，就可直接正式列入候选人名单。每个候选人必须向俄联邦中央选举委员会提交有关个人收入和财产的资料，最后由中央选举委员会做出是否同意其参加竞选的决定。

俄罗斯总统选举仿照法国式的"多数两轮投票制"进行，第一轮选举结束后，得票超过参加投票者半数以上选票的候选人就可以当选为俄罗斯联邦总统；如果在第一轮投票中所有候选人获得的选票都不过半数，那么便由得票最多的两位候选人进入第二轮投票，获胜者即为俄罗斯联邦总统。遇有下列情形之一时，中央选举委员会宣布总统选举无效：参加选举的选民没有超过登记选民的半数；得票最多的候选人所得的赞成票数量低于完全反对票数量；如果候选人只有两名，其中任何一名候选人都没有得到参加投票的选民半数以上的选票。

俄罗斯宪法赋予总统下列主要权力：（1）总统是联邦宪法的保障，是人和公民权利与自

---

① 俄罗斯现任总统为普京，已先后4次当选总统，最新一届总统任期到2024年届满。根据俄罗斯联邦宪法原先规定，2024年普京本届总统任期届满后将无法继续参加下届总统选举。为了使普京2024年能再次参加总统选举，2020年6月25日至7月1日，俄罗斯举行全民公决通过新宪法修正案，将普京之前的任期清零，从而使普京得以在2024年时有权再次参加总统选举，并有可能持续执政到2036年。

由的保证人，即由他采取措施确保俄罗斯的主权、独立和领土完整。(2) 总统有向国家杜马提出法律草案和公布法律的权力。联邦议会通过的法律必须送交总统签署并且在 14 日之内公布，如果总统在这期间否决了联邦法律，国家杜马和联邦委员会就应按照联邦宪法规定的程序重新审议该法律。(3) 总统拥有广泛的提名和任免权。他有权在国家杜马的同意下，任命联邦政府总理，做出要求联邦政府辞职的决定；他有权根据联邦政府总理的提议，任免联邦政府的副总理和各部部长，宪法法院、最高法院和最高仲裁法院以及联邦其他法院的审判员。(4) 在军事权限方面，总统是联邦武装力量的最高统帅，拥有任命武装力量最高指挥官，领导联邦安全会议的权力。(5) 在外交权限方面，总统在国内或国际关系中代表俄罗斯联邦，并领导制定俄罗斯的对外政策。(6) 总统拥有召集国家杜马会议，解散国家杜马和确定国家杜马选举的权力。(7) 颁布俄罗斯国家奖赏，授予俄罗斯荣誉称号、最高军衔以及专门称号等荣誉权，也都属于总统。

在赋予总统如此多、如此大权力的同时，俄罗斯宪法也规定了一些对总统进行制约的条款，其中最为重要的是对总统进行弹劾的根据和程序。总统可以因为“犯有叛国罪或其他重罪”被提起弹劾。弹劾先由国家杜马对总统提出犯有叛国罪或其他重罪的指控，然后要经过联邦最高法院和宪法法院的证实，最后由联邦委员会做出弹劾总统的决定。这个决定需要联邦委员会全体成员 2/3 以上的多数赞成才能通过。如果未通过弹劾决定，则意味着国家杜马对总统的指控被否决。

作为半总统制下的俄罗斯总统，其主要职权要高于美国总统。美国总统既是国家元首，又是政府首脑。俄罗斯总统是国家元首，也掌握最高的行政权力，但俄罗斯总统之下还有总理，在名义上，总理才是政府首脑。在使用非常权力方面，美国总统完全受制于国会，而俄罗斯总统则通常拥有在国内外事务中做出个人决策和采取独立行动的权力。在俄罗斯这样一个具有集权主义传统的国家里，民众对强有力的领导者始终抱有较高的认同感，这也从一个侧面增强了俄罗斯总统在国家权力结构中的强势地位。

思考题

1. 当今时代民主是世界发展的潮流，为什么有些国家元首的职权不降反升？这是否与时代精神相悖？

2. 现代社会国家元首在政治体制中扮演着什么样的角色？试举例说明。

3. 如何看待普京在俄罗斯能够持续长期执政这一现象？

案例四：伊丽莎白二世去世，一个时代落幕

2022 年 9 月 8 日，英国女王伊丽莎白二世在苏格兰巴尔莫勒尔堡去世，享年 96 岁。伊丽莎白二世自 1952 年继承王位以来，走过了整整七十个年头，是英国历史上在位时间最长的君主，在全球历史上成为仅次于法国路易十四(72 年)的“世界第二”。无论在促进英联邦内部团结还是维系良好外交关系方面，伊丽莎白二世都贡献颇多。

对于英国的政体，人们总是说“流水的首相、铁打的女王”——是的，伊丽莎白二世代表了变化世界中一股“恒常”的力量。在位 70 年，伊丽莎白二世一共任命了 15 位英国首相，从同岁

的撒切尔夫人，到她眼中的“小青年”布莱尔、布朗、卡梅伦、特蕾莎·梅和约翰逊，还有去世前两天刚刚任命的特拉斯。此外，她还先后宣布过两届夏季奥运会开幕(1976年加拿大蒙特利尔奥运会、2012年伦敦奥运会)。回顾女王的一生，伊丽莎白二世经历了大英帝国的兴衰，英国王室的震荡，英国人民形容她是“大不列颠王国最能咬紧牙关的人”，美国媒体则称她是“现代君主制的奇迹”。

“伊丽莎白”这个名字源于希伯来语，字面意思为“以上帝的名义起誓”。对于伊丽莎白二世来说，她恰恰是以上帝的名义起誓，将自己的一生奉献给了英国。

在启蒙后的现代社会里，废除封建制度、走向民主政体乃大势所趋，但英国的君主立宪制度却存续至今。这其中固然有许多英国先王的贡献，但伊丽莎白二世所做的努力也功不可没。

时刻保持微笑，是伊丽莎白二世一直以来的习惯，也是她加诸自身的义务。女王在出席公共活动中若停止微笑，可能会招致不必要的误会。在伊丽莎白二世漫长的一生中，她很多时候总是显得十分无奈，这种无奈主要体现在公共事务、家庭事务乃至个人私事上。作为女王，一切必须让位于宪制秩序的稳定与王室的“体面”。正如她21岁生日那天许下的誓言：“我的一生，无论长短，都将为公众服务，为王室服务。”她的人生从未属于过自己，而属于整个英联邦。

温莎王朝的统治历史不过百余年，历经四位君主，伊丽莎白二世一人便占据了70年。与她的父亲一样，她在国家艰难时刻挺身而出，引领着民众重建英国。无论是在战后，还是在疫情肆虐时，她总是成为英国人重要的精神支柱，赢得人们普遍的尊重与爱戴。民调机构YouGov的调查显示，27%的受访者认为伊丽莎白二世是英国最受欢迎的君主，相比之下，维多利亚女王仅获得12%的支持率，而伊丽莎白一世的支持率也只有13%。

1952年，年轻的伊丽莎白二世刚登基时并未赶上好时光。她出生于两次世界大战之间，曾入伍亲历二战。二战后的英国百病缠身，国家财政困难，经济每况愈下，英联邦也因受战后第三波民主化浪潮的冲击而逐渐分崩离析，整个国家内外交困，各种考验接踵而至。面对困境，伊丽莎白二世即位后，内政紧紧依靠内阁，号召和团结民众，致力于经济恢复和发展，安定民生；外事方面则利用自己国家元首的身份，马不停蹄访问世界各国。女王代表着国家，对于维系整个英联邦的凝聚力尤为关键。对她而言，作为英国君主的责任重于泰山，甚至重于生命，即便面对危险，她也毫不畏惧，十分坚决地履行自己的职责。例如，1961年访问加纳前，当地政局动荡甚至发生爆炸事件，安全形势堪忧，但她不顾首相劝阻坚持出访，并成功安抚加纳总统恩克鲁玛，让加纳留在了英联邦。访问加拿大魁北克时，尽管知悉激进分子正策划“刺杀女王”，她也坚持出访，并始终保持沉着冷静。由于女王努力，时至今日，世界上仍有54个主权国家(包括英国)留在英联邦内，与英国保持密切的政治、经济联系，其中有15个国家目前依然将英王视为自己的国家元首。

伊丽莎白二世在外交上取得的成就是前所未有的，她是英国历史上出访最多的君主，共325次，足迹遍及世界上100多个国家。二战结束20周年(1965年)时，她出访德国，这是自1913年以来英国君主首次正式访问德国，这标志着英国与德国这对仇敌的正式“和解”；2011年，她还首次跨过北爱尔兰和爱尔兰的陆地边界，以英国君主的身份一百多年来第一次访问爱尔兰，融化了英国与爱尔兰间的历史坚冰。

尽管按照宪制来说，伊丽莎白二世拥有的不过是一些礼节性的权力，毫无实权，但她却在这一位置上为国际团结做出了巨大贡献。

客观公正地评价伊丽莎白二世的一生，她在位期间，近乎完美地诠释了君主立宪制下英国君主所应该扮演的角色，将英国古代王权与现代政制很好地融合在了一起，即在塑造国家认同、凝聚民心、维护国家统一、保持政治中立、维护宪制秩序等方面她比所有她的先辈们都要做得好，因此常有人评论说，伊丽莎白二世的最大功绩，就是令君主制适应了现代社会的政治秩序。

在《英国宪制》中，沃尔特·白哲特评价英国的宪制秩序时称，“庄严”与“效率”只有在二者互相信任、互相支撑之时才能同时发挥作用。前者代表君主，后者则是政府内阁。英剧《王冠》中有这样一个桥段，尽管对时任首相安东尼·艾登联合法国、以色列密谋占领苏伊士运河的做法颇有不满，但受限于政治中立的根本原则，伊丽莎白二世只对艾登说了一句话：“主权者（君主）永远都支持着首相。”

作为君主，伊丽莎白二世每周都会会见首相，听取首相近期的工作报告，这部分谈话往往十分细致和坦诚。前后70年，总共有14位首相与她合作过，几乎每一位首相都会给予她极高的评价，十分看重女王给予的忠告和建议。

政治中立是维护英国宪制秩序的根本原则，伊丽莎白二世深知这一点，因此，她大多数时候都会避免在敏感问题上发表意见，以免被无谓地卷入党派政治的漩涡之中。而这一态度，也延续到家庭事务以及公共事件处理之中，借此保持着女王一贯的庄重与威严。但世事无常，克制有时也会被解读为“冷漠”。1966年，英国发生艾伯凡矿难，导致144人死亡，其中大多数是坐在学校教室里的孩子。然而，伊丽莎白二世起初却拒绝亲临这个村庄，直到灾难发生八天后才来到艾伯凡并与幸存者交谈，引发媒体批评其“冷漠”。许多年后，女王公开表示，在灾难发生后没有立即访问艾伯凡是“她一生最大的遗憾”。1997年发生的戴安娜王妃命陨隧道事件中，女王遭受同样的批评。戴安娜王妃是非典型的王室成员，她亲民随和，经常与民众近距离接触，受到公众广泛喜爱。由于戴安娜出车祸时早已与查尔斯王储离婚，已不属于王室成员，因此女王起初只签发一则简短声明，这一过于理性谨慎的做法被舆论指责为“不近人情”，后来她从苏格兰赶回伦敦发表电视讲话，才安抚了民众，赢回了人心。毫无疑问，上述两个事例的发生表明，过去伊丽莎白二世与民众保持距离，借由政治神秘感来维持王室庄严与高贵的做法，在时下社会已经失去了原有的魔力。

其实早在20世纪60年代，BBC就拍摄过一部追踪王室“真实生活”的纪录片供民众观看，以让王室显得更加亲民，但很快遭到封禁，理由是“损害王室威信”。当人们意识到屏幕里的英国王室人员也需要吃喝拉撒，也有爱恨情仇时，对王室的敬畏感恐怕就此所剩无几。在政治祛魅后的现代社会，高度发达的互联网消解了王室与人民的“距离感”，而近年来频频曝光的王室丑闻更是让王室“走下神坛”。

尽管伊丽莎白二世成功塑造了战后英国民众对君主这一象征的文化性认同，却无法按照单一民族国家的模式塑造整个联合王国对君主的政治性认同，这一点，即使女王在英国声望最高峰时也无法做到。事实上，战后几十年，英国国内废除君主制的运动一直存在，苏格兰、北爱尔兰的独立运动也始终难于消解。女王在时，英国民众尚能勉强接受君主的存在，联合王国王室内各成员也尚能勉强相安无事，如今女王走了，人们担心她的儿孙们还有足够的资本支撑起王室的尊严么？没有了女王的英国还能是过去那个英国么？

英国民调机构舆观（Yougov）2021年5月发布的一项调查结果显示，18至24岁的英国

(不含北爱尔兰)受访者中,支持选举产生国家元首的受访者比例(41%)超过了希望维持君主制的受访者(31%)。仅仅两年前,还有46%的18至24岁受访者支持君主制,支持选举产生国家元首的仅有26%。反对君主制的声音在壮大,人数在不断上升。

英国国内君主制与共和制之争由来已久,双方各执一词。尽管共和的呼声一直存在,但君主存废牵涉众多问题,兹事体大。共和派虽然从财政开销、王室成员丑闻等抨击君主制,却一直难以推进废除君主这一事务,根本原因在于英国缺乏相应的动力。

英国本质上是一个保守国家,只要没有出现足以撼动宪制的重大危机(如君主意图专制),英国就不会走到废除君主这一步,废除君主对绝大多数英国人来说显得有些过激。从积极的一面讲,君主作为政治利益的无关者,通常能够起到跨越党派团结英国政府和人民的作用,这对于政治稳定十分重要。同时,在大众心目中,女王所代表的"国家形象"一直广受好评,尤其是她所代表的"传统"更是深深扎根于英国人心中。人们有时候会看到英国媒体用"小丑"来评判首相约翰逊,却几乎不可能看到他们以类似的方式对待伊丽莎白二世。谈起女王,英国人的脸上总会洋溢出自豪与骄傲,回想起英国绵长的历史与辉煌的黄金时代。

曾经,世界无论怎样变化,女王就站在民众面前,她始终面带微笑。但今天斯人已去,今后,人们对她将只剩下深深的怀念。

(根据"深圳卫视直新网"和《时代周刊》等2022年9月9日有关报道和文章编写)

思考题:

1. 伊丽莎白二世在英国为什么深受民众爱戴?

2. 你认为伊丽莎白二世去世之后,英国的君主立宪制政体还能长久维持下去么?请简要说明理由。

第五章　选举：西方国家民主制度的基石

现代国家如果没有一定形式的选举，就不会有真正意义上的民主。从历史看，选举早在古希腊和古罗马时期就已存在，但那时的选举活动与现代选举制度有着本质区别。现代西方国家选举制度源于近代资产阶级反对封建专制的革命，是资产阶级所宣扬的“天赋人权”“主权在民”及“社会契约论”等学说在社会政治实践中推进的产物，其建立和发展的主要目的是为了建立民主政府，鼓励公民参与国家政治生活，培养公民对国家的认同感。选举制度的完善与否直接关系到国家政权的合法性、稳定性和权威性。经过几百年的演变和发展，政治选举普遍被看作为当代西方国家民主制度的基础，成为一国立法机构和政府合法存在的重要依据，成为表达和诉诸民意最有效的形式之一。今天，选举制度和议会制度、政党制度等已形成一个不可分割的整体，它们共同构成各国政治体制中极为重要的组成部分。

第一节　选举制度的发展现状

一、选举制度的概念与功能

1. 何谓选举

所谓选举，是指享有政治权利的本国公民，通过投票方式，选出代表他来行使国家公共权力的人，按照其意愿，代表其利益来治理国家。

在中国古代，“选举”包括两个方面：“选”与“举”。选为铨选职官，即根据候选者的才能，量才授官。“举”指推荐选用，即通过推荐或选拔的方式向君主提供可以出任官职的候选人，如我国历史上曾经采用过的“乡举里选制”“九品中正制”及“科举制”等选官方法，就是古代中国式的“选举”方式。但无论是“荐举”还是科举，都是由少数人（地方官员、中正官、考试官）通过一定的程序（依据民间舆论、依据一定标准评定等第、进行考试等），从多数人中挑选出一些具备担任各级官职资格的候选者。至于是否授予或授予何种官职，则由代表皇权的中央政府决定。显然，中国古代的“选举”完全是一种国家事务，它的含义与当代人们对“选举”一词的理解是全然不同的。

西方国家现代意义上的选举（election）一词，出自英语动词形态的“elect”，原意为“挑选、选择”，既包括对人的挑选，也包括对事或物的选择。《布莱克维尔政治学百科全书》认为，选举是一种具有公认规则的程序形式，人们据此而从所有的人或一些人中，选择几个或一个担任一定职务。《国际社会科学百科全书》则认为：选举是规模较大的群体为自己提供一个较小的领导群体的一种方法。[①] 事实上，作为一种复杂的社会政治实践活动，近代以来人们对选举的认识，观察角度不同，看法也不同，通常有广义和狭义之分。广义选举指的是一定的社会成员根据自己的意愿，按照一定的程序和方法，选拔、推举代表或主要负责人的活动。狭义选举仅仅是指选民或者代表根据自己的意愿，按照法律规定的原则、程序和方式，选出国家代议机关代表（议员）和国家权力机关组成人员的行为。就内容来看，不论是从广义上还是狭义上，西方的选举都是一种由多数人来做出挑选决定的行为，它存在于社会生活的各个领域，从根本上说，是一种由多数人按照某种事先约定好的程序和规则选择决定少数人的行为。如果把它看作是一种程序形式，那么西方国家的选举大体上包含着四大要素：一个有组织的群体，一批合格的选举者，共同接受的游戏规则，存在可供选择的对象。[②]

人类历史上最早出现的民主政体是公元前500年雅典人建立的直接民主制。当时，雅典城邦共和国几乎一切官职都由抽签选举方式产生，并有明确的任期，不得连选连任，以避免结党营私。对雅典人来讲，实行这种制度的理由十分清楚，那就是公民之间人人平等，所以每个人都享有参与决策的平等机会，政治不是少数精英分子的权利。对此，亚里士多德评论道："就任用行政官员而论，抽签拈阄法素来属于民主性质，选举法则属于寡头性质。"[③]这种看法对后世影响极大，一直延续到欧洲资产阶级启蒙运动时期。然而，随着时代的变迁和客观环境的变化，资产阶级革命兴起后，民主制的特征和内涵都与雅典时代大不相同了。投票虽然仍然是为了选举代表和对某件事情做出决定[④]，但人人得以参政的直接民主制变成为人民选举自己的代表，并通过代表行使自己政治权利的间接民主制——代议制民主。

2. 选举制度的含义

用发展的眼光来看，人类政治活动史上，先有选举，然后才有选举制度，选举制度是选举活动发展到一定阶段后才出现的。《中国大百科全书・政治学》认为，选举制度是"选举国家各级代表机关的代表（议员）和其他公职人员的原则和制度的总称"。具体说来，选举制度的基本含义主要有三种：

第一种看法认为，选举制度是一种政治制度，是当代民主国家政治制度必不可少的组成部分。人类政治发展至今，正常情况下，一国国家政权机关大都通过由公民选举的方式产生和组成。为了确保选举能公平、公正、合理举行，各国均制定了一系列法律法规以规范选举，由此，选举制度得以产生。现代社会，选举制度与代议制度、政党制度一起共同构成当代西方国家民主政治制度的三大支柱，而以政党政治为特征的代议制度，正是通过选举这一程序建立起来的。毫无疑问，选举制度是西方各国整个国家政治制度的基石。

第二种看法认为，选举制度是有关选举的各项程序、制度的总称，在单独使用时，并不专门确指某项具体制度。选举作为产生和组成国家政权机关的一种程序，涉及面广，它包含着众多

---

① 何怀宏：《选举社会及其终结》，三联书店1998年版，第3页。

② 胡盛仪：《中外选举制度比较》，商务印书馆2000年版，第5页。

③ 亚里士多德：《政治学》，商务印书馆1993年版，第201页。

④ 二战后，西方各主要国家先后步入共同参与民主制时代，欧洲有越来越多的国家倾向于采用全民公决的方式来决定国家重大事项，如2004年《欧盟宪法》制定后，法国、德国、荷兰、意大利、西班牙等国就是通过全民投票的方式来决定是否批准该宪法的。

内容，在实施的过程中要经历一系列环节，形成许多具体制度、程序和方法。日常政治生活中，人们分析、研究选举方式、选举现象时，常常提到的直接选举制、间接选举制、多数选举制、比例选举制等等，都是就选举制度中某一方面、某一部分，甚至某一具体程序而言的，例如以选票计算方式来划分，可以将选举制度分为简单多数制、绝对多数制、比例代表制、混合制等，因而必须将选举制度同“……选举制(度)”区分开来，后者所指的选举制度是指整个选举程序中某个具体方面的制度，并不包含选举的整个过程。

第三种看法认为，选举制度是有关选举的一系列原则、程序、方法按法定规范形成的具体制度构成。选举制度是通过将选举活动、选举过程制度化、法律化而形成的，目的是要以法律规定的形式产生和组成国家政权机关，主要是代议机关，在某些情况下也通过选举产生国家公职人员。为实现这一目的，选举制度必须确定一系列程序、方法和原则，并以法律的形式加以规范、固定，有关需要规范的内容有：确定谁有权利参加选举和被选举？如何向选民提供可供选择的候选人？怎样划分选区？选举以何种形式进行？等等。①

概括起来看，可以给选举制度下这样的定义：选举制度是一种政治制度，它是现代民主国家政治制度不可分割的重要组成部分，是由一系列与选举原则、选举程序和选举方法相关的经法律规范而形成的各种具体制度的总称。国家政权机关及其代表之所以明确规定必须通过选举方式产生，为的就是显示资产阶级民主政治取代封建专制政治的合理性，体现资产阶级民主政治运作的先进性和优越性。

3. 选举制度的作用

西方国家选举制度究其本质来说，是为了维护和巩固国家政权，但就其具体形式而言，在今天的西方国家中，票决民主已成为各国民主制度的核心内涵，实行政治选举是普通民众参与政治的重要途径。人们普遍认为，选举制度是当代西方民主国家的政治基石。其原因在于：

第一，当代民主只能以代议制民主的形式实现，代议机关的产生只有通过完善的选举才能反映出民众的意愿。民主的实现有两种形式：直接民主和间接民主。通常，直接民主的实现至少需要两个最基本的条件：一是群体的规模不能太大，群体的全部成员经常可以聚集在一起，就共同面临的事务做出决定；二是所需处理的共同事务较为单一，而且不是经常出现或临时突发的。显然，这种民主在当今社会中不可能存在，因为随着人类文明的进步，社会公共事务越来越纷繁复杂，社会分工愈来愈细化，任何国家都不可能在决定公共事务时，由所有社会成员直接参与决策，那样只会陷于无休止的纷争和拖拉之中，解决不了任何实际问题。而间接民主制则是通过民主选举的方式，由民众挑选出一批人作为代表，组成代议机关，由这些人根据选举过程中选民所表达出来的意愿，代表全体公民处理共同面对的事务。间接民主既保持了民主的本义，又能克服直接民主形式的不足，可以广泛运用于任何规模的群体和相对复杂的社会条件。当今西方国家的代议机关无一例外都是由选民通过选举产生的代表组成的。要使代议机关代表的产生和行为能真正符合民意，迄今为止，除了建立完善的选举制度，人类的智慧还没能找到其他更有效的办法。

第二，当代民主只有通过公民的广泛参与才能得到保证，选举是公民广泛参与政治的最好方式。同直接民主相比，间接民主最大的不足之处是公民不能直接行使自己的政治权利，而要

① 胡盛仪：《中外选举制度比较》，商务印书馆2000年版，第8-9页。

通过他们所选出的代表来治理国家。这有可能会导致选民选出的代表不能真实地按照选民的意愿行事。公民的广泛参与一定程度上可以消除间接民主的这一弊端，最大限度保证民主的实现。受民主发展潮流的影响，当今世界各国虽然公民参与政治的形式与方法越来越多，涉及的面也越来越广泛，但无数的事实证明，选举仍然是目前人们可供选择的所有形式与方法中最为有效和最重要的。通过定期选举，选民既能选择他们所满意的代表，又有权撤换他们所不满意的代表。这样，选民的意愿就不会长期和过度地被执政者所漠视，民主政治的实现自然也就有了基本保证。

第三，当代民主只有在民众的支持下才能得到维持，选举制度所反映的民众的支持程度，为政权机关权威的合法性创造了基础。当今社会，民众对国家政权的支持呈现出各种形式，但通过选举显示出的民众支持程度最具实质性和权威性。在少数服从多数的基本民主原则下，一个得到民众支持越多的政府，其权力获得的权威性基础无疑越为充实。而且民众愿意参与选举，这种行为本身就是对现政府的认同和支持，表明人们愿意接受这一制度，不试图以其他方式改变现状。正是在这个意义上，人们才把民众参与选举的广泛程度看作一国国家政权合法存在的基础。①

关于选举制度对西方国家政治生活产生的巨大影响，推动政治民主化进程所起的作用，主要表现在以下几个方面：

首先，选举制度的建立有助于国家政治生活的民主化。选举制度建立的根本目的是赋予公民作为国家主人，有权自己选择和更换政治领导人。国家政治领导人由公民选举产生和更换，益处颇多：一者，参加选举的候选人在竞选中要想击败竞争对手，必须公开大力宣传自己的竞选纲领和主张，以接受选民的检验，而候选人在竞选获胜后代表选民行使国家权力时，为将来能继续执政，必须真正代表民意，注意公共形象，以赢得民心。这就为民众监督、影响当选者提供了有效手段和可能性。二者，由于选民在定期选举中拥有做出变更原有选择的机会，能够在一定期限内通过改选他人以更换执政者，这种良好的制度设计能够相当程度上防止权力的过分集中和垄断，避免出现专制与暴政。民主的本义在于人民当家作主，选举制度的正常运作，不仅为人民当家作主，也为公民更换选择，纠正自己错误的抉择提供了一种规范化、制度化的程序。这显然有助于提高一个国家政治生活中民主的程度和水平。

其次，选举制度的发展有助于提高公民的政治素质。一方面，选举中选民投票是其依据自身意愿做出的选择，选举结果不论对国家还是个人的未来都将产生有利或不利的影响，这会使选民必然将自己在选举中的投票行为与国家利益和个人利益联系起来，自觉地去关心国家、关心社会、关心选举，培养自己高度的政治责任感。另一方面，通过选举，选民明白国家政治领导人的产生和更换固然受自己投票行为的影响，但更取决于全体选民的政治意愿，从中深切地体会到个人与社会群体的关系，学会接受共同的游戏规则，学会尊重他人，尊重多数，产生群体的归属感和认同感，国家的民主政治制度由此更加巩固、坚实。

再次，选举制度的存在有助于促进社会的稳定和发展。由于选举制度的建立和正常运作为社会上各种政治人物争取执政提供了公平、公正竞争的机会，国家政治权力的交替完全以和平的方式进行。共同的游戏规则约束那些认同现行体制的政治人物不至于轻易走上极端，采

① 胡盛仪：《中外选举制度比较》，商务印书馆 2000 年版，第 11 - 13 页。

用暴力手段窃取政权，从而有效避免社会出现严重的动荡，使社会能够保持一定的政治秩序，有助于社会稳定。

客观地说，人类社会的发展进步是各种因素综合作用的结果，并不完全取决于选举制度的存在。但是当选举与人们的政治生活紧密地联系在一起后，选举制度对一国政治制度完善的影响，对人类文明进步所起的促进作用是不可低估的。随着人类文明的进一步发展，这种促进作用还将不断增强。

二、西方国家选举制度的历史演变与发展现状

1. 西方近代选举制度的建立和发展

近代西方选举制度是资产阶级在同封建势力进行反复斗争较量过程中，继承和借鉴了古代希腊、罗马共和国时期的选举方法，为适应资产阶级政治统治和发展民主政治的需要而逐步建立发展起来的。其中，英国选举制度建立最早，发展也最为典型，对世界各国都产生了广泛而深远的影响。

英国的选举制度实际上是议会制度的产儿，它的建立与封建社会的议会具有十分密切的关系。1215 年，英王约翰被贵族威逼，签署了《自由大宪章》，大宪章规定，成立一个由 25 人组成的委员会监督国王是否遵守宪章，委员会由大贵族们选举产生，这是英国议会制度的开端。1295 年，英王爱德华一世为筹集战争经费召集议会开会，成员除贵族和僧侣外，还有经选举产生的市民代表（每市 2 名）和骑士代表（每郡 2 名）参加。英国议会的初始结构就此形成，之后，它历经发展逐渐形成制度，被后世长期沿用。1343 年，英国国会分裂，分成贵族院（上院）和平民院（下院）两部分。贵族院由国王颁发爵位证书的世袭贵族组成；平民院由市民代表和骑士代表组成，他们全部由自由土地占有者选举产生。

英国早在 13 世纪到 14 世纪就已建立了议会，这较之其他国家是政治制度史上的巨大进步，但当时上院由贵族世袭组成，下院选举又有较高的财产资格限制，这事实上又产生了一种不平等。为了争取扩大选举权，英国民众在之后的几个世纪里不断进行抗争。1647 年和 1649 年，英国军队中的平等派两次提出普选权问题，主张改革选举方法，取消上院，在普选的基础上建立议会，每年改选一次，但这些要求均遭到政府拒绝。1688 年，英国资产阶级发动“光荣革命”后，夺取了国家统治权，英王被迫于 1689 年和 1701 年先后接受了《权利法案》和《王位继承法》等一系列宪法性文件，确认议会是凌驾于国王之上的国家最高立法机关，宣布下院议员一律实行直接的“自由选举”。以此为标志，近代英国资产阶级选举制度得以初步建立起来。

制度的建立固然使英国以后的政治选举变得有章可循，但那个时候英国的选举制度是很不完善的，主要表现为选民和候选人的财产资格门槛太高，真正拥有选举权的选民只占成年人总数的 5%，而且选举中许多规定和做法极不合理，重复投票和贿选等现象比比皆是，引发民众极大不满。

1832 年，英国首次尝试对选举制度进行改革。当年英国议会制定《英格兰与威尔士人民代表法》，重新分配议席，增加城市代表名额，降低选民财产资格的限制，扩大选民范围。此项改革使英国的土地所有者和城市中产阶级获得了选举权，但广大工人和妇女仍无选举权。1867 年，在宪章运动的推动下，英国再次进行选举制度的重大改革，进一步降低选民的财产资格，大幅扩大公民权，使城市工人获得了选举权。1872 年，英国颁布了秘密投票法，把公开选

举改为秘密选举，此举对遏制选举中的贿选及对选民施加压力的现象具有重要意义。1918年，英国议会制订新的《人民代表选举法》，新法规定，男性公民从21岁起，妇女从30岁起且满足一定条件者均享有选举权，这是英国历史上女性享有政治权利的开始。1928年，英国议会颁布男女平等选举权法，妇女开始享有与男子平等的选举权，有限普选制在英国初步实现。1948年，英国议会重新修订《人民代表选举法》，规定年满21岁的男女公民都享有选举权。1969年，英国又一次修改《人民代表选举法》，规定凡年满18岁的公民均享有选举权。至此，现代英国选举制的核心精神——自由、平等和普遍原则才真正较为完整地确立起来。

同英国一样，法国的选举制度也是在封建社会选举制基础上产生的。但是，不同于英国选举制度发展的渐进性，法国选举制度的演变与资产阶级反封建斗争同步而表现出剧烈的波动性。1302年，法国国王菲力普四世为解决国王与教皇卜尼法八世之间的冲突而向城市市民征税，召开了第一次"三级会议"。会议最初只有高级教士和世俗贵族两个等级组成，后来，资产阶级作为一个新兴阶级出现后，随着整体力量的增长，提出"不出代议士不纳税"的口号。国王为解决财政经济困难，必须求助于资产阶级，于是不得不在等级会议中增加城市市民(资产阶级)代表。这一等级会议的形式后世整整延续数百年时间。当时国王、教士、贵族和城市市民商定，凡年满25岁的自由民，有住所并在纳税人名册上已经登记的，不论是法国人还是入法国籍者，均可参加第三等级代表的选举。

1789年法国资产阶级革命爆发，政权从王室转移到国民议会。1791年，法国制定历史上第一部宪法，将国家公民分为"积极公民"和"消极公民"两类。所谓积极公民是指拥有一定居所并具有一定纳税能力的人，他们可通过间接选举方式选举国民议会议员；所谓消极公民是指被雇佣的劳动者或处于被奴役地位的人，他们不拥有选举权。当时法国2 600万总人口中，能够享有积极公民资格的只有430万人。1792年，法国废除君主制，成立法兰西第一共和国。1793年，主张激进革命的雅各宾派主持制定一部新的宪法，宣布取消积极公民和消极公民的划分，取消选民与候选人的财产资格限制，规定国家最高权力机关——立法机关由选民直接选举产生，凡年满21岁的男性公民基本上均拥有选举权。1794年，代表大资产阶级利益的政治集团发动"热月政变"，雅各宾派政权被推翻，新政权宣布废止1793年宪法及其相关的选举制度，重新恢复对选民的财产资格限制和间接选举制。1814年拿破仑失败后，复辟的波旁王朝规定，只有年缴纳300法郎直接税者才享有选举权，年缴税1 000法郎者才享有被选举权。这一规定大幅度提高了选民的财产资格限制，使当时享有选举权的公民只占成年男性公民总数的1/6，广大工人、农民和城市小资产阶级完全被排斥于选举之外，遭致民众强烈不满。

1848年，法国再次爆发资产阶级革命，推翻复辟的波旁王朝统治，建立法兰西第二共和国，宣布恢复有限普选制，规定年满21岁的男性公民均享有选举权，年满25岁的男性公民均享有被选举权。但这一新的普选制还没有完全实施，1851年，路易·波拿巴上台，建立法兰西第二帝国，这一新的普选制被废除。1875年，法兰西第三共和国成立，有限普选制又一次被恢复。二战后，1946年法兰西第四共和国成立，制定新的选举法，宣布凡年满21岁的国家公民，不分男女，均拥有选举权，这是法国历史上妇女第一次真正全面享有选举权。1974年，法国又一次修改选举法，将选民年龄资格由21岁降至18岁，从而与其他西方国家的普选制规定一致。

与英法两国不同，美国几乎是一块人类历史的处女地。这里没有封建传统的包袱，也没有出现过等级代表君主制。那些来自欧洲的自由移民，很容易按照自己的意志建立一种适合资本主义发展的选举制度。在独立战争前，为了顺应移民从英国带来的代议制传统，北美一些殖民地陆续建立起经民众选举产生的议会。独立战争后，当1787年美国制宪会议召开时，几乎没有人反对要建立一个国会，也没有人怀疑这个国会应当由选民选举产生。会议通过的《美利坚合众国宪法》规定，国会参议员、众议员分别由公民间接和直接选举产生，总统由每个州委派的选举人选举产生，并将制定选举法的权利留给各州。美国近代选举制度就是这样建立起来的。起初，各州选举法普遍规定，只有拥有一定数量财产的男性白人公民才享有选举权，后来，选举权逐步扩大到多数男性白人公民。1828年，全美24个州中有一半实行所谓"白种成年男子普选权"。1870年，美国国会制定第15条宪法修正案，规定任何人不得因种族、肤色或曾是奴隶而被拒绝或被剥夺公民的选举权。1920年，美国国会又制定第19条宪法修正案，确认全国范围内的妇女也享有选举权。至此，美国的普选制度基本确立。尽管如此，美国选举中的种族歧视现象仍非常严重，许多州规定，黑人要想参加选举必须缴纳"人头税"，并进行"文化测试"，有的州甚至规定，只有在1867年1月1日开始享有选举权的黑人后代才能拥有选举权(即所谓的"祖父条款")。这些歧视性规定严重剥夺了广大黑人选民的合法政治权利。为此，20世纪五六十年代，美国黑人长时间爆发大规模民权运动。受此冲击，美国国会于1964年制定第24条宪法修正案，取消黑人选民缴纳"人头税"的有关规定；1970年，美国国会又制订通过一部《民权法》，宣布种族隔离和种族歧视为非法，取消对黑人选民的"文化测试"，黑人选举权至此完全实现。1971年，美国国会又制定了第26条宪法修正案，将选民的年龄资格由21岁改为18岁，进一步完善了普选制。

其他西方国家中，德国整个中世纪都没有任何现代意义上的政治选举，1848年法国"二月革命"后，神圣罗马帝国境内的各邦国开始民主化进程，逐步建立起近代选举制度，但直到1945年二战战败，德国都没有建立起像样的普选制，其现行的议会普选制度是二战结束后在美英法等国的帮助下，才最终建立发展并完善起来的。日本在明治维新之前也根本没有政治选举，明治维新后，日本在1889年制定颁布《大日本帝国宪法》。根据该宪法，日本于1890年设立帝国议会，并制定公布亚洲最早的选举法——《众议院议员选举法》，初步建立起日本近代选举制度。不过，迟至1919年，日本拥有选举权的选民人数只占全国国民总数的5.4%。1925年，日本通过修改选举法，形式上实现了男性公民的普选权，但当时拥有选举权的人数仍不到全国总人口的20%。日本真正的普选制是战后在美国帮助制定的《日本国宪法》颁布后，历经多年的政治实践才得以建立起来的。①

2. 西方各主要国家议会选举概述

(1) 英国选举——程序简便的下院选举

英国的选举种类繁多，有着不同层次、不同地域的选举过程，选举制度也不一样。这里只介绍英国的议会选举制度。

代议制的原理发端于英国。英国议会有三个组成部分，其中，英王是世袭的，上院由各类册封的世袭贵族和终身贵族组成(过去30年中，英国工党一直在酝酿对上院进行改革，力图取消上院议员存在几百年的世袭制和终身制，使上院议员全部由选举产生，但始终阻力重重，难获实质性进展)，只有下院议员是由公民普选产生的。因此，英国的议会选举，实际就是议会下院选举。这一点与美国、法国等国不同。作为世界议会之母，英国同时也是现代西方选举之

① 宋玉波：《民主政制比较研究》，法律出版社2001年版，第83页。

母，西方各国的选举制度基本上都是从英国的选举制度演绎发展而来的。

具体来说，英国的议会下院选举分为大选和补缺选举两种。大选是指全国所有选区同时进行议会下院议员的选举，可以是每五年一届议会任满时举行，也可以由英王经首相建议下令解散议会后提前举行。从过去百多年的实践看，英国下院议员能够一届任满5年的并不多，故而多数大选都是提前举行的。补缺选举是指因现任议员死亡、病重、被封为贵族、被下院驱逐、接受了别的有酬公职等原因而使其议席出现空缺，由原选区进行补充新议员的选举。

英国现行选举法规定，凡年满18岁，选举前在其所在选区进行了选民登记，没有被法律剥夺选举权的英国公民，包括居住在英国的任何英联邦国家以及爱尔兰共和国的公民，都拥有选举权。自2006年《选举行政法案》生效以后，根据该法案第17条的修订，凡年满18岁，没有被法律剥夺候选人资格的英国公民以及其他英联邦公民和爱尔兰共和国公民，都可当选为下院议员，但未偿清债务的破产者、服刑一年及一年以上的犯人、神职人员、贵族、某些类别的皇室成员、法官、文官、武装部队成员和警察等除外。候选人必须先经过提名，提名者必须与被提名人在同一选区，并且是已登记的选民；提名后还要得到本选区另一名登记选民的支持，然后再得到8位选民的签名。候选人必须缴纳500英镑的保证金，如果该候选人在选举时得到了5%以上选票，保证金要退回本人，否则充公。做出这一规定是为了维持选举的严肃性，以阻止那些根本没有当选希望的人把选举当儿戏。

根据《人民代表选举法》规定，下院议员全部按“单名选区制”选出，每个选区选一名议员，得简单多数票者当选。目前，经过最新调整，英国下院有650个议员席位，这样全国也就划分为650个选区，平均每个选区有选民约6.8万人。选区的划分主要根据人口和行政管辖区域进行，由专门的“议会划界委员会”每隔10年左右调整一次。由于选区是选举议员的单位，所以英国各主要政党都在选区设有党的组织，该组织握有推举本党候选人的大权，竞选活动也主要在各选区进行。

英国的选举过程一般历时4个半星期。确切的投票日期由首相决定，传统上放在星期二。其具体程序是，在大选命令发布后8天内提出候选人；10天左右英王宣布解散议会；再17天后（星期日和节假日不包括在内），在全国各地各选区同一个选举日进行投票。从早晨6点到晚上10点选民都可以到规定的投票站投票。①投票采用无记名方式，一人一票。计票采用简单多数制，候选人谁得票最多谁即当选。

英国选民参加大选投票

图片来源：“摄图网”网站，https://699pic.com/tupian-306907268.html

英国的选举制度经过150多年的改革、演变，已经比较完备，并一直有效运作，其鲜明的特点是：选举时间短，竞选活动简单，效率比较高；选举费用较少。英国普通民众对投票的社会参与程度较高，因为选民所关注的主要是政党的政策和执政能力，不像美国等国选民主要关注候选人的个人素质和能力，因此，英国大选的

① 曹沛霖、徐宗士：《比较政府体制》，复旦大学出版社1993年版，第70页。

政党政治色彩较为浓厚。从实际效果看，英国下院采用“单名选区制”和简单多数制的选举方式完全是为两大政党轮流执政的需要而设计，它确保了两大政党的利益，排挤了小党和无党派人士进入议会。但是，这种制度安排有时也会发生意外。2010 年英国大选，在下院全部 650 个席位中，保守党获得 307 个，工党获得 258 个，自民党得到 57 个。由于三党均无取得超过半数议席，最后只能由保守党和自民党组建联合政府。自民党长期以来对国内现行选举制度排斥中小政党的做法表示不满，力主改革。但其参加联合政府后经与保守党协商提出的选举改革方案在 2011 年举行全民公决时遭到选民否决，这样一来，英国现行的选举制度今后还将继续维持下去。

(2) 美国选举——稳定且基本由两党瓜分的国会选举

美国国会由参议院和众议院组成，两院均由选民直接选举产生。与其他国家相比，美国国会选举制度非常稳定。这种稳定性表现为：一是选举方式变化不大。众议院选举自建国后基本没有大的变化；参议院议员刚开始时由各州议员挑选，1913 年后改为由选民直选产生，延续至今。二是两院议席数相对稳定，变化不大。参议院早在建国起就确定为每州选派 2 名代表，自 1959 年夏威夷最后一个加入美国联邦，成为联邦第 50 个州以来，议席数一直固定为 100 个。众议院议席数在刚建国时由宪法确立了一项原则，那就是每 3 万人左右选举产生一个名额，每州至少须有一名众议员，第一届美国国会众议院的人数是 65 人。之后，随着人口的不断增加，各州议员数量也相应增加，1929 年时，美国国会通过立法，明确规定众议院议席数固定为 435 席。1959 年，为适应新加入联邦的阿拉斯加和夏威夷两州的需要，众议院议席数一度增至 437 个，但到 1963 年时又恢复到 435 个，之后再无变化。

美国选民参加大选投票

图片来源：新华网，http://m.news.cn/photo/2018-11/07/c_1123676839.html

关于议员选举，美国宪法规定，众议员一届任期为 2 年，期满全部改选；参议员一届任期为 6 年，每 2 年改选三分之一。因此，美国国会选举必须每 2 年举行一次。其中一次与总统大选同时进行(称为大选年)，另一次放在偶数年 11 月份第一个星期二进行，这称为“中期选举”。各州在众议院的议席数根据人口比例分配，每 10 年调整一次。所有议员均由各州选民按单名选区制选举产生，人口少的州只能分配到一个名额，那该州就以全州作为一个选区选出一名议员；人口多的州可以分配到 2 个或 2 个以上名额，就会相应地划分为 2 个或 2 个以上选区。选区划分为显示公正，有的州由不具有党派色彩的人来负责，有的州则由议会来负责。众议员的选举程序和总统选举相似，正式选举前几个月，民主党和共和党一般都要在党内进行初选，选出本党参加众议院竞选的候选人。至于其它政党和独立人士参加竞选的办法，各州情况各不相同，但他们人数很少，能够竞选成功的更少，各州在众议院的代表历年来基本上都由民主、共和两党瓜分，参议院的情况也基本如此。

参议院选举时，由于参议员一届任期 6 年，每 2 年改选三分之一，因此，为方便起见，所有参议员在第一次国会选举后的首次集会时，就立即分为人数尽可能相等的三个组，其中第一组

2年后改选，第二组4年后改选，第三组任满6年后改选，如此一直循环下去。分组时应尽量保证每个州的2名议员不要在同一年中任期届满，从而避免被一次性地全部改选出去。① 这样，虽然每个州在参议院各有2名代表，但真正选举时，各州都以全州为一个选区，选举产生本州的1名参议员，只有在第一次参议院议员选举时，各州才同时选举产生2个名额。参议院选举的计票方法，绝大多数州都采用简单多数当选制。正式选举前几个月，民主、共和两党一般也都要在党内进行初选。

(3) 法国选举——直接选举和间接选举相结合

法国历史上政局极为多变，制定宪法次数之多为世界各国所罕见。每次制定新宪法，几乎都会带来选举制度的变化。1958年法兰西第五共和国成立后，虽然政局相对稳定，但从那时至今仍有20多次修改宪法，相应的选举制度也几经变化。

在院制的设置上，现今法国议会和其他西方国家一样，也实行两院制，分别为国民议会和参议院。其中，国民议会为下院，议员由选民直接选举产生，选举方法采用“单记名多数两轮投票制”；②参议院为上院，议员由选民间接选举产生，选举形式各地不同，有的地方实行多数两轮投票制，有的地方实行比例代表制。

法国国民议会的选举也叫立法选举。根据2008年修订的宪法规定，法国国民议会现有议员577名，③议员一届任期5年，期满全部改选。投票日为议会届满后60天以内的星期日。如果国民议会任期未满而被总统解散，则必须提前进行选举。由于实行单名选区制，因此每次选举前，法国内政部根据政府授权需要将全国划分为577个选区，每个选区产生一名议员。选区划分以行政区划为基础，以人口为依据，每省至少有2个选区，最多可拥有24个选区。至于选民和候选人资格，宪法规定，凡年满18岁，享有公民权且有能力行使投票权的法国人，不分性别，均有选举权。凡年满23岁，服满兵役且符合其它规定条件的法国公民，不分性别，均享有被选举权。候选人由各党派提出，各党派在每个选区只能提出一名候选人。候选人在选举日前21天提出，并同时提出候补人选。候选人参选时，需缴纳少量保证金。正式选举时，某个候选人只有获得参加选举半数以上选民支持，且所得票数又至少等于登记选民的25%，才可当选，无须进行第二轮投票。此轮选举中，凡得票率不足全部有效票的5%者，其保证金会被没收，而且还须赔偿国家相应的宣传费用损失。如果某一选区的投票率仅为45%，而某一候选人在第一轮选举中只得到51%的选票，他会因得票数达不到登记选民数的25%而不能当选。第一轮选举中，如果无人胜出，则在随后的第二个星期天进行第二轮选举。这时只有在第一轮投票中得票超过登记选民总数的12.5%的候选人，才有资格参加第二轮选举。第二轮选举时，某位候选人只需要获得相对多数的选票即可当选；得票数相等时，年长者当选。

根据宪法第24条规定，目前法国参议院议员总数为348名（宪法规定最多不得超过348

① 古洪能、陈天柱等：《比较政治制度》，武汉大学出版社2010年版，第313页。

② 1958年法国议会在左派共产党和社会党的压力下，一度曾将国民议会选举由多数代表制改为比例代表制，但1986年右派保卫共和联盟执政后，操纵议会重新将国民议会选举由比例代表制恢复为多数代表制。

③ 2008年宪法刚修订时，规定国民议会议席总数不超过577名，但宪法又规定2012年时，圣马丁岛和圣巴托洛缪岛这两个海外领地可以各选出一名议员，但2012年国民议会大选后仍然只产生了577个议席。

法国第 15 届国民议会首次开会

图片来源：搜狐网，https://www.sohu.com/a/280108336_115376

名）。议员一届任期为 6 年，每 3 年改选其中的一半，2003 年参议院改革法案生效前，参议员一届任期为 9 年，每 3 年改选其中的三分之一。候选人参选资格为：年满 30 周岁，其他条件与国民议会议员参选资格相当，但是省长、大区长官、法官、中央高级行政官员等在当地掌握相当权力的人，在任期内以及离任后 6 个月至 3 年内，均不得参选。做出这样的限制，主要是为了防止他们利用自己的权力影响选举的公正性。理论上，法国参议院代表的是各地方的利益，所以各地方均占有一定的名额。名额分配按人口数量确定，大体上，人口较少的省至少有 1 个名额，人口最多的巴黎市则有 9 个名额，通常为 3～5 个。另外，国外侨民占有 12 个名额，海外领地占 10 个名额①。所有参议员均由选举团间接选举产生。选区划分基本上以省（包括海外领地）为单位，大区每个省、海外领地都建有自己的选举团，成员由省国民议会议员、大区议会议员、省议会议员和市镇议会代表组成。具体选举方式，各省并不统一，一般产生议员人数较少的省份，大多采用多数两轮投票制；人口较多的省份，大多实行比例代表制。而海外侨民议员则由参议院根据海外侨民最高会议提出的提案选任。

（4）德国选举——程序复杂的混合制选举

《德意志联邦共和国基本法》规定，国家立法机关为联邦议院和联邦参议院。其中，联邦议院为下院，议员一届任期为 4 年，它是整个德国联邦政府体制中唯一由民选产生的机构。联邦参议院为上院，它代表的是各州在联邦的利益，由各州政府行政部门任命的成员组成，故不需要选举。

① 古洪能、陈天柱等：《比较政治制度》，武汉大学出版社 2010 年版，第 358 页。

德国现行宪法和选举法规定，凡年满 18 岁，在联邦境内居住满 3 个月的德国男女公民都拥有选举权；凡年满 21 岁，具有一年以上德国国籍并有选举权的男女公民，均有权被当选为联邦议院议员。为确保大多数公民的选举权能够实现，选举日由联邦总理决定，一般安排在星期日或法定假日。

联邦议院法定议员 598 名，但由于实行特殊的选举制度，选举中有所谓“悬挂席位”的存在，故每次选举，实际选出的议员人数往往会多于 598 名，如第 18 届联邦议院（2013—2017 年）共有 630 名议员，第 19 届联邦议院（2017—2021 年）共有 709 名议员，第 20 届联邦议院（2021—2025 年）议员达到创纪录的 735 名。联邦议院全部议员按“小选区相对多数当选制”与“比例代表制”相结合的办法选举产生，即一半议员按照每个选区选举一名议员的方式由选民直接投票产生，另一半议员按各政党得票比例分配（也称为“多数代表与比例代表混合制”）。具体做法是：各政党在每个选区提出一名候选人，在每个州提出一份州候选人名单，候选人须分别在所在选区得到 200 位选民和所在州千分之一选民支持，资格才能得到确认。与之相应，每个选民有两次投票权，一次投票给他所拥护的候选人个人，一次投票给他所支持的政党而不涉及任何个人。具体投票时，实际上是两张选票印在同一张纸的两边，左边代表第一轮选举，右边代表第二轮选举。选民画两个记号，投一次票。选区议员候选人以得票最多者当选（不需要过半数），由此产生全部议员总数的一半；政党议席则按各党得票的比例分配。但是，各政党按比例分配的是全部 598 个席位，也就是说，各政党在小选区选举中获得的席位要记入其按比例应得的席位，多出的席位称为“悬挂席位”，由各政党按自己早已排定的候选人名单依次补足。如果一个政党在第一轮选举中赢得的席位超过了第二轮中按照比例代表制应分得的席位，那么联邦议院的席位就要相应增加，会超过法定的 598 个议席。由于法律规定，各政党必须取得 5%以上选票或在 3 个以上选区获胜才能参加议席分配，一些小党如果单枪匹马竞选，根本没有可能参加议席分配，而只能将力量集中在某些小选区以期得到第一轮选举产生的席位。

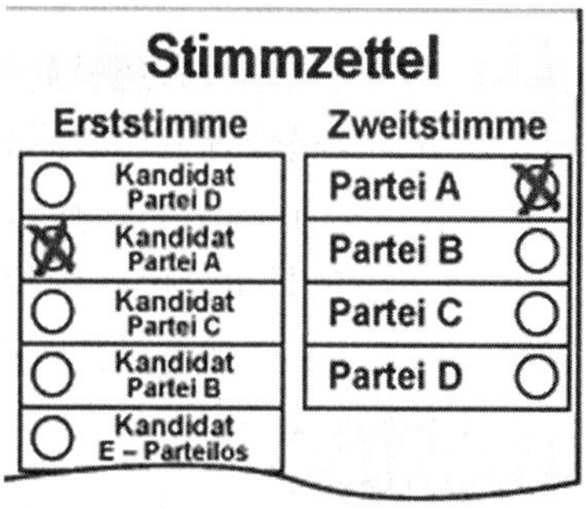

这是德国一张简化了的选票，它由两个部分组成，左侧是用来选个人的，叫第一选票；右侧是用来选政党的，叫第二选票。

由于近几届德国联邦议院议员数量不断增加，持续引发外界对其工作能力和效率的严重担忧，为此，2020 年 10 月，联邦议院通过了选举法改革方案，具体做法：一是改变过去补偿性议席的计算基础，尽可能加以简化；二是减少选区数量，将全国选区从目前的 299 个直接缩减至 280 个。其中，第一批法律变化于 2021 年联邦议院选举时即开始适用，但改革方案的全面实施要等到 2025 年这一届的联邦议院选举。

德国实行这样一种选举制度，也许其初衷是为了兼顾大党和小党的利益。但从现实运作来看，小党根本无法和大党竞争，只能要么结盟，要么把自己的发展限制在一些固定的选区。而大党之间，实际上是完全按照第二轮投票中的得票比例分配议席。这种选举制度虽可避免如英国选举那样得票率高但得到的议席不一定多的现象，不过也会出现另一种情况，那就是德国的第一大政党不一定能上台执政，因为在议席未过半的情况下，能否上台执政还取决于其能不能争取到足够多的非本党议员的支持，假如联邦议院第二大党和第三大党结盟，只要议员数过半，就可以轻易击败第一大党而取得组阁执政权。例如，1969 年大选时，德国社会民主党成功地策划长期与联盟党结盟的自由民主党站到自己一边，而将联邦议院第一大党——联盟党排除在政府之外。①

（5）日本选举——以小选区和比例选区并列制为特色的选举

日本宪法规定，议会是国家最高权力机关，也是唯一的立法机关，采用两院制，由众议院和参议院组成，两院议员均由公选产生。选举实行一人一票平等、直接选举和秘密投票原则。根据2016年日本议会通过的《公职选举法》修正案规定，目前众议院法定席位465个，议员一届任期4年，每4年全部改选一次。但由于日本政局动荡，议会经常一届未任满即被解散，需要提前举行大选。

1993年之前，日本众议院选举实行"中选区制"，亦称"多席位选区制"，1993年经过改革后，实行小选区和比例选区并列制。相关做法是：在全部465个议席中，295名议员由小选区选举产生，另外170名议员由比例代表制选举产生。所谓小选区选举，就是将全国根据都道府县人口总数划分为295个选区，每个选区选出一名议员，得票最多且得票数占总票数1/6以上的候选人当选。所谓比例代表制，就是将全国划为11个大选区，各大选区按人口多少分别选举产生6到29个议席，依据各党派或政治团体得票比例分配这些议席。两种选区重合且并立。参选各党派政治团体选举前须提交一份候选人名单，选举后按照这份名单中候选人先后次序分配所得议席。

关于议员候选人和选民资格，日本宪法和相关选举法规定，年满25岁的日本公民有权竞选众议员。议员候选人可以同时参加小选区选举和比例代表选举，条件是该候选人所属政党必须至少占有5个议会议席，或者在上届众议院选举中所得票数至少占有效选票总数2%。年满18周岁的日本公民有权参加众议院选举投票。选民在一次选举中同时投两张选票，一张投给一名参加小选区选举的候选人，另一张投给参加比例代表选举的某个政治党派团体。②

日本参议院法定议员席位，按照2018年日本议会新修订的《公职选举法》规定为245个，2022年时增加至248个。议员一届任期6年，每3年改选一半。选举有两种形式：一种是地方选区制，即以都、道、府、县设置的行政区作为选区进行投票，每个选区选2～8名参议员；还有一种是全国选区，它与地方选区也重合且并立，按比例代表制选出100名议员，选民针对政党或政治团体提出的候选人投票，然后各政党或政治团体再根据预先排定的候选人顺序名单，落实具体当选人。

日本两院选举实行这种"并立制"，与德国的"混合制"不同，它不是将全部议席都计入比例，而是比例选区（大选区）和小选区分别计算议席，各党派和政治团体两部分选举所得议席之和就是最终所得议席。此种"选举并立制"弊端很多，存在的最主要问题是，各党派和政治团体提出的候选人容易"脚踏两只船"，可以同时作为小选区候选人和政党比例代表候选人，有违机会均等原则。而且某些在小选区不受民众欢迎而落选的候选人可以因在党内受宠而在比例选区"复活"，这与民意不符，严重伤害选民的感情。

（6）俄罗斯选举——转型中变化不定的国家杜马选举

俄罗斯联邦议会由联邦委员会和国家杜马组成。其中，联邦委员会由俄联邦各个主体

① 宋玉波：《比较政治制度》，法律出版社2001年版，第216页。
② 选自《日本众议院选举制度》，载《文汇报》2009年8月31日，第7版。

分别委派 2 名代表组成，这 2 名代表原来是由各联邦主体的行政长官和立法机构的领导人出任，2000 年新的联邦法律《俄罗斯联邦议会联邦委员会组成办法》生效后，改为立法机构的代表由各联邦主体的立法机构选举产生，行政机构的代表由该联邦主体的最高行政长官征得该联邦主体立法机构同意后任命。2009 年，俄罗斯通过《联邦委员会组成法修正案》（2011 年 1 月 1 日生效），规定有权当选或被任命为联邦委员会议员的必须是当地联邦主体议会或市级代表机关的议员。2012 年，俄罗斯再次制定法律，对联邦委员会议员的产生办法做出新的规定，旨在进一步提升联邦委员会在国家立法机构中的地位。新办法将联邦委员会中来自各联邦主体行政机关代表的产生办法与各联邦主体行政长官的选举联系在一起，即各联邦主体行政长官选举时，各行政长官候选人可以推举 3 名人选，选举中获胜的行政长官候选人从自己所推举的人选中选择 1 人，将其派往联邦委员会；如果所推举的 3 名人选由于某种原因都无法成为上院议员，那么这一名额将从地方议会议员中产生。俄罗斯近几十年之所以频频修改联邦委员会议员产生办法，其最终目的是考虑在不远的将来实现议会上院的直接选举。

俄罗斯联邦国家杜马现法定议员名额为 450 人，一届任期 5 年。议员选举在 2005 年之前仿照德国式的“多数代表和比例代表混合制”进行，即全部 450 个席位中，225 个席位由各政党和政治团体在全国范围内竞选产生，各参选政党和政治团体按照得票多少分配席位，得票率低于 5%的政党和政治团体没有资格获得国家杜马的席位；另外 225 个席位由各选区按“多数代表制”原则选举产生，全国划分为 225 个独立的选区，每个选区选出一名议员。为了防止议员席位太过分散，2005 年俄罗斯联邦总统普京签署《国家杜马议员选举法》，取消原先的“混合选举制”，实行完全的“比例代表制”，即 450 个议席全部由选民按比例代表制直接选举产生。选举以全国为单一选区，各政党以名单方式提出候选人，根据得票比率在各政党之间分配议席。《国家杜马议员选举法》还规定，禁止不依附于政党的独立人士参加竞选。参选政党不得结盟，且须在不少于 4/5 的联邦主体内提出自己的候选人名单；政党分享议席的最低得票率由 5%提高到 7%；进入国家杜马的政党不能少于两个，当年参选政党的得票率如果均未超过 7%的底线，或者得票超过这一底线的所有政党总共获得的赞成票不足参加投票选民的 60%时，选举为无效。

俄罗斯联邦国家杜马选举制度的这一修改，显然是想通过立法等手段限制小党派参选，以推动有限多党制格局的形成，但由于这种做法人为的痕迹太过明显，在实际执行过程中造成政党竞争下降的严重弊端。为此，经普京总统提议，2014 年 2 月，俄罗斯国家杜马表决通过有关国家杜马恢复采用“多数代表和比例代表混合制”选举的法案。法案规定，国家杜马今后选举仍然实行混合选举制，在总共 450 个席位中，一半议席由“单席位”选区选举产生，另一半议席仍然按照政党“比例代表制”选举产生，即全国恢复设置 225 个选区，每个选区选举产生一名议员。各政党进入国家杜马的得票率门槛由 7%降至 5%，法案禁止几个政党结成联盟参加选举。此外，法案对政党在登记参加国家杜马选举前征集选民签名问题做出规定，在此前国家杜马选举中得票率不少于 3%的政党以及至少在一个地方立法机构拥有席位的政党可以不用征集选民签名，而其他政党则需要征集到不少于 20 万选民的签名。法案对“单席位”选区候选人征集选民签名问题也做出规定，如果某一候选人由无需征集选民签名的政党推荐，该候选人不需要征集选民签名，而其他候选人需征集到所在选区选民数量不少于 3%的选民签名，如果所在选区选民数量少于10万人，所征集的选民签名数量应不少于3 000个。目前，俄罗斯社会政治经济各方面的转型尚未完成，选举制度多变符合其现实情况，未来不排除再次发生变化的可能性。

第二节　西方国家选举原则和主要选举方式

在当代西方国家，整个政治选举过程事实上就是选举的参与方事先拟订好统一的选举规则，彼此约定遵守这些共同的游戏规则，再由具有选举权的选民通过投票方式选举出他们所支持或赞成的合适的对象，并把国家公共权力委托给这些当选者来执掌，以确保选民的合法权益得到国家的保护，利益得到充分实现。毫无疑问，选举制度是一种涉及国家政治利益分配的重要制度，选举过程是产生政治权力和附加利益的重要过程，选举原则确定的合理与否，直接影响到选民能否真实地表达个人的选择意志，进而影响到社会选择质量的高低和选举结果的真实与公正。

一、选举原则

选举原则通常是指不同国家选举制度所共有的基本特征，它是选举制度在各国长期发展过程中，为多数国家所共同认可和接受的一些普遍性做法。选举原则一般通过选举方式体现出来，因为任何选举都是“原则”与“行为”的统一。

当代西方国家选举制度的基本原则，总体上可以归纳为普遍、平等、直接、秘密和自由投票五项。这些原则是选举制度在西方国家经历长期发展后逐渐形成的，不同国家在这些原则形成和发展中经历的过程不完全相同。一般来讲，以英美等国为代表的西方国家的选举制度通常都经历过这样几个阶段：第一阶段，在资产阶级革命前和革命胜利初期，基本上都实行等级选举制，即以某种社会等级和身份取得公民资格（拥有选举权）的条件。第二阶段，在美国独立和法国大革命后，各国的等级选举制逐步被纳税选举制取代，拥有固定的财产和收入、向国家缴纳一定的税收成为允许公民取得选举权的标准。这个阶段，各国选举投票规则虽然日益标准化，但公开选举方式的实行，导致选举常常被人为操纵。第三阶段，随着各国选民和参选公职候选人纳税标准降低，各国选举权的范围显著扩大，但复数投票制（即一人拥有多个投票权）的实行遭人颇多置疑。第四阶段，19世纪末成年男性公民的普选权基本实现，投票权形式上的不平等在部分国家被消除。第五阶段，二战前有限普选权实现，选举权开始扩大到成年女性公民，选区划分也日渐合理。第六阶段始于20世纪六十年代末，真正意义上的普选权广泛实现，各国的选举制度较之选举初兴时均取得了巨大进步。

但即使发展到这个地步，各国选举中各种不公平、不公正现象依然存在，例如，由于选举制度设计得不合理，选举结果有时并不一定能真正反映民意。英国选举实行的是多数代表制，2010年下院选举时，保守党得票率虽然只有36.1%，却得到了307个席位，占下院全部650个席位中的47.1%；工党总得票率虽然为29%，却只得到了258个席位，占下院全部650个席位中的39.7%；自民党总得票率虽然高达23%，却只得到57个席位，下院议席占有率仅为8.7%。如果按照得票比例来计算，保守党和工党所获得的议席应该分别只为234个和188个，而自民党所得议席则可高达149个。又譬如，今天西方各国议会选举几乎都有一条明文规定，即只有达到5%的最低有效票数，才有资格进入议会，这就排除了一大批中小政党进入议会参政和监督政府的可能性。随着今天西方各国选举中竞选活动越来越激烈，竞选经费动辄数以亿计，候选人筹款的过程就是大垄断集团控制和干预选举的重要途径，广大普通民众根本就是望洋兴叹，国家政治权力只掌握在少数政治精英手中的局面没有太多实质性改变。

西方国家选举的基本原则主要包括以下几个方面：

1. 普遍选举权原则

普遍选举权原则是指每个拥有宪法所规定的权利和义务的公民都享有选举权与被选举权。这一原则是针对资本主义初期实行的有限选举权提出来的。早期西方各国选举法中都存在对选民资格的各种限制性规定，其中主要有财产限制、受教育程度限制、种族限制、性别限制、年龄限制等，而财产限制是所有这些限制中最根本性的限制，因为其他的限制某种程度上多多少少都与财产资格有关。如有的国家规定，没有文化的人如果拥有一定的财产照样可以拥有选举权。从本质上讲，当今西方各国所强调和宣传的普选权原则并非真正“普遍”，而是把选民的资格限制放宽到“普遍”可以接受的程度。通常说来，具备选民资格的条件包括：国籍条件、年龄条件、居住条件和排除条件。这是自有选举以来就有的，只是不同国家、不同时代的标准有所不同罢了。在西方国家的早期选举制度中，这些方面普遍存在着明确的限制，有些国家所定的标准很高。普选权的实现是通过逐渐降低相应标准、直至最终取消这些限制来实现的。

国籍条件一般是指明确规定只有本国公民才享有选举权，但法国历史上1793年宪法曾有附加条件给予外国人选举权的有关规定。年龄条件是指只有达到法定年龄的本国公民，才能成为选民，以往的年龄要求一般偏高，现在大部分国家将选民最低年龄降到18—21岁，英国、美国、法国、德国、日本等国为18岁，意大利、比利时为21岁，但有个别国家年龄限制更宽，如古巴、巴西等国，年满16岁的公民便有选举权。居住条件是指具备前两个条件者在选举区内居住满一定的期限，以往对居住期限的要求比较长，现在一般为3个月到1年不等。如英国为3个月，比利时和法国为6个月。排除条件是指不能有的条件，一般包括患精神病或其他制约正确表达意识的疾病、被法院宣告禁止置产、因犯罪被依法剥夺政治权利，凡有此三者之一，便不能享有选举权。所以，概括起来看，选民必须是具有本国国籍、达到法定年龄、在选区居住达到一定期限，未患精神病或其他制约正确表达意识的疾病，或未被禁止置产，或未被依法剥夺政治权利的自然人。①

在大多数西方国家，有了选民资格，并不等于能够实际参加选举投票，还需要一种形式条件，即选民登记。登记的程序，有的很复杂，有的比较简单。凡未在选举开始之前登记的，便如同无选民资格者一样，不能参加选举。某些特殊职业者也被排除在选举之外，如阿根廷等国禁止军人参加选举。此外，有的国家还将“遵守秩序”“品行端正”“忠实可靠”“良好的名声”“未丧失道德”等作为对选民的品行条件予以规定。这样就很容易把思想激进或有异教徒倾向的公民排斥在选民之外。

普遍选举权原则是选举制度最根本的原则。尽管这一原则在各国都得到承认，但在具体

① 宋玉波：《民主政制比较研究》，法律出版社2001年版，第85页。

实践中，仍然面临着许多具体问题和情况，因而很难全部实现。如有些国家出于移民潮的高涨和国内劳动力频繁流动，特别是在地方选举中，坚持居住期限为限制，以便保护本国和本地居民的利益。诸如此类的问题，有的国家正在着手解决，也有的国家今后恐怕将长期存在。

2. 平等选举权原则

平等选举权是指每个选民在选举中所投的选票具有同等价值，每个选民在一次选举过程中只有一次投票权，同等数量的代表应该由同等数量的选民选举产生，即通常人们所说的"一人、一票、一值"。这一原则是针对早期西方各国选举制度中存在的不平等现象提出的，其目的旨在实现选举的公平、公正。

早期西方国家选举制度中存在的种种不平等现象，主要体现为拥有权力和财富的少数政治强势人物和社会政治集团试图操纵、控制选举过程，以期产生对其有利的选举结果。此类问题概括起来有：第一，议会议员名额分配不均，产生议员的选区不是按照人口比例进行划分；每个议员代表的选民人数不均等；议会中不能充分反映全国各地选民的数量，也不能有效体现不同选民群体的利益差异。从理论上讲，如果每个议员所代表的选民人数不同，他们在议会中的发言权便存在事实上的不平等。第二，每个选民所投选票的价值不一样，由此造成选民权利事实上的不平等，并必然产生不公正的选举结果。英国历史上曾长期存在一种等级投票制度，即将全国选民按照纳税多少分三个等级，每个等级的纳税额总数是全部选民纳税总额的三分之一。如此一来，纳税较多的选民所组成的等级人数必然较少，纳税较少的选民所组成的等级人数必然较多，而每一等级选民却选出同等数量的代表，这显然有违公平公正原则。此外，英国选举史上还曾长期存在一种复数投票制，即在同一次选举中，拥有固定资产的选民除了可以在其居住的选区参加投票外，还可以在其产业所在地或其营业所在地所在选区再次投票；牛津、剑桥等大学的毕业生除在住所的选区投票外，还可在其原就读大学所在选区投票。前者废除时间较早，后者直至 1948 年才被废除。第三，选区划分不公平，选区人口比例不均衡，造成选举结果失真。每逢重要选举时，社会上总有一些强势政党和政治集团，为了达到长期控制政治权力的目的，利用手中权力操纵选区划分，以营造有利于本党胜选的选民分布结构，这在选举制度中被称为"选举地理学"。① 运用选举地理学来操纵选举，这是一种严重的不公平、不公正，影响极为恶劣。二战后，随着西方国家民主政治的不断发展，各国普遍加强了对政治选举的监督力度，有关立法不断细化，司法裁决越来越严明。最近几十年来，西方各国人为制造选区人口不均衡现象已逐渐减少，但要完全杜绝，受体制影响，则根本不可能。

3. 直接选举原则

直接选举原则是指由选民以直接投票的方式产生议员或国家公职人员的一种选举方式。它是一种十分古老的选举方式，早在古代雅典城邦国家和罗马共和国时期就已存在，甚至还可追溯到远古的氏族社会。直接选举方式的运用，选民与被选举人之间的关系更为直接，选民的个体选择与社会选择的距离较小，被选出的议员和国家公职人员也较易与选举他们的选民保持一种密切的联系，并能经常性地受到选民们的监督。因此，直接选举被认为是一种比较理想的民主方式。理论上它显然更能公正、准确地表达选民的意愿，实现选民的意志。今天，大多数西方国家的重要选举都已逐渐实行直接选举，如美国国会选举、英国议会下院选举、法国国

① 唐晓、王为、王春英：《当代西方政治制度导论》，中国人民大学出版社 2011 年版，第 51 页。

民议会和总统选举、德国议会下院选举、日本议会选举、俄罗斯国家杜马选举等。但是，与间接选举相比较，直接选举成本较高，也不便组织，尤其是选民数量庞大的国家，直接选举的组织难度更是大幅度增加。有鉴于此，直接选举虽然是当今世界各国越来越倾向采用的选举方式，但间接选举方式也始终没有退出历史舞台。

所谓间接选举方式就是指先由选民投票选出选举人或选举人团，然后再由选举人或选举人团投票选出立法议员或国家公职人员，即通过两级或多级选举完成选举目标。间接选举在古代也可以找到它的雏形，如在雅典的克利斯提尼时代，作为最高权力机关的五百人会议的组成人员，就是在由选民按人口比例选举产生的代表中再抽签产生的。间接选举由于其具有便于组织和控制，选举成本较低等优势，以至于为近代资产阶级革命胜利后不少国家长期采用。目前，大多数西方国家议会下院选举采用直接选举方式，但间接选举在一些西方国家选举活动中仍被有选择地使用，尤其是在议会上院选举和国家领导人的选举中采用。历史上，在民主政治发展初期，由于民主政治发展水平相对较低，一般公民的参政水平参差不齐，部分公民文化水平低下，缺乏判断力；另外，出于选举成本的考虑，有些国家便实行间接选举制。但间接选举也有其不足，如选民和候选人之间存在中间环节，不利于充分表达民意；更为严重的是，它可能存在选民选出的代表以自己的意愿代替选民的意愿，从而使间接选举的结果与选民意愿相违背。间接选举存在的这种弊端很难克服，加之现代社会各国选民的政治、文化水平普遍已大为提高，因此许多选民和学者纷纷呼吁实现直接选举原则，在这种情况下，当今西方发达国家议会下院选举均采用直接选举制，少数国家采用直接选举和间接选举并存的方法。

4. 秘密投票原则

秘密投票原则又称无记名投票原则，是指选民按选举法的规定，根据自己的意愿秘密填写选票并投票，他的选举意愿向所有人保密，也无须记名。秘密投票有助于选民表达自己的真实意愿，维护自己的选举权秘密。秘密投票原则的实现，是选举投票过程标准化、规范化的结果，包括选票的采用、设置秘密写票室和投票箱等。

早期各国的选举大多采用公开投票制，如古代雅典城邦国家及古罗马共和国的选举，全部采用公开选举的方式。古罗马人选举时，由选举人高呼被选举人的姓名，被呼叫最多者即为当选者。公开选举除了口头选举形式外，还有鼓掌选举、举手选举、双记名投票等多种形式。公开选举方式下，选举人的选择完全公开化，被选人能清楚地了解谁投了自己一票，因而公开选举容易使选民产生顾虑，害怕在投票时因遭受打击报复而不敢自由充分地表达个人真实意愿，从而使选举结果失去真实意义。同时，公开选举也易于受某些权势人物操纵，甚至产生幕后交易，造成选举腐败。自 19 世纪中叶起，西方各国有识之士和广大选民强烈要求取消公开投票制，呼吁进行选举制度的改革。

顺应这一民意，1867 年英国通过选举改革法案，5 年后又通过选票法，在选举中正式采用选票。但选票采用后，最初投票实行双记名制，即规定选民在写下候选人姓名的同时也必须自己签名。这实际上是一种变相的公开投票制，遭到抨击和抵制后，又将双记名投票改为单记名投票，即选民只需在选票上写上自己赞成的候选人的名字，而无需再自己签名。单记名投票无疑是一种真正的秘密选举方式，它的产生是人类选举史上的巨大进步，然而单记名投票也有漏洞，主要是选民的笔迹仍有可能被人捕捉到选举人的相关信息，投票的秘密性还是不能完全保证。1856 年，澳大利亚人发明了一种新的秘密投票方式，由政府独立承担选票的印制任务，选票上印有该选区全部候选人的姓名，选民投票时只需在赞成的候选人姓名下划下规定的记号，而无需由选民写出被选举人的姓名；选举投票时设置独立的投票室，以使秘密选举得以顺利实现。这一新的秘密投票方式很快被传播到美国，其后又被欧洲一些国家采用。后来，这种“澳大利亚式投票制”由于其独特的优势传遍了西方所有国家。19 世纪中期以后，各国纷纷废除公开投票制，采用无记名投票制。现如今，秘密投票原则已被世界绝大多数国家当作标准化的选举方式，被推崇为选举制度的基本原则之一。

5. 自由投票原则

所谓自由投票原则，指的是有选举权的公民可以自行决定是否行使自己的投票权。与之相对应的是强制投票原则。所谓强制投票原则，也就是义务投票原则。这一原则认为，公民的投票行为是履行国家和社会义务，因此，公民无权放弃他的投票权。历史上的比利时、墨西哥和当今的拉美国家均实行强制投票制。主张实行自由投票制的国家认为选举是公民的一种权利，既然是权利，自然既可以行使，也可以放弃。选民如果没有兴趣投票而强令其投票，反而促发其逆反心理，干扰甚至破坏投票秩序，纵然他（她）去投票站投了选票，投出的也很有可能是废票，增加计票难度。而且如果大批选民放弃投票权，法庭也无法处理。因此，目前英、美、法、德、日等西方主要发达国家都实行自由投票原则。①

二、西方国家选举的主要方式——竞选

普遍平等选举权原则的确立为广大选民平等地参与政治生活提供了可能，而直接和秘密选举权原则的确立则在一定程度上有助于选民投票真实地反映自己的政治意愿和政治倾向。这对实现自由选举固然至关重要，然而选民在投票时要做出正确的选择，还取决于其对候选人的了解，取决于其对选情的把握。现代西方国家竞选方式的实行为选民避免盲目投票提供了种种便利条件。

所谓竞选，是指通过候选人的种种活动和表现，帮助选民在选举中做出选择的一种方式。作为西方国家选举制度的重要组成部分和一种主要的选举方式，竞选的出现和西方各国普遍实行的政党政治密切相关。各党派为了使本党在选举中获取胜利，往往在候选人确定后对其给予最大限度的支持。这种支持不但表现在筹措必要的竞选经费方面，而且对候选人的竞选纲领、竞选策略、竞选机构、竞选信息、竞选工具等也提供最广泛的支持，以便为候选人利用各种形式和机会向选民展示自己的能力和才干，提高选民对本党候选人的信任和支持，以击败竞争对手，最终赢得选举的胜利。

除此之外，竞选方式在西方国家出现，也有特定的经济、文化方面的原因。西方各国普遍实行的是市场经济体制，市场经济的充分发展促使社会利益向着多元化的方向发展，而社会利益多元化又会催生政治文化的多元化。在一个政治文化多元化的环境里，一方面几乎社会上所有的政党都反对由竞争对手独掌政权，愿意运用竞争的方式来取得政治权力；另一方面，广大选民也几乎普遍反对由社会上某一政党或个人长期垄断国家政治权力，他们认同政治权力的分享，认同政治竞争，因为只有这样才能最大限度地维护自身的公民权利。正是在这双重因素作用下，竞选才成为当今西方国家政治选举的主要方式。

① 周民锋：《西方国家政治制度比较》，华东理工大学出版社 2004 年版，第 119 页。

竞选期间，候选人可以通过广播、电视、报纸、杂志、寄信、海报、标语等方式和手段向选民介绍、推销自己，也可以乘车走遍选区的每一角落，甚至挨家挨户去拉票。在全国性的竞选活动中，党的中央选举部门必须向选民广泛宣传本党的纲领政策、制定竞选战略、安排竞选活动日程。党的领袖还要参加电视辩论、发表演讲等。随着电视等现代媒体的运用，党的领袖在竞选中的作用越来越重要，领袖的形象和在竞选中的表现对选民的投票倾向影响甚大。

竞争性选举往往被看作西方民主制在选举制度中的重要体现，它的优点很明显：从选民的角度看，通过竞选能够对各候选人的情况有更多的了解，便于选民在投票中能够选择自己最满意的候选人；从候选人的角度看，竞选能够锻炼人的意志和各方面的才干，加强候选人与选民的密切联系。但竞选通常需要大量的经费作后盾，在当今社会，选举对金钱的需求越来越大，无论是候选人通过自己的竞选班子筹款，还是主要依靠政党资助，都有可能出现不择手段地搞钱的现象，从而导致黑金政治。为了规范筹资，保证选举的公正，最近几十年来，西方各国都制订了一些法规，采取了一些相应的措施，限制个人和公司捐款次数和数额，增加对选举的补助。虽然效果有限，不能从根本上改变"金钱是政治的母乳"现象，但还是产生了一些积极的作用，使选举能在一定的程度上反映选民的意志。

第三节　选举制度的基本构成要素

当今西方各国都把政治选举当作本国立法机构和政府合法存在的重要依据，因此先后建立了相对完善的选举制度。但认真进行分析、比较，可以发现各国选举制度的基本结构、选举法的基本内容和选举过程及规则各不相同，有的甚至差异很大。不过，差异再大，也总能拥有一些共同的东西，这称之为选举制度的基本构成要素，如制定选举法、对选民和候选人资格的规定、选区划分、选票计算、选举监督等，这些要素缺少任何一项，该国的选举制度就是不完整的。

一、选举法

所谓选举法，就是规定选举国家代表机关的代表和国家公职人员的原则、程序和方法的所有法律法规的总称。它所规定的内容几乎涉及选举制度的各个方面，其产生通常有两个方面的原因。

一方面，用选举法来规范选举活动，是掌握和运用国家政治权力正当性和合法性的需要。因为选举会产生各种社会利益和意志的代表者、维护者及推行者，一旦某人当选，就意味着其会以宪法所赋予的权力或以国家的名义，将其所代表的意志和利益变为国家的政策而予以社会化，所以，国家的选举活动必须按照选举法的规定来组织进行，用法的平等性和公正性来证明当选者的民意基础，[①]否则国家政治权力的取得就是非法的。

另一方面，从具体的社会实践来看，任何国家的选举，特别是重大选举，不但规模宏大，而且过程纷繁复杂，没有一定的法律规范，根本不可能建立良好的选举秩序，产生公正的选举结

① 甘超英：《德国议会》，华夏出版社 2002 年版，第 51 页。

果。西方各国早期的政治选举比较原始，没有专门的选举法，缺乏必要的约束力。17—18世纪，资产阶级登上历史舞台后，随着各国选举权条件的逐渐放宽，选民人数不断增加，选举活动逐渐扩展至国家政治生活的每个角落，政治竞选活动越来越激烈，在这种情况下，原来的习惯性做法和相关约定已完全不能适应选举实践发展的需要，社会上大大小小的政治势力为了能够执掌国家权力，参与国家政策的制订，在竞选活动中无所不用其极，导致选举秩序混乱，各种选举问题频繁发生，引起社会公众极大不满，甚至引发严重的社会动荡。严酷的政治现实警醒了各国的执政者，进入19世纪后，各国先后开始进行选举制度的重大改革，其中一项重要内容就是通过制订选举法，运用国家意志来整顿选举秩序，规范选举行为，打击幕后交易和操纵选举的行为。因此，各国选举法的产生是政治选举实践发展的结果。

1832年，英国议会通过《选举改革法》，拉开英国选举改革运动的序幕，这是英国自有选举以来第一部真正意义上的选举法，从议会议席分配和选民财产资格两方面对议会下院选举进行规范。1872年，英国议会制定《投票法》，对选民投票做出相关规定。1883年，英国议会制定颁布了《防止舞弊及非法选举治罪法》，对选举费用限额和选举舞弊处罚做出严格规定。1918年，英国议会制定通过《人民代表选举法》，进一步对选民的年龄限制、居住资格和财产条件及选区划分做出明确具体规定。法国在法兰西第五共和国成立后，专门制定过一部《选举法》，其宪法也对选举做了不少具体规定。美国建国后，除了宪法对选举做某些简单规定外，联邦政府并没有专门就选举制定相关法律，而把对选举的规范权交由各州自行负责。后来，由于选举活动中曝光出大量黑幕，联邦国会才通过制订宪法修正案的形式对选举活动进行统一规范。日本于1950年制定《公职选举法》，对国家政治选举进行法律上的规范。总之，各国的国情不同，其制定的选举法表现形式也不一样。几乎所有的西方国家在国家层面制定选举法后，为了更好地贯彻执行，还会制订相关配套的地方性法律法规，作为选举法的重要组成部分。

二、选民资格与候选人资格

1. 选民资格

选民是选举活动的基本元素，选民的选举权和被选举权是公民政治权利的基本内容。一国公民只有在符合法定标准的前提下才拥有选举权，这些法定标准条件就是选举资格。对选民资格的规定往往能够反映一个国家政治民主生活的实际情况。普选制确立之前，西方各国都对选民资格有着严格的限制性规定，普选制确立后，各种限制性规定基本上都被取消。但为了维护选举的严肃性，各国依然对公民是否拥有选举权设置了有限条件，概括起来有国籍条件、年龄条件、居住条件、排除条件和职业条件等，如有的国家选举法明确规定，从事某些特殊职业者不可参加选举活动，如美国有五分之二的州不允许军人参加选举，以免军人干政；加拿大规定法官、首席选举官和首席助理选举官不得享有选举权，以免他们利用自己特殊的职业扰乱选举秩序，破坏选举原则。

2. 候选人条件

候选人资格是指被选举的资格，它以拥有选民资格为前提。这种资格条件的规定各国都不一样，即使在一个国家内竞选不同的职位，资格条件也不一样。概括起来，候选人的资格条件如下：

(1) 年龄资格。一般来说，候选人参加竞选，总是针对某一具体职位的，不同职位要求有不同的政治技能和政治经验，而高超的政治技能和丰富的政治经验没有一定的生活阅历和工作经历是不可能积累的，因此，对候选人最低年龄的规定各国基本上都要高于选举人。

(2) 国籍资格。候选人必须是本国公民，否则没有被选举的资格。对于移民的选举权问题各国法律都有相关考虑。有的国家规定，只有出生在本国的公民才有资格竞选国家元首，如美国、巴西；也有的国家规定，只有移居本国一定年限，才有资格竞选议会议员。

(3) 居住限制。所谓居住限制是指候选人参加某一选区竞选，必须是该选区居民，并且居住必须达到一定期限才有资格，否则他就不可能充分了解该选区的实际情况，不能有效代表该选区选民的利益。

(4) 职业限制。为了确保议员的独立地位，保障选民的合法权益，不少国家都对候选人的职业状况有明确限制，如英国和德国都规定常任文官不得竞选议员，美国、澳大利亚等国规定行政官员、法官不得竞选议员，法国规定高级行政官员、法官、军官等国家公职人员不得竞选议员。这种规定在各国都属强制性规定，如有违反，即便当选也将被剥夺当选者资格及其所有的权利。

公民具备了候选人资格，只表示他(她)有了成为候选人的可能性，并不等于他(她)一定就能成为候选人。要真正成为候选人，还必须通过一定的法律提名程序，这就是候选人的提名制度。西方国家选举法一般规定，候选人的提名权属于选民个人和政党。从各国的具体实践看，候选人由政党提出的情况更为普遍。候选人被提名后，其被选举人的身份正式确认，还需要缴纳一定的保证金。保证金可以被看作是对参加竞选活动的承诺。关于保证金缴纳的数量，各国规定不一，日本规定众议院议员竞选保证金为 1 000 美元，参议院为 2 000 美元；美国联邦政府对竞选国会议员缴纳的保证金没有统一规定，由各州自行规定 100—1 000 美元不等。①

三、选举组织

选举组织是指所有指导、主持和办理国家选举事务的各类组织或机构的总称。选举组织既是一个国家选举制度的重要组成部分，又是一个国家实施选举的首要环节和重要保证。选举组织的设置状况不仅与国家的国体、政体特点密切相关，也与该国的历史文化传统有较大的联系，因而选举组织的设置在不同的国家有不同的特点。

选举组织一般有三种不同层次的设置：

(1) 中央选举组织，即负责全国性的选举工作或对全国的选举事务进行领导的选举组织。各国中央选举机构的组成方法有三种：一是由内政部行使中央选举机构的职权，如英、法、意等国；二是建立包括各大政党代表在内的中央选举委员会，委员会的工作由政府官员领导，如美国进行联邦国会选举时，要设立联邦选举委员会，负责联邦一级的选举事务；日本在选举国会议员时，要设立中央选举管理委员会，负责国会议员选举的领导工作；三是建立由国家公职人员组成的中央选举委员会，如俄罗斯就是在进行全国选举时，成立中央选举委员会，负责对全国的选举进行领导和监督。

---

① 唐晓、王为、王春英：《当代西方政治制度导论》，中国人民大学出版社 2011 年版，第 67 页。

(2) 地方选举组织，指负责地方选举一应事务的组织机构。其组成方式大致也有三种：一是不设专门的选举委员会，而由专职官员主持；二是由官员、法官、地方议会议员等组成选举委员会；三是由各大政党的代表组成选举委员会，受地方当局领导。如俄罗斯联邦在选举期间，都要按选区设立选举委员会，直接受联邦中央选举委员会的领导。在有些国家，地方选举委员会主要是负责地方官员和议员的选举事务，和中央选举组织没有隶属关系，如英、美等国便是如此。

(3) 基层选举组织，它们负责主持基层地方的选举工作，其组织形式大多与地方选举组织相一致。这些机构往往由上一级选举委员会任命，或由地方当局自治机构任命，它们只接受地方选举组织的领导或指导，不直接受中央选举组织的领导。

四、选区划分

选区，又称为选举区，是法律规定选举国家代表机关及公职人员时划分的区域单位，也是选民开展选举活动和产生代表(议员)的基本单位。选区划分是和直接选举密切关联的，任何国家的直接选举，在选举开始以前，都要按一定的原则先划分好选区，这不仅在于使选民在一定区域内参加选举更为方便，也是为了更好地计算选票和实现选举目标。

在西方国家中，选区划分的方法往往要受到历史和传统等方面的影响，但绝大多数国家都是采用地域代表制，即按照地域划分选区。为了实现选举的公正和平等，实行地域代表制的国家在划分选区时，基本上都遵循"一人一票"的原则，即同等数量的代表必须由同等数量的选民选举产生。按照这一原则，应选代表名额相同的选区的选民数量应大致相等。所以，大多数实行地域代表制的国家都强调以自然疆界来划分选区，即按照行政区划来划分选区，并定期根据人口变化的状况重新划定选区，以保持每位议员所代表的人口数量的准确性。除了按地域划分选区外，西方有些国家还提出以职业来划分选区，这种"职业代表制"是指按照职业团体如工会、商会、银行、保险等行业或界别来划分选区。其倡导者认为，只有以职业团体为单位选举议员，其代表才能更好地代表本团体的共同目的，并接受选举团体的指导与监督。德国在魏玛共和国时期，曾按照当时的宪法实行过职业代表制，但它组成的是中央经济会而不是真正意义上的议会。因此，从实际状况来看，各国真正采取职业代表制形成议会的情况几乎没有。

对选区的具体划分，西方各国最常见的有两种形式：一种是单名制选区，也称小选区，即每个选区只选举产生一名代表或议员，获得多数票者即可当选的选区划分制度。目前英国、美国、法国等国都采用小选区制，实行单名选区制一般对大党比较有利，尤其是在实行两党制的国家中更是如此。另一种是多名制选区，也称复名制选区或大选区，即每个选区要选举产生 2 名以上的代表或议员的选区划分制度。目前德国和意大利等国就采取大选区制，在实际选举时，每个选区内都由各政党提出一份候选人名单，选民对候选人的投票，实际上就是对各个政党投票，这种方式常常使较小的党派也有机会进入议会。在日本，往往将大选区再细分为中选区和大选区两种形式，一般而言，一个选区选举产生 2～5 名议员的为中选区，如更多则为大选区。

五、选票计算

选票计算，就是通过计算选票确定当选者的办法。这是选举过程中一个非常重要的环节。

就实际情况来说，应该是选民的投票选择取向决定了选举结果，但在表现形式上，选举结果是通过计算选票得出的。从中也可以看出，选票计算对选举结果的确认是多么的重要。一个国家采用什么样的选票计算方法，取决于该国实行什么样的选举制度，计票方法不同，有时可能会产生不同的选举结果。

当今西方各国选票计算方法虽然种类很多，但归纳起来不外乎三种：

(1) 多数代表制，即在选区内获得多数选票的候选人或政党可以当选或独占该选区的议员名额的制度。在美国，它常被称为"胜者得全票"制。这种代表制又可细分为相对多数代表制和绝对多数代表制两种：相对多数代表制又称"一轮选举制"或"简单多数制"，即在一个选区内，某候选人或某政党只须得到较多选票，便可当选或取得该选区全部议席。英国、加拿大等国的议会下院选举，以及美国国会两院选举都采用这种方式计票。绝对多数代表制，也称"二轮选举制"或"过半数选举制"。这种选票计算方法要求一个或几个候选人必须取得比其他候选人更多的并且超过总票数半数以上的选票才能获胜。如果所有候选人所得选票都未超过总票数的半数，则需举行第二轮投票。如法国、意大利和俄罗斯总统的选举就按这种方式计算选票。

(2) 比例代表制，即参加竞选的各政党根据其得票多少，按比例分配议席，各政党所得议席与其所得选票的总数成正比。这种方式 20 世纪以后在欧洲大陆国家广泛实行。比例代表制的计票方法适合于在大选区使用，它能够比较充分地体现选民的投票意愿，不至于使选票大量浪费，特别是能使获得一定选票的小党也能在议会中分配到席位。但比例代表制的计票方法较为复杂，据说单单算法就有几百种之多。目前，欧洲各国一般都采用"海尔计算法"，它由英国著名学者汤姆士·海尔于 1857 年发明，具体算法是：首先计算出一个合理的"当选基数"，再以各个党派所得选票数与当选基数相比，便得出该党应获得的议席数。其公式为当选基数等于选区选民投票总数与该选区应选出的代表名额的比值。①

(3) 将多数代表制和比例代表制以一定方式结合起来的混合代表制，由于两种方法所占的比例不同，可以具体表现为以多数代表制为主的混合制、以比例代表制为主的混合制和多数代表制和比例代表制并重的混合制等多种类型。如德国联邦议院议员的选举方法就是这种混合制的典型代表。

六、选举监督

为了保证选举能够公正、有效地进行并保证选举结果的合法性，对选举的全过程进行某种形式的监督和控制，甚至通过司法诉讼来判定选举中是否存在违法舞弊行为及选举结果是否有效，是现代西方各国普遍的做法。所谓选举监督，就是依法检查选举活动中各行为主体的行为是否公正、合法，目的在于防止违法和舞弊行为对选举活动造成破坏。英国是世界上最早建立选举监督制度的国家，早在 1880 年，英国议会就制定了《国会议员选举及舞弊治罪法》，1883 年又制定了《防止舞弊及非法选举治罪法》，从法律上对选举中滥用资金贿赂选民的行为做出规范，并规定了惩处办法。这两部法律的制订对其他国家影响极大，各国纷纷仿效，制订了相关法律。为了使对选举的监督能够落到实处，各国都依法设置了各种选举监督机构，如英国、

① 侯学华：《西方国家政治制度比较研究》，时事出版社 2011 年版，第 210 页。

法国等国建立的各级选举办公室，美国、俄罗斯等国设立的联邦选举委员会等，它们都具有组织选举和监督选举活动的双重职能。还有的国家则专门建立选举监督机构，这更增加了选举监督行为的权威性和有效性。

关于选举监督的内容，总结各国的实际情况，大体有以下几项：一是对选举参与者资格的监督，包括选民和候选人是否符合年龄资格、是否符合居住期限、是否拥有本国国籍、是否完成选民登记、是否经过正式候选人提名程序、是否缴纳了选举保证金、是否存在限制参选的职业问题；二是对选举过程中各个程序的监督，包括选区划分是否符合基本原则、候选人提名是否符合法律规定、竞选经费的筹集和使用是否公开透明、选票计算是否合法、选举结果的公布是否符合程序；三是对保护选民政治权利情况的监督，包括选民是否受到区别对待、选民投票是否受到政治权力或暴力的胁迫、选民是否被平等告之选举事项（如投票时间、地点等）；四是对选举工作人员具体工作情况的监督。①

在选举监督权的使用方面，西方各国一般都存在两种形式的监督：一种是社会监督，这是一种多层次的监督，包括公民个人监督、社会团体监督、政党监督及新闻媒体监督；另一种是司法监督，主要针对选举监督发生严重纠纷后引发的选举诉讼。所谓选举诉讼，是指对选举过程中涉嫌违法操作的行为向司法机关提出控告，由司法机关受理并进行裁决。选举诉讼大致可分为两类：一类是针对选举过程中存在的违法操纵行为提出的诉讼；还有一类是针对选举结果是否有效提出的诉讼。诉讼既可以由选民个人提出，也可以由政党组织或社会团体提出。受理控告的管辖机构，在资本主义发展早期，绝大多数西方国家都规定由议会来进行审理。进入 19 世纪中期后，不少国家开始设立特别法院进行裁决，也有的国家干脆规定由普通法院进行裁决，还有少数国家如法国规定由宪法委员会负责对选举的监督和仲裁。如 2021 年 3 月 8 日，美国联邦最高法院驳回了前总统特朗普提出的最后一项关于 2020 年大选的上诉。该诉讼旨在推翻威斯康星州选举结果，特朗普在该州竞选中败给了候任总统拜登。在一份未签署的命令中，大法官拒绝受理特朗普指控威斯康星州选举官员在新冠肺炎疫情期间增加缺席投票（Absent ballots）违反宪法的诉讼。②

思考题

1. 既然选举是西方民主制最突出的表现形式，那么应如何看待近几十年来美、日等国普遍存在的家族政治现象？

2. 何种选举方式最能体现民主与公正原则，为什么？

3. 如何一分为二地客观评价西方国家的选举制度？

案例五：没有永远的对手，也没有永远的盟友

用“没有永远的对手，也没有永远的盟友”来形容德国政坛政党执政格局最贴切不过了。受传统文化的影响，再加上实行特殊的选举制度的缘故，二战后，德国政坛上很少有哪一个政党能长期单独执政，绝大多数情况下，组建的都是联合政府。最近几届德国联邦议院（议会下

---

① 唐晓、王为、王春英：《当代西方政治制度导论》，中国人民大学出版社 2011 年版，第 53－54 页。

② 参见：https://baijiahao.baidu.com/s?id=1693714711141356581&wfr=spider&for=pc

院)选举，参加竞选的政党或政党联盟虽然每次都在20个以上，但真正能进入议会的不过五、六个。而这五、六个政党或政党联盟中历年来唱主角的一直都是联盟党(基民盟—基社盟)和社民党(社会民主党)两大政党，联邦政府通常也是由这两个政党出面联合其它政党组建而成。除了这两大政党外，自民党(自由民主党)传统意义上被认为是德国政坛上的第三大党(今后能否继续保持第三大党位置很值得令人怀疑)，该党力量虽小，但善于左右逢源，或通过与联盟党结盟，或与社民党合作，常常能参与政权。战后其执政时间之长，反而远超过联盟党和社民党这两个主流政党。不过，历史上自民党更多的是与联盟党联合执政。

2005年德国大选，联盟党得票率为35.2%，社民党为34.3%，自民党为10.2%，余下的19.3%为其他各政党瓜分。由于这一届议会下院选举没有一个政党获得稳定多数，最后只得由联盟党(黑)主席默克尔牵头，经过近两个月的艰苦谈判(为了得到总理宝座，联盟党向社民党许诺让出一半内阁职位)，与社民党(红)组建了“红黑大联盟政府”。对于联盟党来说，它最倾向合作的对象自然是传统盟友——自民党，这样它也不需要让出太多的内阁职位(德国媒体根据过去几十年联盟党和自民党的关系，称自民党是联盟党的“发妻”，历史上，自民党虽曾几次被联盟党抛弃，但只要联盟党需要，自民党总愿意与之合作)。但因此次大选，联盟党和自民党表现均不理想，纵使两党合作，选票也只有45.4%，没过半数。因此，大选过后，联盟党选择与社民党合作虽属无奈之举却也不得不为之。

2009年大选，联盟党依然保持议会第一大党地位，但社民党遭遇惨痛失败，得票率大幅下降11个百分点，自民党得票率则大幅上升四成多。大选结果公布当天，默克尔迫不及待宣布抛弃“旧爱”社民党，另结“新欢”自民党。当年10月，联盟党与自民党(黄)组建黑黄联合政府。

2013年9月，德国第18届议会大选在全国上演。选前民调显示，执政联盟的民意支持率为44%，其中，联盟党为39%，自民党为5%，主要反对党社民党及其伙伴绿党的民意支持率为34%，若加上极左的左翼党10%左右的支持率，反对党44%的支持率与执政联盟旗鼓相当，这使联盟党产生了巨大的危机感。本来，单就联盟党自身而言，它的民意支持率较之4年前是有较大上升的，关键是其执政伙伴自民党因过去4年党内争斗不断，没有向选民履行减税承诺，民意支持率较之4年前大幅下降将近10个百分点。由于德国议会选举各政党进入议会有一最低必须达到5%的“门槛”，自民党选前民调显示只有5%的支持率，正式选举时，稍有不慎，就有被踢出议会的危险，对此，联盟党深感忧虑。也许自己也感受到了危机，为了能够搭上联盟党这部战车，继续参与执政，正式选举开始前一周，自民党做垂死挣扎，呼吁支持默克尔的选民把第二张选票投给自己。如果能够帮助自民党免于被边缘化的命运，联盟党自然是愿意扶持一把的，因为毕竟与自民党联合执政，自己的利益可以实现最大化。但过去4年自民党的表现实在太差，已完全成为扶不起的阿斗。半年前，在下萨克森州选举时，联盟党为了将自民党拉入议会，曾呼吁选民把第一张选票投给本党候选人，第二张选票投给自民党，结果导致基民盟栽了个大跟斗，丢失了该州执政权。

为了不让历史重演，此次大选前夕，默克尔毅然选择与盟友切割。她对选民说：“我们没有选票供出让。我们争取每一张选票。我们的口号是两张票都投给基民盟。”基民盟高层骨干、环境部部长阿尔特迈尔也表示：“自民党不会有问题，大家保持冷静，不要送出我们的选票”。基民盟这种每票必争的态度，一方面表明它对选举结果并不感到乐观，为了防备万一自民党连议会的最低门槛都过不去，自己必须确保获得最多的选票，以便以最强的姿态将来与社民党谈判组成左右大联盟政府。另一方面，它也认定自民党在正式大选时不会有好结果，因为关键时刻连盟友都抛弃了它。果真9月22日大选结果，自民党只得到4.8%的选票，建党65年来首次无缘议会。反之，联盟党则赢得了高达41.5%的选票。尽管选举前，联盟党主席默克尔和社民党领袖施泰布吕克都一再表示不会考虑组成大联盟政府。但大选结果让两人很是无奈，被迫摈弃前嫌，再次握手言欢。12月中旬，经过长达3个月的谈判，两党联合政府艰难亮相。这是德国历史上两党第三次组建红黑大联盟政府。

4年后，2017年9月，德国联邦议院选举再次开启。选举结果，联盟党由于默克尔的难民政策遭到颇多非议，因此得票率只有33%，虽然保住了议会第一大党的地位，但得票率较之2013年选举大幅降低8.5个百分点；社民党此次大选同样遭遇滑铁卢，得票率仅为20.5%，虽然依然是议会第二大党，但得票率远低于上一次的25.7%，选后只好宣布成为反对党，不参加下一届政府的组阁；德国选择党此次选举得票率为12.6%，尽管排名第三，但因其右翼民粹背景，为联盟党所不喜，默克尔根本不考虑与其合作组阁；自民党此次选举打了翻身仗，得票率达到10.7%，翻了一番多，恢复了在议会的席位。按照以往惯例，社民党既然不愿意参加联合政府，联盟党自然乐于同自民党重拾旧好，再次合作，与自民党、绿党谈判组建新的联合政府。但让默克尔没想到的是，对4年前选举时被联盟党抛弃一事，自民党一直耿耿于怀，谈判中自民党和绿党共进退，在新政府施政的多个目标问题上与联盟党意见相左，决不退让，致使谈判破裂，新政府迟迟难以组建。面对政坛僵局和可能出现的政治动荡，德国总统施泰因不得不出面斡旋，呼吁联盟党和社民党抛弃成见，从稳定德国政治大局出发，考虑再次组建大联合政府。2018年3月，两党经过艰难谈判，终于达成一致意见，第四次组建红黑大联盟政府，默克尔依然担任政府总理，联合政府14个部中，联盟党拥有8个部长席位，社民党瓜分其余的6个席位。

2021年9月，德国举行第20届联邦议会选举。选前联盟党主席、时任德国总理默克尔因年事已高，宣布退出政坛。默克尔之前领导的联盟党曾先后四次赢得议会大选，前后执政时间长达16年，她因此被人称为德国政坛的常青树，也有人赞誉其为德国政坛的一个伟大传奇。她的离去一方面表明德国一个时代的落幕，另一方面对德国联盟党来说毫无疑问是一个重大损失。事实也确实如此，此次选举前，尽管默克尔一再呼吁选民不要因为她的离去而对联盟党丧失信心，号召大家继续把选票投给联盟党，但选举结果非常残酷，令默克尔深感失望，联盟党得票率大幅下降，仅为24.1%，足足比上一届选举少了8.9%的支持率，退居为联邦议院第二大党；反之，社民党本次选举结果虽然也不尽如人意，但得票率毕竟比上次选举增加5.2个百分点，达到了25.7%，跃升为联邦议院第一大党；绿党此次选举得票率14.8%，较上届大选增加5.8%的支持率；自民党得票率11.5%，比上次选举结果稍好；选择党得票率10.3%，选民较之上一次选举略有流失。如果硬要用一句话来概况此次德国议会大选，可以说：德国现有各大政党“它们一个也没有全赢，一个也没有全输透”。

由于这一次选举联盟党得票率实在太低，落后于社民党，因此再由它出面组阁已不合适。2021年11月24日，社民党、绿党、自民党三党经过将近两个月的反复磋商，达成协议，决定组建联合政府，由社民党领袖朔尔茨出任政府总理。12月7日，朔尔茨在首都柏林举行新总理就职仪式，德国新政府就此正式宣告成立。上两次选举，自民党因为选举不得力，先后两次被盟友——联盟党抛弃，踢出内阁，此次选后毅然选择与社民党、绿党合作，重返内阁，使联盟党继续执政之梦彻底破灭，也算是报了之前的一箭之仇。

从目前德国的政党格局来看，未来较长时间内，不可能有哪个政党在选举中能够独占鳌头，确立绝对优势，独立组阁，由此德国政坛政党之间的分分合合今后将长期存在下去。

（根据中国新闻网、人民网、中青在线、澎湃新闻 2013 年 9 月、 2018 年 1 月和 2021 年 9 月有关报道编写）

思考题

1. 战后德国政坛上两大主要竞争对手联盟党和社民党四度联合执政，究竟是政策主张相近还是利益使然？

2. 为什么战后德国一直没有一个占绝对优势的政党出现并独立组阁？

3. 为什么说 2021 年德国议会大选结果，各大政党一个也没有全赢，一个也没有全输透？

第六章　政党：国家政治生活中的关键性角色

在西方国家的政治制度中，政党制度是不可忽略的一个重要组成部分，它与选举制度、议会制度、中央政府行政制度等有着极为密切的联系。在人类社会的发展进程中，政党是作为封建专制主义的对立物，伴随着民主政治的发展而产生的。从17世纪政党在英国议会出现以来，世界上许多国家的发展都是在政党的直接或间接的领导下进行的。政党制度的建立和完善，已成为现代国家政治发展的一个重要前提与条件。

第一章　政党的产生及其发展

一、何谓政党

政党，根据《韦氏大词典》的定义，是"一群人以指导政府政策为目的而组成的团体"。[1] 政党是近代才普遍产生的，但是"党"字古代就已有之。在中国古代，有"朋党"之称，它通常指少数朝臣及士大夫，或有首领的群体为了争权夺利、施展阴谋诡计而形成的有政治色彩的派别，也指诸侯豪绅的互相勾结及地方上的政治团体，"朋党"通常追随一位领袖，在政治上相互协助，党同伐异；此外还有"会党"之称，通常与带有封建迷信色彩的民间秘密团体和下层民众互助性团体有关，但都不是近现代意义上的政党。中国近现代意义上的政党是从1905年建立的"中国同盟会"开始的。西方国家的政党称为"Party"或"Political Party"，是由Part(部分)字演变而来，意思是部分而非全体，最初是指一部分意见或利害相同的人的结合，产生的基础是多方面的，可以是经济利益、宗教信仰，也可以是民族情感。在封建时代，西方国家的党派通常是以个人关系为基础的非正式的结合，并不具有近代政党的意义。到了近代，资产阶级政党产生以后，政党才获得了较为准确的定义，但不同的国家对政党定义的理解有很大的不同。英国政治家柏克认为："政党乃为基于大家所一致同意的某种特定主义，以共同奋斗来促进国家利益而结合的团体。"[2]而美国学者则更为强调政党在竞选中的作用，认为政党的主要活动是选出议会和总统候选人。还有人认为政党是由维持一个共同内阁的动机而联合起来的政治团体，或是人们为了推进全国性的共同利益与事业而形成的社会组织。根据马克思主义的定义，所

---

① *Webster Third International Dictionary*, Massachusetts: G&C. Merriam Company, Publishers, 1971.
② 周淑真：《政党和政党制度比较研究》，人民出版社2001年版，第4页。

谓政党，就是代表一定阶级、阶层或集团根本利益的一部分最积极分子，为了维护本阶级、阶层或集团的利益，通过执掌或参与国家权力，以实现其政治理想而结合成的具有政治纲领、组织章程、组织系统和一定群众基础的政治团体，它既是一定阶级的一部分，又是一定阶级从事斗争的组织者和指挥者。

既然政党具有阶级的属性，各有相应的意识形态、纲领和行动，因而，不同时代、不同社会制度和不同国度里的政党，必然呈现出千差万别和纷繁复杂的政治状态。然而，凡政党必有共性，它寓于特殊性和差别之中。综合起来看，其共性不外于以下三点：第一，历史性，即凡是政党都是一国阶级或阶层间的政治斗争发展到一定历史阶段的产物，其必须在符合人民意愿与国家需要的大前提下，才能组织和发展，进而发挥它的功能，否则就难以获得人民的拥护和社会的支持而遭至失败的命运。第二，阶级性，即凡是政党都代表着特定阶级的利益，是具有相同政治主张的人所结合而成的政治团体，如果在全体国民中，每个人对政治问题的意见都完全一致，就没有产生政党的必要；如果社会没有阶级、阶层和集团的区分，也就丧失了组织政党的可能。第三，政治性，即凡是政党都是为实现一定的政治目的而进行斗争的政治组织，人们结合成政党的最大目的，在于实现它的政纲，而实现政纲最有效的方法，在于积极取得政权或参与政权。对于取得政权的方法，通常革命政党在必要时会采取革命手段夺取政权，而民主主义政党一般遵循民主政治的常轨，以选举的途径，求得人民的同意而当权。

二、现代政党的产生与发展

现代意义上的政党是随着代议制的发展而出现的，一般认为，英国是近代政党和政党制度的发祥地。1640 年，英国资产阶级革命开始，此后长期的复辟与反复辟、王权与反王权的斗争，以及各种政治势力的分化组合，使议会中的资产阶级力量日益增强，为政治派别的产生与强化奠定了基础。1679 年 5 月，围绕着詹姆士二世的王位继承权问题，在议会中逐步形成了两个不同的政治派别。其中主张取消詹姆士二世继承权的一派被称为“辉格党”（Whig Party，原义为“强盗”，是苏格兰人的责骂语）；反对取消继承权的一派被称为“托利党”（Tory Party，原义为“歹徒”，是爱尔兰人的责骂语）。这本是两大政治派别互相攻讦时借用的贬义词，后来却成了两大党在议会中的正式称谓。从当时的情况看，辉格党代表资产阶级和资产阶级化了的新贵族的利益，而托利党则是旧贵族利益的代言人。虽然，这两个党派当时都还局限于议会中的活动，没有全国性的公开组织和系统，故不是严格意义上的政党，但是，它们是英国政党的前身或最早来源，则是世人所公认的。1688 年“光荣革命”以后，辉格党成为执政党，在议会中占有多数席位，于 1694 年建立了第一个政党内阁。18 世纪大部分时间都由辉格党执政。到 1832 年，英国议会通过了《选举改革法》，大大扩展了选举权的范围。为了赢得更多的选票，两大党纷纷改进自己的活动方式，托利党改组为保守党（Conservative Party），辉格党改称为自由党（Liberal Party），它们在全国竞相发展自己的组织，建立了各自的选区协会等机构，动员民众支持本党主张。到 19 世纪中叶，两党都建立了全国性的党的组织机构，形成了自己的组织系统，拥有各自的社会基础，也更能影响国家政权和社会政治生活。这样，具有现代意义的英国两大政党便正式形成了。

在美国，18 世纪独立战争胜利初期，在议会中相互争斗的两个政治派别发生了冲突，一派以汉密尔顿为首，他们拥护宪法，主张联邦中央政府集权，故被称为“联邦党”，另一派以杰斐逊为首，他们强烈反对中央集权，要求维护各州的民主权利，故被称为“反联邦党”或“民主共和党”。由于这两个党派都只在制宪会议或其他较小的范围内活动，未在社会上建立自己的组织，因此只是一种政治派别，是政党的萌芽。从 19 世纪二十年代到南北战争前夕为止，是美国现代两党制的形成时期。在这一时期，政党重新进行了分化组合，政党组织逐步在全国建立了一套完善的机构。民主党与辉格党轮流执政，形成了相对稳定的两党制。南北战争前夕，代表工业资本家利益的北部辉格党人与其他废奴主义组织联合起来，于 1854 年成立了共和党。随着 1860 年共和党在总统选举中获胜，林肯当选为总统。共和党与民主党一起成为美国政治舞台上的主角。经过分裂和改组，民主党成为南部奴隶制种植园阶级的代表，共和党成为北部资本主义工商业的代表，自此，美国两党轮流执政的政党制度正式形成。

法国的现代政党是在 1871 年法兰西第三共和国建立以后出现的，德国政党则在民族国家产生后出现，日本的政党在明治维新后出现，俄罗斯则于 1990 年 2 月放弃一党制，实行多党制。

从各国政党形成与发展的背景看，西方国家政党产生的历史条件大致可概括为以下几个方面：

(1) 早期西方国家的政党是在资产阶级与封建贵族的斗争中产生的，也是在资产阶级内部的相互斗争中产生的。没有政治领域的激烈对抗，就没有政党的产生。随着现代社会经济的发展过程，不可避免地造就了许多在利益上根本冲突的社会阶级和阶层，这些阶级或阶层为了保护既得利益与地位，或为了改变其不利的境遇，把自己的利益和要求反映在政治发展过程中，都必须通过本阶级的政治组织——政党来实现。社会经济的发展程度成为政党产生的重要前提。

(2) 随着西方国家普选权的不断扩大，资产阶级内部不同派别之间的斗争逐渐从议会内部扩大到议会外，要求政党不断扩大其阶级基础，赢得最大多数选民的拥护，从而赢得竞选的胜利。政党正是为了适应竞选的需要而日益发展起来的。在激烈的政治竞争中，依靠着强大的政党为后盾，政治领袖们才能建立起自己坚实的群众基础和雄厚的政治实力，为掌握政权奠定基础。

(3) 就一个国家来说，建立政治上的稳定在很大程度上依赖于来自社会各个层面的支持，要将不同阶层的利益和要求汇集到政治过程中，发挥最大多数人的政治积极性，必须有一些较为强大的政党才能动员广大民众政治参与的热情。因此，政党的出现是资产阶级民主制发展的必然要求，它对协调和缓和社会利益矛盾，动员民众参与政治活动，增进社会稳定团结，都起着重要的作用。

三、政党的组织结构

政党的组织结构一般指政党的内部结构，它通常包含着涉及范围极广的各种组织变量：政党决策机构的组成及其权力，以及两者之间的关系；权威集中或分散的程度；政党官僚机构的结构和规模；政党基层单位或地方单位的性质与功能；以及党员的资格问题和党内领导的性质等等。所有的政党都需要某种程度的组织，以行使其基本功能，而且，从定义上讲，政党是一种特殊形式的组织——迪斯雷利将其描述为“有组织的舆论”。在竞争性体制中，为了争夺选票并且在一次又一次的选举中保持这种能力，至少有必要保持一种最低水平的组织，缺乏连续性，政党将会冒崩溃的危险。①

政党组织中的重大差别可以归因于环境和意识形态上的影响。这个"环境"影响着一个特定系统里所有的政党——它们的历史发展条件及它们运行时所遇到的立宪制约因素。差别的出现也由于各政党拥有不同的目标和不同的优先考虑，所以不同形式的政党组织可以在同一个政党体制中共存。虽然美国的政党组织与欧洲国家的政党组织都属于同一种竞争性政党制的框架结构，但两者的组织形式完全不同。纯粹为选举目的服务的政党对正式党员的资格几乎没有或根本没有什么规定，党的组织工作只依靠一小部分人，少数几个名流，这便是所谓的干部党。在美国，党员人数众多从来就不是重要政党的特点，相反，重要的政党依靠的是相对来说为数不多的党的核心骨干和工作人员。美国政治制度分权的特点还保证了全国性政党组织的基础性和非权威性，所有权力被授予州一级的委员会和城市的"老板"。这种弱组织结构一直存在着，"预选"制度进一步阻止了任何强化政党组织或党员结构的企图，因为候选人的筛选与提名取决于更广泛的选民。与美国情况不同的是，欧洲国家的政党大多依照群众性政党的模式建立其组织，该模式需要一种相对复杂的结构，用以在组织效益的要求与确保党员参与、实现党内民主决策的目标这两者之间进行平衡。党组织对全体党员所承担的最高责任被赋予政党的最高级机关，即一年一度的党代表大会，大会的代表代表全体党员参与党的重大事务讨论。党代表大会作为最高权力机构，对于党纲和党章拥有最高决定权，并且有权决定本党领导机构，尤其是两届代表大会之间代表该党行使权力的政党执行机构的组成，以及本党领袖的人选。然而，在实践中，政党领袖可以享有很大的自主权，而且，如果政党领袖在本党的议会派系中有强有力的基础，那么确保党的控制方面的困难就更大。②

综合各国政党的组织结构，可以把所有的政党组织归并为体制外组织结构和体制内组织结构两部分。

1. 体制外的组织结构及其功能

所谓体制外的组织结构，是指政党为组织本党的力量开展政治活动，实现统一领导而形成的一系列组织结构，一般存在于政府之外，体制外的组织结构由各政党自己确定，通常包括党的中央机构、党的地方机构和基层组织以及党的领袖等内容。

（1）党的中央机构

一般说来，一个政党的中央组织，是该政党的神经中枢，是政党的指挥中心。它通常包含以下一些内容：

党的全国代表大会。不论哪一种类型的政党，通常都以全国代表大会为最高权力机关。党的全国代表大会，有制定、通过党章、党纲，决定政策路线，选举中央委员会和任命各种重要工作人员的职权。党的全国代表大会，通常是由各地方组织按照党员人数比例选出代表，以及由在党务工作中担任重要职务的当然代表组成。如英国保守党和工党的年会，美国民主党和共和党的全国代表大会，德国社会民主党的联邦大会等。从名义上看，它是党的最高权力机构，但实际上权力掌握在党的执行机构手里。

中央执行机构，主要负责党的日常事务。如英国保守党和工党的全国执行委员会，美国两

---

① 戴维·米勒等：《布莱克维尔政治学百科全书》，中国政法大学出版社 2002 年版，第 567 页。

② 同上。

大党的全国委员会，法国保卫共和联盟的中央执行委员会，德国基督教民主联盟的联邦执行委员会等。如英国工党的全国执行委员会是中央行政领导机构，它接受工党年会的监督和指导，负责贯彻执行党的章程、议事规则和各种规定，领导全国各地和选区的工党组织。美国两大党的全国常设机构都是全国委员会，设有主席和副主席，全国委员会的职责是部署和指挥全国的竞选活动，筹募竞选基金，筹备和召开党的全国代表大会等。委员会主席同总统候选人的关系十分密切，每一个总统候选人都需要新的主席做他的竞选总指挥和总参谋，因此，全国委员会主席很少能够连任，其控制全党的可能性极为有限，因此对美国政党的民主化贡献很大。

议会外群众性组织。如在英国，全国联合会是议会外保守党的全国群众性组织，其主要任务是在议会外从事宣传和组织工作，以扩大保守党的影响。全国联合会所属的主要机构有年度大会、中央理事会、全国执行委员会、全国咨询委员会和若干个中央委员会。英国工党议会外群众组织没有自己特有的名字，但其包含的范围比保守党的“全国联合会”复杂得多，除了英国全国职工大会、英国合作党、全国劳工和社会主义俱乐部联合会、社会主义环境和资源协会以外，还包括社会民主联盟及费边社等党派或组织的全国性机构。

(2) 党的下层组织机构

政党的下层组织机构通常包括地方组织和基层组织两个层次。

凡设在县、市、地区和省、州一级的政党组织都是党的地方组织，它们处于中央组织和基层组织之间，也被称为政党组织结构中的中间组织。各国的地方组织在形态和功能上有很大的差别。如美国的共和、民主两党，在州、县两级都有党的委员会。两大党在各州的最高机关为州委员会，有的称为“州中央委员会”，有的称为“执行委员会”，州委员会的人数随州的大小而异，最小的州仅有十多人，最大的州如加利福尼亚州委员人数多达六百多人。① 州委员会一是通过州内党员以选举方式产生，二是由州代表大会选举产生。它的主要作用以选举为主，像国会两院的议员、州长、副州长以及州内其他选任官的选举，从候选人的提名到竞选与投票，都是各政党州委员会的工作范畴。美国两大党还在县一级设立县委员会，其主要工作是配合选举，如对辖区内的选民进行调查与联系，以争取本党选举的胜利。英国两大党的地方组织为区域性联合会，法国政党的地方组织通常称为省联合会，由专职书记负责，他在推选候选人方面有很大的权力，并可代表地方组织参加中央的常务会议。日本的自民党则在都、道、府、县设立联合委员会或联合支部来领导党的地方事务。

党的基层组织，是做党务工作训练党员、组织民众、进行社会调查、参与选举的基本单位，目的是从事选举、服务社会、争取选票。如英国保守党设选区委员会(Ward)，以下按每个选区设立它的支部，这些组织在全国各地均设有俱乐部，提供书报阅览和其他娱乐设备，在社交活动中对党员进行训练和教育。美国两大党最基层的组织是选区委员会，按 200—1 000 名选民或一个选举站作为其活动范围。在有些大城市中，几个基层选区的负责人还组成选区委员会，其主要职责在平时表现为把一切社会服务工作做好，在举行选举的日子里，要督促选民登记，促使选民在投票日参加投票，监督并检查本选区的投票工作。法国社会党在基层设立支部，以区、市或几个市作为它的基层组织，还设立企业的社会党小组，其主要目的也是为了宣传本党的主张，为本党的竞选活动服务。

---

① 周淑真：《政党和政党制度比较研究》，人民出版社 2001 年版，第 48 页。

(3) 党的领袖

政党领袖对外代表政党，对内率领全体党员，统一党员的观念和行动，策划并监督政党政策的制定与执行。他不但是党的最高决策者，而且是党的意志的最高执行者。一个政党如果没有领袖作为领导核心，就无法维持其内部的团结和统一，从而导致政党的分裂与涣散。在西方各国，按照是否经大选产生领袖为标准划分为两大类：第一类是按大选而定的政党领袖，他需要具备两个条件：一是要在政党内部的选举中胜出，二是在总统选举中获胜。如美国总统就属这类政党领袖，而美国两大党的全国委员会主席都不是真正的领袖。执政党的领袖就是总统，在野党则没有公开意义上的领袖，通常以本党在参议院的领袖为首，他对本党的纲领、政策和党的全国委员会主席的人选拥有较大的决定权，但对本党的国会议员却影响不大。第二类是不依大选而定的政党领袖，就是在党内选举中直接产生的领袖，当本党在野时他领导党的日常工作，当本党执政时他就担任政府首脑或国家元首。如英国政党领袖就是由下院的全体本党议员、议员候选人和本党执行委员会全体委员举行会议，进行口头表决来决定的。执政党的领袖是内阁首相，反对党的领袖则是"影子内阁"首相，他们左右本党的政策，掌握本党议员候选人的提名权，领导本党议会党团的活动。又如日本自民党领袖形式上是由党的代表大会秘密进行投票选举出来的，党代表由议会议员及各县联合支部选出的代表组成，事实上，日本自民党的领袖是由党的中央内部各派协商决定的。法国的政党领袖当选为总统后，就不再担任本党的具体领导职务，也不再担任议员，但他仍然是执政党的实际领袖。在德国，执政党主席就是政府总理，在党内、政府内和本党议会党团内，都握有实权。

2. 体制内的组织结构及其功能

体制内的组织结构是指政党在取得和维持政权的活动中，与政治体制相交汇，并与其他政党相交往而形成的组织结构，也就是常说的与政治体制相融合的政党结构。政党与政治体制相重叠的部分，叫做体制内的政党，它的活动要按照一定的程序来进行，当然它也必须建立一定的能够适应政治体制的组织机构。总起来看，各国政党体制内的组织结构大致包括：

(1) 议会党团(Caucus)

政党控制政府的活动一般不是直接进行的，而是通过它的议会党团来进行的。议会党团是同一政党的议员在议会内部形成的党派组织。议会如有两院，议会党团可能在两院中分别设立，但英国只在下院中才拥有议会党团；法国规定只有拥有 30 名以上议员的政党才能组成议会党团。议会党团在议会中的作用是：建立议会中党的领导机构；决定立法和预算监督等重要政策；沟通该党与本党议员之间的信息联系，统一本党议员在议会中的行动。在许多国家，议会党团可以参与议长提名，酝酿内阁名单，规定议会的议程，组织议会委员会并参与其他重要事务的协商。在议会制国家中，议会党团在党内的作用非常大，地位也十分重要，党的领袖要靠它来控制整个议会。

在实行议会制的国家中，议会中的党员通常要受到议会党团及其领袖的严格约束。议会党团一般有它的领袖和督导员。党团领袖一般由党内选举产生，负责党的议员在议会中的各种活动。督导员(Parliamentary Whip，也称"党鞭")和议长一起，安排议会中的议事程序，他负有通知本党议员出席会议的责任，并说服和迫使本党议员服从党团组织的决议。督导员向党的领袖负责，如果党员反对本党政府政策，督导员就向其施加压力使其顺从，如果还不就范，就采取威胁手段，指出不再对其予以督导，这就意味着取消该议员议会党团成员的资格，这必将影响到他的政治前途。因此，在督导员的努力下，许多议会党团在投票之前就已达成了一致意见。有些国家的议会党团还分成小组开展工作，如英国保守党的议会党团由以下几部分组成：内阁（包括影子内阁）、业务委员会、后座议员委员会、督导员。其议会党团中还设立由下院各专门委员会的负责人组成的业务委员会，作为它的咨询机构。

在美国，虽然两大党在参众两院都建立了议会党团，但国会议员享有很大的独立性。他们常常自视为是本选区和本州选民的代表，而不是政党的代表。所以国会议员在投票和发表意见时不一定服从本党议会党团及其领袖的意愿，而且也不用担心会受到党纪的制裁。

（2）内阁及议会内的正式结构

内阁是政府的决策中心，执政党通过内阁来具体实施本党的方针和政策，因此内阁是执政党体制内结构中最为重要的部分。在议会内阁制国家中，议会多数党拥有组阁权，政党领袖是当然的政府首脑，执政党可以凭借其控制议会多数的机会把本党的方针政策直接通过立法程序转化为政府的决策。在总统制国家中，议会的多数党不一定拥有组阁权，只有总统为首的执政党才有组阁权，因此，当总统所领导的政党没有取得议会多数席位时，执政党要在议会中直接推行其方针政策就有相当大的难度，最后通过的法案往往是两大党相互妥协的结果。

议会内的正式结构主要指议长和议会的各委员会，他们基本上都是由体制所决定的，只能由各党根据需要填补进去。议长和各委员会主席一般由多数党议员担任，任何一个政党如果占据了议长的位置，它实际上就等于控制了议会的立法程序。而重要的议会委员会主席的职务，通常也由议会多数党成员担任，他们能充分发挥其在立法过程中的优势地位，为本党的主张在全国付诸实施发挥积极的作用。

3. *体制外结构和体制内结构的关系*

（1）议会党团与政党的关系

议会党团一般是自主开展活动的，许多国家的议会党团对体制外的政党组织具有相对的独立性。如英国下院议会党团的活动有自己的领袖与规则，不受政党的领导。在美国，两大党的议会党团同两党的全国代表大会及党的中央委员会不发生任何联系，完全独立行事；两党议会党团及其领袖对总统也有相当大的独立性，总统不时需要调整同他们的关系。在多党制国家，由于在大选中常常运用比例代表制的选举方法，选民是投票给政党而不是投票给议员个人，因此政党有权力对当选议员的活动进行指挥和监督，因此，在这些国家中，议会党团往往要服从于议会外政党组织的指挥，议会中的议员要受所属政党的严格约束。从实际情况看，各国通常都是由体制内的政党组织来领导体制外的政党组织。

（2）政府首脑与政党的关系

一般说来，在选举获胜以后，政党对其领袖就没有什么约束力了，如政党对其领袖不满意，只能等下届选举时再撤换了。党的高级干部在选举后一般都成为政府官员，他们间的矛盾在体制内已经解决，不用再到体制外来解决了。虽然有些国家的政党严格规定党的干部和政府官员要彼此分开，不可互相兼职，但在实际权力上是不可能截然分开的。总的来说，在议会制国家里，政党领袖在国家政治生活中的地位和作用，是与其在内阁和议会中的地位和作用紧密联系在一起的。作为政府首脑的政党领袖地位一旦确立，党的组织都必须服从于他，而不是他作为党员来服从党的组织。

四、政党的功能

政党在当代国家政治生活中的作用，也称为政党的功能，它是通过政党在国家社会政治生活中的活动而显示出来的。现代政党在政治体制内具有许多重要功能，主要功能包括目标制定、利益表达、实现政治社会化和政治动员、促进政治精英集团的形成与遴选等。具体来看表现为以下内容：

1. 反映民意和利益综合的功能

现代民主政治是参与政治，政党是各阶级利益、愿望和要求的组织化。在民主政治中，国家作为民众授权的公共权力机关，如何把分散的民众权力科学地集合在一起，合成一种得到民众同意的有机权力是一个极为重要的课题。由于公共权力始终大于个人的力量，因此民众个人根本无法阻止其成为凌驾于社会之上的力量这种趋势。而政党作为民众自愿组成的政治组织，具备了代表民众监督政府的能力。那是因为，任何一种政党都具有一种共性：它一端连着民众，因为只有得到相当一部分民众的支持，政党才能生存和发展；它另一端连着国家、政府和权力，因为只有掌握权力，或对政府的运作施加影响，政党才有存在的价值。政党不同于民众，因为它是民众的组织化；政党也不同于政府，因为它代表民众对政府的要求和控制。① 政党通过表达和凝聚民意，并使之上升为“公意”和立法，从而为实行民主的决策和监督机制提供了制度上的规范和保证。由于政党本身就是一头架在社会，另一头架在国家的一座桥梁，它能够有效地承担公民的利益表达与凝聚的责任，把“公意”传达到国家决策机构，使之按照一定的程序加以采纳和立法，即变成国家的意志，加以贯彻执行。

2. 组织选举及制定法律和政策的功能

政党作为选举组织，往往把选举作为它最重要的政治活动。选举的结果不仅关系到政党能否执政或者能在多大程度上影响政治过程，关系到政党在国家和社会生活中的地位，而且关系到政党本身的存亡。联邦德国《政党法》第二条规定：任何政党在6年内提不出自己的候选人参加联邦或州议院的选举，“就失去作为政党的法律地位”。在选举过程中，政党不仅提出候选人，为政治精英人物提供施展才华的渠道，而且承担选举的主要宣传任务。没有政党推出候选人，选民便没有投票的目标；没有政党的组织宣传，选民很可能不知道该不该去投票。② 除了通过政党的体制外组织机构领导和组织选举，保证本党成员选举获胜并进而控制政府和议会，成为在政治生活中起主导作用的执政党之外，西方国家政党的另一个重要任务是通过其体制内组织，积极制定和推行符合本党利益的方针政策，从而通过合法途径把本阶级的意志转化为国家的大政方针，解决各种政治、经济和社会问题，在赢得民众支持的同时为实现本阶级或阶层的最大利益服务。

3. 政治社会化与政治录用的功能

政党作为传播组织，可以说是政治社会化的主要工具之一。一个政党，从自身的发展来说，它必须进行自我宣传，自我推销，使尽可能多的公众了解它，熟悉它的政治主张和纲领。从政党的性质和长远利益来看，它不应该计较一、两次选举的得失，而应更多地注重获得和巩固

---

① 王长江：《世界政党比较概论》，中共中央党校出版社2003年版，第381页。

② 宋玉波：《民主政制比较研究》，法律出版社2001年版，第104－105页。

永久性的社会支持基础。一个有作为的政党，不但要能够善于集中统一它所代表的阶级和社会群体的利益和要求，而且还要善于运用集中起来的理论化、纲领化了的思想去统一和领导本阶级的群众，去影响和诱导全社会的成员，“使他们相信这个党的纲领和策略正确”。① 如果说政党的选举是为了谋求支配或影响政治系统，从而支配或影响政治过程，那么，政治上的宣传鼓动就是通过直接的或者潜移默化的手法去教育群众，争取群众，把尽可能多的群众诱导到它的思想路线上来，从而支配或影响人们的思想观念及其转变过程。一个政党越是能够最大限度地影响和支配人们的思想观念及其转变过程，就越是容易获得对政治过程的支配或最大限度地影响政治过程。② 在竞选期间，西方国家的政党更是使尽浑身解数，甩出巨额的竞选经费，通过各种宣传舆论工具不断向选民传播本党的政治主张，以使自己的竞选方针和政治价值观获得民众最大限度的支持。在平时，各政党通过进行大量的政治宣传和教育活动，培养年轻选民成为本党成员乃至骨干，为领导阶层的新陈代谢培养接班人。众所周知，对于任何国家的权力追逐者来说，政党都是再好不过的阶梯和敲门砖。政党造就领袖，为国家机构输送合格的领导者；反过来，掌握国家大政方针的政党领袖又利用一切时机为政党大造声势，如果执政党领袖在位期间政绩突出，那么他所在的政党的声誉一定会大大提高。当然，作为一项制度化前提，西方国家政党的竞选制度也为举荐和录用政治精英提供了规范化的方法和途径。

4. *政治整合与政治稳定的功能*

所谓政治整合，就是指通过一定的方式和手段，使政治系统中的各个不同部分在保持各自性质特点的前提下，共同构成一个有机的、完整的整体。政治整合是执政党必须履行的职责之一，是政党执政的一项根本性的原则。执政党要得到社会多数的认可，就必须把协调社会各方的利益作为自己的职责。现代社会是一个多元的社会，在现代化和民主化的过程中，政党的活动为一个多元社会形成一定的政治共识提供了保障，从而在这方面发挥了一系列的政治整合功能，努力使一个国家的各个部分认同国家的基本价值与基本结构。目前在西方国家，从北欧国家各政党的“协合主义”“阶级合作”，到西欧各政党竞选时内容无所不包的纲领，都体现了强烈的社会整合取向。在美国，两大党的纲领和主张都十分庞杂，力求把社会上大多数人们的利益要求都反映出来，并且只要其他政党的主张有吸引力，都可以拿来为我所用，这就使其他政党很难从两个大党的夹缝里发展起来。③ 此外，由于政党的存在为公民提供了经常性的政治参与途径，同时又在很大程度上抑制了公民参政的过度膨胀的可能性，因此，政党的存在与发展对协调和缓和社会利益矛盾，增进社会的稳定团结，起着重要的作用。

第二节　政党制度的类型及其比较研究

一、政党制度的定义及其类型

政党制度（Party System）即政党政治制度，通常是指西方国家通过议会选举由几个政党

---

① 列宁：《列宁选集》（第3卷），人民出版社1972年版，第405页。

② 宋玉波：《民主政制比较研究》，法律出版社2001年版，第105页。

③ 王长江：《世界政党比较概论》，中共中央党校出版社2003年版，第383页。

轮流执政或联合执政而形成的一种政治统治制度，也可以说，政党制度是指一个或几个政党在政治体制中，与政治体制相融合，各政党之间按照一定方式所确立的一种特定关系。如果上升到理论的高度，那么政党制度还可以表述成：政党制度是指制度化了的政党执掌、参与国家权力以及由此形成的政党关系的模式。

据《布莱克维尔政治学百科全书》的定义，对政党制度种类的划分是一种被广为接受的，按政党的数量对政党制度进行分类的研究方法。法国著名政党研究学者迪韦尔热在他 1951 年发表的《政党》一书中，率先把政党制度分为三种类型：一党制、两党制和多党制。这种划分方法后来被大多数学者所接受。① 还有的学者把所有的政党制度归拢到一起，分为竞争体制和非竞争体制两个大类，这种分类方法也为西方不少学者所采纳。如意大利政治学家萨托利先把政党制度分成竞争体制和非竞争体制两个大类，然后再进行细分，他把竞争性政党体制分为优势党制、两党制、温和多党制、极化多党制、碎分化多党制 5 种类型；把非竞争性政党体制分为单一党制和霸权党制两种主要类型。他对政党制度进行了深入而细致的分析，在把政党制度理论推向定量化描述方面作出了独特的贡献。② 根据客观的、历史的分析，虽然不同类型的政党体制各有利弊，但一个国家现存的政党制度，却不是人们主观上任意选择的结果，而是在漫长的政治发展过程中逐渐形成的，包含着许多不以人的主观意志为转移的客观性质。如美国尽管在开国之初政党政治遭到很多人的反感，但两党制还是以势不可挡之势发展起来。法国的政治经常因为政党太多而纷乱和动荡，不少政治家对英美式的稳定的两党制羡慕不已，但法国的多党制却注定不会变成英美式的两党制。日本在二战以后被美国占领，曾准备复制美国的两党制，但是到头来却发展出具有日本特色的“一党独大制”。美国著名政治学家亨廷顿在《变化社会中的政治秩序》一书中承认，和多党制相比，一党制有一定的优势，特别是对发展中国家来说更是如此。他还认为，和一党制比较，“更具竞争性的两党制可能具有相当强的扩大能力和同化团体能力，但其集权和促进改革的能力则较弱”。③ 这种评价是较为客观的。

综合起来看，目前政治学界较为普遍采用的政党制度分类方法仍是以执政的政党数目为主要标准，把政党制度划分为一党制、两党制和多党制三大类，在每一大类中再划分出几种亚类型。

1. 一党制

一党制（One-party System）是指法律上只承认一个执政党合法存在的制度，即由一个政党单独掌握国家政权，在国家政治生活中处于支配地位的政党制度。

根据执政党在国家政治生活中影响力的强弱及它与其他政党的关系，政治学界一般把一党制细分为绝对一党制和相对一党制两种。“绝对一党制”即只有一个政党，不允许其他政党合法存在。绝对一党制又可以分为法西斯主义一党制、民族主义国家一党制等几种形式；而“相对一党制”，即除了执政党外还有其他政党，但不得与执政党分享和争夺政权，主要指新加坡等亚洲国家的政党制度。法西斯主义一党制，是指在一个国家中只存在一个合法政党，该党采取强制性的暴力或法律手段消灭其他政党，实行独裁统治。它是垄断资产阶级实行恐怖独

① 王长江：《世界政党比较概论》，中共中央党校出版社 2003 年版，第 242 页。
② 同上，第 244－245 页。
③ 塞缪尔·亨廷顿：《变化社会中的政治秩序》，生活·读书·新知三联书店 1989 年版，第 133 页。

裁统治的形式，它的出现是资本主义制度深刻的经济危机和政治危机表面化尖锐化的必然结果。二战时期的德国纳粹党和意大利法西斯党就是法西斯主义一党制的典型。民族主义国家一党制，是指发展中国家大多在取得独立后采用的一党制的统治模式，如在非洲获得独立的50个国家中，有37个国家曾先后实行一党制。发展中国家之所以实行一党制，有其深刻的历史根源和现实需要。由于这些国家历史上长期遭受殖民统治，部族之间长期对立，在取得独立之后，维护国家主权、迅速发展经济成为国家的头等大事。实行一党制后，执政党便成为维系民族一体化的工具，也成为保持政局稳定的关键，从这个意义上说，执政党是国内唯一能成为权威的源泉的现代组织。

一般说来，无论哪种类型的一党制，和多党制相比，都有更强的保持社会稳定的能力。由于其他政党通常不能形成对执政党执政地位的威胁，因此执政党能够比较顺利地制定政策，贯彻本党的主张。但一党制也往往积累下许多矛盾，由于执政党长期单独执政，垄断政权，执政党与公共权力的关系往往会变得不正常，严重者还会导致政党功能发生畸变，影响整个社会政治机制的运作。

2. 两党制

两党制(Bipartisan System)是指一个国家虽然存在多个政党，但只有两个势均力敌的主要政党，能够通过控制议会多数席位或赢得总统选举的胜利而单独地轮流上台执政的制度。两党制在英国最早出现，后影响到美国、加拿大、澳大利亚、新西兰等国，尤以英美两国为典型。

政党制度的传统分析倾向于强调两党制的好处。首先，两党制被看作是一个较负责任的体制，因为在这种体制中，选民可在两个可替换的政党中作出明确的选择；其次，两党制常被看作是一种较为公平的体制，因为它通过对政府的和平更换，能够有效地防止任何一个政党或政党集团无限期地垄断行政权力；再次，两党制被视为鼓励温和政治活动的体制，这是因为两个竞争者都要为赢得中间阵营而竞争。

3. 多党制

多党制(Multiparty System)是指一个国家在事实上形成的，由三个以上政党或政党联盟轮流执掌国家政权的政党制度。多党制是较为常见的一种政党制度，它源于1871年法兰西第三共和国成立以后在法国正式确立的多党制，后陆续被大多数西欧和北欧国家所采用，现法国、德国、意大利、日本和俄罗斯等都是多党制国家。

目前，世界上存在两种类型的多党制：一是由于国内多个政党势均力敌，没有任何一个政党能够在选举中长期保持绝对优势，因此执政党或者是偶然在选举中获得相对多数选票的政党，或者是联合获得选举多数的几个政党的联盟，这方面的典型是法国和意大利。二是国内虽然存在着多个政党，但是其中一个政党的力量长期占压倒性优势，并且处于单独执政的地位，这种类型的多党制又被称为“一党居优制”或“一党独大制”。如日本战后曾出现过30多个小党，但1955年自民党成立后，便开始了一党独大制，自民党独掌政权长达38年之久。又如墨西哥的革命制度党，不仅把资产阶级的中、左、右三派容纳在党内，还把全国广大劳动群众吸收为自己的成员，成为广泛的社会利益的政治代表，实现了从1929年到2000年长达71年的连续执政。

实行多党制的国家一般具有以下特征：首先，社会结构呈现多元化、多层次的特点，多党制既反映了建立在种族、宗教、语言等因素基础上的亚文化差异，反映了社会经济阶级关系上的分层，也反映了新的社会意识形态的兴起。其次，一国政治制度的类型也对多党制的形成与发展产生很大的影响，一般来说，议会制多与多党制相连，因为在议会内阁制下，政党参加议会选举时只要获得一定议席，就能享有一定的发言权，并且有时还可与其他党派联合执政，这种状况促进了政党的多极化，为多党制提供了现实基础。再次，多党制一般与比例代表制相联系。所谓比例代表制是根据政党或政党联盟所得选票数，或候选人所得选票数，在达到规定的最低得票门槛的前提下，按比例分配议员议席的选举制度。它的政治含义就是一个政党在全国大选中的得票率应最终与其在议会中所获的席位成正比，在这种选举制下，小党常能赢得议会席位，因而有鼓动政党增殖的效用，极易形成多党制。一般认为，多党制可以为社会各阶层更广泛地参加国家政治生活提供较多的机会。但是，由于各政党之间矛盾的存在和发展，一旦执政的政党联盟在它们之间的意见分歧达到不可调和时，就会造成政府危机，导致执政联盟的垮台。所以政局不稳是多党制的一个显著特点。

二、各国政党制度概述

1. 英国政党制度概况

英国是实行两党制的传统国家，目前英国政府体制中的两大政党是保守党和工党。在两党制中，如果一个主要政党在竞选中失败了，那么就意味着另一个主要政党的竞选获胜。然而，英国政党政治中，最大的两个政党并不能垄断选票，往往第三党也会发挥一定的作用，如1974年选举中自由党获得了将近1/5的选票，而保守党和工党的选票之和只有75%；又如2005年选举中自由民主党获得了22%的选票，而保守党和工党的选票之和只有67.5%。正因为如此，英国政党制度有时也被称为“两个半政党制”。尽管自2010年大选后，英国政党政治的“碎片化”趋势开始初步显现，但是，在英国政坛，保守党和工党依然是两大主要政党。有学者在对1979—2017年英国的10次大选进行统计分析后也再次印证了英国属于两党制的同时第三党也会发挥一定作用的事实，他指出，作为两党制典型的英国，从来就不是最典型的。虽然英国属于不甚典型的两党制，但依然是两党制，在可预见的未来，英国依然维持两党体制。①

（1）保守党（Conservative Party，英文缩写为CP）全称保守与统一党（Conservative and Unionist Party），这个正式党名是1912年保守党与自由统一党合并后所起的。保守党是英国政治舞台上历史最久远的政党之一，是国际保守党联盟（又称国际民主联盟，International Democrat Union，IDU，成立于1983年6月）的正式成员。前身为1679年形成的世界近代史最早的政党之一的托利党，最初只是来自同一个地区的议员集合，一直到19世纪30年代选举权的扩大才开始在议会扎根。“保守党”这一名词，最初由乔治·坎宁在19世纪20年代提出，后来由约翰·威尔逊·克罗科尔在19世纪30年代提出建议成为党名，并最终正式获罗伯特·皮尔爵士决定采用，1833年改称保守党。保守党信奉保守主义，反对社会主义，主张自由市场经济，严格控制货币供应量，压低通货膨胀，限制工会权力，加强法治等。近年来，提出富有同情心的保守主义，关注教育、医疗、贫困等社会问题。强调维护英国主权，主导完成脱欧。②

---

① 周建勇：《英国：稳定又脆弱的两党制？——基于1979—2017十次大选的分析》，载《当代世界与社会主义》2017年第4期，第125-132页。

② 选自《英国国家概况》，载中华人民共和国外交部网站，https://www.fmprc.gov.cn/web/gjhdq_676201/gj_676203/oz_678770/1206_679906/1206x0_679908/，更新时间：2020年10月。

保守党的最高权力由党的领袖负责，党的组织机构包括议会党团、全国联盟、保守党总部等部分。保守党的议会党团是该党最重要的机构。党的领袖由议会党团秘密投票产生，可连选连任，大选获胜后出任英国首相。

作为英国两大主要执政党之一，以选举的胜出次数计算，保守党是英国历史上最成功的政党，不过，尽管在整个20世纪中，保守党在其中三分之二的时间皆统领了政府，但保守党自从在1997年大选败于布莱尔领导的工党以后，它一直处于反对党的状态，直到2010年英国大选后与自民党组成联合政府，才重新开始执掌政权。期间，保守党将党的标志由“自由火炬”改为“一棵绿色的橡树”，2005年还采用新的口号“以改变迎接胜利——不列颠的胜利”(Change to Win-Win for Britain)。在接下来的2015年、2017年和2019年大选中，保守党持续保持了议会第一大党的地位，2019年更是“狂胜”，获得近几十年来的最佳战绩，获得议会650个议席中的365席。截至2022年7月，保守党大约有20万名党员。[①] 2022年9月5日，伊丽莎白·特拉斯接替前党魁鲍里斯·约翰逊当选为英国保守党领袖，9月6日时任英国女王伊丽莎白二世正式任命特拉斯为英国首相。由于其匆忙间推出的大幅减税政策遭到英国民众的强烈反对，任职刚满45天的特拉斯于10月20日黯然去职。10月24日，里希·苏纳克就任英国保守党领袖，并于10月25日就任英国首相。

英国保守党标志

图片来源：“第一黄金网”网站，http://www.dyhjw.com/gold/20190610-46170.html

工党(Labor Party，英文缩写为LP)是英国一个中间偏左，社会民主主义和民主社会主义的政党。英国工人运动兴起较早，起初按照行业建立了各种工会组织，1868年进一步成立了全国性的统一组织——职工大会(工联)，1900年成立了“劳工代表委员会”并推选出自己的政党候选人，1906年该组织正式改名为工党(Labor Party)。工党是社会党国际的正式成员，该党主张保持宏观经济稳定增长，重视社会福利制度建设。倡导积极参与国际合作，同欧洲保持相对紧密的关系。[②] 工党由工会集体党员、选区个人党员和费边社等社会主义团体与合作社党三个部分构成，党员绝大多数是工人和中产阶级。工党的组织结构分为中央执委会、地区委员会、选区委员会和基层俱乐部4级，其政治活动机构包括议会党团、年会、全国执行委员会和工党总部。工党议会党团的权力超过工党全国代表大会和全国执行委员会。工党领袖必须由工党议会党团选出，被公认为是整个工党的领袖，并握有重要权力。

1924年以前的英国一直是自由党和保守党轮流执政。1923年大选中保守党失败，工党获得比自由党更多的席位。1924年1月22日工党领袖麦克唐纳组成英国历史上首届工党政府。从此，工党开始与保守党轮流执政。1994年，41岁的托尼·布莱尔成为新任工党领袖，他

① 杜鹃、许风：《英国8名保守党议员获参与党首角逐资格》，载北青网：https://t.ynet.cn/baijia/33053623.html，发布时间：2022年7月13日。

② 选自《英国国家概况》，载中华人民共和国外交部网站，https://www.fmprc.gov.cn/web/gjhdq_676201/gj_676203/oz_678770/1206_679906/1206x0_679908/，更新时间：2020年10月。

以“第三条道路”作为竞选口号，工党放弃过往激进的左翼路线，重新定位，1997 年英国大选，英国工党成为执政党，结束保守党连续 18 年的执政，取得执政权。1997 年至 2010 年，工党一直是英国下议院的第一大党，执掌英国政府；2010 年大选后，工党成为议会的第二大党。2015 年大选以来，工党人数增长了 2 倍，工党大约有 60 万名党员。[①] 截至 2022 年 8 月底，其现任党魁是 2020 年 4 月 4 日当选的基尔·斯塔默(Keir Starmer)，他同时是国王陛下忠诚的反对党领袖(His Majesty's Loyal Leader of the Opposition)，并负责统率影子内阁。

Labour

英国工党标志

图片来源：百度百科，https://baike.baidu.com/pic/工党/4849910/1/0dd7912397dda144ad345173f9fbc7a20cf430ad2894?fr=lemma&fromModule=lemma_topimage&ct=single#aid=1&pic=0dd7912397dda144ad345173f9fbc7a20cf430ad2894

SNP

苏格兰民族党标志

图片来源：百度百科，https://baike.baidu.com/pic/苏格兰民族党/8676912/1/060828381f30e924b899328e2b4479061d950a7b5975?fr=lemma&fromModule=lemma_topimage&ct=single#aid=1&pic=060828381f30e924b899328e2b4479061d950a7b5975

苏格兰民族党(Scottish National Party，英语缩写为 SNP)又称苏格兰国家党，成立于 1934 年，是以苏格兰为基地的英国中左翼政党。1974 年大选，苏格兰民族党首次在英国议会拿到 7 个席位，苏格兰民族党以谋求苏格兰独立为主要政治目标，一贯支持欧洲一体化。2007 年，苏格兰民族党取代工党成为苏格兰地方议会的第一大党，这一趋势延续至今。2015 年大选苏格兰民族党在英国议会拿到 56 个议席，赢得了“历史性的突破”，取代自由民主党一跃成为英国议会第三大党，2017 年大选和 2019 年大选，苏格兰民族党均稳坐英国议会第三大党的宝座。截至 2016 年 4 月底，苏格兰民族党党员人数为 11.6 万人。[②] 截至 2022 年 8 月底，现任领袖是尼古拉·斯特金(Nicola Sturgeon)，她同时也是苏格兰首席大臣。

英国社会自由民主党(Liberal Democrat Party，英语缩写为 LDP)简称“自由民主党”，成立于 1988 年，由自由党和短暂存在的社会民主党合并而成，其前身是 1679 年成立的辉格党。辉格党曾经在 18 世纪大部分时间在英国执政，1839 年开始使用自由党的名称，1922 年后自由党逐步让位于工党，退出轮流执政的位置。自由民主党政治主张居中偏左，在很多问题上与工党立场相近。该党主张宪政改革和廉洁政治，主张通过减税还富于民，提高个税起征点；呼吁限制金融城过度扩张，对银行家薪酬课以重税；承诺公平教育，保护公民权利和自由；倡导宪政改革，提出减少议员议席，在选举制度上采用比例代表制；在经济政策上，强调制度公平、降低个人所得税、开征银行税、建设绿色经济，在公共服务、社会公正、学校教育等问题上采取更“进取”的政策；对外政策上，支持欧洲制宪，支持加入欧元区，是

① 选自《英国工党提高 60 万普通党员的地位》，载红歌会网站，http://www.szhgh.com/Article/news/world/2017-09-29/149036.html，发布时间：2017 年 9 月 29 日。

② 李靖堃：《苏格兰民族党力量兴起对英国政治的影响》，载《当代世界》2016 年第 6 期，第 50－53 页。

英国最“亲欧盟”的政党。① 该党成员主要是工商业资本家、知识分子和专业人员等。2010 年大选后与保守党组成联合政府，这也是英国自二战后出现的首个联合政府。自由民主党 2019 年大选后降为英国下院的第四大党，截至 2022 年 8 月底，其现任党魁是艾德·戴维（Ed Davey）。

英国的其他政党还包括威尔士民族党、绿党、北爱尔兰一些政党，如北爱尔兰统一党、民主统一党、社会民主工党和新芬党等。

2. 美国政党制度概况

美国是一个典型的两党制国家，自南北战争后两党制牢固确立以来，一直是共和党和民主党轮流执政。两党不仅控制着联邦政府，也几乎控制着所有的州政府和地方政府。虽然美国还存在着美国自由党、美国绿党、美国共产党、美国社会党等众多小党，但他们的政治影响极小，根本不能与两大党分庭抗礼。因此，一般认为，美国政党制度几乎是一种纯粹的两党制，美国是世界上最与众不同的两党制国家。②

美国两大党轮流上台执政的较量

图片来源：海外网，http://opinion.haiwainet.cn/n/2018/0123/c353596-31243185.html? nojump=1

美国民主党（Democratic Party）由第 7 任美国总统安德鲁·杰克逊创建，但它的起源最早可以追溯至托马斯·杰斐逊于 1791 年创立的共和党，1794 年改称民主共和党，这使它成为世界上最古老的政党之一。民主党早期是代表南部新兴的植棉奴隶主、西部边境农业垦殖者和农民、纽约商业集团及城市平民利益的政治联盟，受种植园主控制，主张自由贸易政策，维护和扩大奴隶制到西部各新州。南北战争后，经过南部重建，南方工业化得到发展，民主党所代表的阶级利益与共和党日趋一致，民主党逐渐恢复了在联邦政治生活中的作用，并开始了民主党与共和党轮流执政的历史。20 世纪 30 年代，民主党人富兰克林·罗斯福实行“新政”，通过国家大规模干预经济，使美国摆脱了严重的经济危机。此后，民主党在美国政治生活中一直占据着优势。民主党没有固定的纲领，只有适应大选需要的竞选纲领。如为适应 2020 年美国大选，2020 年 8 月民主党全国代表大会经远程投票通过了新的党纲，新党纲提出，民主党人将为“修复美国灵魂而奋斗”，主张在美国建立更强大、更公平的经济，强调政策要确保工薪家庭、小微企业和少数群体的利益，在税收领域主张取消联邦政府 2017 年底推出的减税政策，强调“美国制造”以及对美国制造业的支持，寻求将工人利益放在首位的贸易政策，致力于提供平价、高质量的医保计划，主张根除刑事司法系统乃至社会中的结构性、系统性种族歧视，强调关注气候变化，尽快实现净零排放；提出要重新将价值观置于对外政策的中心位置，修复同盟关系并通过盟友和国际机构应对共同挑战，

① 选自《英国主要党派》，载中国驻英使馆经济商务处网站，http://gb.mofcom.gov.cn/article/k/201605/20160501324932.shtml，发布时间：2016 年 5 月 24 日。

② 加布里埃尔·阿尔蒙德，小 G·宾厄姆·鲍威尔，拉塞尔·J·多尔顿，卡雷·斯特罗姆等：《当今比较政治学：世界视角》，中国人民大学出版社 2014 年版，第 756 - 757 页。

在对华政策方面持“强硬立场”[1]。不仅如此，美国民主党党员也大都不固定，凡在大选中投该党票者均可被认为是该党党员，而且党员可以跨党投票，党不能对党员进行纪律制裁。民主党的组织机构包括党的全国和各州、各选区的代表大会和常设组织。党的最高权力机构是全国代表大会，常设最高机构是全国委员会。民主党的传统党徽“驴”2010 年 11 月 3 日被更改。[2] 截至 2022 年 8 月底，民主党的现任领袖是 2021 年 1 月 20 日就任美国第 46 任（59 届）总统的小约瑟夫·罗宾内特·拜登（Joseph Robinette Biden, Jr）。

美国共和党（Republic Party）又常被简称为“老大党”（Grand Old Party, GOP），是美国当代两大主要政党之一。成立于 1854 年，是北部工业资本家、中产阶级、工人、北部和西部小农、废奴运动者的一个联盟，代表东北部工业资产阶级的利益。1861 年林肯就任总统，共和党首次执政。南北战争结束后，共和党凭借经过内战而拯救联邦和废除奴隶制这两大历史成就，大大增强了自己的地位，使它主宰美国政治达 2/3 世纪之久。与民主党一样，共和党也没有固定的纲领，只有适应大选需要的竞选纲领，但基本上可以被视为是社会保守主义（包括维护“家庭价值观”）、经济古典自由主义（包括支持“保守财政政策”以及在外交、国防问题上采取强硬态度）的右翼政党。为适应 2016 年美国大选，2016 年 7 月共和党全国代表大会通过新的党纲，新党纲结合当时提名的候选人特朗普的个人风格与共和党内部越来越浓厚的茶党色彩，具有非常强烈的保守主义立场，在很多方面堪称是“史上最保守党纲”，甚至超出了特朗普本人在 2016 年总统竞选中的保守派言论，主要包括：反对为富人加税，主张降低企业税；强调把美国利益放在贸易谈判首位，首先保护好美国国内市场和就业，改变严重贸易逆差；主张放松枪支管控，限制工会，推进私有化，否认气候变化，反对任何形式的碳税，反对扩大联邦政府的权力，反对移民，反对同性恋，反对堕胎，主张提高军费开支，重建美国军事力量，更新核力量等。在组织上，共和党也与民主党一样极其松散。要成为共和党的党员，无须申请和履行入党手续，也不用缴纳党费。公民在进行选民登记时声明一下并履行登记手续，就能成为共和党党员。共和党的最高权力机构是全国代表大会，每 4 年举行一次，主要是推选出该党总统和副总统候选人，通过党的竞选纲领。常设最高机构是全国委员会。共和党的标记是大象。

3. 法国政党制度概况

法国是实行多党制的典型国家，其真正的现代政党最早出现在第三共和国时期，在第四共和国期间，党派林立，多数党派极不稳定，为上台执政，各党派相互争夺、利用，分合不断，导致政局动荡不安，政府频繁更迭。1958 年法兰西第五共和国成立后，以多党制为特征的现代政党制度逐步形成。从 20 世纪 70 年代开始，法国已形成左右翼几大传统政党相互对抗、轮流执政的政治局面。

目前法国主要传统政党，左翼有社会党、不屈的法兰西、欧洲生态-绿党、法国共产党等，右翼有共和国人党、国民联盟等，中间派政党有复兴党（前身为“共和国前进党”）、民主与独立派联盟等。

---

① 孙丁、熊茂伶、刘品然：《综述：美国民主党 2020 年党纲扫描》，载新华网，http://www.xinhuanet.com/world/2020-08/18/c_1126381929.htm，发布时间：2020 年 8 月 18 日。

② 新党徽是一个简单的大写英文字母“D”，代表民主党，外面加上一个圆圈，颜色仍是沿用多年的蓝色，下面分别以蓝色写着民主党人（Democrats）字样、以红色写着“需要的改变”（Change That Matters）的口号。

2017 年法国进行了总统大选，选举结果历史性地颠覆了法国政党政治的格局，使得传统的左右翼两大执政党(共和国人党和社会党)候选人首次在总统大选中均被淘汰，而两个非主流政党[当时成立不满一年主张超越左右翼的“前进运动”和代表极右翼势力的国民联盟(原“国民阵线”)]候选人则在第一轮投票中胜出，对决第二轮的总统选举。不仅如此，在随后进行的立法选举中，原左右翼两大执政党也未能翻盘。2017 年法国总统和立法选举，打破了第五共和国两大主流政党轮流上台执政的传统，标志着法国政党新格局的形成，彰显了法国政党碎片化的新格局。

2017—2019 年，法国的政党格局依然处于严重的碎片与分化状态，执政党也没有赢得真正处于主导优势的局面，甚至在 2019 年 5 月的欧洲议会选举中还败于极右翼的国民联盟，民意支持率持续下降；而在新冠肺炎疫情下 2020 年 3 月和 6 月先后举行的法国市政选举两轮投票中，执政党民意支持率衰退明显，共和国人党与社会党基本保持了其在法国地方政治生态中的地位，绿党虽仍为小党但民意支持率攀升，进一步折射出法国政党格局演变与分化的新态势。① 2022 年 4 月法国总统选举，共和国前进党领袖马克龙和国民联盟领袖勒庞进入第二轮选举，最终马克龙获胜。这一结果表明法国政党新格局得到进一步巩固和发展。

2022 年 6 月的法国国民议会选举依然持续了这一演变和分化的趋势，新一届法国议会中没有任何一个政党联盟取得过半的绝对多数，出现了法国第五共和国历史上几乎前所未见的“破碎议会”。法国执政党“复兴党”(前身为“共和国前进”党)与多个中右翼党派组成的支持总统马克龙的执政党阵营通过选举，虽赢得了国民议会 245 席，但距离国民议会绝对多数席位所需的 289 席还缺少 44 席；极左翼政党“不屈的法兰西”与法国社会党、法国共产党、绿党等中左翼和左翼政党组成的左翼政党联盟获得国民议会 131 席；极右翼党派“国民联盟”获得 89 席，法国右翼传统党派共和国人党获得 61 席。

复兴党(Renaissance)是目前法国执政党和国民议会第一大党，2022 年 5 月 5 日，共和国前进党(La République en Marche!，缩写为 LREM)宣布更名为复兴党，参加 2022 年 6 月的国民议会选举，这是一个“旨在向来自任何地方的公民和民选官员开放”的“人民政党”的代名词，②其前身为埃马纽埃尔 · 马克龙(Emmanuel Macron)于 2016 年 4 月领导创建的“前进”运动(En Marche!)，2017 年 5 月更名为共和国前进党，2022 年 9 月 17 日的党员大会上正式更名为“复兴党”。其政党核心创始成员大多来自社会党改革派和民间社会，后又陆续吸纳大量来自右翼温和派、中间派等其他派别成员。该党号称党员和支持者近 40 万人。2020 年 5 月以来，该党部分议员另组新派系，使该党失去国民议会绝对多数席位。该党主张超越传统左右翼理念分歧和党派之争，兼容并蓄，博采众长；经济上奉行右翼自由主义，倡导改革创新，推行以促进就业、增强市场活力为核心的经济政策；社会政策上奉行左翼价值观，重视民生教育，维护社会公平正义和稳定；外交政策上坚持以独立自主为核心的“戴高乐-密特朗主义”，以欧盟为重点，努力捍卫欧洲一体化，平衡发展同世界各大国的关系，努力维护法国在欧盟内部和国际

① 张金岭：《法国政党格局的持续演变与分化——基于 2020 年市政选举的观察与分析》，载《当代世界与社会主义》2020 年第 6 期，第 134 - 142 页。

② 夏莹：《法国执政党更名：政党频繁换名也是法国“特产”？》，载《欧洲时报》2022 - 05 - 09。

舞台上的地位和影响力，维护法国和欧洲主权。截至 2022 年 8 月底，其现任党首为转型与公共服务事务部长的斯坦尼斯拉斯·格里尼(Stanislas Guerini)。①

国民联盟(Rassemblement National，缩写为 RN)，原名“国民阵线”(Front National)，2018 年 6 月 1 日正式更名“国民联盟”，属极右翼政党，成立于 1972 年 10 月，1986 年议会选举中首次进入国民议会。该党代表极端民族主义思潮，强调“要把法国从欧洲控制和世界主义中拯救出来”。近年来，在欧债危机爆发、法国经济复苏乏力、失业率居高不下、难民危机和恐怖主义接踵而至的影响下，国民联盟借机大打移民、安全、就业牌，民意支持率持续冲高。目前号称拥有党员 8.3 万人。截至 2022 年 8 月底，现任主席为 2011 年 1 月当选的玛丽娜·勒庞(Marine Le Pen)，她在 2017 年总统大选和 2022 年总统大选中两次闯入大选第二轮投票并且得票率稳定上升，体现出极右翼势力在法国影响力扩大。2022 年 6 月的法国国民议会选举中，国民联盟获得了创党以来的最好战绩——89 席，是目前国民议会的第三大党团，同时也是最大单一反对党。

法国共和国人党(也称共和党，Les Républicains，缩写为 LR)是目前法国主要的反对党和参议院第一大党、国民议会第三大党，属中右政党。原为人民运动联盟党，2015 年 5 月更名为共和国人党。该党前身系 2002 年总统大选中的竞选联盟，核心为原保卫共和联盟(戴高乐党)，并吸收了自由民主党和法兰西民主联盟的主要力量。党员约 23 万人，多为职员、官员、自由职业者、商人、农民和工人等。内部存在较多派系，政策主张不尽相同。总体而言，经济上遵循自由主义路线，主张减轻企业税负，增强市场活力；安全上主张加强安全保障，保持社会秩序，严厉打击恐怖主义；社会上主张适度收紧移民政策，强调法兰西身份认同。截至 2022 年 8 月底，其现任党主席为 2019 年 10 月 13 日当选的克里斯蒂安·雅各布(Christian Jacob)。

法国社会党(Parti Socialiste，缩写为 PS)，左翼政党，前身是 1905 年成立的“工人国际法国支部”，1920 年发生分裂，多数派另组共产党，少数派则保留其名。1969 年改组成社会党，1971 年与其他左翼组织合并，仍用现名。二战前后曾多次执政或参政，是法国主流政党之一，欧洲社会党联盟成员。1997 年该党重新执政后，提出实行“社会民主改良主义”的主张，强调既要忠于自己的传统价值观，又要实现思想和方法的现代化。政治上强调民主，要求实行地方分权；经济上主张实行新凯恩斯主义，强调国家的干预必不可少；社会政策上，提出“要市场经济，不要市场社会”，强调建立一个更加公正的社会。该党曾在 2003 年提出“左翼改良主义”的新主张。近年来，对内注意体现左翼政党色彩，主张维护劳工利益，同时采取务实的经济政策；对外主张维护法国独立核力量，推动欧洲一体化建设，并加强南北对话。社会党的主要社会支柱是城乡小资产阶级、新中产阶级和知识分子，号称党员和支持者约为 12 万人。该

法国社会党党徽

图片来源：百度百科，https://baike.baidu.com/pic/法国社会党/1268766/1/00e93901213fb80e1608539a3cd12f2eb83894a5?fr=lemma&fromModule=lemma_top-image&ct=single#aid=1&pic=00e93901213fb80e1608539a3cd12f2eb83894a5

① 法国总统马克龙无疑是复兴党的领袖，但总统所在党的党首往往由总统信任的人担任，以便更好地协助总统处理党内事务。

党的中央领导机构为中央指导委员会、中央行政局和中央秘书处。2017 年该党在法国总统和立法选举中惨败，处于在野党的地位。截至 2022 年 8 月底，现任法国社会党第一书记为奥利维耶·福尔(Olivier Faure)。

不屈的法兰西(La France insoumise)属极左翼政党，成立于 2016 年 2 月，创始人为法国左翼政治家让-吕克·梅朗雄(Jean-Luc Mélenchon)。该党宣扬以公平、公正、开放、包容等理念为核心的左翼传统价值观和政策主张，“反建制”色彩鲜明。该党反对经济自由化政策，主张“彻底政治变革”，呼吁通过公投制定新宪法，建立第六共和国，号召民众发起“公民革命”，“用选票将执政者扫地出门”。现有党员和支持者约 50 万。截至 2022 年 8 月底，该党现任主席仍然是让-吕克·梅朗雄(Jean-Luc Mélenchon)。

欧洲生态-绿党(Europe Ecologie les Verts，缩写为 EELV)为左翼政党。该党倡导的生态和环保议题并非只涉及环境、气候与能源，还包括与社会可持续发展密切相关的其他内容，比如调整经济模式、消除社会不平等、加强公共服务、实行“普遍收入”等。它主张通过政治行动来推动社会模式调整，直面当代法国深陷其中的诸多现实困境，近年来获得的民意支持率持续上涨。2020 年法国市政选举中取得历史性突破，在法国全国掀起一股巨大的“绿色浪潮”。①截至 2022 年 8 月底，现任党主席为雅尼克·雅多(Yannick Jadot)。

法国共产党(Parti Communiste Français，缩写为 PCF)为左翼政党。1920 年 12 月 29 日成立，由社会党(工人国际法国支部)分裂而来。二战后初期达到顶峰，最多时拥有党员 80 多万，1946 年大选后成为法国第一大党。1947 年 5 月被排除出政府，其后党员人数逐渐减少。20 世纪六七十年代逐步放弃无产阶级专政和马克思列宁主义这两个提法，提出建设“法国色彩的社会主义”思想，属欧洲共产主义范畴。1981—1984 年参加左翼联合政府，1985 年“二十五大”赞扬社会主义国家的改革，重申在争取社会主义的斗争中没有模式、中心和向导党。1987 年党员约 61 万人，工人居多。1972 年起 G.马歇任总书记，中央机关报为《人道报》。法共的力量和影响从 20 世纪 80 年代初开始下降，苏东剧变后，法共受到严重冲击，但仍坚持共产党名称和社会主义奋斗目标，并继续进行党的革新。1993 年立法选举中，法共获得 9.18%的选票，初步遏制住党的下降趋势。1994 年，党的二十八大放弃民主集中制，代之以“民主”的运转原则，并由罗贝尔·于接替马歇，担任法共全国书记(相当于总书记)。1995 年 4 月，罗贝尔·于参加总统选举，获 8.46%的选票。同年 11 月，罗贝尔·于发表其第一部理论性著作《共产主义的变革》。1996 年底，法共二十九大放弃“法国色彩的社会主义”的提法，代之以“新共产主义”，主张实行共产主义变革。1997 年 6 月，法共参加社会党若斯潘政府。2018 年 11 月 25 日召开的法共“三十八大”标志着其长期执行的“左翼阵线”政策的结束。现有党员约 7 万—8 万，多为工人、雇员、教员、手工业者等。截至 2022 年 8 月底，现任全国书记为法共“三十八

法国共产党党徽

图片来源：百度百科，https://baike. baidu. com/pic/法国共产党/4071377/1/9213b07eca80653883805df19adda144ac3482ee? fr = lemma&fromModule= lemma_top-image&ct = single # aid = 1&pic = 9213b07eca80653883805df19adda144ac3482ee

① 张金岭：《法国政党格局的持续演变与分化——基于 2020 年市政选举的观察与分析》，载《当代世界与社会主义》2020 年 6 期，第 134 - 142 页。

大”上新当选的法比安·鲁塞尔(Fabien Roussel)。

4. 德国政党制度概况

德国实行多党制,《德意志联邦共和国基本法》是少数几个对政党有所规定的西方国家宪法之一。该法第廿一条指出:“各政党应实现国民的政治意愿,它们的建立是自由的。它们的内部组织原则必须与民主原则相符合。”“根据各政党的目的或根据其党员的态度判明,如企图破坏民主和自由的根本秩序,推翻这种秩序或阴谋颠覆德意志联邦共和国,都是违反宪法的。”1967年,德国又颁布了有关政党问题的专门法律——《政党法》,对政党的性质、权利、职责和经费等问题作了更为详细的规定。

1953年,联邦宪法法院根据魏玛共和国时期议会内政党林立、难于形成有执政能力多数的经验,确认了一个关于政党进入联邦议院的限制条款,规定至少获得选民有效选票5%或有3个直选议席的政党才能进入议会。1957年该条款被进一步严格化,使进入议会的政党数量进一步减少。1990年10月德国实现了统一,在统一后举行的首次联邦议院选举中有6个政党进入议会,它们是:基督教民主联盟、基督教社会联盟、德国社会民主党、德国自由民主党、90联盟/绿党和德国民主社会主义党。此后的大选中,联邦议院的议席基本上由这6个政党瓜分。

在绿党进入议会和两德统一以前,德国政党制度的一大特点是,两大主要政党在组建联合政府时均把第三党自民党作为联合对象,与之共享政权。在战后的历次议会选举中,除联盟党1957年获得过半数选票外,其余时间两大党均不能获得单独执政的票数,因此两大党执政都需取得第三党自民党的支持。1983年,新生的绿党进入了德国联邦议院,20世纪90年代初,东西德统一使联邦议院出现了第五大党——民主社会主义党。绿党和民社党的崛起打破了战后形成的三党鼎立的格局,在一定程度上冲击了战后稳定的政党制度,联邦议院出现五党并存的局面。不久,德国出现了以社民党为首的包括绿党、民社党在内的左翼联盟和以联盟党为首的包括自民党在内的右翼联盟轮流执政的政治格局。

2017年大选后,德国政党格局动荡趋势明显,各政党进入联邦议会后,艰苦漫长的组阁过程突显出政党间合作的难度。2021年德国大选后再次出现6个政党进入联邦议会,且任何一个政党的得票率都没有超过30%。目前,德国政坛面临的根本性问题是,政党格局的碎片化趋势越来越明显,联盟党和社民党这两大主流全民党日渐衰落,民粹主义政党德国选择党和生态主义政党绿党逐步兴起,它们不仅在2017年9月的联邦议院选举中表现亮眼,在2019年5月的欧洲议会选举和2021年的联邦议院选举中依然保持了继续逆袭的趋势。可以说,碎片化的政党格局已经极大地威胁到德国政治的稳定性和效率,接下来,各政党如何更好地进行自我定位、响应不断变化和发展的选民偏好,并在此基础上,达成政治合作的意愿、构建政治合作的可能,从而通过有效的政治实践服务于选民的诉求,这是德国政界当前面临的最大挑战。①

德国社会民主党(Sozialdemokratische Partei Deutschlands, SPD),简称社民党,是德国两大主要政党之一,2021年联邦议院大选社民党得票率25.7%(2017年大选时得票率是21.5%),是目前联邦议院的第一大政党,也是德国现存的最古老政党和世界上最古老、最大的

① 参见郑春荣:《德国发展报告(2020):转型中的德国》,社会科学文献出版社2020年版,第2-6页,第32-49页。

政党之一。社民党成立于1863年,源于工人运动,起初明确社会主义性质,在魏玛共和国期间曾参与联合执政,1933年被希特勒取缔。1946年5月,社民党正式宣布重建,并继续奉行传统的社会主义目标和政策,主张实行计划经济和国有化的“社会主义”。1959年,社民党通过“哥德斯堡纲领”,抛弃了传统的社会主义目标,宣布奉行“民主社会主义”,宣布“社会民主党已经从一个工人阶级的政党变成了一个人民政党”。社民党成员主要是工人或者公司雇员,其基础选民是与工会联系密切的产业工人。中央领导机构有全国代表大会、执行委员会、监察委员会和顾问委员会,此外还有社会主义青年组织、社民党妇女组织、社民党劳工问题组织、社民党中小企业组织等。1965年社民党赢得大选,同基民盟/基社盟组成大联合政府。1990年,东、西德社民党宣布合并,成为德国第一大党,它也是欧洲社会党国际的成员党。社民党近年来在保持致力于社会福利的前提下,主张社会正义,强调和重视社会公平以及税收从上至下的分配,主张开放式社会和公民参政,并支持积极的欧洲一体化政策,在2019年12月6日召开的党代会上,社民党完善了其社会政策,以“社会福利新国家”代替了其于2010年开始接受的新自由主义思想,试图以此规避与中右翼政党政策日益趋同化带来的党员流失问题。社民党的最高权力机构为联邦代表大会,党的最高领导机构为联邦理事会,由联邦代表大会选举产生,联邦理事会选出主席团主持日常工作。社民党曾于1966年至1982年,1998年至2009年先后在与基民盟、自民党和绿党的联合政府中占主导地位。2017年德国联邦议院大选惨败后,通过2018年3月的党内投票决议,与默克尔领导的联盟党组成大联合政府。2019年欧洲议会选举中,社民党同基民盟一样丧失了不少选票,得票率仅为15.8%,比2014年欧洲议会选举结果(27.3%)下降了11.5个百分点。2021年德国大选中,社民党成功赢得联邦议院选举,社民党领袖奥拉夫·朔尔茨(Olaf Scholz)出任联邦德国总理。截至2022年8月底,现任党主席是2021年12月11日由社会民主党联邦党代会选举产生的“双党首”萨斯基娅·艾斯肯和拉斯·克林贝尔,这是战后社民党第二次由两位党主席同时领导,社民党为此还专门修改了党章。

德国基督教民主联盟(Christlich-Demokratische Union Deutschlands,德语缩写为CDU),简称基民盟,前身是魏玛共和国时期的中央党。2021年联邦议院大选中,联盟党(包括基督教社会联盟)得票率仅为24.1%,为其有史以来最低得票率(2017年大选时联盟党得票率是32.9%),是目前德国联邦议院的第二大政党。基民盟成立于1945年6月,1990年东、西德基民盟合并。在国内政策上,基民盟主张实行“社会市场经济”,维护自由竞争制度,着力治理东部,把国家干预降低到最低限度,提倡社会福利,主张加强对家庭的扶持;认为已获得完全主权的德国应在适当的时候修改《基本法》,以便为担负更大的国际责任创造条件。在对外政策上,主张加强同美国的联盟,积极推进欧盟东扩和欧洲一体化。2005年默克尔总理上台执政以来,基民盟像黑洞一样吸纳了各传统政党几乎一切有意义的政治议题和主张,稳坐议会第一大党宝座,使得传统反对党几乎沦为尴尬的陪衬。基民盟成员主要是企业主、农场主、官员和职员,其基础选民是较虔诚的基督教信徒。中央领导机构有全国

德国基督教民主联盟标志

图片来源:百度百科,https://baike.baidu.com/pic/德国基督教民主联盟/1273850/1/09fa513d269759ee3d6d3f8802b454166d224f4a716a?fr=lemma&fromModule=lemma_topimage&ct=single#aid=1&pic=09fa513d269759ee3d6d3f8802b454166d224f4a716a

代表大会、联邦理事会、主席团和监察委员会，此外还有青年联盟和妇女联合会等组织。2019年欧洲议会选举中基民盟丧失了不少选票，得票率仅为近29%，比2014年欧洲议会选举结果(35.4%)下降了6.4个百分点。截至2022年8月底，基民盟现任党主席为2022年1月以94.6%得票数当选的弗里德里希·梅尔茨(Friedrich Merz)。

德国基督教社会联盟(Christlich-Soziale Union in Bayern e.V.，德语缩写为CSU)，简称基社盟，成立于1945年，根据基社盟和基民盟两党协议，该党只限于在巴伐利亚州活动和发展组织。两党通常结成联盟党联合参与大选并在联邦议院组成一个议会党团，称为联盟党议会党团，在联邦议院采取一致行动。基社盟自称是一个保守政党，它赞成社会市场经济，认为德国应承担起更多的国际责任。党员代表大会是该党的最高决策机构，常设中央领导机构为党的理事会，日常工作由理事会选出的主席团主持。截至2022年8月底，现任党主席为2018年选举产生的巴伐利亚州州长马库斯·索德尔(Markus Söder)。

德国另类选择党(Alternative für Deutschland，德语缩写为AfD)，简称德国选择党，成立于2013年欧元危机的最高潮，其前身是2013年2月6日由以汉堡大学宏观经济学教授卢克为首的18人小组创建的主张"解散欧元区"的"反欧元团体"，他们认为欧元拖累各成员国的经济竞争力，败坏了欧洲的健康。自诞生之日起，德国选择党就一直是一个议题性政党而非纲领性政党，具有民族保守、右翼民粹、右翼极端等多重面孔：2013—2014年其主张议题带有明显的"民族主义"和"民粹"色调，政治立场中偏右，偏爱反精英的政治话语，支持者主要来自受过良好教育的社会中高阶层，1/3的选民来自最富裕阶层；2015年欧元风波渐渐平息，其主张议题转为反难民、反移民，要求重设边境管控，民族保守主义、右翼民粹主义占据主导地位；2016年通过了第一份政治纲领，明确表明疑欧立场，声明伊斯兰教不属于德国。但作为一个议题性政党，德国选择党的选举表现却异常突出，2017年德国联邦议院大选中德国选择党得票率12.6%，成为德国自第二次世界大战结束以来首个进入议会的右翼民粹主义政党，联邦议院的第三大政党，也是大联盟政府之外最大的在野党。2018年9月的民调支持率已经超过执政的社民党，2019年经过几次联邦州大选，已然跻身所有联邦州的州议会。2019年欧洲议会选举中德国选择党得票率达11%，比2014年欧洲议会选举结果(7.1%)增长了3.9个百分点。2021年德国大选中，该党获得10.3%的选票，为联邦议院第五大党。德国选择党实行双主席制，截至2022年8月底，现任党的双主席是提诺·克鲁帕拉(Tino Chrupalla)和爱丽丝·魏德尔(Alice Weidel)。

德国自由民主党(Freie Demokratische Partei，德语缩写为FDP)成立于1948年，在德国政坛上一直扮演着"中间人"的角色，曾多次作为次要执政党与联盟党或社民党联合组阁，在基督教联盟党和社民党两大政党力量之间起着"平衡器"的作用，被视为德国联邦政治中的"造王者"。在2021年的德国大选中，该党得票率为11.5%，是目前德国联邦议院的第四大党，为"红黄绿"联合政府(即社民党、绿党和自民党联合政府)执政党之一。自民党的目标和主张是：以自由、平等、博爱的基本价值观作为衡量人和社会的行动准则，宣称要以此来改革和完善资本主义制度，主张捍卫和扩大个体自由，主张减税、放松市场管控以及减少国家介入。自民党是自由党国际联盟的成员党，也是欧洲议会中自民党议会党团的成员。自民党是"为中产服务的中间派"，其选民基础是独立创业者和自由职业者，尤其是企业家、医生、药剂师和律师。其组织机构包括联邦党部、州党部、区党部和县党部等，联邦执行委员会为党的最高执行机关。

2013 年联邦议院大选自民党惨败，得票率仅为 4.8%，比 2009 年下降了 9.8 个百分点，没有达到进入联邦议院所必需的 5%这一选举门槛。2017 年大选选票回升幅度明显，得票率达到了 10.7%，但得以重返联邦议院的自民党却未能进入联合政府。2019 年在州议会选举和欧洲议会选举中的得票率在 5%的门槛线边缘浮动，甚至低于 5%。2021 年德国大选中，自民党进入联合政府。截至 2022 年 8 月底，现任党主席是克里斯蒂安·林德纳(Christian Lindner)，他同时担任德国联邦政府的财政部长。

联盟 90/绿党(Bündnis 90/Die Grünen，德文缩写为 Grüne)是德国近两年来重新崛起的一支左翼政治力量。在 2021 年 9 月举行的德国联邦议院选举中，绿党得票率为 14.8%，排名第三，目前是德国"红黄绿"联合政府(即社民党、绿党和自民党联合政府)执政党之一。该党于 1980 年在卡尔斯鲁厄成立，它在上世纪七十年代德国生态、民主运动的基础上产生，又在上世纪八十年代联邦德国和平运动的汇合中得到新的发展。该党 1983 年首次进入议会，1993 年，德国东西部绿党合并成立"联盟 90/绿党"。1998 年—2005 年，绿党和社会民主党组成红绿联盟联合执掌政权。绿党主要聚焦于环保和生态议题，其纲领是：本着"恢复生态平衡，实现社会公正，实行基层民主和采用非暴力"等四项基本原则来变革现存社会制度，谋求建立一种以平衡为基础的，并能充分保障人权和民主权利的社会经济制度，主张反核、停止全球军备竞赛、维护同性恋者权益、提高最高税率等。绿党党员成分复杂，主体是青年学生和各行各业的知识分子，也有一定数量的工人、职员、农民和家庭妇女。绿党成员大部分是对社会现实不满而要求生态平衡的环保主义者，也有反对战争的和平人士，以及出于各种原因从其他各党脱离出来而支持社会改良主张的人。绿党的最高权力机构为联邦代表大会，最高领导机构为联邦理事会，下设州和地方委员会。2017 年联邦议院大选得票率为 8.9%，是进入联邦议院的最弱小的党派；然而，2019 年 5 月的欧洲议会选举中绿党得票率大幅飙升，达 20.5%，差不多是其 2014 年欧洲议会选举得票率(10.7%)的两倍。随着绿党得票率的上升，其党员人数也随之激增，从 2017 年的 65 000 名增至 2018 年的 73 000 人，再增至 2019 年的 94 000 人。实力的壮大给绿党带来谋求成为全民党的动力，为此，绿党目前正试图通过支持"社会生态市场经济"来强化该党在经济政策方面的形象。绿党实行双党首制。2021 年大选后，其前党首之一罗伯特·哈贝克(Robert Habeck)担任现联合政府的副总理兼经济部长，另一位前党首安娜莱娜·贝尔伯克(Annalena Baerbock)担任现联合政府的外交部长。截至 2022 年 8 月底，现任党主席是 2022 年 1 月 29 日新选出的奥米德·诺利普尔(Omid Nouripour)和里卡达·朗(Ricarda Lang)。

左翼党(Die Linke，德语缩写为 SL)，是德国左翼政党，成立于 2007 年 6 月 16 日，由左翼党-民社党(Demokratische Linke—PDS)和劳动与社会公平选举抉择党(Wahlalternative Arbeit und Soziale Gerechtigkeit)合并而成。左翼党成立后，在 2009 年联邦议院大选、2013 年联邦议院大选、2017 年联邦议院大选和 2021 年联邦议院大选的得票率分别为 11.9%、8.6%和 9.2%和 4.9%，连续四届大选均进入联邦议院，成为影响德国国内政治和政党格局的一支重要力量。该党以民主社会主义、左翼民粹主义、反新自由主义资本主义、反军国主义等作为其意识形态，关注民生和社会公平正义，倡导环境保护和生态建设，呼吁捍卫世界和平。然而，尽管 2021 年大选后进入了联邦议会，但是大选中几乎没有工人投票给左派，大选后如何对待社会主义、如何对待北约以及如何对待性别等都正在成为促生左翼党内部分歧的重要问题。左翼党实行双主席制。截至 2022 年 8 月底，现任党主席是 2022 年 6 月 25 日在德国埃尔福特举行的左翼党联邦代表大会上，被选为共同主席的雅尼娜·威斯勒(Janine Wissler)和马丁·席尔德万(Martin Schirdewan)。

5. 日本政党制度概况

日本是实行一党多元制①的国家(属多党制国家范畴)，长期以来，议会多党共存，政府一党独揽成为日本政党制度的一大特点。日本的一党多元制主要通过两个方面体现：一是执政党内派系林立，这些派别在党内进行协商，讨价还价，达成利益妥协；由于自民党内部派阀之间的竞争具有合法的性质，实际上是一种被规范在自民党一党内部的“多党竞争”。所以，有一种观点认为，自民党政权在不同派阀之间更替，是西方国家政权在不同党派之间更替的一种“模拟形态”，正是这种模拟形态的存在，保证了自民党统治的合法性基础。可以这样认为，正是派阀制度的存在，才使自民党长期处于执政地位，如同西方国家多党制存在，才使西方资产阶级能够保持长期统治一样。二是政党通过官僚部门进行利益配置。即官僚分别与社会各领域的特定利益结成密切关系，并实际上成为特定社会利益的代表。如农林省成为农民利益的代表，经济产业省的中小企业厅成为中小企业的代表等，这样，官僚体系内部就产生了问题和矛盾，并由自民党成为官僚体系内部不同利益实现的推动者和不同利益协调的调节者。这种倾向大大促进了执政党在政治决策中地位的提高和权威的增强。② 目前，日本的主要政党包括自民党、立宪民主党、日本维新会、公明党、国民民主党、日本共产党等。

日本自由民主党(英语党名为 Liberal Democratic Party of Japan，英文缩写为 LDP)，简称“自民党”，成立于 1955 年，为老牌的资产阶级保守政党，是当今日本政坛第一大党(2021 年 10 月选举后组成的第 49 届众议院与 2022 年 7 月选举后组成的第 26 届参议院中均是第一大党)，也是执政时间最长、综合实力最强的政党，与政府融为一体，代表日本国内大资本家、寡头的政治经济利益。自民党自 1955 年起长期单独执政达 38 年，1993 年 6 月先后出现三次不同程度的分裂，最终导致在随后举行的大选中失去过半数席位而下野，以后曾多次参加联合政府共同执政。至 2000 年 12 月，随着 1994 年成立的新进党的分化，日本重新回到自民党一党独大的局面。2009 年日本大选民主党获胜，自民党一度失去政权，直到 2012 年众议院选举重新夺回执政党地位。在大选中的一再获胜巩固了自民党一党独大的地位，但 2019 年出现了时隔 7 年的党员数量减少的态势。自民党自称是“立足和平、民主和议会政治，以实现福利国家为目标的保守政党”，党纲宣称“在坚持和平、民主和基本人权”原则的基础上，谋求对现行宪法进行自主修改。在经济上主张自由竞争主义；外交上主张日本在国际舞台上发挥政治大国作用，强调日本应明确加入联合国安理会常任理事国的目标。党员大会是自民党最高决策机关，每年由党总裁召集一次。

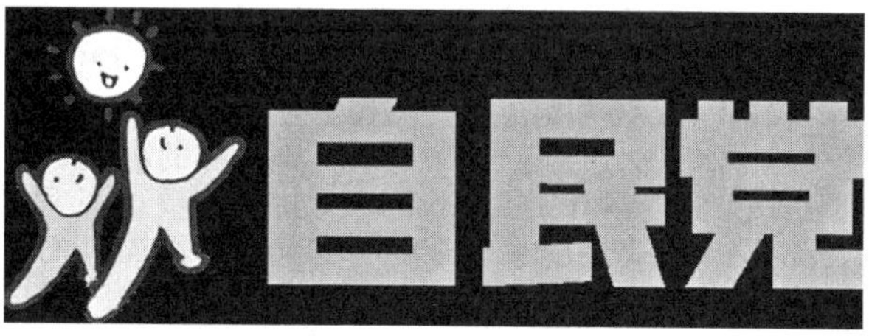

日本自民党标志

图片来源：百度百科，https://baike.baidu.com/pic/自由民主党/6110312/0/ca1349540923dd54ff367d22db09b3de9c824837?fr=lemma&fromModule=lemma_contentimage&ct=single#aid=0&pic=ca1349540923dd54ff367d22db09b3de9c824837

① 也被称为“一党独大制”或者“一党居优制”。
② 王长江：《世界政党比较概论》，中共中央党校出版社 2003 年版，第 278-279 页。

自民党的中央组织机构由总裁、副总裁、干事长、总务会长和政务调查会长组成。总裁必须是该党国会议员，由党员大会公选产生，任期3年，只能连任3次，任期最多3届9年。干事长一职被称为是党的“看守人”，为历届总裁必争，以任用自己的亲信。构成自民党核心的是该党的国会议员，所以自民党素有“议会政党”之称。截至2022年8月底，现任自民党总裁是在2021年9月29日新当选的岸田文雄(KISHIDA Fumio)，他也是现任日本首相；副总裁是麻生太郎(Aso Taro)、干事长是茂木敏充(MOTEGI Toshimitu)。

立宪民主党(The Constitutional Democratic Party of Japan, CDP)，是2021年日本第49届众议院选举后的第一大在野党，是民进党(前身是日本民主党[①])中反对修改宪法的自由派的集合。2016年3月27日，原日本民主党与日本维新党合并后改名民进党，2017年10月民进党分裂，以日本民进党代理党首、属于民进党自由派的枝野幸男为代表的部分“反修宪”党员组建立宪民主党。2020年9月15日，立宪民主党与国民民主党[②]、“重建社会保障国民会议”“无党派论坛”等合并，新党名仍然是立宪民主党。2020年11月14日，社民党[③]以多数赞成允许有意向的党员和地方党部合并入立宪民主党。[④] 同时，在2020年9月29日的立宪民主党常任干事会上，通过了任命菅直人、野田佳彦两位前首相为最高顾问的人事决定。常任顾问为前副首相冈田克也、前农林水产大臣郡司彰、前经产大臣海江田万里三人。该党明确反对安倍领导的自民党的一系列政策，具体包括：反对安倍提出的修宪主张，反对在宪法第9条中增加自卫队的内容，反对消费税增税和反核电，主张通过再分配缩小贫富差距。[⑤] 截至2022年8月底，日本立宪民主党现任党首是2021年11月30日当选的泉健太。

日本维新会，是日本一个保守政党，2012年9月28日以地方政党“大阪维新会”为主体，加上脱离民主党、自民党、众人之党等党的国会议员组成，并陆续将日本创新党与太阳党(原奋起日本)合并入内。2012年成立时，该党以参与日本国家政治为宗旨，以“创建强韧的日本”为

---

① 日本民主党成立于1998年4月，由旧民主党和民政党、友爱新党、民主改革联合4个在野党组成，2003年9月，民主党与小泽一郎领导的自由党在此合并为一个新的民主党。民主党因系多个政党组合而成，成分较为复杂，党内基本可分为“中右、中间和中左”三股势力。这些势力之间既有感情上的隔阂，更有政策主张上的差异，导致该党在国内问题乃至外交、安保等重大问题上的政策及对策难以统一。该党主张建立一个以自立个人为基础的市民社会，尊重宪法的和平思想，经济上主张减税，减少政府对经济行为的过多干预。外交上主张以日本的安全为主体性的“外交立国”，构筑以联合国为核心的世界和平。在2009年8月30日举行的日本第45届国会选举中，民主党以压倒性胜利成为众议院第一大党，2012年12月17日的日本众议院大选再度失去议会多数席位，成为当时日本的第一大在野党。

② 国民民主党是原民进党、原希望之党的集成政党，简称“国民党”。2017年10月原民进党部分党员成立立宪民主党后，剩余的民进党成员2018年5月与希望之党大部分成员合并组建日本国民民主党。2019年4月26日，日本自由党并入日本国民党。2020年9月11日，日本国民党在东京市内召开党代会，宣告解散。

③ 全称为日本社会民主党，前身为社会党，1945年11月成立，1996年4月改为社会民主党。该党主张建立人类尊严、公平公正、自由民主的社会，创造性发展宪法所规定的主权在民、永久和平、基本人权、国际协商等理念。2020年11月14日正式解散。

④ 在2020年10月22日的社民党常任干事会上，经协商最终放弃了以自身解散的方式实现与立宪民主党合并的方案。但是，作为替代方案，11月14日，社民党在东京召开临时党代会，以多数赞成允许有意向的党员和地方党部合并入立宪民主党。党首福岛瑞穗在会后的记者会上称“将建立能吸引新人加入的有魅力的社民党”，表达了再建党组织的意向。参见《日本舆情动态》，2020.11.16—2020.11.22，载上海日本研究交流中心网站. http://www.sjsc.org.cn/2020/1120/ribendongtai/9588.html，2020年11月20日发布。

⑤ 陶文亭，邵建国：《试析日本立宪民主党成为第二大党的原因——基于投票行为研究的社会心理学模式》，载《日本研究》2018年第2期，第31-38页。

立憲民主党
The Constitutional Democratic Party of Japan

日本立宪民主党标志

图片来源：百度百科，https://baike.baidu.com/pic/立宪民主党/22151872/1/e850352ac65c103853435fed165a8413b07eca8023c2?fr=lemma&fromModule=lemma_topimage&ct=single#aid=1&pic=e850352ac65c103853435fed165a8413b07eca8023c2

主题，以此作为众院选举竞选纲领的核心内容，在修宪问题上同日本自民党立场相近。其主张还包括参加《跨太平洋战略经济伙伴协定》(TPP)谈判和强化农业竞争力等政策。在能源政策方面，没有明确提出废除核电站的时间。在外交方面谈到将促使中国把尖阁诸岛(即我钓鱼岛及其附属岛屿)问题提交国际法院，如果被起诉则应应诉。TPP方面，虽参加谈判，但顾虑到“太阳党”的主张，决定“如有损国家利益则反对参加”。该党总部设在大阪，曾任是日本政坛的第三大势力，共同党首是石原慎太郎与桥下彻(2013年1月19日日本维新会改行双代表制)。2014年因与连结党合并而改名为“维新党”，[①]2015年11月维新党发生分裂后，桥下彻作为法律顾问成立了大阪维新会[②]。为将支持范围扩展至全国，2016年8月23日时隔两年又正式更名为“日本维新会”。该党主张成立大阪都，实现大阪府的副首都化，推进地方分权，打破中央集权；改革统治机构，推动修改宪法，实现首相普选。2022年8月27日，日本维新会进行了创立10年后的首次新党首选举，马场伸幸被选为松井一郎的继任者，成为日本维新会新党首(也称为“新代表”)。马场伸幸在当选后根据党章指定副代表、大阪府知事吉村洋文为共同代表。

日本公明党(Clean Government Party，英文缩写为CGP)，简称公明，成立于1964年11月17日，是具有宗教色彩的政党，1970年6月实行政教分离。1993年、2000年大选后均参加联合政权，2009年大选后成为在野党，2012年、2014年、2017年大选后一直参与自民党联合政权，是日本第49届众议院第四大党。公明党强调坚持宪法精神，主张在和平主义基础上构筑“世界中的日本”，主张以尊重人性为核心的“中道主义”，贯彻深入民间的民主主义，尊重地方自主性，推行地方分权，提倡坚持稳健的政治路线，提倡和平主义。截至2022年8月底，现任党首为山口那津男(YAMAGUCHI Natsuo)，干事长石井启一(ISHII Keiichi)。

日本国民民主党(Democratic Party For the People，英语缩写为DPP)，简称“民主党”，正式成立于2020年9月15日，是由原国民民主党党首玉木雄一郎等10余名国会议员另立组建的新的国民民主党，是明确主张修改宪法的右翼政党。现任党代表玉木雄一郎(TAMAKI Yuichiro)，干事长榛叶贺津也(Shinba Kaduya)。

日本共产党(Japanese Communist Party，英文缩写为JCP)，成立于1922年7月15日，属

---

① 时任共同党首的石原慎太郎因反对与连结党合并，2014年6月从日本维新会分裂出来组建了“次世代党”，其三大理念为自立、新保守、次世代，现任党主席为平沼赳夫。

② 2016年3月14日，原维新党与日本民主党正式合并为民进党。

日本的左翼政党。日本共产党是在日本军国主义政府宣布其为非法的情况下成立，1923年被有关单位检举而于1924年解体。1926年再成立，并且主张社会主义与民主主义的二阶段革命，目标为“废除绝对天皇制”与“实现国民主权”，1928年再度被取缔，不少重要领导人如德田球一等都被逮捕，而于1935年再度解体；直到1945年二战结束后才宣告合法化，并重建党组织。20世纪七十年代中期步入发展的高峰期，90年代后再次调整政策主张，注重灵活务实。2000年，日本共产党第二十二次大会对党章进行了根本修改，提出“日本共产党不仅是日本工人阶级，而且是全体国民的政党”，主张在“独立自主、对等平等、不干涉内部事务”三原则基础上开展与“国内外所有政党”之间的党际交流，提出要与美国建立“真正友好关系”。2004年，日本共产党第二十三次大会制定了新纲领，核心是将党的目标进行新的界定，即“超越资本主义”，实现“以社会主义·共产主义”的人类“共同社会”，主要内容包括：保障社会福利预算、废除美日安保条约、修改日本国宪法以巩固民主主义、坚持西方式分权、保障同性恋与少数族群的权利、反对国家主义、要求归还北方领土与千岛群岛、主张钓鱼岛(日称尖阁列岛)是日本领土。截至2018年1月，日本共产党党员人数为31万左右(也有一说认为是40万左右)，但为了保护党员在工作中免受歧视，有近20万党员是秘密身份。截至2022年8月底，现任中央委员会干部会委员长为志位和夫(SHII Kazuo)，中央书记局长小池晃(KOIKE Akira)。

6. 俄罗斯政党制度概况

俄罗斯独立后，国内局势长期动荡不定，导致其政党政治的发展呈现出如下特点：一是党派构成繁杂多变，俄独立之初政治组织曾达3 000多个，[①]经过多年的政治斗争和分化组合，至今在俄罗斯民政部门登记的有200多个党派和运动，进入议会的有五六个党派，没有登记注册的政党和运动仍不计其数。[②] 2007年12月举行的第五届国家杜马选举后，进入议会的政党有4个，分别是统一俄罗斯党得票率为64.1%，俄罗斯共产党为11.6%，自由民主党为8.2%，公正俄罗斯党为7.8%。[③] 二是组织体系不够稳定，除俄共等少数政党外，几乎都存在组织体系残缺不全、组织纪律涣散松懈、领袖精英左右政党等问题。三是目前尚无明确意义上的执政党。如俄前任总统叶利钦和现任总统普京都以超党派自居，统一俄罗斯党可以被视为支持现任总统普京的“政权党”，但还不是严格意义上的执政党。四是政党作用开始上升但存在很大局限性。从主观方面来说，导致这种结果的原因主要是由于各政党自身发育不成熟，纲领主张缺乏吸引力，组织程度普遍较低，各党派之间不仅观点对立，而且还包含着不少个人恩怨和利益之争等，这些都严重抑制了政党作用的发挥。从客观方面来说，俄罗斯是半总统制国家，总统凌驾于各党派之上，而宪法授予国家杜马的权力却十分有限，在议会中占多数的政党在总理组阁时几乎没有任何发言权；加上俄罗斯于2001年通过《俄罗斯政党法》对政党的活动方式和范围进行了限制，政党发挥作用的空间更为有限。此外，俄罗斯的民主传统不够发达，许多百姓期盼“强人治国”，这也限制了俄罗斯政党作用的发挥。可见，俄罗斯虽采用了西方多党议会制，但政党政治远未成熟。俄罗斯目前存在的主要政党包括：统一俄罗斯党、俄罗斯联邦共产

① 孔寒冰：《当代各国政治体制——俄罗斯》，兰州大学出版社1998年版，第51页。
② 王长江：《世界政党比较概论》，中共中央党校出版社2003年版，第361页。
③ 于宏建：《面向未来的选举——俄国家杜马选举结果初析》，载《人民日报》2007年12月4日第3版。

党、公正俄罗斯党、自由民主党、新人党等。

统一俄罗斯党(United Russia,英文缩写为UR)成立于2001年12月1日,由“统一”党、“祖国”运动和“全俄罗斯”运动合并而成,是俄罗斯境内最大的政党,也是俄罗斯国家杜马的第一大党。自2003年起,统一俄罗斯党在历届国家杜马选举中均大获全胜,在国家杜马(两院制议会的下院,450个议席)拥有多数席位,其中2003年和2011年赢得简单多数席位,2007年、2016年和最近一次的2021年赢得2/3以上的宪法多数席位,成为影响议会的核心力量。在联邦主体和地方选举中,统一俄罗斯党稳居领先地位。从该党创立之日起,其在历次总统大选中推出的候选人也都全部赢得了大选。“统一俄罗斯”党除拥有“团结—统一俄罗斯”党、“祖国—统一俄罗斯”党和“俄罗斯地区”议员团3个同盟外,在85个联邦主体中共有约40万名党员。另外还有与之合作的戈尔巴乔夫领导的俄罗斯社会民主党,曾任联邦委员会主席的米罗诺夫领导的公正俄罗斯党等,在地方单席位选区候选名单中拥有28位地方行政长官。2019年2月11日,总统助理弗拉季斯拉夫·苏尔科夫在《独立报》发表题为“普京的长久之国”的文章提到:“俄罗斯尽管实行多党制,但是在各级议会、政府和经济结构中起主导作用的,一直是先后由普京和梅德韦杰夫挂帅的统俄党。该党并无独特的意识形态和纲领,认准一条——紧跟普京,维护现有体制。”[①]因此,统一俄罗斯党又被称为“政权党”或者“权力党”。党的领导机构为全国代表大会,此外,还设有党的最高委员会,负责制定党的发展战略,其成员均经选举产生。党的常设工作机关是中央执委会,负责日常工作和选举。此外,还有一个由15人组成的中央监察委员会,同样是5年任期。统一俄罗斯党属于中间偏右政党,就其意识形态色彩而言,是所谓的“俄罗斯保守主义”,即坚决弃绝激烈革命,主张渐进式改革和“保守主义现代化”。2017年1月党的第十六次全国代表大会上,时任统一俄罗斯党主席梅德韦杰夫在讲话时表示,统一俄罗斯党不仅是议会多数党,而且是执政党,是普京总统最主要的政治资源,党的纲领就是俄罗斯的国家发展规划。该党的纲领主张主要包括:加强俄罗斯的国家主权,提高国防能力,青年一代的爱国主义教育,培育有竞争力的经济,扩大投资和创新,发展民主等。截至2018年,共有86 000多个基层党组织,2 500多个地方机构,党员人数为211.4万人。[②] 前任党主席为国家杜马主席格雷兹洛夫(2002—2008年),第二任党主席为普京(2008—2012年),自2012年起至今,德米特里·阿纳托利耶维奇·梅德韦杰夫一直担任着党主席。[③]

俄罗斯联邦共产党(Communist Party of the Russian Federation,英语缩写为CPRF)的前身是1990年6月成立的俄罗斯苏维埃联邦社会主义共和国共产党。1991年“8·19事件”后,苏联国内掀起反共浪潮,俄罗斯总统叶利钦三次颁布法令,禁止苏共和俄共的活动,并没收党的全部财产。苏共和俄共广大党员为恢复共产党的合法地位与俄当局进行了不屈不挠的斗争,至1992年年底,随着宪法法院的判决生效,俄共基层组织迅速得到恢复并开展活动。1993年2月,俄共在俄司法部获准登记,成为合法的政党。2000年12月,俄共召开七大,提出将成为普京当局“负责任的、不妥协的、建设性的反对派”。此后,俄共作为俄政坛上一支合法的政

---

① 盛世良:《普京引领俄罗斯走非西方发展道路——试析苏尔科夫文章》,载《红旗文稿》2019年第8期。
② 薛福岐:《统一俄罗斯党:从“政权党”到执政党》,载《人民论坛》2018年第17期,第22-23页。
③ 2021年12月4日,统一俄罗斯党第20届代表大会上,梅德韦杰夫再次当选统一俄罗斯党主席,任期五年。

统一俄罗斯党标志

图片来源：百度百科，https://baike.baidu.com/pic/统一俄罗斯党/3864091/1/a08b87d6277f9e2f80bfa2b11930e924b999f385?fr=lemma&fromModule=lemma_top-image&ct=single#aid=1&pic=a08b87d6277f9e2f80bfa2b11930e924b999f385

治力量日益显出其重要作用和影响。2021年9月第八届国家杜马选举比例代表制部分得票率为18.93%，最终获得57个席位（2016年12月第七届国家杜马选举时得票率仅为13.34%，在国家杜马有42席），是俄罗斯国家杜马第二大党，是俄最重要的政治力量之一，成为俄罗斯向两党制、三党制发展进程中重要的一极。从党员人数上看，1993年重建后俄共党员人数达到55万人，后来曾一度超过60万，党员的年龄结构、知识结构和职业分布都得到了较大的改善，然而，进入2000年后俄共因内部意见分歧造成的组织分裂大大削弱了党的力量，2005年党员人数降至18.8万，2006年降至15.7万，之后则变化不大，2016年为16.2万人。不仅如此，党员平均年龄也在不断老化。[①] 俄共党章、党纲规定俄共是“为实现纲领和章程目标而联合在共同利益基础上的俄联邦公民按照自愿原则建立的自治的全俄社会政治组织”。俄共是“爱国主义反对派”。它捍卫所有劳动者的利益。俄共的政治目标是在“发展马克思列宁主义理论的基础上，以集体主义、自由和巩固多民族联邦国家的原则建立公正社会”。坚持社会主义方向，实现人民政权、公正、平等、爱国主义、公民对社会和社会对公民的责任感，社会主义将在未来更新的宪法中出现，最终实现共产主义。政治上赞成多党制，战略目标是通过议会斗争和宪法手段努力争取获得苏维埃形式的人民政权；捍卫俄罗斯作为一个联邦共和国的国家统一和领土完整；经济上赞成市场经济，反对新自由主义，认为俄罗斯正在进入剥削者与被剥削者之间斗争加剧的时期，俄罗斯当局用新自由主义方法指导其经济政策，造成俄罗斯经济大部分处于外国控制之下，已经威胁到俄罗斯的国家安全，[②]主张改变现行国家经济方针，实行国家调节，反对土地私有化，反对强行私有化，赞成不同形式所有制的最佳结合；在社会和文化方面，俄共主张通过就业法，消灭失业，保障居民实际最低生活费和最低工资，防止社会贫富分化。自俄罗斯联邦共产党成立以来，根纳季·安德列耶维奇·久加诺夫一直担任着党主席。

公正俄罗斯党（A Just Russia），是俄罗斯的一个社会民主主义政党，是社会党国际成员党，2006年10月28日，俄罗斯生活党、退休者党和祖国党三个中左翼党派分别举行非例行代表会议，一致决定合并组建新党，并将新党的名称确定为“公正俄罗斯：祖国·退休者·生活”（简称“公正俄罗斯”党）。“公正俄罗斯”党是一个中左翼政党，旨在推动解决众多社会问题的中左翼政治力量。该党是在原俄罗斯祖国党党章基础上建立的。“公正俄罗斯”党作为反对派政党，实际上拥护俄罗斯普京总统的现行方针。该党对俄罗斯社会发展过程中出现的问题进

① 郭春生：《新兴政党政治下的俄罗斯联邦共产党》，载《国外社会科学前沿》2020年第1期，第4-13页。
② 德·格·诺维科夫：《当今世界和俄罗斯联邦共产党的任务》，载《世界社会主义研究》2020年第1期，第8-14页。

行关注，对社会问题关注有其独特的视角。此外，贫困是该政党在社会领域的另一个关注点。公正俄罗斯党的价值观包括：社会公正性，所有人享有平等的权利和自由，几代人的团结，社会安全，家庭平安，爱国主义，国家对自己公民的平安负有责任，公民对国家的效率负责，参与民主。2021 年 2 月，“公正俄罗斯”党、“为了真理”党和“俄罗斯爱国者”党举行合并大会，宣布成立新的左翼爱国主义政治力量。谢尔盖·米罗诺夫成为其领导人，普里莱平（为了真理领导人）和根纳季·谢苗金（俄罗斯爱国者的领导人）成为联合主席。党员人数最多时达到 50 万，目前人数不详。2021 年 9 月俄罗斯联邦国家杜马举行第八届选举，比例代表制部分公正俄罗斯党得票率为 7.46%，最终以 27 个席位进入国家杜马，为俄罗斯国家杜马第三大党。

俄罗斯联邦共产党标志

图片来源：百度百科，https://baike.baidu.com/pic/俄罗斯联邦共产党/6133235/1/f2deb48f8c5494eef01fafbdcba1f7fe9925bc31d040?fr=lemma&fromModule=lemma_topimage&ct=single#aid=1&pic=f2deb48f8c5494eef01fafbdcba1f7fe9925bc31d040

俄罗斯自由民主党（俄语为 Либерально-демократическая партия России，俄语缩写为 ЛДПР）成立于 1989 年 12 月 13 日，是苏联实行多党制后成立的第一个政党，1992 年 4 月前，名为苏联自由民主党，1998 年 5 月 7 日，重新登记。党的主席是日里诺夫斯基。该党是一个领袖型的、带有浓厚民粹主义色彩的右翼政党，宣称党的目标是联合所有爱国主义力量，实现民族复兴，防止俄罗斯沦为西方的半殖民地，主张将总统任期延至 8 年，恢复俄罗斯的大国地位，“复兴强大的民主和繁荣的俄罗斯国家”。党的意识形态是“爱国主义、自由主义、民主主义和公正法制”，主张在经济上国家应对所有经济命脉实行垄断，实行重工业国有化；主张实行一院制议会和单一制国家，主张恢复革命前的行政区划，把全国分为 30—40 个省；在对外政策上，主张在自愿的基础上重建俄罗斯国家，与原苏联加盟共和国结盟，首先与白俄罗斯、乌克兰和原苏联其他加盟共和国统一，还要求恢复沙皇时期的各种象征物，把来自西方的“总统”称号改为“最高执政者”。在组织原则上，它声称自己是各阶层的政党，对一切公民敞开大门，不用介绍和基层党组织会议的决议就可以加入。在 1993 年俄罗斯国家杜马的选举中，自由民主党成为仅次于“俄罗斯选择”的第二大党，在以后几届国家杜马选举中均获得较高的支持率，成为重要的议会党团之一。2021 年俄罗斯联邦国家杜马举行第八届选举，自由民主党在比例代表制部分以 7.55%的得票率进入国家杜马，最终获得了 21 个议席，为俄罗斯国家杜马第四大党。弗拉基米尔·沃尔福维奇·日里诺夫斯基从自由民主党创立之日起就一直担任着该党主席，直至 2022 年 4 月 6 日因病去世。2022 年 5 月 18 日，列昂尼德·斯卢茨基当选俄罗斯自由民主党主席。

俄罗斯新人党，由化妆品公司法贝尔利奇的创始人、亿万富梦阿列克谢·涅恰耶夫（Aleksey Nechaev）于 2020 年 3 月创立，是个面向年轻选民的政党，积极分子来自各个城市，都是一些年龄在 20 岁到 27 岁之间的年轻人，该党建立了一个相当大的地区网络，在联邦一级几乎没有知名领导人，其中间偏右的纲领相当模糊，总体上与未进入杜马的政党区别不大，提出从中央转向地区的重新分配预算资金，忠诚于总统普京所领导的政府。在 2021 年 9 月国家杜马选举中，在比例代表制部分以 5.32%的得票率刚刚超过 5%的选举门槛，排名第五进入国家杜马，最终获得了 13 个议席。

三、两党制比较研究

英美两国之所以一直能维持两党制，最主要的原因在于两国的选举制度使得小党很难与两大党相抗衡。因为英国的下院选举和美国的国会和总统选举都实行单名选区制和胜者得全票制，每一个选区只选一名议员，只有获得该选区最多票数的候选人才能当选，这明显有利于大党的参选，而小党则很难有所作为。

如果对英、美两国的两党制作一个比较，可以发现两党制有一个共性，就是在政治活动中都具有较强的灵活性，有利于调解各政党之间、各社会阶层和集团之间的矛盾，有利于社会的稳定。但由于英美两国的政体形式和政治文化传统存在着一定的差异，因此英美两国的两党制具有不同的特征，可以简要地比较如下：

第一，政治体制的不同，使英美两大党对政府的影响力不完全一样。英国议会中的执政党和政府政党完全合一，是典型的“政党政府”，执政党既控制议会，又控制政府，往往能在两者的协调中获得利益的最大化。而美国实行三权分立的总统制，执政党通常指总统所在的政党，但其不一定也在议会中获得多数席位，当总统所在的政党和议会多数党不一致时，议会就与总统的权限互相牵制，执政党在制定法律和政策时会处处受到牵制，难以做到像英国那样伸缩自如。

第二，就政党的纲领来看，英国两党具有明显的意识形态分歧，而美国两党则没有明显的意识形态分歧。英国的两大党都带有浓厚的阶级色彩，保守党代表大、中资产阶级的利益，致力于捍卫现存的有价值的制度，支持和维护宪法、国王和宗教，在经济上竭力维护私有财产。而工党则自称是工人阶级政党，坚持民主社会主义方向，党的目标是为实现社会主义而奋斗。因此两党意识形态之间的分歧十分明显。而美国共和党和民主党都是资产阶级政党，为了争取不同阶级、阶层和集团的选票，两党的竞选纲领都趋向中间立场，这就使两党更为相似。

第三，英美两党制下的政党组织结构不一样，英国两党的组织体系较为严密，而美国两党则组织松散。英国两党议会党团的党纪较严，规定议员在投票时必须和领袖的观点一致，督导员常与本党议员沟通，要求他们支持本党政府，不然的话则不可能在下次选举中获得提名，并且还会被开除党籍，丧失其政治前途。美国两党议会党团的组织纪律则极为松散，党纪对领袖和一般党员均无约束力，党纪同时也规定领袖无权命令本党议员在国会中按其意见行事，最多只能有一些小小的惩罚措施。英国两党制的存在得益于党内组织纪律的严格和严密，英国人对入党比较重视，入党仪式也比较郑重。在严格的组织制度保障下，英国的政治体制存在着一种较强的内化力，不允许三党并立的情况出现。而美国正因为存在着涣散的政党组织结构，才能吸引选民。美国人对入党很不看重，政党的各级组织体系也较为松散，对党员没有严格的纪律约束，政党机器往往到选举时才全力开动。每当大选前，如有第三党提出一些较好的设想，两大党则分别以此来取长补短，先看看选民的反应如何，再充实和完善自己的竞选纲领，以保持其竞选纲领的常变常新，这也从客观上排斥了第三党对选民的吸引力。

第四，在不同的政治体制下，英美两国政党发挥作用的途径是不一样的。在英国，由于执政党处于政治舞台的中心位置,它对政府决策的形成起着关键性的作用。因此人们对执政党比较重视,无论是新闻媒体还是普通人的注意力,都放在执政党身上。尽管反对党的存在被看作是英国政治体制中自由和民主的象征,反对党的地位得到各界的一致尊重,但它在决定政府重大决策的过程中只起着相当次要的作用。而在美国,由于总统所属的执政党往往不能同时获得议会两院的多数席位,进而控制议会的立法过程,因此常常在决定国家重大事务的问题上出现两个决策中心,国会和总统在对外政策上唱反调的情况也时有发生。这样一来,社会上的各种利益集团既可利用总统所在的执政党,也可利用议会多数党来实现自己的利益。两大党可以在不同的场合同时发挥各自的作用。

四、两党制与多党制比较研究

法国、德国、日本等国家之所以实行多党制,主要是因为这些国家资本主义发展起步较晚,发展较慢,社会结构较复杂,形成了许多不同的利益集团,容易形成不同的党派。加上战后许多欧洲大陆国家纷纷实行比例选举制,这就在客观上有利于小党的存在。多党制与两党制相比较有以下几个弱点:

第一,如果说两党制最大的特点是政局较稳定,多党制的特点就是政局较为动荡。这是因为两党制对民主政体有缓和矛盾的作用。比如说,在争取选票时,左右翼两大政党为了争取中间派的支持不得不采取倾向于温和主义的中间政纲,而温和性的政纲有助于社会的稳定。同时,由于两党制下执政党由一个单一的政党组成,它能赢得议会中稳固的多数派的支持,从而保障了政局的稳定。而在多党制下,各政党往往只关注本党的利益,内阁常常是进入议会的各党派妥协的结果,属于暂时性的利害关系的结合,一旦政见不合,新的妥协不能形成,就会造成内阁的分裂,使政府频繁更迭,从而形成政局的动荡,当然,多党制国家政局的动荡不等于政治动乱或社会动乱,因为长期以来民众对政局的动荡已经习以为常,内阁的变动一般不会导致社会动荡,但政局多变总会对民主制的发展产生障碍。

第二,在两党制下,因为两大党在竞选中都有明确的纲领,选民可以在两套政纲中进行选择,当选政党的政纲自然也就成为政府的政纲。两党制产生的内阁是责任内阁,它名义上对议会负责,实际上凭借着执政党对议会多数席位的控制,可以使其推行的主张在议会畅通无阻。如果发生了政策上的重大失误或明显背离选民意愿的行为,选民也很容易通过下轮选举更正自己的选择。而在多党制下,虽然选民可以根据自己的喜好投任何一个党派的票,但联合政府实行的政策往往是执政联盟中各党政治主张的妥协和综合,是由各党派领导人协商后确定的,与任何一个党派的竞选纲领都有很大的不同,这样一来,多党制国家中选民的直接选举相对来说就失去了意义。同时,在多党制政府发生执政危机的时候,由于责任制不明确,选民无法准确判定究竟是哪个政党应对政策的失误负最终的责任,这就会影响到下一轮大选中选民的投票意向。出于稳妥的考虑,选民更倾向于长期固定地支持一个传统政党,这不但使多党林立的局面很难改观,而且造成有突出政绩的政党很难赢得更多选民支持的窘境。

第三,两党制下,由于两大党长期轮流执政,其他小党根本无法插足政府,甚至连进入议会都很难。在这种情况下,一些较次要的社会集团失去了组织独立政党的动力,不得不依存于两大党的旗下。而多党制下,因为各党处于势均力敌的状态,很难有一个政党能在议会中获得绝对优势而独立组阁,成立多党联合政府往往是多党制国家的必然选择,因此,在某些特殊的情况下，小党的领袖也有可能出任联合政府首脑。这样一来，国内各阶层纷纷组织起代表自己集团利益的政党，从而使政党的发展更能适应时代的需要，更呈现出一种充满生机和活力的状态。

第三节　政党与多元民主制

一、多元民主制的内涵

多元民主制是指一种分散的政治权力存在于自治的社会集团和分散的政治决策中心之内，众多社会团体都可通过一定方式共同参与政治决策过程的民主制度模式。当代多元民主制思想在20世纪五十年代得到了发展，出现了达尔的《民主理论的前言》(1956年)，以及达尔和林德布洛姆合著的《政治、经济和福利》(1953年)等著作。这些著作采用经典多元主义的经验(观察)方法，承袭了传统多元主义限制国家权力的标准信仰。当代的多元民主理论不是在与国家主权理论，而是在与精英理论的对立中发展起来的。其中心假设是，政治资源广泛分布，在不同的年代和不同的政治争论中，不同的利益占据着主导地位。多元民主理论也是对经典民主理论的反应，因为西方传统的民主理论实际上是一种一元民主论，把民主理解为是国家权力或政治权力的民主，理解为就是由人民通过掌握国家权力来当家作主，这种一元民主论在卢梭的人民主权理论中得到最彻底的表现。而多元民主论则主张民主不只是通过国家这个唯一的权力中心而存在，而是由社会中的许多团体来分享，是众多团体共同参与政治决策过程。它降低了投票作为民主筹码的重要性，为压力集团的活动提供了智识上的合法性。这种多元民主制最著名的论调是达尔的评论："在美国那些注定要影响政府的集团中(当然，这些集团有组织、有活力、而且有长久的生命力)，每一个都拥有对政治体制某些环节中的某些官员施加影响的能力和机会，以实现其哪怕是部分的利益"。达尔作为多元民主理论最积极的倡导者和最充分、最系统的阐释者，被誉为当今西方"最主要的民主理论家"。①

多元社会构成了多元民主制的理论基础。在达尔看来，一个多元的社会就意味着：(1) 意见的多元性。由于各人的天资才能、教育程度、知识水平、文化修养等因素的影响，人们的思想意识总是千差万别，其中有先进的，有落后的；有激进的，有保守的，等等。因此，无论是为了激发人们的创造性，或是为了保证社会的稳定，都必须允许充分的言论自由。达尔将此视之为民主的先决条件之一。(2) 利益的多元性。20世纪以来，随着社会政治经济的发展，利益分化日趋显著，在社会、政治、经济、文化、宗教等领域出现了众多的利益集团，它们互相独立，具有相对的自主性，成为一种追求自身利益和求得自我满足的实体。(3) 冲突的多元性。达尔对两极分化的理论分析并不以为然，而认为除极少数同质性较强的社会以外，在绝大多数社会里，冲突是普遍存在而且是纷繁交错的。一方面是民族、种族、语言、宗教、部落、地区之间的冲突，另一方面是职业、行业、地位、权力之间的冲突。(4) 权力的多元性。达尔接受和发展了拉斯基等人关于权力的多元性的思想，并将权力多元性原则视为多元民主社会的重要特征。

① 应克复等：《西方民主史》，中国社会科学出版社1997年版，第495页。

这种权力多中心原则要求社会政治权力互相分割、互相独立、互相制衡，从体制上防止政治权力集中到任何一个持久、一致、连续、强大的政治联盟和权力中心的出现。代替这种联盟的是整个社会范围内基于不同价值观念、经济利益而形成的各种各样的集团。这些相互冲突的集团通过各种途径参与政治生活、影响政治决策，以谋求自身利益的最大满足。利益集团的经济化和制度化，客观上造成一种新的权力分配和制约关系，即国家不是唯一的主权体现者和权力中心，各种利益集团同样是权力的中心与主权体现者，其中，国家是普遍主权者，而利益集团是特殊主权者，各自发挥着不同的政治功能。政府政策就是在这些集团之间通过协调、交易、妥协而形成，政治冲突也在这种交易中得到和平解决，民主也就有了切实的保障。

基于上述理论，达尔重新界定了民主概念，提出了“多头政制”(即多元民主制)的新概念。达尔认为，民主作为一种理想的政治制度，指的是主权在民或多数人的统治，它应当包括五个方面的内容：(1) 选举平等；(2) 有效地参与；(3) 充分的议政；(4) 对议事日程的充分控制；(5) 民主适用于所有成年人。由于人类社会中任何一种实际的制度从未完全符合这些标准。这就是说，作为主权在民或多数人的统治的民主，只是一种理想的政治制度。在现实世界中接近这一理想状态的或者至少是沿着这一方向发展的政治制度则称为“多头政制”，衡量“多头政制”的两个变量是公民参政(主要指公民参加的周期性选举)和公开竞争(指各利益集团、政党、个人的政治竞争)。“多头政制”的实现过程是众多代表不同利益的集团——例如商业组织、工会、政党、妇女机构、宗教组织等——之间的政治上讨价还价的过程。而多元民主制的价值就是多重的集团共同参与政府决策。民主就其实际意义而言，就是一种权力为众多团体分享的“多头政制”，是“多重对立的少数人”的统治，而不是古典民主理论所标榜的“主权在民”或“多数人的统治”。①

二、政党与多元民主制

从多元民主制的理论出发，考察政党和多元民主制的关系的重心，就应落在分析政党与利益集团关系问题上。目前，在西方国家里，存在着众多的利益集团，它们介于政党与社会团体之间，是西方国家政治生活的重要组成部分，也是西方政党政治和政党制度的重要补充。搞清楚西方国家利益集团与政党的相互关系，对研究西方国家政党政治具有十分重要的意义。

所谓利益集团，是指具有某种共同利益、政治主张和价值取向的人们或机构，为了以集体的力量达到某种共同目标而组成的团体。他们或经常在议会大厅外进行游说，或举行集会游行，提出某种利益诉求，对议员和政府官员施加影响或压力，使议会和政府做出符合自己集团利益的决策，故又称“院外活动集团”或“压力集团”。

1. 政党和利益集团的区别

西方国家的利益集团虽然和政党一样，具有吸纳公民从事政治参与的作用，充当着公民和政府之间联系的纽带，但两者的区别是十分明显的。

(1) 两者所反映的利益不同，政党是一个阶级的政治组织，反映的是特定阶级的政治利益，而利益集团反映的是一定的社会阶层或集团的利益，可以是跨阶级的。如西欧国家近年来迅速发展起来的绿党就是一个跨地域和跨阶级的组织。

---

① 应克复等：《西方民主史》，中国社会科学出版社 1997 年版，第 499 页。

(2) 两者的奋斗目标不同，政党通常以取得政权和维护政权为主要目的，赢得大选的胜利，通过组阁进而控制国家权力，把本党的政治主张在全国范围内以政策或法律的形式付诸实施，是所有政党的最终奋斗目标。而利益集团常常以实现某种特定的利益与主张为目的，它诉求的内容范围较为狭窄，往往只涉及局部的利益，对社会其他群体的影响力较为有限。

(3) 两者的组织性质不完全相同，政党一定是一种政治组织，有明确的党纲、党章和组织系统，通常要向全社会公开表明本党对国内外事件的明确态度，表明本党一贯的政治主张。而利益集团可以是一种经济的、民族的、文化的或宗教的组织，它往往没有什么固定的政治纲领，只通过其领导人对重大事件表明一定的态度。

(4) 两者实现目的的途径不同，政党实现目的的途径是通过选举进入议会和政府，然后通过合法程序实现本党的政治目的；利益集团是通过对议会和政府官员进行游说、举行集会游行甚至采用贿赂等方式来影响议会立法而实现自己的目的的。因此，利益集团通常不要求就其行为对公众负责，而政党的行为是要对公众负责的。

(5) 两者的竞选策略不同，政党只是全力支持本党的候选人参加竞选，而利益集团根据其需要，可以支持促进其目的实现的任何政党和候选人。同样，政党在一段时间内通常只受到自己的选民的支持，而利益集团可以同时得到许多公民的支援。

2. 政党和利益集团的关系

在西方国家，作为政党政治的一种补充的社会利益集团，与政党是一种相互依存的关系。虽然政党同利益集团之间不可避免地存在着错综复杂的矛盾，但两者之间相互合作与利用，却是两者关系的主流。

首先，政党要从利益集团中得到金钱和舆论方面的帮助，政党特别是执政党需要利益集团(尤其是以大财团为背景的利益集团)的支持与配合，以使自己同社会保持密切的联系，在政坛上取得优势地位。

其次，执政党的态度是利益集团的特殊利益和主张得以实现的重要因素，因此，利益集团需要政党充当自己的政治代理人，为自己的经济利益服务。

西方国家政党政治的一个突出问题就是金权政治的泛滥。因为政党政治需要金钱，离开了金钱，政党就无法生存和活动；而利益集团影响政治过程特别是决策过程的主要方式，就是将巨额资金捐献给政党或政治家，使政党或政治家在制定政策时为这些利益集团争取更多的利益。这就形成了金钱与权力相互交换的恶性循环，即提供的政治资金越多，得到的利益就越大；得到的利益越大，就越愿意提供更多的政治资金。显然，这种金钱与政治的结合，即金钱影响和控制政治，政治为金钱服务的现象，在西方国家政党政治中的泛滥，与利益集团的大肆活动有着密不可分的关系。

因此，总的说来，政党和利益集团是一种互相依赖、互相利用的关系。在西方社会进入多元民主社会的今天，两者均具有广阔的发展空间，并对政治生活的运转发挥着越来越重要的作用。

思考题：

1. 英美两党制的组织结构及其活动方式各有哪些不同？
2. 西方国家的“多元政治”与政党制度有什么关系？

3. 政党制度自产生以后，在西方国家的政治生活中究竟占有什么样的地位？政党政治在政治体制中究竟发挥着什么样的作用？

案例六：统一俄罗斯党：从“政权党”到执政党

目前，在俄罗斯司法部正式注册的政党共有73个，其中影响力最大的无疑是统一俄罗斯党（以下简称“统俄党”），也被媒体和学界称为“政权党”或者“权力党”。

统俄党2001年12月1日正式成立，2003年12月24日使用现名，在绝大多数地方议会拥有多数席位，目前也控制着国家杜马的宪法多数席位。俄罗斯政府总理、统俄党的党主席梅德韦杰夫在2017年1月该党第十六次全国代表大会上讲话时表示，统俄党不仅是议会多数党，而且是执政党，是普京总统最主要的政治资源，党的纲领就是俄罗斯的国家发展规划。

统俄党的组织体系包括中央领导机关、联邦主体、地方和基层党组织。在每个联邦主体都设立分部，每个地方都设立地方分部，然后是基层党组织。目前统俄党共有86 000多个基层党组织，2 500多个地方机构，党员人数为211.4万人。同时，每个统俄党地方都成立党的支持者委员会，主要吸纳那些不从事政治活动但支持统俄党的民众。

统俄党的最高权力机构是全国代表大会。此外，还设有党的最高委员会，负责制定党的发展战略，其成员均经选举产生。党的常设工作机关是中央执委会，负责日常工作和选举。此外，还有一个由15人组成的中央监察委员会，同样是五年任期。统俄党的纲领主张主要包括加强俄罗斯的国家主权，提高国防能力，青年一代的爱国主义教育，培育有竞争力的经济，扩大投资和创新，发展民主和公民社会等。就其意识形态色彩而言，是所谓的“俄罗斯保守主义”，即坚决弃绝激烈革命，主张渐进式改革和“保守主义现代化”。当然，统俄党的纲领主张也往往被指责为“维持现状”，不思进取。

与一般意义上的政党一样，统俄党在政治上更多地表现为一架运转正常的选举机器。自2003年起，统一俄罗斯党在国家杜马（两院制议会的下院，450个席位）拥有多数席位，其中2003年和2011年赢得简单多数席位，2007年和2016年则赢得三分之二以上的宪法多数席位。在联邦主体和地方选举中，统俄党稳居领先地位。

统俄党在民众动员、获得反馈等方面进行了许多尝试。

作为“政权党”或者执政党，统俄党的主要功能之一是民众动员、支持与反馈的制度化渠道。近十年来，统俄党在民众动员、获得反馈等方面做了许多新尝试，推出许多新举措。

第一，大力加强基层组织建设。通过修改党章，让更多的基层党组织书记参与到党的各级领导机构当中。譬如党章规定，党中央的总委员会至少20%的成员是基层党组织书记，而地方一级的党组织领导层至少30%是基层党组织书记。目前，统俄党在全国共有86 000多个基层党组织（包括克里米亚和塞瓦斯托波尔），下一步的计划是，基层党组织要与投票站的数量相匹配。在2016年选举中，全国共设立95 000多个投票站（选民1.09亿多人），这意味着需要新建近9 000个基层党组织。对投票站的全覆盖意味着对投票和计票过程的全程监督，这也是统俄党作为“政权党”保证其在地方和联邦选举中获胜的主要手段之一。

第二，加强干部轮换。统俄党2012年5月对党章进行修订，规定党的地方分支机构书记通过秘密投票、差额选举产生，且连任不得超过两届。在2017年1月全代会之前，通过党内选举更换了三分之一的书记。这样可以保证不断有新鲜血液加入党的地方领导机构，保持党组织的活力和战斗力。

第三，保持党的开放性。统俄党内部设立社会、爱国主义和自由派三个所谓"平台"。还计划增加一个企业家平台，吸纳中小企业主参与其中。这是因为，统俄党由三个不同的政治力量组合而成，内部意识形态和政策主张最初就呈现出多元化特点。保持党的开放性，意味着用执政这个最大公约数整合政治立场和政策主张迥异的精英集团。而保持第一大党和长期执政的优势地位，则意味着可以不断吸纳新的精英加入其中，进一步扩大党的政治和社会基础。

第四，打造有效反馈渠道。过去五年多来，统俄党组织举办了 13 个论坛，涵盖医疗卫生、公共事业、农业、教育等社会、民生和经济领域的议题。参与这些论坛的多数人并不是统俄党的党员，而是社会各个领域的专家。此外，鉴于政府实际上是统俄党政府，因为政府依靠的是国家杜马的统俄党党团，而政府总理是统俄党党员（党主席），因此，统俄党设立议员与政府部长的常设磋商机制，加强立法机构与行政部门之间的互动。

第五，彻底改革各级选举的候选人遴选程序。可以说，统俄党在候选人遴选方面花了十年时间，试用了各种不同的方式方法。2016 年，统俄党首次采用党内预选方式确定候选人，所有希望代表统俄党参选的候选人都必须经过预选程序，参加公开辩论和投票。全国共有 1 000 万选民参加预选投票。党主席梅德韦杰夫在 2017 年年初召开的十六次全代会上表示，未来五年，地方议会选举的候选人都必须经过预选程序产生。

第六，通过具体项目做实事。统俄党在整合民众反馈的基础上，在全国范围推动多个社会领域的项目，努力多做实事，赢得民心。从具体项目的立项到执行，统俄党推动的许多民生项目来自于民众诉求，其中部分具体诉求被纳入党的竞选纲领，在统俄党国家杜马党团的推动下进入立法程序，最终体现在联邦预算案的具体拨款当中。

统俄党今后面临的主要挑战是：

首先，统俄党作为"政权党"但不是真正的执政党。这是俄罗斯独立以来政党建设中的一个较为独特的现象。统俄党作为"政权党"是自上而下建立的，与国家官僚体系之间的关系是"政权党"依附于后者。并且，统俄党的支持者往往集中在国有部门、教育系统等，其社会基础是有限的。行政资源突出、缺乏具有吸引力的意识形态是其最大的弱点。

其次，俄罗斯人口老龄化与代际更替带来两方面的挑战。1991 年以来出生的一代人逐步进入社会，走上前台。他们在开放环境下成长，对苏联时期没有记忆，没有苏联时期生活经验，对世界的看法和老龄人口完全不同，更为务实。而人口老龄化，劳动力供给不断减少，意味着国家不得不进行内外政策的调整。因为随着人口老龄化，社会保障方面的支出将不断加大，这意味着资源在国家安全与社会保障之间分配的优先次序不得不做出调整和变化。

再次，经济长期低迷的挑战。俄罗斯独立以来二十多年，发展缺失是一个显著特点。严重依赖资源和能源出口的经济结构始终未能够得到调整。营商环境不佳，行政壁垒高筑，腐败问题严重，这些因素都不利于俄罗斯经济走上可持续发展道路。

最后，俄罗斯面临民族国家建设、国家认同的挑战。这涉及到俄罗斯对自身的认识，对外部世界的认识，对自己国家在全球地位的认识和自我定位。而这些观念则在很大程度上决定着对外政策的内涵与方向，资源投入的方向以及国家总体发展的方向。

俄罗斯在中期完全有能力保持政治稳定，但以上四个方面的挑战带有长期性质，直接关系到俄罗斯的国际地位和综合国力，统俄党自诩为执政党，事实上也是一党独大，但它是否有能力应对这些严峻挑战，不仅事关党的前途命运，而且关系到俄罗斯国家的前途和命运。

（摘编自薛福岐："统一俄罗斯党：从'政权党'到'执政党'"，载人民论坛2018年6月21日）

思考题：

1. 你认为目前俄罗斯的政党制度有没有走向成熟，为什么？

2. 文中为什么说目前统一俄罗斯党还只是个政权党而不是执政党？两者之间究竟有什么区别？

第七章　议会：西方民主制运作的中心舞台

现代西方民主制的核心是代议制，在现代民族国家产生以后，代议制就成为民主制运行的不可或缺的重要载体。议会作为民选的国家最高立法机关，是一国实行民主政治最重要的标志。因此，考察西方国家的政治体制，必须把议会制度作为核心内容进行重点研究。西方国家的议会在几百年的运行过程中，逐渐形成了完善的组织机构和议事规则。在现代各国政治制度的发展过程中，随着行政机关权力的不断增长，议会的传统地位和权力相对有所减弱，但其在国家实际政治生活中的作用仍不可低估。

第一节　议会制度的产生

一、议会的内涵及起源

议会，也称为国会，是现代西方国家的代议机关。英国叫 Parliament，又译为“巴力门”，法语 Leparlement 也译作议会，该词导源于拉丁语，原意是谈话或辩论。美国则将其称为 Congress(国会)。

早在摩尔根的《古代社会》一书中，就指出古代已出现现存政府体制的萌芽，如：酋长会议、人民大会、最高军事首领等机构，前两种机构还显示出民主制的萌芽。在人类历史漫长的发展和演进过程中，这些早期的政府机构形式经历了一个持续的演化过程，其演变途径为：酋长会议→元老院→上议院；人民大会→平民院→下议院；最高军事首领→民事及行政长官→国王、总统。从原始社会到现代政治社会，以血缘关系为纽带的社会形态逐渐被以地缘关系为纽带的社会形态所取代，于是，从通常的角度看，以财产为标志形成的国家议事机构逐渐演变成上议院，以地域为标志形成的国家议事机构逐渐演变成下议院。

议会最早源于英国的封建等级会议。13 世纪的英国是一个封建君主集权制国家，国王通过由世俗贵族集团、宗教贵族集团和王室官员集团这三部分人组成的御前会议实行统治。御前会议分为“大会议”和“小会议”两种形式，在职能上并无原则区别，都是国王用以履行司法审判，处理贵族与国王之间或贵族与贵族之间利益关系，并兼有咨询、行政、立法等功能的综合性机构。但大会议人员较多，比较规范，召开的时间、地点相对固定，很多重大的政治活动，如任命主教、册封贵族、分封土地、接受封臣效忠宣誓等均在大会议上进行，于是大会议逐渐成为国王政府的中枢机构。[1] 国王通过大会议调整封建贵族内部矛盾，维护正常的封建秩序。到了12世纪以后，由于贵族力量越来越大，贵族参政意识越来越强，大会议越来越成为贵族反对王权斗争的合法舞台，取得了贵族会议的性质。到13世纪，大会议开始在职能上完成了从封建机构向全国性政治机构——早期议会的转变，而大宪章的制定则是实现这一转变的重要标志。当时，英王约翰为进行战争，毫无节制地向农民、市民、骑士及封建主横征暴敛。1215年，英国贵族逼迫英王签署了《自由大宪章》，该宪章明确规定"大会议"的权力，规定国王非经"大会议"同意，不得向封建主征收额外税金。随着大会议后来向议会演变，这项规定成为议会征税权的法律依据。此外，该宪章宣告英国国民有被协商的权利，在有关征税、立法等条款中，都规定国王必须与国民普遍协商，征得全国普遍同意。与此同时，该宪章首次把判断国王行为是否正当的裁决权交给王权之外的由25名贵族组成的委员会，由其监督国王遵守宪章。这个委员会被认为是英国议会的开端，因为它预示了未来议会对行政机关的权力制衡。[2]

13世纪中叶以后，随着英国资本主义的发展，一部分中小封建主把自己的领地改为畜牧场并兼营商业，从而向资本主义生产方式转化，成为资产阶级化的新贵族。随着资产阶级化的新贵族和一部分自由市民经济实力的增强（通过小商品生产者的两极分化，一部分自由市民上升为资产阶级），他们提出"不出代议士不纳税"的口号，实现了骑士和市民代表进入大会议的愿望。在1258年召开的牛津会议中，大贵族逼迫国王通过激进的政府改革文件《牛津条例》，决定把国家权力交由大贵族占主导地位的15人委员会管理，并规定每年定期召开三次会议，会议有权决定所有国家重大事宜。该条例还规定每郡选出4名骑士，负责监督地方政府工作，表明大贵族认识到骑士的重要性，打算利用他们控制地方政权。在贵族的压力下，《牛津条例》实行了4年。但王权是不甘让步的，1262年，亨利三世下令取消该条例，由此引发了贵族的叛乱。[3] 1264年，大封建主西门·德·孟福尔伯爵依靠贵族、骑士和市民的力量打败国王，上台执政。1265年，为了解决财政困难，也为了加强自己的统治地位，寻求平民的支持，孟福尔伯爵依据《自由大宪章》的规定召开大会议，破例允许骑士和市民代表参加，当时每个郡推选出2名骑士代表，每个大城市推选2名市民代表参加大会议，第一次使议会成为等级代表机关。从此以后，议会的组成和性质发生很大的变化，这次史称"孟福尔议会"的召开，标志着市民阶层开始走上上层政治舞台，该次议会通常被作为英国近代议会制度诞生的重要标志之一。

1295年，英王爱德华一世为筹集战费，再次召集议会，史称"模范议会"，这代表着英国近代议会制度的正式建立。此后议会经常召开。1297年，议会获得批准赋税的权力。14世纪议会又获得了立法权。从1343年开始，等级会议内部逐渐形成两种势力，一种是由大贵族、大僧侣组成，一种是由市民和资产阶级化的贵族组成，前一种势力发展成为上院，即贵族院；后一种势力发展成为下院，即平民院，从此在英国逐渐形成带有浓厚封建色彩的两院制的议会政体。从15世纪开始，随着议会势力的扩大和职权的增长，英国议会的主要职能由原来的征税逐渐转为立法，议员的职能也相应地从作为纳税者的代表逐渐转变为监督政府的选民代表。这些职能的转变促使早期的议会向现代性质的议会过渡。

---

① 曹沛霖等：《比较政治制度》，高等教育出版社2005年版，第190页。
② 周民锋：《西方国家政治制度比较》，华东理工大学出版社2001年版，第78页。
③ 同①，第191页。

二、现代议会制度的形成与发展

英国现代议会的真正形成是17世纪四十年代资产阶级革命的结果。1640年,为筹集经费镇压苏格兰起义,财政日益窘迫的国王查理一世不得不重开议会。但议会开幕伊始即对王权采取一系列限制措施,宣布废除一切未经议会同意的非法税收,限制国王召开、解散议会的随意性。面对议会的挑战,国王查理一世公开声称,君权神授,决不屈服于议会,不愿做"议会恩赐"的国王,决心继续维护君主专制。1642年,查理一世公开向议会宣战,资产阶级和新贵族依靠人民的力量,组成议会"新模范军"对抗国王军队。经过6年内战,终于推翻了君主专制政体,把查理一世送上断头台,宣布英国为"共和国",接着出现作为"护国主"的克伦威尔的独裁统治。1658年克伦威尔病死,到1660年出现旧王朝的复辟,查理二世重新执政,恢复君主专制统治。1688年,英国资产阶级和新贵族以政变的方式赶跑国王詹姆士二世,从荷兰迎来带有全副武装军队的荷兰执政者威廉三世及其妻子玛丽,成为英国国王和女王,这场不流血的革命被称为"光荣革命"。1689年,英国议会通过《权利法案》,君主立宪制初现端倪。1701年又通过《王位继承法》,排除天主教徒成为英王的可能。根据这些法律,议会在形式上成为英国唯一的立法机关,享有立法权和决定预算及其它国家重大问题的权力;确立下院议员由资产者选民选举产生和议员在议会中言论自由、辩论自由等原则;废除君权神授和专制制度;确立国家管理的"法治原则"和公民"权利不可侵犯"原则,从而为英国议会制度和君主立宪政体的建立奠定法律基础。

美国国会是在独立战争胜利后建立起来的。1776年7月4日,北美13个殖民地的代表在第二届大陆会议上通过《独立宣言》,正式宣告美利坚合众国成立。独立后的原13个殖民地成为13个独立的共和国(英文为State,也译为"州"),同时积极着手联合起来结成联盟。1777年11月15日,第二届大陆会议通过《邦联和永久联合条例》(通称《邦联条例》),美国成为一个邦联性质的国家,由于邦联的成员实际上仍然是具有主权的国家,因此邦联只是一个由各成员国组成的松散的国家联盟。邦联没有统一的、强大的中央政府机构,虽然设立了一个邦联大会,但没有单独的行政和司法机关。邦联大会虽拥有解决各州共同的外交问题、组织军队、邮政、铸币和仲裁各州之间争端的权力,但它还不是一个真正的议会,没有权力强制各州执行其决定,也没有立法权和决定预算的权力。由于邦联体制在运行中遇到的麻烦不断增多,导致国内社会矛盾日益激化,这种情况引起当时美国政治精英们的忧虑和思考,在华盛顿、富兰克林、汉密尔顿和麦迪逊等人的推动下,各成员国代表决定召开会议讨论如何建立一个统一的、强大的中央政府的问题。1787年5月25日,各州代表在费城召开会议,原来只是想审查和补充《邦联条例》,结果却超出权限起草了新宪法,把费城会议变成具有历史意义的"制宪会议"。9月17日,《美利坚合众国宪法》被制宪会议正式通过,并于1789年3月4日经3/4的州批准后生效。新宪法第一条就规定把最高立法权赋予合众国国会,国会实行两院制,下院为众议院,各州按相等的人口比例选举产生议员,每两年选举一次;上院为参议院,议员由州立法会议选举,每州两人。1913年宪法第17条修正案规定,参议员改由各州选民直接选举产生。联邦国会除拥有立法权外,还享有广泛的联邦贸易、外交、军事、财政、税收以及预算方面的权力,并有权弹劾总统及批准任命政府高级官员和法官。至此,美国国会正式建立起来。

法国议会源于封建时代的三级会议。1302年,国王腓力四世为了同罗马天主教廷抗争,召开由僧侣、封建主、骑士和市民代表参加的等级代表会议,参加会议的高级僧侣称第一等级,世俗贵族称第二等级，城市市民称第三等级。三个等级的代表各自独立为一院，分别开会，遇到意见不一致时，由三院联合投票决定，每院只享有一票权利。借助于三级会议，国王建立起直接的税收制度，当国王的固定收入足以维持军队和官吏队伍所需时，就不再举行三级会议。到 1789 年，为了缓解当时出现的农业、财政和政治危机，避免国家破产，法国国王路易十六不得不重开被废弃了 175 年的三级会议，并同意把第三等级代表名额增加到相当于另两个等级代表数量的总和。1789 年 6 月 17 日，在广大民众的支持下，第三等级代表退出等级会议，脱离僧侣和贵族，单独举行集会，并通过决议，宣布它自身为国民议会，僧侣和贵族中的自由派人士也加入了国民议会。国民议会的召开宣告了法国现代议会制度的开端。1789 年 7 月 9 日，在美国制定新宪法的鼓舞下，国民议会宣告自己为制宪会议，准备制定宪法，遭到国王路易十六的强烈反对和驱散代表的威胁，这一举动深深激怒了巴黎人民。7 月 14 日，巴黎人民举行起义，攻占了象征专制君主制的巴士底狱，不久，革命席卷全国，8 月 26 日，通过著名的《人权和公民权宣言》(简称《人权宣言》)。1791 年，国民议会制定并颁布法国历史上第一部成文宪法，建立了作为最高立法机关的一院制议会。此后，随着法国政局的多次动荡，议会制度也经历了一系列的变化，到 1875 年，法兰西第三共和国宪法正式规定议会实行两院制。至此，法国的议会制度才最终固定下来。

英、美、法等国议会制度建立后，很快影响到欧洲各国。这些国家在经历了不同程度的资产阶级革命以后，纷纷仿照三国的模式建立本国的议会制度。特别需要指出的是，英国政治制度对其他国家的影响，随着“日不落帝国”的实力走向鼎盛，英国为了更好地维系和管理殖民地，将其政治制度推广开来，在各殖民地确立了英国式的现代政治制度。从历史发展视角看，世界上大多数国家的议会制度不是在历史发展中自发形成的，而是制度权力掌控者主观设计的产物。20 世纪下半叶，随着传统殖民体系的崩塌，殖民地国家纷纷独立，建立起现代国家制度与现代民主政治体系，作为代议政治核心内容之一的议会制度得以确立并固定下来。从此，议会制度便成为各国政治制度中不可缺少的重要组成部分。

第二节 议会的结构与权限

一、议会的基本结构

1. 一院制和两院制

议会的组织结构一般有两种，即一院制（Unicameral System）和两院制（Bicameral System）。所谓一院制是指议会只拥有一个议院并由它行使议会全部职权的制度，而两院制则指议会设有两个议院并由两院共同行使议会职权的制度。据各国议会联盟最新的数据统计显示，当前有 110 个国家采用一院制，81 个国家采用两院制。① 这一数据明确提示，一院制立法机构占比更大，数量上具有较大优势；而主要西方国家大都实行两院制，但绝对数量较少，两

① 参见：*Parliamentary elections*，https：//data.ipu.org/elections?region=&structure=any&form_build_id=form-zI_yGaGzS8bJR7Am-qMsC55eN1A47b2FMb4Co2BlsAI&form_id=ipu__utils_filter_form&op=Show+items.

院制并不占优。

“一个国家采用何种议会制度主要取决于它的历史传统、民族特点、国内政治势力博弈、建国之初的社会经济条件等现实因素。”①通常说来，资本主义发展较早的国家，采用两院制的居多；新独立的发展中国家采用一院制的居多；大国采用两院制较多，小国采用一院制较多。西方国家中采用一院制的国家主要有：芬兰、瑞典、挪威、丹麦、葡萄牙、希腊、马耳他、列支敦士登、卢森堡、摩纳哥、安道尔、新西兰等；采用两院制的国家主要有：英国、美国、法国、德国、奥地利、意大利、日本、加拿大、荷兰、爱尔兰、西班牙、瑞士以及俄罗斯等。

除了一院制和两院制外，历史上还曾经有过中世纪英、法等国的三级会议制；20 世纪三四十年代的德国实行过三院制；拿破仑时代的法国实行过四院制，即参政院、保民院、立法院、元老院，分别担任法律的制定、讨论、表决和审议工作；此外，1866 年以前的瑞典和 1906 年以前的芬兰都曾设立四级议会制。

西方学者一贯认为，“绝对权力导致绝对的腐败”。强调“没有绝对的权力，只有有限的政府”。因此，从通常观点看，两院制是优于一院制的。一院制国家往往采用公民表决等辅助手段来加强民主。

作为议会制度的主流形式载体，一院制与两院制有其各自的优点与弊病。长期以来，西方政治学家对议会设置一院还是两院更好的问题争论不休。其中主张两院制的理由是：第一，可以起到制衡作用。一般认为，民选的下议院容易受大众情绪化的影响，易走极端，而由拥有良好教育、经济、社会声望背景的上层社会精英组成的上议院则能以其稳健和理性平衡下议院的过激，防止下议院轻率的立法行为。孟德斯鸠曾说过，暴虐的议会不亚于专横的行政机关，他称赞英国的“立法机关由两部分组成，它们通过相互的反对权彼此钳制”。② 法国政治思想家和法学家狄骥在《宪法论》中认为，设立两院的理由在于一院代表个人，而另一院代表社会集团或职业集团，两院分别容纳社会上的各种势力，其结果在政治上可发生一种缓和作用，使支配社会的各种势力相互调整。如美国的参议院代表州的利益，各州代表权平等；众议院代表选民利益，议员按人口比例选举产生。德国、俄罗斯也是如此，但法国和日本的上议院和下议院都是由选民选出的，没有什么太大的区别。今后的发展趋势可能是：上议院将日益成为代表不同民族、不同利益集团、不同宗教和不同地区利益的场所，而下议院依然以代表广大选民的利益为主。第二，可以防止草率立法。在两院制的议会中，法案需要经过两院的审议和一致通过才能最终成立。如果一院同意另一院的法案，可以增加立法的稳定性；反之，如果不同意，也可以互相制约；两院彼此互相挑剔以至互相否定，将促使立法者不得不采取慎重的态度。第三，有利于缓和议会同行政机关的矛盾，当一院与行政机关不能协调时，另一院可从中协调，减少议会与政府间冲突的风险。第四，可以容纳特殊利益和罗致专家。有些西方学者指出，对于日益复杂的各种经济与社会问题的立法，议员们难以充分研究，所以，应当设立第二院以罗致有各种专门知识和实践经验的专家从事各种复杂问题的研究。不少国家上议院不用直接选举，而是采用间接选举或任命，甚至是世袭的方式产生，就便于统治阶级网罗学者名流进入上议院参与议会的立法活动。

法国的罗伯斯庇尔、美国的富兰克林以及现代的一些法学家，则是一院制的倡导者和拥护

① 卓越：《比较政府与政治》，中国人民大学出版社 2004 年版，第 29 页。

② 孟德斯鸠：《论法的精神》(上册)，商务印书馆 1982 年版，第 163 页。

者，他们主张一院制的主要理由是：第一，如果承认两院制，就无异于承认一个国家可以有两个主权，若第二院与第一院意见分歧，则第二院为有害之物；若两院意见一致，则第二院为多余，因此一院制可以更好实践“人民主权不可分割”的政体设计原则。第二，两院制使得立法程序烦琐，拖延时日，法案的通过比较困难，上院往往盘踞着保守势力，不利于对社会改革及时做出决策，而一院制立法机构较为稳定且效率更高。第三，两院制固然有相互制约的优点，但也容易在议会内部发生矛盾和冲突，当两院争吵不休、相持不下时，容易被行政机关所操纵。第四，一院制可以有效控制立法机构的规模，便于降低公共开支。

两院制国家按其议会的结构和功能的不同，又可分为平衡的两院制和非平衡的两院制两种类型。平衡的两院制以美国为典型，美国参众两院的地位和权力是同等的，两院共同平等行使立法权，任何一院通过的法案必须送交另一院通过才能成为法律，任何一院对另一院通过的法案都拥有绝对的否决权；两院如发生分歧，只能通过协商解决。威尔逊曾指出，美国所以能实行两院制，很大程度上是“因为参众两院之间确实存在着一种‘默契’，因而几乎不可能存在旷日持久的对立。严重的对立是不会发生的”。① 这正是美国两院制长期稳定的主要原因之一。但是，随着近年来美国国内民粹主义的不断发展，政党极化现象日益严重，若出现两大党分别占据一院多数的格局，就会出现两院之间较为明显的对立状况，这与威尔逊时代已不可同日而语了。非平衡的两院制以英国为典型，所谓“非平衡”，是指两院的职权大小不对称，强弱不均匀。英国议会制度的发展史是与下议院权力不断增强，上议院权力不断减弱相联系的。1911 年和 1949 年两次通过的《议会法》都对上议院权力进行限制，上议院失去了对下议院议案的最终否决权，只拥有一定时间的搁延权，这两次改革使议会权力重心转移到下议院。法国、德国、日本、俄罗斯等国的两院制议会都属这种类型。今天，实行两院制的国家多数采用非平衡的两院制，只有极少数国家采用平衡的两院制。

美国国会参议院标志

图片来源：外贸日报好好网，https://www.waimaoribao.com/baike/43947.html

美国国会众议院标志

图片来源：百度百科，https://baike.baidu.com/item/%E7%BE%8E%E5%9B%BD%E4%BC%97%E8%AE%AE%E9%99%A2

当然，一个国家的议会采用何种结构，是由这个国家的历史传统、民族特点、国内政治力量对比状况，以及现实政治活动的需要等因素综合决定的，如英国建立两院制是与该国资产阶级革命的妥协性相关联的，美国采用两院制则是和 1787 年制宪会议上形成的“伟大的妥协”相

① 威尔逊：《国会政体》，商务印书馆 1986 年版，第 123 页。

关，是大州利益和小州利益相协调的产物。

2. 议会的领导机构和委员会制度

议会领导机构分为个人性质的议会领导机构和集体性质的议会领导机构，前者指议会的事务主要由议长、副议长个人负责。后者指议会的事务除由议长负责外，还有一些集体机构如主席团、议长会议、理事会等协助议长领导和处理议会日常事务，或向议长提供咨询。议会的咨询机构主要有议会办公厅，它通常由议长 1 人，副议长若干人、议会秘书若干人和稽查若干人组成(法、意、比、西等国均设有这种机构)，议会办公厅是一个咨询性兼事务性机构，通常在行政事务和财政事务方面协助议长工作。此外，德国联邦议院还设立元老委员会，由议长、副议长以及若干名议会党团按议席比例推荐的资历较深、地位显要的议员组成，它名义上是一个咨询机构，协助议长处理议会事务，实际上它是联邦议院各派力量的协调中心，对联邦议院日常工作有决定性的影响。德国联邦参议院还设立顾问委员会，它由各州分别派一名老资格的政界人士组成，是一个咨询性机构，主要任务是协助议长和主席团筹备会议和处理院内有关事务。

议会是在议长主持下进行工作的，议长是议会的主持人和议会的对外代表，是议会组织机构的核心。各国议长产生的方法、任期、职权等都不尽相同。有些国家议长形式上由议院从议员中选出，实际上一般都是受议会中多数党控制或者本身就是多数党的党员。如英国下议院议长形式上由议员选出，其实是由多数党事先决定的。在议长选举前，多数党领袖便就议长人选问题与反对党领袖协商，争取他的同意。在多数情况下，反对党都会接受多数党提出的人选，而且在一般情况下，议长总可以不被反对而连任。美国众议院议长人选也是事先由多数党议会党团决定，从实践来看，美国众议院议长一般都是长期担任议员的老牌政客，且通常就是多数党领袖本人；德国联邦议院的议长人选由最大的议会党团推荐，并经联邦议院全体大会选举产生，他通常是执政党成员；日本众议院议长则由内阁总理大臣指定，一般由党内熟悉议会议事程序、资深且有威望的议员出任议长。在有些国家，议会上议院议长不是由议员选出而是由特定的官员兼任，如美国和阿根廷参议院议长都由副总统兼任，副总统不在时由参议院全体会议选出临时议长。议长不参加辩论，只有在投票表决双方比数相等时，才有决定性的投票权。

议长的主要职权是主持议会活动的进行。议长有权决定将议案送交给哪一个常设委员会审议，有权主持各种议事规则的制订，有权任命调查委员会、协调委员会和联席委员会的委员。议长一般都非常熟悉议会的各种规章制度，因而他们善于在各种复杂的情况下控制议会的活动。在法国，议会两院议长除了履行上述职权外，还负有协调和裁决议会党团之间的争执，协调议会内外机构和委员会之间的关系，就解散议会和实施紧急状态向总统提供咨询并进行监督等职责。英国下议院议长是下议院甚至整个议会的正式代言人，有权代表议会出席有关国际会议，代表下议院会见国宾，并领导下议院的行政管理工作。有些国家还规定，当国家元首缺位时，议长可以代行元首职权。

美国政治学家、前总统威尔逊认为，美国的政体可以用“国会常设委员会主席的政府”这样一个简单的句子来描写，“国会中最有效的工作是在各种常设委员会中进行的”[①]。可见，议会中的委员会制度在国会的立法和制定各项政策的过程中起着多大的作用。早期，各国议会中大多没有设立专门性的委员会组织，但是随着社会经济事务的日益繁杂，议会组织中的专业化

① 伍德罗·威尔逊：《国会政体》，商务印书馆 1986 年版，第 58 页。

分工有了很大的发展，各国为了适应形势发展的需要，相继建立议会委员会制度。美国国会建立初期，众议院只有两个常设委员会，即选举委员会和法案审查委员会；参议院只有一个法案审查委员会。到1946年，众议院有委员会19个，参议院有委员会15个。在2021年第117届国会中，众议院与参议院的常设委员会分别为20个和16个，特别委员会或临时委员会均为5个，核心小组委员会分别为3个与2个，此外还有4个参众两院联合委员会。[①] 英国下院1882年时只有两个委员会，近年来下院委员会多以小组形式出现，数量高达175个，这是因为每个政府部门都有一个下院对应的特别委员会，以审查部门支出、政策制定与行政事务；此外还有每项法案专门组建的公共法案委员会，因此下院委员会数目惊人；同样，上院有委员会66个，上下两院联合委员会数目为10个。[②] 议会委员会的建立和发展，标志着议会的主要活动逐渐转移到各委员会，议会的工作实际上大部分是在各种委员会中进行的。威尔逊曾说过："开会期间的国会——这是对公众的展览，而国会的各个委员会——这才是行动中的国会。"

一般说来，各国议会中设立的委员会大体上可以分为以下几种：

（1）常设委员会(Standing Committee)。这是在每届新议会成立时组成，任期与议会一届任期或一届会期相同，主要任务是审议议案。每一个委员会都与某一特定部门的活动有关，如财政、行政、司法、外交、教育、国防、社会事务等。在多数国家，常设委员会的授权范围同各政府部门的职责一致。常设委员会的决定往往成为议会最后的决定，所以它是所有委员会中最重要的一种。在美国，常设委员会是国会中数目最多也是最主要的委员会，每个委员会均有其专门的管辖领域。截至2022年7月底，美国参议院共有17个常设委员会，众议院共有20个常设委员会。[③] 各委员会内又设立若干个小组委员会，各自负责更具有专门性领域的事务。目前参议院共有70个小组委员会，众议院共有104个小组委员会。[④] 常设委员会的规模不尽相同，最大的是众参两院的拨款委员会，分别下设12个小组委员会。据统计，美国现在每届国会提出的议案约有1万个，而成为法律的约在600个上下，其中绝大部分(95%以上)在小组委员会就夭折了。[⑤] 在常设委员会中，程序委员会显得十分重要，程序委员会主席掌握着所有议案的生杀予夺大权，他可以拖延甚至扼杀任何议案。议会常设委员会的成员按各党派在本院所占的议席比例分配，委员会主席一般由多数党议员担任。常设委员会主席的职位非常重要，因为他基本上控制了该委员会，他提出的法案几乎无一例外地都会被委员会以至议会所通过。各国议会常设委员会的人数，多的如法国，最多可达100人以上，少的不到10人，通常委员人数为15—35人。

（2）特别委员会或临时委员会(Special Committee or Select Committee)。它通常有两种形式：一类只存在于每次议会常会期间，负责处理与这一届常会有关的问题；另一类是处理临时发生的或专门性问题的临时委员会，如英国议会下院的特别委员会，美国和法国的调查委员会和特设委员会等。特别委员会大多是为调查某一特定问题而成立的机构，在完成调查工作并提交结果报告后即告解散。如美国国会中特别委员会的设立具有相当的随机性，其工作在

---

① 参见：*Committees of the U.S. Congress*，https：//www.congress.gov/committees

② 参见：*Committees*，https：//www.parliament.uk/about/how/committees/

③ 参见：https：//www.senate.gov/committees/

④ 参见：https：//www. whitehouse. gov/about-the-white-house/our-government/the-legislative-branch/#：～：text = After% 20being% 20introduced% 2C% 20a% 20bill, House% 20committees% 2C% 20with% 20104%20subcommittees.

⑤ 谭君久：《当代各国政治体制——美国》，兰州大学出版社1998年版，第198－199页。

很大程度上是辅助性的,主要是为国会立法和政策活动提供事实依据,它本身无权审议议案,如第117届国会众议院中的气候危机特别委员会等。英国议会中的特别委员会常常拥有调阅档案和传讯证人的权力,但没有执行权,仅负有推荐和提出建议的责任。

(3) 全院委员会(Committee of the Whole)。这是由议会中某一院的全体议员所组成的委员会,主要出现在英国。全院委员会会议和议会全体会议的区别主要是:全院委员会不由议长主持而由全院委员会主席主持;全院委员会只讨论某些特别规定的事项,如英国下院讨论政府财政收支时便以全院委员会的形式出现;全院委员会开会时的议事规则也和议会全体会议开会时有所不同,它可以不必采用严格的议会辩论规则。

(4) 联合委员会(Joint Committee)。当议会需要做出与两院共同相关的决定,或是审议和处理两院意见不一致的议案时,通常成立特别联合委员会,也称为协调委员会,这是临时性的;还有一种常设性的是由两院共同选派代表组成的联合委员会,如美国国会下设两院联合经济委员会,由参众两院各选派10人组成,负责研究总统向国会提出的年度经济报告,并同时向参众两院提交研究结果报告。此外,还有税收联合委员会和原子能联合委员会等。

一般说来,美国国会的委员会权力较大,它拥有对重要议案是否提交议会全体大会讨论的决定权,这些委员会"完全享有独立的立法权,并完全有权力批准、否决并在重大方面修改政府、国会议员或委员会委员本人提出的立法建议"。[①] 英国议会委员会讨论的议案由议长分配,且要讨论的议案已经经过了"二读",必须遵循全院大会一定的原则,委员会对议案不得做原则性的修改;法国国民议会的常设委员会以6个为限,如财政、外交、文化、家庭和社会等,委员会主席往往由执政党议员担任,有人称"法国的委员会仅仅是议会的传送带",其调查委员会的权力也很小,且要受政府的牵制。

3. 议会党团

议会党团是指由议会中属于同一政党的议员组成的、以统一本党议员在议会中的行动为目的的政党集团。它通常具有以下特点:第一,议会党团是经由选举获胜而进入政治体系的,每隔几年就要经受一次重组的考验,因此它的主要成员处于一种动态的平衡之中;第二,议会党团构成议会的基本单位,它的一切活动必须在议会的议事规则指导下进行,其活动不得超出议会规则的制约范围之外;第三,政党的方针策略只有通过既定的立法和讨论程序才能转变为国家的法律和政策,即使是执政党也不能例外。议会党团的主要任务是:观察议会内的政治发展形势;向本议会党团提供各种议案和动议;统一本党议员的思想和行动;组织和指挥本议会党团在议会的活动;参与领导议会的事务,等等。一般来说,议会党团的最高决策机构是议会党团全体会议,它负责选举议会党团正副主席和各工作委员会负责人。议会党团主席一般由党的领袖担任,但有的国家(如德国)议会法规定,执政党领袖如出任政府总理或部长,则不得担任议会党团主席。

各国议会党团的组成有明显的不同。在英国,议会党团由议会内所有本党议员组成,党的领袖、督导员和党的其他前座和后座议员构成议会党团的领导层。议会党团内还设有若干专题委员会和地区委员会,负责研究所涉相关领域的政策和立法事务。在德国,联邦议院的基本政治结构分成各议会党团,不论在议院还是各委员会,议员的活动完全受议会党团的指导。议院中最重要职位的任命,都由议会党团决定,或由各议会党团根据彼此间的协议委派。

① 詹姆斯·伯恩斯:《领袖论》,中国社会科学出版社1996年版,第429页。

议会党团通常有一定的组织纪律来保证活动的顺利进行。但党纪的严格程度因国而异，因党而异。英国保守党和工党都是党纪较严的政党，在下院对法案表决前夕，保守党议员都会收到党团督导员发给的通知，要求其必须按时参加表决并按照通知所载明的党团态度投票。工党则对违反党纪的本党议员规定了若干惩处措施，如签发批评状和停发督导通知等，最严重的是开除出党，不得再担任本党议员候选人。但在美国这样一个政党组织较为松散的国家中，虽然国会两院都设有议会党团，但政党对议员的约束不是强制性的，议员主要根据自己的政治需要，迎合自己所在选区选民的愿望而投票。因此，在美国国会的立法过程中，表决的结果通常不是按政党界限划分的，经常会有跨党投票的情况发生。

二、各国议会结构比较研究

（1）英国议会

英国议会由国王、上院和下院组成。上院又称贵族院（House of Lords)，是17世纪英国资产阶级革命后资产阶级与贵族相妥协后承袭下来的。上院的组织结构可分为两个系统和两个层次。前者是指上院自身的组织和政党的组织；后者是指全院大会和上院的各委员会及政党议会党团。两个系统的组织有明显的交叉，各组织对议员的约束力比下院要小得多，更多体现出议员个人的作用。上院改革以前，所有的上院议员都不经选举产生，由各种贵族担任，包括历史上册封的各类世袭贵族、上诉审贵族、宗教贵族和终身贵族等。上院议员总人数一度达到1 000人以上，其中包括636名世袭贵族和503名终身贵族。[①] 上院改革后，世袭贵族议员人数大大缩减。截至2022年5月，上议院共有议员773名，其中终身贵族658名，世袭贵族90名，主教25名。[②] 虽然英国上院人数众多，但有相当数量的议员不经常出席会议，由于全院大会的法定人数仅为3人，就一项法案进行表决的法定人数也不过为30人，因此尽管对与会者给予丰厚的补贴，但上院一般会议的参加人数很少超过250人。

1999年11月，在时任英国首相、工党领袖布莱尔的积极推动下，英国议会上院进行重大改革，通过《上院法案》，取消了600多名世袭贵族的当然议员资格，选举产生92名世袭贵族在上院暂时留任。法案提出从2000年1月开始改革的第二阶段，其基本方案包括：用10年时间将上院议员总数缩减至600人，并将其定为最高限额；逐渐废黜留任的92名世袭贵族；上议院全部600名议席中的20%，即120名议员，应由公众直接选举产生，另外20%的议员由一独立任命委员会任命产生，其余60%的议席由英国各党派根据其在上届选举中的得票比例分配；新当选的议员不再拥有贵族头衔；确保上议院新议员中至少包括30%的女性，并能代表不同地区和少数民族的利益；将神职议员数量减少到16人。此项改革如能获得成功，将使英国上议院摆脱几个世纪以来存在的世袭制和终身制，使上议院这个古老的议事机构向民主化方向前进一大步，被看成是近百年来最重要的宪法性改革。但是，2003年2月，英国政府提出7项上议院改革案，均遭议会否决，改革上议院的计划暂时搁浅。2006年7月，在工党的推动下，拥有600多年历史的英国上议院第一次用选举的方式产生了一位新议长，同时废除了有1400年历史的大法官职务(Lord Chancellor，该职务由首相提名、国王任命，一直兼任上议院议长一职)，原工党政府卫生

---

① 刘建飞等：《英国议会》，华夏出版社2002年版，第46页。

② 参见：*Lords membership-by peerage*，https：//members.parliament.uk/parties/lords/by-peerage

大臣、上议院议员、女男爵海琳·海曼成为英国历史上第一位选举产生的上议院议长。

2012年7月，在经过两天的争论后，英国政府宣布放弃对议会上院选举制度进行全面改革的计划，积极推动上议院改革的自由民主党领袖、英国副首相克莱格的努力遭遇重挫，讨论百年的议会改革也再次偃旗息鼓。2014年5月14日，英王签署同意上议院改革法案（House of Lords Reform Act 2014），该法案规定上议院议员有权辞职或退休并保持其头衔，在该法案实施后，截至2020年2月，总计105名成员依法辞职或退休，这也标志着英国传统议会制度的改革又前进了一步。① 随着2020年1月英国正式脱欧，英国议会在立法等领域持续夺回主导权，议会地位与权力再次得到加强。

英国议会上院议事大厅

图片来源：百度百科，https://baike.baidu.com/item/%E4%B8%8A%E8%AE%AE%E9%99%A2/1159416

英国议会下院议事大厅

图片来源：凤凰网，https://news.ifeng.com/opinion/topic/ziyoutan2/200902/0228_5784_1037613_1.shtml

英国议会下院，又称平民院（House of Commons），是由普选产生的。下议院议员全部按“单名选区制”选举，即每个选区选一名议员，选民一人一票，得票相对多数者当选。目前，英国议会下院共有648个议席，其中英格兰占531席，威尔士40席，苏格兰59席，北爱尔兰18席。② 根据法律，每届议会任期5年，但是，按期改选的情况并不多见，因为首相有权在其认为有利的时机建议英王提前解散议会，进行大选。英国议会下院的组织结构与上议院相近，只不过比上议院的建制更齐全、制度更完善。下议院的组织也分成两个系统和两个层次。前者指下议院自身的组织系统和政党的组织系统；后者指全院大会和政党议会党团和下议院委员会。两个系统互有交叉。与上议院的组织相比，下议院的组织对议员的约束力要大得多，组织的作用更加明显。在下议院中起重要作用的职位包括议长、代议长、下议院多数党领袖等，下议院

① 参见：https://www.parliament.uk/business/lords/lords-history/lords-reform/

② 参见：*Explore regions*，https://members.parliament.uk/region

的行政机构包括下议院事务处、议长办事处、财政与行政管理部等 6 个部门。

(2) 美国国会

美国国会(Congress)实行两院制，上议院称为参议院(Senate)，下议院称为众议院(House of Representatives)。根据宪法规定，众议院由各州选民直接选举产生，各州在众议院中的席位，按各州人口比例分摊。根据 1929 年的议席分配法案，众议院人数固定为 435 人。各州人口变化后，根据每 10 年一次的人口统计数据，众议院席位数会作相应调整，目前大约是 60 万人选一名众议员。参议员由选民直接选举，每州 2 名，现共有 100 名。担任众议员的资格是：年满 25 岁，作为美国公民已满 7 年，当选时是选出州的居民。众议员任期为 2 年，期满全部改选，可以连选连任。担任参议员的资格是：年满 30 岁，作为美国公民已满 9 年，当选时是选出州的居民。参议员任期为 6 年，每 2 年改选 1/3，可以连选连任。任何国会议员不得兼任其他政府职务，议员虽然可以通过演讲和发表文章获得一些额外收入，但这些收入不得超过其年薪

美国众议院和参议院都在位于华盛顿特区的美国国会大厦举行会议

图片来源：千图网，https://www.58pic.com/newpic/40061329.html

美国众议院议事大厅

图片来源："360 百科"网，https://baike.so.com/index.html

美国参议院正在举行会议

图片来源：知乎专栏，https://zhuanlan.zhihu.com/p/398765441

的 30%(参议员院外收入未作限制)。国会议员任职到 62 岁可以退休,领取到优厚的退休金。[①] 由于总统无权决定国会议员的提名,因此党的全国机构对议员的控制很弱,议员的提名权在州,因此美国的议员主要是地方利益的代表。美国国会中起重要作用的职位包括众议院议长、参众两院多数党和少数党领袖、参众两院两党的督导员。在国会两院中,由于参议院的较长任期、较少人数而形成参议员的威望,加上参议院独有的批准总统条约和行政任命的特别权力等,常使参议院比众议院更处于优势地位。

(3) 法国议会

法国和英美等国一样,实行两院制。法国议会由国民议会和参议院组成。国民议会议员采用"单记名多数两轮投票制",每选区选一名代表,由选民直接选举产生。国民议会共 577 席,其中法国本土 539 席,海外大区和属地 27 席,海外侨民 11 席。[②] 各省可以选出的国民议会议员的人数基本取决于该省的人口,通常是每 10 万人选出一名议员,每次人口普查后重新划分一次选区。议员任期 5 年,期满全部改选,可以连选连任。国民议会议员候选人必须是年满 18 岁,完成义务兵役,并交纳一定数额保证金的具有法国国籍的男女。2020 年选举后,法国参议院议员共 348 名,其中各省代表 326 名,海外领地代表 10 名,海外侨民代表 12 名。[③] 参议员是由约 16.2 万名地方代表和地方政治家间接选举产生的,候选人必须是年满 24 岁的法国公民,同国民议会议员相比,资格限制要高一些。根据 2003 年 7 月的《参议院改革法案》,自 2004 年起参议员任期由 9 年缩短至 6 年,2010 年总席位由 321 人增至 346 人,每 3 年改选一半。法国议会两院都设有主席团和议长,主席团是主持议会内部工作及领导服务机构的重要机关,两院主席团均由 22 名成员组成,主席团采用集体负责制,主席即为议会议长。主席团有权补充和解释两院章程,负责监督投票过程及投票结果,全权负责组织和领导议会的日常行政机构及服务机构。它可以制定议会内部的规章制度,决定工作人员的录用与升迁。两院议

法国国民议会所在地波旁宫

图片来源:搜狗百科,https://baike.sogou.com/v73376459.htm

① 韩国明:《外国行政制度》,兰州大学出版社 2004 年版,第 210 页。
② 参见:http://www2.assemblee-nationale.fr/deputes/liste/regions
③ 参见:http://www.senat.fr/senateurs/sencir.html

法国参议院正在举行会议

图片来源：百度百科，https://baike.baidu.com/item/%E6%B3%95%E5%9B%BD%E5%8F%82%E8%AE%AE%E9%99%A2

长负责主持议会辩论，并负责议会议事日程的确定。此外，两院还设有各自的服务机构。

（4）德国联邦议会

联邦议会是联邦德国的最高立法机构，联邦议会实行两院制，由联邦议院（Bundestag）和联邦参议院（Bundesrat）组成。凡年满 18 岁，具有不少于 1 年的德国国籍并有选举权的公民，可以当选为联邦议院议员。联邦议院的法定议员人数为 598 人，每次选举后根据不同情况有所增加。两德统一后，于 1990 年 12 月 2 日举行了第一次全德议院大选，联邦议院总议员数为 662 名，其中有 127 名来自东部新加入的各州。按照德国的混合选举制度，2021 年 10 月第 20 届议会选举后，联邦议院总议席调整为 736 个，其中第一大党社会民主党占据 206 席，略高于第二位的联盟党（基民盟/基社盟）的 197 席，联盟 90/绿党有 118 席，自民党 92 席，选择党 83 席，其余 40 席。①

联邦议院行使立法权，监督法律的执行，选举联邦总理，参与选举联邦总统和监督联邦政府的工作等。每届联邦议院任期 4 年，届满全部改选。联邦议院的组织机构分为四大类：一是领导机构，包括议长、元老委员会和议会督导员；二是功能机构，包括各委员会和议会全体会议，重要委员会包括欧盟事务委员会、外交事务委员会、国防委员会等；三是政治机构，主要包括议会党团和议会集团；四是辅助机构，包括行政管理机构、图书馆等。联邦参议院参与联邦立法并对联邦的行政管理施加影响，维护各州的利益。联邦参议院实际上是各州政府代表组成的联邦参议机构，其议员不是由普选产生，而是由 16 个州的州政府任命其政府成员作为代表组成的。各州根据居民人数的不同分别在联邦参议院中拥有 3—6 票表决权，每个州根据其拥有的表决权票数派出相等名额的代表，这些代表中通常会包括 16 个州的州总理（Ministerpräsident），参议院现有席位共计 69 席。② 参议院议员的任期没有统一的规定，均由派出他们的各州政府随

① 参见：*Abgeordnete*，https://www.bundestag.de/abgeordnete

② 参见：https://www.bundesrat.de/DE/bundesrat/mitglieder/mitglieder-node.html

位于柏林的联邦德国议会大厦

图片来源：新浪网，https://news.sina.com.cn/w/2021-09-28/doc-iktzqtyt8638557.shtml

德国联邦议院正在举行会议

图片来源：百度百科，https://baike.baidu.com/item/%E5%BE%B7%E5%9B%BD%E8%81%94%E9%82%A6%E8%AE%AE%E4%BC%9A/12003851

时撤换。一般情况下，在各州进行议会选举和组成新的州政府以后，即重新任命出席联邦参议院的议员。联邦参议院内设16个委员会，一般每月举行一次联邦参议院全会。联邦参议院议长由各州州长轮流担任，每年轮换一次，在联邦总统因病或出国访问期间，联邦参议院议长代行联邦总统职务。联邦参议院其它组织机构包括顾问委员会、全体大会和行政管理机构等。

(5) 日本国会

日本国会实行两院制，由众议院和参议院组成，两院议员均由民选产生。众议员选举按小选区和比例选区并列制投票，参议员则按地方选区和比例选区并列制选举产生。目前众议院共有议员465人，其中第一大党自民党人数过半，达263人。[①] 众议员要求年满25岁以上，任期为4年，期满全部改选。参议院议员席位共计245个，自民党席位数目仍居第一。[②] 参议员要求年满30岁以上，任期为6年，每3年改选其中的半数。在权力上，众议院优于参议院。由于宪法规定内阁可以建议解散众议院，所以众议员的实际任期一般达不到4年。参议院不能被解散，只能按期进行选举，因此参议员具有相对的稳定性。日本参众两院都设正副议长各一名，议长的权限是"保持该议院的秩序，整理议事，监督议院的事务，代表议院。"[③]从中立性的视角考虑，正副议长要脱离党籍，这已成为惯例。在众议院，议长也加入选举投票，但从不参加表决；在参议院，议长既不参加选举投票，也不参加首相提名的投票。日本两院实行委员会中心主义，委员会不仅仅是交付全体会议之前的预备性审查机关，而且是具有废除议案的实际决定权的重要机关。各议院的委员会均分为常任委员会和特别委员会两种，负责对议案进行审查，并开展有关国政问题的调查。为提高议员的审议能力，日本国会设置常任委员会调查室、国立国会图书馆和议院法制局，作为国会的立法辅佐机构。

日本国会大厦

图片来源：新浪网，http://travel.sina.com.cn/world/2009-07-07/095993652.shtml

---

① 参见：《会派名及び会派別所属議員数》，https://www.shugiin.go.jp/internet/itdb_annai.nsf/html/statics/shiryo/kaiha_m.htm

② 参见：《会派別所属議員数一覧》，https://www.sangiin.go.jp/japanese/joho1/kousei/giin/208/giinsu.htm

③ 杨建顺：《日本国会》，华夏出版社2002年版，第98页。

日本国会众议院议事大厅

图片来源：百度百科，https://baike.baidu.com/item/%E6%97%A5%E6%9C%AC%E4%BC%97%E8%AE%AE%E9%99%A2/260950

日本国会参议院议事大厅

图片来源：百度百科，https://baike.baidu.com/item/%E6%97%A5%E6%9C%AC%E5%8F%82%E8%AE%AE%E9%99%A2/4977062

（6）俄罗斯联邦议会

俄罗斯联邦议会是俄罗斯联邦的代表机关和立法机关，由联邦委员会和国家杜马（Госуда'рственная ду'ма）两院组成。联邦委员会是联邦议会的上院，当前席位共计170席（在曾经166个席位基础之上，新设来自克里米亚共和国与塞瓦斯托波尔市的各2个席位），由俄罗斯每个联邦主体各派1名立法机构代表和1名行政机构代表组成，此外还包括因任期届满或辞职提前终止行使职权的俄罗斯联邦总统；俄罗斯联邦总统任命的俄罗斯联邦代表不得超过30名，其中终身任命的不得超过7名。[①] 主要职能是批准联邦法律、联邦主体边界变更、总统关于战争状态和紧急状态的命令，决定境外驻军、总统选举及弹劾、中央同地方的关系问题等。联邦委员会主席和副主席是联邦委员会的领导人，负责主持院的会议和管理院的内部规章。他们由联邦委员会成员采用选票秘密选举产生，两人不能是来自同一个联邦主体的代表。联邦委员会下设10个常设委员会，并成立理事会，负责商定全院会议问题的讨论程序及准备与会者名单等。俄罗斯联邦国家杜马由450名代表组成，按多数代表与比例代表混合制原则产生；国家杜马每5年选举一次；目前统一俄罗斯党为第一大党，占据了324个议席。[②] 凡是年满21岁并且拥有选举权的俄罗斯联邦的公民都有资格当选为国家杜马代表，但同一个人不得兼任联邦委员会代表和国家杜马代表。国家杜马代表为专职常任工作，不得同时兼任国家其它代表权力机关和地方自治机关的代表，不能在任何国家机关担任公职，不得从事任何其他有报酬的活动。国家杜马主席、第一副主席和副主席由国家杜马议员秘密投票选举产生，他们负责主持国家杜马会议和管理内部规章。国家杜马主要职能是通过联邦法律、宣布大赦、同意总统关于政府首脑的任命等。国家杜马下设31个常设委员会和一些临时委员会，负责议案的审理。国家杜马也设立理事会，作为国家杜马各议员联盟的倡议机构，以保证国家杜马各项工作的顺利进行。此外，国家杜马还设立一些后勤保障和办公机构，协助立法工作的有效进行。

① 参见："ПОРЯДОК ФОРМИРОВАНИЯ"，http://www.council.gov.ru/structure/council/
② 参见："Фракции"，http://duma.gov.ru/duma/factions/

俄罗斯国家杜马大楼

图片来源：搜狐网，https://www.sohu.com/a/299907007_162522?_f=index_pagerecom_13

俄罗斯国家杜马正在开会

图片来源：俄罗斯卫星通讯社中文网站，https://sputniknews.cn/20190301/1027809806.html

三、议会的主要权限

西方国家议会通常拥有以下一些共同的权限。

1. 立法权

立法权是议会所拥有的最重要的权力，包括修改宪法，制定、修改和废除法律的权力。有些倡导“议会主权”的国家（如英国），议会的立法权不受任何宪法和程序的约束，议会能够独占性地拥有建立和改变法律和政府宪制的权利。立法权的实施过程通常称为立法程序，即议会从提出法案，到审议和通过法案，再到公布法律的一整套完整程序。它一般来说包括以下基本过程：

（1）提出法案，也称为立法创议权。法案通常由议员和政府提出，但具体规定各国有很大的差异。有些国家规定所有议案都必须由议员个人在其所在的议院提出，如美国；有些国家规定可以由政府提出议案，如英国、德国、日本等国；法国宪法则规定“法律的创议权同时属于总理和议会议员”。有些国家可以由议会各委员会提出议案；也有些可以由国家元首提出立法建议；有些国家可以由州议会提出议案，如瑞士；也有些可以由司法机关提出立法建议；甚至有些国家规定可以由一定数量的选民按照规定程序提出议案，如意大利；当然还可以由其他一些国家机关和社会团体提出议案。总之，提案主体可以多种多样。

（2）立法过程。通常分为一读通过程序，如法国、日本、西班牙等，其立法过程包括准备阶段（法案的注册和委员会审议）和议会辩论阶段（包括对法案的介绍及一般性辩论、提出程序性动议、逐条审议、逐条表决和总体表决等）两项主要程序；二读通过程序，如荷兰、希腊等；三读通过程序，如英、美、德等国，但实行三读通过程序的国家立法过程又有明显的不同。英国议会在接到议案后，首先由议会秘书宣读议案的题目和原由，随后列入议事日程，并把议案打印分发给各位议员，这称为“初读”或“一读”，这实际上是议案的提出程序；在初读通过一至两个星期后，议会进行“二读”，即就议案的一般内容和原则进行辩论，这常被称为“总讨论”，是执政党和反对党进行的大决战，若经辩论后进行表决时被否决，议案就成为废案；若通过，议案原则上就算通过了；“二读”程序实际上是议案的辩论程序；“二读”以后，议案被送到常设委员会进行逐条逐句的审查，多数是文字上的修正，通常执政党对反对党的修正会作些妥协，审查完毕后由常设委员会就审查修改情况向下院提出报告，若下院反对党再次提起辩论，还可退回常设委员会重新审议；最后交付表决，即进行“三读”，如反对者不超过 6 人即行通过，“三读”实际上是一个表决程序。下院通过后再由上院经相同的程序通过。美国的议案提出以后，先在国会会议上宣读一下议案的标题，即为“一读”，然后把议案交给指定的委员会处理；委员会通常安排一连串的意见听证会，广泛收集各方意见；如某一议案被委员会否决，则取消它提交表决的资格；当委员会对某一议案表示赞同时，便把它经过修改、补充后送交全院大会审议，进行公开辩论，这称为“二读”；其后，议员即行表决通过或否决议案，或把其交还委员会重新修改，这一表决程序即为“三读”。任何一院通过的法案都要送交另一院按同样程序进行审议。对该法案如有不同意见，则由两院议员组成协调委员会调和分歧。法案一旦在两院通过，便送交总统签署。

西方国家的议会通过法律的方式一般分为两种，一是以普通程序通过法律，即法案在议会表决时由过半数票同意即为通过；二是以特殊程序通过法律，如日本宪法的修正案在经两院全体议员 2/3 以上通过后，还要经全民投票表决通过后才能成立。议会表决的形式在历史上曾采用“呼声表决”、“起立表决”、“点票表决”、“唱名表决”和“秘密投票表决”等，现在绝大多数西方国家都采用公开表决方式，议会的表决记录对选民公开，以接受选民的检查和监督。

(3) 公布法律。各国议会通过的法律一般经两院议长签字后提交国家元首签署并公布。美国国会两院通过的法律文本先后由参、众两院议长签字后送交白宫，经总统签署后即成为法律；总统也可以否决并把法案文本退回国会，但国会两院如分别以 2/3 多数再次通过，即推翻总统否决，该法案仍成为法律，并正式公布。如总统在法案送交后的十天内既不签署也不否决，如此时国会仍在开会，该法案就自动生效，成为法律；如此时国会已经休会，该法案即自动废弃，这种否决又被称作为“口袋否决”。日本国会通过的法案由众议院议长通过内阁总理大臣上奏天皇之日起 30 天内予以公布，凡是通过的法律要由主管国务大臣署名，内阁总理大臣联合签署。法国宪法规定，正式通过的法律最后由总统颁布，但在颁布以前，该法律须接受宪法委员会审议，看其是否符合宪法。凡被宣布为违宪的法律不得颁布和实施，此裁决具有最终效力。

2. 财政权

财政权即由议会掌握的控制政府收支的权力。这是议会最古老的传统权力，常被形象地称为“管理国家钱包的权力”。在历史上，英国议会召开的原初动机就在于满足国王的财政需要，下院的权威和影响力也一直源自它对征税和政府开支的批准权以及批准以前的审议权。议会最先从行政机关赢得的权力就是财政方面的权力，正是围绕着这些权力的不断确立和发展才逐渐形成后来的宪法体制。当今世界形势虽已发生重大变化，议会的传统地位受到动摇，但议会在财政方面仍然拥有很大的权限。这些权限主要包括：

(1) 税收和举债审批权。在西方国家，税收和举债问题的决定权掌握在议会手中，非经议会批准，政府不得从事这方面的活动。很多国家明确规定，任何人不得被强迫缴纳没有宪法依据和法律未予规定缴纳与征收的税种，而决定税法的权力仅限于立法机关。

(2) 预算决定权。预算是国家未来一个财政年度的收入、支出计划。通过批准预算，议会授权行政机关花钱，这是议会掌握国家收支，控制和监督政府财政的重要手段。从表面上看，预算案仅规定政府经费收支，但事实上它体现出对政府施政方针的影响。议会有权审议、修改或否决政府的财政预算案，可以看作议会有权审议、修改和否决政府的施政方针。

(3) 决算审查权。对上一财政年度政府收入和支出的数额做出总结，并向议会报告，这就是决算。决算一般由政府财政部门汇编、制定，先送审计机关审核，然后将法案和报告交议会下院，议会交决算委员会审查，最后委员会向议会提出报告，议会进行表决批准。审查决算案的意义在于，议会可以找出政府在使用资金方面的失误，以便在下一个财政年度予以修正；更重要的是，议会可以借此考察政府的政绩和廉政情况。

英国议会监督政府财政收支的形式和手段发展得相当完善。其主要任务是三个：第一，批准公共开支，通常在上一财政年度(每年 4 月 1 日至次年 3 月 31 日)接近结束时，由财政大臣根据各部概算编制预期开支的详细预算，经内阁审查批准后送交下议院讨论，议会通过仔细的审查和讨论，于 7 月份通过预算，成为“拨款法”，政府部门才能动用这笔开支，这种程序对政府活动具有一定的约束作用。第二，批准税收方案，凡是有关重要原则决定的税收条款必须由下院讨论批准，其余经常设委员会审查后批准施行。第三，审查公共账目，在英国，除了政府有独立的审计制度，财政部和其他各部均有专任审计员之外，下议院还设立两个审查账目的机构，即国库与审计局和公共账目委员会，它们以下院的名义对账目作进一步审核。国库和审计局于 1866 年根据法令建立，由审计总长负责。审计总长既非政治官员也非文官，其地位近似于法官，他的报酬从统一基金中支付，人选由君主指定，除非因犯有不法行为由上下两院共同向君主请愿外，不得撤换。审计总长的主要职责是作为总审计员，负责公共资金的发放。在统一基金按照拨款法发放到政府各部门的过程中，审计总长的监督作用主要在于保障资金合理供应和适当使用。审计总长还负责审核政府各部开支账目，并就财政部呈交的由统一基金支出的年度拨款说明向议会报告，证明所有拨款都是适当的。公共账目委员会成立于 1861 年，按惯例选出一名反对党议员担任委员会主席。该委员会按其规定的职责是审查账目，但主要任务实际上是为审计总长准备账目和报告，并负责调查审计总长所注意的问题。委员会有权传讯证人，调阅文书和档案。就这样，由公共账目委员会、审计总长和财政部组成的监督机构对英国的财政制度具有积极的防止腐败的作用。①

美国国会在行使其财政权时具有较强的控制权，对于总统提出的征税、拨款等建议，国会实行连政策带金额的双重审议制度，对征税额和拨款额都可以自由裁量，任意给予增减。国会不但可以根据政府预算计划自主编制拨款议案，而且宪法规定征税议案必须首先由众议院提出，并由众议院规定政府为负担拨款开支可以得到的岁入数额。为更好地监督政府财政，国会两院分别设立筹款委员会、拨款委员会和预算委员会，以便对政府部门的预算和拨款要求进行严格的审查和监督。此外，美国政府举债要受到国会专项立法的约束，国会通过立法规定一个时期内政府有权举借的债务总额，政府举债不得突破立法规定的债务上限。在三权分立体制下，如果国会和政府在财政预算问题上相持不下，就会出现政府部门因得不到所需款项而被迫关门的情况。近年来，美国立法机构与行政机构间的对立愈发激烈，自 1976 年国会预算程序实施以来，美国政府共关门 20 余次，最短 1 天，最长 20 多天。2018 年 12 月 21 日，围绕特朗普总统所要求的 50 亿美元美墨边境“修墙”拨款问题，国会参议院在没有达成任何方案的情况下

---

① 曹沛霖等：《比较政府体制》，复旦大学出版社 1993 年版，第 83 页。

宣布休会，22 日凌晨起，美国联邦政府部分部门出现停摆(U.S. Government Shutdown)；直到 2019 年 1 月 25 日，美国历史上时间最长的政府关门事件才告结束，这在其他西方国家是很难想象的。

法国议会在涉及财政议案时，议会的权限要受到严格的限制。一般情况下，年度财政预算法草案由政府首先提交国民议会审议，审议程序分为四个阶段，首先对财政收入作总体评价并投票表决；其次对支出进行辩论并作单一投票表决，再次对草案每个篇名进行辩论并投票表决，最后是对草案整个文本进行公开投票表决。年度财政预算法案在国民议会一读通过后，交参议院审议，其审议程序与国民议会大体相同。根据规定，在讨论财政法案时，国民议会有 40 天时间，参议院有 15 天时间，议员不仅没有提出财政方面议案的权力，而且对政府提出的财政议案，不得提出增加国家支出或削减国家收入的修改。如果国民议会未能在 40 天内一读通过政府提出的财政议案，政府即提请参议院在 15 天内做出决定，如果两院意见不一致，政府可组成两院联合委员会拟定文本，交两院通过。如果议会未能在 70 天内做出决定，政府可以用政府法令的形式颁布预算法案并付诸实施。这样看来，法国议会不但失去预算编制权，而且对政府编制的预算至多只能在政府可接受的范围内做一些修改，且不拥有否决权。可见，法国议会的财政监督权可能比其他西方国家更加流于形式，它与法国经济国有化程度较高和政府干预社会经济职能扩大是分不开的。

3. 人事权

议会的人事权是指议会对国家高级公职人员任免方面的批准权。应当指出的是，西方国家议会的人事权范畴并不十分明确，它往往与议会的监督、制约权混在一起使用。该项职权的基本内容是：选举、任命、认定国家高级公职人员，主要包括国家元首、政府官员和立法机构及一些独立机构人员。

(1) 议会在国家元首产生方面的作用。如联邦德国的总统由联邦大会选举产生，联邦大会由联邦议院的全体议员和同等人数的各州议会代表组成。

(2) 议会在任命政府官员方面的作用。如美国内阁成员须经参议院同意后方可任命，而且，总统挑选的政府高级官员要逐个地而不是一揽子地交给参议院进行严格审查。参议院在得到总统的每项提名后，一般将提名交给与拟议任命的部门相关的委员会进行审查，委员会为此举行听证会，对被提名人的个人品德、教育背景和政策主张等进行全面的了解和考察，并要求被提名人到会回答有关问题。如果参议院否决总统提名的人选，总统就得重新挑选。在英国，由于大选后议会下院多数党领袖应英王的要求组织政府，政府首脑可全权决定政府其他高级官员的任命，在形式上议会在这些人事任命中不起作用，但实际上这些选择和议会大有关系，因为只有在议会中占有多数席位的党派才能组阁。执政党在通过议会行使人事权时往往非常慎重，以保证能获得选民的拥护。

(3) 议会在任命法官和其它独立机构官员方面的作用。议会参与任命法官和独立机构官员有三种方式：一是推荐候选人，提请有权任命的国家元首任命；二是直接选举或任命；三是行政任命议会批准，如日本和美国任命法官和其他独立机构官员时都采用这种方法。

4. 行政监督权

在西方国家，议会行政监督权限的大小和方式是与其议会职能模式相关联的。在实行三权分立的美国模式下，由于总统和议会均系民选产生，政府虽受议会牵制但不受议会领导，也不对议会负责，因此议会监督政府的权力较小；在以行政为重点的法国模式下，总理虽向议会负责，但因一切行政大权均掌握在总统之手，总统不对议会负责，且还有权解散议会，因而议会对政府的监督作用很小；在以议会为核心的英国模式下，由于议会在法律上是国家最高权力机关，政府由议会中占多数席位的政党组成并对议会负责，议会有权提出对政府的不信任案，因此议会监督政府的权力较大。但无论那一种情况，议会对政府都有一定的监督权，这些权力主要包括质询权、倒阁权、弹劾权、调查权以及议会行政督察专员的监督权等。

(1) 质询权。是指议员采用口头或书面的形式向政府首脑或政府部长就内阁的施政方针、行政措施及其他事项进行质询并要求答复的权力，它是非总统制国家议会对政府实行监督的一种重要方式。质询有口头质询和书面质询之分，也有普通质询和正式质询之别。普通质询是议员对内阁成员、政府部长掌管事项的质询，它只是质询者与被质询者之间的一般性问答，英国议会的质询就属于这类，现行的质询制度中关于议员提问、政府答询以及辩论等都有明确的规程。按规定，英国议会开会期间的星期一至星期四下午 14：30 至 15：30 是议员就政府工作向大臣提出质询的时间，同时规定星期一至星期四每天开会的头一个小时为大臣们轮流答询的时间；首相则在星期二和星期四从下午 15：15 开始有一刻钟的专用答询时间。为了让内阁官员做好准备，议会必须在 48 小时前将所提问题送交有关大臣。但从效果看，政府大臣们往往在众多的问题中抓出几个大做表面文章，对实质性问题却有意回避，或借机大肆宣扬政府的政策观点。正式质询是议员对内阁施政方针、重要措施的质询，它构成议会的辩论，往往导致不信任案的提出，甚至产生政府危机，导致内阁改组。在总统制国家，如美国，由于实行三权分立，行政机关与立法机关各自依法行使自己的职权，政府成员无权出席议会会议，议员因之无法在议会内行使质询权。但美国国会可通过举行听证会的形式要求政府部长到议会来陈述采取某种措施的理由，答复议员的询问，这也可以说是一种独特的质询方式。

(2) 倒阁权。指议会对内阁政府施政方针或内阁政府个别阁员和部长的违法失职行为以投不信任票的方式迫使其去职的一种权力，它被认为是内阁制国家议会监督政府最具有威胁性的一种手段。从理论上说，倒阁权是为了阻止政府实行专断的一项宪政机制，它要求政府必须对议会负责，即政府在推行政策时必须同议会多数保持一致。倒阁权最早产生于英国，其理论依据是议会议员由选民选出，代表民意，内阁的组成是基于议会的信任，故议会有权要求其辞职。由于议会行使倒阁权常常会造成政治动荡，所以各国对此多加限制。现代英国政府一些重要法案被下院否决不再被视为失去议会的信任，只要议会不明确通过对政府的不信任案，政府就继续执政，这成为新的宪法惯例。在法国，第五共和国宪法规定，至少有国民议会 1/10 议员的签名才能提出不信任案的动议，不信任案动议提出以后，须相隔 48 小时才能进行表决，以便议员对此进行充分而又周密的考虑；此外，对不信任案的投票只计算赞成票，弃权和缺席者都算支持政府，投票要得到国民议会全体议员的多数票才能通过。如果被否决，凡签名的议员不得在同一届例会期间再次提出推翻政府的议案。[①] 德国为了保持政府的稳定，更是首创"建设性不信任案"，即议会提出的对联邦政府的不信任案必须以过半数以上的议员选出新任

① 曹沛霖等：《比较政府体制》，复旦大学出版社 1993 年版，第 211 页。

总理候选人以后才能成立，这就大大增加议会倒阁权实施的难度。目前，实行议会内阁制的国家中，内阁通常负有对议会和人民双重责任的原则，当议会通过对内阁的不信任案时，政府可以对人民负责为由，向国家元首提出解散议会，提前进行大选的请求，如原执政党在大选中仍然取得多数，则能继续执政。

(3) 弹劾权。弹劾(Impeachment)是指议会对违法失职的政府首脑、高级行政官员或高级司法官员提出控告，并予以罢免或惩治的权力。近代弹劾制度肇始于14世纪的英国，是英国市民阶级和贵族组成的议会为了限制王权而设立的有力武器。它由下议院充当原告，对违法的政府大臣提起公诉，然后由上议院贵族担任法官，对被告进行审判，如果被告罪名成立，将受到严厉制裁。但自18世纪中叶以后，随着英国责任内阁制的逐步确立，弹劾这种形式渐渐为议会对内阁的不信任案所取代。继英国之后，美国、法国、德国、日本、俄罗斯等国相继仿效英国建立弹劾制度。现在西方国家一般都有弹劾制的规定，但各国的运用情况不一致。一般情况下，内阁制国家对政府内阁成员的渎职、违法行为不再使用弹劾手段，议会进行弹劾的对象仅限于总统(如德国)和最高法院法官(如日本)。在今天，弹劾作为议会监督政府的方式主要运用于总统制国家，弹劾的对象可以是总统或其他高级官员，包括最高法院法官等。弹劾权通常是一种“引而不发的权力”，是议会牵制行政和司法的重要武器。弹劾权只有在官员涉嫌犯罪和违法时才能使用，它并不像议会的不信任案那样涉及政府的政治责任，弹劾权的威慑作用能够使政府官员不敢做法律许可之外的任何事情。

弹劾案的行使程序主要有以下5种方式：第一，议会下院提出弹劾案，议会上院进行审判。如在美国，提出弹劾案的权力属于众议院，程序是首先由议员提出告发，然后组织调查委员会负责调查取证，若证据成立，委员会则起草弹劾决议案交众议院大会审议，经出席议员过半数同意，即可提出弹劾案，再由参议院按刑事诉讼程序审判，如弹劾的对象是总统，则邀请联邦最高法院首席大法官出席并主持审判，最后如经参议院出席议员的2/3以上表决同意，则判决有罪，总统或法官的职务即被罢免。某个官员被弹劾并不意味着其他政府官员需负连带责任，弹劾的对象是个人，与整个政府无关。任何官员经弹劾被定罪，其职务即被罢免和剥夺，罢免后仍可依法对其提出起诉，并由法院审判和判刑。第二，两院中任何一院单独提出或由两院联席会议共同提出，由宪法法院审判。如德国，对总统的弹劾由联邦议院或联邦参议院1/4的议员提出，获2/3议员赞同，则提交宪法法院进行审判，宪法法院2/3以上法官赞同才能做出有罪判决。第三，两院共同提出，特别高等法院审判。法国即是如此，宪法规定，只有当总统犯有叛国罪，议会两院通过公开投票，以绝对多数做出相同的表决时，才能对总统进行控告，并由两院组成特别高等法院进行审理，特别高等法院做出有罪判决后，总统职务才告终结。第四，由两院共同组成特别机构提出弹劾案并进行审判。如日本的做法是从参众两院中互选20名议员组成追诉委员会，负责对被弹劾的官员进行调查追诉，再从两院议员中各选7名共14人组成弹劾法院进行审判。第五，由下议院提出，普通法院审判。

从西方国家的实际情况看，议会行使弹劾权时非常慎重。美国自1789年宪法颁布以来，众议院共启动过62次弹劾程序，正式通过弹劾决议的有19次，其中包括3位总统：安德鲁·约翰逊(1868年)、比尔·克林顿(1999年)和唐纳德·特朗普(2019—2021年)，但最终只有8位联邦法官被认定有罪而去职。2019年底，美国众议院投票通过弹劾特朗普的两项指控，分别为滥用总统权力以及妨碍国会调查，正式发起了对特朗普的弹劾，这是他第一次被弹劾；2021年1月在特朗普总统任期的最后几天，众议院以国会山骚乱中煽动叛乱罪为名再次弹劾特朗普总统，虽然此两项弹劾最终被参议院所否决，但特朗普因此成为美国历史上首位被两次弹劾的总统。

除了弹劾权以外，现在西方不少国家还有一种比较温和的制裁监督措施——“议会督察专员”(Ombudsman)制度，这是一种带有警告性的监督方式，起源于北欧国家，特点是较主动、较温和，它是议会、政府、群众、舆论的相互结合。议会督察专员由议会选举产生，任期4年，可连任两届。当选者需“通晓法律，行为正直”，需征得各党一致同意，而且必须是具有高等法律学历的终身法官。议会督察专员督察的对象，包括法官、检察官、警官、军官及一切国家和地方机关官员的所有活动。议会督察专员有权参加法院或行政机关的任何会议，取得所有机关的会议记录和其它文件，任何文件不得对督察专员保密，任何官员都有向其提供情况和报告书的义务，不得拒绝回答督察专员提出的问题。对官员的失职行为，督察专员可要求有关当局予以撤职或对其提起追诉。这种议会督察专员制度有助于防止在司法系统和行政系统中出现“过于腐败”现象，有助于人们增加对政府的信任。

(4) 调查权。议会的调查权一般指议会为了立法和监督政府的工作，组织专门机构对政府的行为进行调查，并有权得到证言和有关记录的权力，也称为“国政调查权”。议会调查权的范围一般包括：第一，围绕行使立法权进行的调查，即立法调查；第二，选举调查，即针对选举过程中违反选举法的行为进行调查；第三，针对有关行政部门及其工作人员违法行为的政治调查；第四，涉及有关国家机关及其工作人员侵犯公民权利的调查。在议会行使调查权方面比较有影响的是美国，调查的方式是由国会参众两院各委员会举行各种听证会或调查会，要求或接受有关政府官员、压力集团代表或公民个人在会议上公开或秘密地提供证词和记录，被传讯者必须按照规定程序出席听证，如拒绝出席或拒绝作证，便可以“藐视国会”的罪名由司法部门提出刑事诉讼。但对国会提出的问题，总统和行政官员可以援引“行政特权”或涉及国家安全机密为由拒绝回答，被传唤作证的官员或公民也可以宪法修正案中公民“不得在任何刑事案件中被迫自证其罪”的规定拒绝作答。国会如需要调查某一事件，常设立一个特别委员会负责调查。自70年代以来，美国国会对行政部门的调查多达数百起，其中最引人注目的是国会对“水门事件”的调查、对“伊朗门”事件的调查和对克林顿“妨碍司法”案的调查等。

(5) 议会的特别行政权

议会拥有的特别行政权是指议会拥有一些外交事务管理权和实行国家紧急状态的权限。议会对外交事务的监督和管理有多种方式，包括通过对政府外交政策的质询，对政府施政纲领的审批等，其中最重要的是对外缔结条约的批准权。在美国，根据宪法的规定，政府缔结的条约必须经参议院批准，但总统常用“行政协定”来代替“国际条约”，因为行政协定可由总统直接签署或批准，无须经过国会。此外，在大多数国家，议会在实行紧急状态的宣布程序中起着重要的作用，在德国、美国、以色列等国，可直接由议会宣布进入紧急状态。

(6) 议会上院的特殊权限

在英、美、法、德、日、俄六国中，美、法、日三国参议院的职能范围虽与下院有所区别，但在立法权和监督权实施过程中两院的差别不是很大，倒是英、德、俄三国，其上院的权力和作用都较为特殊，现分别阐述如下：

在相当长时间里，英国议会的主要权力是立法权、财政监督权、行政监督权以及司法权，其中唯有司法权是上院单独行使的，上议院可以审理有关贵族的案件，也可以审理下议院提出的弹劾案。上议院曾经是英国最高上诉法院，有权审理除苏格兰刑事案件以外的所有民事、刑事案件。上议院的司法权由大法官和上诉审贵族行使，其他贵族依惯例不得参与。1999年上议院改革后，《2005年宪制改革法案》(*Constitutional Reform Act* 2005)规定，于2009年10月1日成立的英国最高法院(Supreme Court of the United Kingdom)，已接收上议院的英国最高司法机关职能，上议院的司法权不复存在。

根据法律，英国的立法权、监督政府财政和行政的权力实质上主要都归于下议院，但目前上议院还执行着以下几种主要职能：第一，倡议法案权，即上议院议员有权提出属于"私人议员议案"的立法倡议，并处理较为次要的立法和私议案；第二，审查和修改法案，这是上议院最重要的职能，上议院中不少退休的官员颇有立法经验，对执行这项费时、费力的例行工作甚为合适，因此，政府的许多法案在很大程度上是靠上议院润色整理和修改完成的；第三，搁延权，目前上议院对财政议案有权搁延一个月，其他议案有权搁延一年，利用这一搁延权可促使一些政府法案按照上议院提出的要求进行修改。

德国联邦参议院设置的目的在于使联邦各州得以参与联邦立法和行政事务，因此它被赋予相应的职权，主要表现在它可以积极参与联邦立法和联邦行政，主动协调联邦与州的关系等方面。首先，联邦参议院在联邦立法创制和审议过程中，特别是涉及州的有关权益方面的立法，起着重要作用。凡联邦政府提出的法律草案必须先征得联邦参议院的同意，才能提交联邦议院；任何对"基本法"修改或补充的议案，必须得到联邦参议院2/3多数的赞同；凡联邦议院通过的必须由州执行的或涉及州行政、领土、交通和税收等问题的联邦性法律需交联邦参议院审议通过后才能送总统签署颁布。不涉及各州权益的法律和议案，原则上无需联邦参议院审议通过，但联邦参议院可在联邦议院通过后3周内行使"暂停性否决"，并向调解委员会申诉不同意见，如果联邦议院再次表决通过，可以驳回其反对。其次，联邦参议院在协调联邦与州的关系中起着重要的作用。在联邦法律执行过程中，凡联邦政府的监督权与州的权益发生冲突时，均由联邦参议院裁决。当联邦政府对某个州采取任何强制性措施或向某州派出联邦代表以监督该州履行义务时，必须得到联邦参议院批准。由于联邦政府不能解散参议院，也无法限制地方政府向参议院传送情报，因此，相比较而言，在同联邦政府的关系上，联邦参议院的地位比联邦议院略强，更适宜在联邦与州之间充当协调人。再次，联邦参议院还直接或间接参与联邦行政事务，这主要表现在联邦总统在应联邦政府请求宣布"立法紧急状态"时，必须事先征得联邦参议院的同意；联邦政府和外国签订的国际条约必须经联邦参议院批准；联邦参议院参与对预算、国库和债务的审核，并有权对联邦总统提出弹劾，上诉联邦宪法法院。这种参与一方面表现为协助联邦行政，另一方面也表现为对联邦政府的牵制作用。

德国联邦参议院大厦

图片来源："摄图"网，https://xsj.699pic.com/sou/minzhuguanli.html

俄罗斯议会上院称为联邦委员会，其主要任务是：帮助联邦政权机关谋求政治稳定和尽快改善国家的经济状况，制订实施联邦条约的制度，加强俄联邦的完整性。联邦委员会是把联邦中央和各地区的利益结合在一起的机构，是协调各地区相互利益的机构。联邦委员会负责确定国家民族政策的落实措施，对解决民族关系中出现的争端和冲突提出建议，保障各共和国参与解决全国性的问题。根据宪法，联邦委员会的主要职权包括：批准俄罗斯联邦主体间边界的变更；批准俄罗斯联邦总统关于实行战时状态的命令；批准俄罗斯联邦总统关于实行紧急状态的命令；确定俄罗斯联邦总统的选举；罢免俄罗斯联邦总统的职务；任命俄罗斯联邦宪法法院、俄罗斯联邦最高法院和俄罗斯联邦最高仲裁法院的法官；任免俄罗斯联邦总检察长；任免审计院副主席及其半数检查员。可见，联邦委员会是一个常设的职能机关，但并不是一个实权机构，它的主要责任是“批准”。联邦委员会决议需得到三分之二的多数票方可通过，并应得到总统令的批准。

第三节　议会制度评价

一、议会主权与人民主权

“议会主权”是英国政府体制的主要特征。“议会主权”的含义就是由英王、贵族院和平民院组成的议会可以根据自己的判断，就任何自己认为适合立法的问题制定法律。在宪法下，没有任何其他权力能同议会相抗衡，没有任何机构能够否决议会的立法。可以说，议会的立法权是无限的。英国学者戴雪认为“议会主权”包括三点：第一，议会可以在任何时间对它感兴趣的任何问题进行立法；第二，议会立法除了它本身以外没有任何机关能够把它否决或修改；第三，作为最高权力机关，首相和大臣的权力都来自它的委托。法国学者德洛姆在阐述议会权力的至高无上时甚至这样说：“议会除了不能使一个女人变成男人和使一个男人变成女人之外，能够做一切的事情。”①

然而，现今议会中英王和上议院的“法律主权”已变得有名无实，特别是在英国两党制早已完善化的今天，由多数党领袖出任首相，组织政党内阁，从而由执政党把立法和行政融合于政府。不难看出，英国宪法规定的政府体制在复杂的各种互相融合的权力关系中，最终真正掌握权力的是英国政府，其中尤其是既作为议会多数党领袖，又作为政府首脑的首相。

战后，西方国家议会的职能普遍发生分散的趋势，权力集中到行政部门，政府管理经济事务职能不断扩大，立法部门已不能有效地工作，有些法律必须依靠政府中的专家来制定。此外，随着公民参与立法权的高涨，“立法创制权”在很多国家扩展了范围，议会的立法权限日益分散，其转移途径一是通过委任立法转给政府，二是先由议会制定某些原则性的母法，再由政府部门制定实施细则。在当今的英国，由于执政党全面介入政治系统的每一个领域，导致立法行为本身成为一个典型的自循环过程，绝大多数法律实质上都是先由行政机关制定草案，再由行政机关执行，议会的作用仅仅是一个开展辩论、进行利益调整和立法公开化的渠道，是进行利益整合和妥协的场所。

① 詹宁斯：《英国议会》，商务印书馆 1959 年版，第 2 页。

“议会主权”衰弱的原因在不同的国家侧重点有所不同。从英国来看，首先是由于政党的兴起，使多数党控制的政府日益稳定，因而政府得以反过来控制议会；其次是由于人民主权思想的兴起，使议会主权始终只停留在法律形式上而没有实际意义；第三，从 1973 年到 2020 年，作为欧盟成员国之一，英国国内法律必须符合国际法和欧盟宪法的原则，这就为英国议会的立法范围造成一定的限制。自 2021 年 1 月英国正式脱欧开始，英国如何重新回归传统的“议会主权”成为人们普遍关注的话题，但随着时代的发展，要完全回归的可能性已经不大。从法国来看，议会权力的衰弱是与总统权力的增强同步进行的，1958 年法兰西第五共和国成立后，议会在强有力的总统面前只能不断退让，日渐成为没有议会权力的议会。从美国情况来看，由于二战后以总统为首的行政部门权力急剧膨胀，造成国会的权力相对削弱；但自“水门事件”以后，通过国会自身的努力，其传统权力有所恢复和增强，加上美国一贯强调“宪法主权”，因此国会权力的运作模式与英国相比有很大的不同。进入 21 世纪后，随着美国民主、共和两党在国内外政策方面的政党极化趋势不断增强，政党斗争日益扩散到国会两院，同时也导致国会与行政部门的冲突不断加剧。德国在议会运转过程中既学习英国模式，又借鉴美国特点，它的两院并不是互相牵制的，而是为了协调立法和行政的关系、中央和地方的关系，显示出具有德国特色的议会运转模式。

二、议会制度在西方民主制建立与发展中的作用

西方国家现代议会制度的确立是巨大的历史进步，它从根本上否定以王权政治为中心的封建专制制度，在政策的制定过程中引进由人民选举代表进行参政议政的重要渠道，奠定了现代国家权力的合法性基础，在人类社会民主制发展进程中起着重要的里程碑式的作用。随着议会制度在越来越多的国家建立与发展起来，民主已不仅仅只是一种停留在人们想象中或口头上的政治理念，而是成为一种现实的政治资源配置手段，议会制的有效运作使民主的理念具有实现的可能，使越来越多社会公众通过切实有效的操作程序履行对国家事务的了解与关切，并经由他们投票选出的代表行使管理国家的权利。

英国人说过这样的话：“英国的王权等于零，但是没有王权的话，议会的权力大厦就要倒塌；英国的议会没有大的作用，但是没有议会的话，政治结构的大厦就要倒塌。”的确，经过漫长的历史发展阶段，议会不断地从幼稚走向成熟，尽管在它的发展过程中有过无数的挫折和反复，经历了与行政权力一次次的妥协与较量，其力量虽有所削弱，但议会制度自身所具有的民主理念却历久弥新。历史证明，议会制度有着它存在的必然性，而且随着民主制的不断发展，议会制度仍将在现代国家的政治权力架构中占有重要的一席之地。从总的方面分析，议会制度在人类政治史上的重要作用大致可概括为以下几个方面：

1. 议会是授予政府合法性的机构，因为议会的权力是建立在人民主权原则和政治生活中不断扩大的公民普选权基础上的，而政府是由代表民意的议会产生并向其负责的。洛克曾指出，“立法权是指享有权利来指导如何运用国家的力量以保障这个社会及其成员的权力”，它是“一种受委托的权力，当人民发现立法行为与他们的委托相抵触时，人民仍然享有最高的权力来罢免或更换立法机关”。[①] 这表明议会是当之无愧的使国家政治权力得以合法化的权威性

① 洛克：《政府论》(下篇)，商务印书馆 1981 年版，第 89 页，第 91 页。

机构。虽然各国议会的地位有所差别，但从法理上说，议会都是表达全体公民意志的机关，并从形式上证明政府的权力来自人民的委托。一般而言，人民不但拥有选择和产生政府的权利，而且还拥有更换他们的选择权利，因此，在议会政治正常运行的情况下，议会至少有一院的议员每隔几年要进行一次选举，由此重新确认人民对政府权力的这种委托关系，并维护和保持国家政治权力的合法性和权威性。

2. 议会是实现政治公开化的重要渠道，是社会各种利益交汇和协调的场所，它既发挥着思想论坛的作用，也保护反对派的利益，保证立法机构中的少数派能够"用另一种声音说话"。议会既然是民意机关，那么在公民的监督和批评下进行公开活动就成为议会的第一要务。尽管议会在某些议题上按照宪法规定可以举行秘密会议，但从总的趋势看，议会政治的内在逻辑不断地打破封闭的议事决策方式，极大地推动政治过程的公开化。议会活动公开化原则的实行，满足了民众对国家重大事务进行深入了解的愿望，体现了作为民主制度重要原则的公众知情权的有效实现，也方便了选民对政府政策的了解和及时有效的监督，能很好地起到教育民众、强化民众对现存政治体系的政治认同感。议会作为现代社会中政治价值观和政治信息的主要传播者，不断地对公民进行着政治与法治的教育，有助于实现公民的政治社会化，并影响和培育着年轻一代的政治态度和价值观念的形成。

3. 议会使国家权力走上规范化、程序化运作的轨道。国家权力应该如何运作？怎样才能摆脱封建王权统治时期权力被国王滥用的陈旧模式？这些问题成为现代议会政治倡导者们潜心研究的重要课题。通过长期的发展与摸索，各国政治家们提出加强国家权力间的监督与制衡，以及采用尊重程序、遵循先例的法治方式监督国家权力的运行。议会政治从一开始就被定性为程序政治，这是因为如果不遵循一定的选举程序，就不可能产生合格的代表组成议会；如果代表着不同阶级和集团利益的议员们不遵循一定的议事程序，就必然会发生尖锐的意见冲突，甚至导致议会秩序失控，使议会丧失作为代议机关在国家权力体系中的重要影响力，这是所有人都不愿意看到的结果。因此，在现代议会政治中，议会民主被称为"程序民主"，从议员选举和议会组成到议会运作和期满换届，从会议召开到审议事项，整个议会政治过程始终遵循着程序化政治的基本原则，议会政治成为政治生活制度化的重要典范，并进而影响到政府和整个社会公共机构运作的规范化和程序化。这种程序化的政治一旦确立起来，就会对国家的政治文化产生深刻的影响，不但能有效地防范公共权力机构滥用职权的不良现象，还能为政权的和平更替提供完善的制度保障。

4. 议会对推进现代国家政治的均衡与持续发展产生巨大的促进作用。一方面，议会作为国家权力结构中的重要环节，能有效地对政府其他部门的权力进行制衡，议会通过质询、弹劾、国政调查、听政会等方式对包括国家元首和高级法官在内的政府行政与司法部门的重要官员实行严格的监督，对防止政府官员的职务腐败产生积极的防范作用，在战后西方国家行政部门权力不断扩展的总趋势下，维护了代表民众监督政府的使命，在力所能及的范围内推动政治系统各组成部分之间的均衡发展。另一方面，议会作为国家政治活动的中心舞台，通过系统的立法和论辩技能的训练，培育了一代又一代有志于国家政治活动的新人，大大提高政治家的政治水平和活动能力，为政治系统顺利地履行政治录用的功能发挥重要的作用，在许多西方国家中，议会已成为新一代政治领导人的晋升之阶和扩大其政治影响力的最佳舞台，为推进政治系统的可持续发展做出贡献。

三、议会制度的未来发展

19 世纪是议会政治的"黄金时代",那时的议会不但是资产阶级民主政治体系的核心,也是国家权力的实际拥有者。但在 21 世纪的今天,议会的权力已不断弱化,它所拥有的传统的立法权和监督权已受到诸多限制,特别是随着政党政治的不断发展,许多国家的议会已受到执政党的强力支配,作为政府首脑的政党领袖拥有依靠内阁政府来左右议会的权力。从形式上看,议会立法支配一切的原则仍然受到尊重,议会作为代表着"人民主权"的重要机构,仍然拥有高于政府和法院的政治地位,然而,议会事实上已经丧失了它曾经有过的高度独立性,议会的各种权力在行政部门的强力挤压下已日渐萎缩。即使是最为传统的"掌握国家钱袋的权力",也在现代复杂的预算制度和行政部门设置的重重障碍之下不断失去传统的领地。不过,以美国为代表的立法部门并不愿在行政部门的重压下坐以待毙,它们仍利用一切可能的机会顽强地捍卫自己的神圣权力,并努力把宪法赋予的制衡机制继续维持下去。

当然,现代议会的决策模式与日益发展起来的社会经济文化事务的复杂性相比,已显得越来越缺乏相容性。一个人数众多、代表利益各异、必须经过烦琐的程序才能通过最终决议的议会决策方式,在当今国际形势瞬息万变、国内矛盾日趋复杂的情况下,已显得越来越不合时宜。议会决策模式的缺陷已经导致其立法功能不断萎缩,国家的重要决策权已经越来越多地落到机构完整、反应迅速的行政机关手中。行政机关权力的不断膨胀导致议会传统权力逐渐流失。从 19 世纪末以来,议会权力的重心先是从上议院移到下议院,又从下议院移到内阁,再从内阁移到行政首脑。难怪有些学者要说,议会民主已经被"首相民主"和"总理民主"所代替。①

正因为如此,不少国家的议会开始尝试通过内部机构的改革来适应复杂多变的外部形势。如美国国会为适应现代社会的挑战,针对诸如信息的管理与运用、立法审议中专业知识的要求、议会政治活动的公开化等问题,对国会委员会体制、辅助机构设置、议员助手的配备、议员经费开支等方面进行改革。英国工党为削弱有投票权的上议院世袭贵族势力而发动的上议院改革,从 1968 年起,历经挫折,直到 1999 年千年之交来临时才峰回路转,终于通过废除有 600 年之久的上议院议员世袭制度的上院改革法案。② 不过,随着保守党政府的重新回归,上议院改革计划遭到了一些阻力,最终改革目标的达成尚需时日。西方各国所推进的这些议会制度改革虽然内容和方式不尽相同,但实质上都涉及立法与行政的权力关系的调整。谁都明白,要想让政府交出手中已有的重要权力,回到只管"法律与秩序"的传统身份中去已完全不可能了。议会改革的方向不是要把自己变成像政府那样去决策和管理,而是要使自己有权力去监督和控制政府的决策和管理,努力维持国家权力体系的平衡,防止政府权力的极端膨胀,这才是议会肩负的神圣的历史使命。

随着现代科学技术的不断发展,一个崭新的信息时代已经到来。随着大数据、云计算和电子政务领域不断取得突破性的发展,走向"网络民主"时代的前景已经展现在世人的面前。已有几百年历史的议会政治将走向何处?人们无法对议会制度的未来发展趋势下一个准确的断言,不过,有几个参照系是十分明显的,那就是议会的未来取决于民主制度的发展趋势,取决于

① 库特·宗特海默尔:《联邦德国政府与政治》,复旦大学出版社 1985 年版,第 152 页。
② 曹沛霖等:《比较政治制度》,高等教育出版社 2005 年版,第 235 页。

时代前进的步伐与制度文明的生长方式，也取决于立法权和行政权的交互影响关系。只要人类未能解决好政府合法性基础的根本问题，议会政治就具有其存在和发展的空间，并为政治制度的发展做出自己应有的贡献。

思考题：

1. 议会制度对国家政治民主化有何作用？试举例说明。
2. 议会的一院制与两院制各有什么利弊？
3. 如何评价西方国家议会的立法权和立法程序？
4. 你认为议会制度在未来的发展状况如何？议会的权力会不断衰弱还是不断增强？说说你的理由。

案例七："水门事件"——美国式的权力监督：弹劾总统

1972 年 6 月 17 日晚，以尼克松竞选班子的首席安全顾问詹姆斯·麦科特为首的 5 名共和党人潜入水门大厦民主党总部安装窃听器时被当场抓获，并被指控在民主党全国委员会办公室进行窃听、偷拍文件和其他非法活动而被捕。案发后，尼克松和他助手们立即采取多种措施进行掩盖，以期息事宁人。在公开场合，尼克松等人一再声称，白宫对水门窃听一事既不知情也无干系，极力洗白自己。在暗地里，他们又利用金钱收买被捕人员，向他们提供大量"支持"费用，要他们保持"沉默"，企图大事化小，小事化了。掩盖活动果然奏效，水门事件并未给共和党造成任何麻烦，尼克松异常顺利地赢得了 1972 年总统大选从而获得连任。

然而，第二任期开始后，正当尼克松踌躇满志准备大展宏图时，1973 年 3 月下旬，慑于重刑判决的麦科特致函华盛顿地区法院约翰·赛里卡，承认他们受到了政治压力并被金钱收买，有人要他们承认有罪并保持沉默，共和党的高级官员事先知道水门窃听事件。此信一经公布，水门案件立即成为特大政治丑闻在全国上下引起轩然大波。

面对案情的重大发展，尼克松被迫做出表态。4 月中旬，尼克松发表声明，表示对水门事件承担责任，并采取措施进行重新调查。4 月下旬，尼克松又在全国电视观众面前宣布，接受他的几位助手、涉嫌掩盖窃听的约翰·迪安、鲍伯·霍尔德曼、约翰·埃利希曼以及司法部长理查德·克兰丁斯特辞职。不久，在参议院的压力下，尼克松又同意新任命的司法部长埃利奥特·理查德森任命哈佛大学法学教授、肯尼迪政府的司法部长助理阿奇博尔德·考克斯为水门事件特别检察官，加紧调查，以弄清事实真相。

5 月 17 日，参议院水门事件调查委员会即欧文委员会开始举行公开听证会并通过电视向全国广播，尼克松政府的许多非法活动陆续曝光。其中对尼克松本人最不利的是，不愿充当替罪羊的约翰·迪安向调查委员会和社会公众提供了大量水门事件真相及尼克松有关掩盖活动的详细的证词，而总统前助手亚历山大·巴特菲尔德更供认，自 1971 年年初起，尼克松的椭圆形办公室就装有录音系统，总统的所有谈话和往来电话均有秘密录音。这两个证词使水门事件的调查进入关键性阶段——通过录音谈话证实尼克松本人是否卷入此案。

从 1973 年 7 月起，围绕着传调白宫录音带问题展开了曲折斗争。欧文委员会和特别检察官考克斯通过地区法院和上诉法院强烈要求传调白宫有关录音带，尼克松则援引"行政特权"

一再予以拒绝。10月下旬，白宫传出被传调的录音带有两盒不翼而飞。11月中旬，尼克松慑于众怒被迫交出部分录音带，其中有1972年6月20日他与霍尔德曼的谈话录音，但带子上有大约18分钟的关键性录音谈话已被人洗去。1974年3月，联邦大陪审团宣布对参与掩盖活动的嫌疑人霍尔德曼、埃利希曼和米切尔等7人提出起诉，并把尼克松定为"未被起诉的同谋犯"。尼克松面临被弹劾的威胁，4月，他又被迫交出了经过删节的1300页录音记录文本。7月，联邦最高法院做出裁决，勒令尼克松交出传调的全部录音带和文件。此时，尼克松已经山穷水尽，只好从命。在尼克松最后交出的录音带中，有一盘有他在1972年6月23日同霍尔德曼的谈话，谈话录音中，有尼克松总统明确指示自己的助手不让联邦调查局调查水门事件的内容。这是尼克松本人直接参与并策划掩盖活动的确凿证据，它给了尼克松最后致命的一击。

1974年7月30日，美国众议院司法委员会通过了弹劾尼克松的三项条款：阻扰对水门事件的公正调查；滥用总统权力；蔑视国会传调录音带的命令，破坏宪法政府。8月4日，该委员会又提出了弹劾总统的报告。此时尼克松面临着要么立即辞职，要么被弹劾定罪两种选择。权衡再三，8月8日，尼克松被迫发表辞职声明，凄然离开白宫，成为美国历史上第一个被迫辞职的总统。

其实利用窃听获取情报这类非法活动在美国两党政治史上屡见不鲜，水门事件与过去大量发生的类似事件相比实属小事一桩，不足为怪。然而，它却被搞成了美国政治史上最大的政治丑闻，以至于断然把一位声望已达最高峰的连任总统撵出了白宫，原因何在？实际上，从本质上说，它是美国统治阶级内部东部权势集团与西南部权势集团之间矛盾冲突的产物，是民主党与共和党争夺国家控制权的一种特殊表现形式。

（摘编自张兹暑：《美国两党制发展史》，河北教育出版社2003年版。）

思考题：

1. 面对国会的弹劾，尼克松总统为什么只能黯然去职？
2. 美国国会对总统的弹劾程序是怎样的？

第八章　政府：西方国家权力运转的中枢

在政治学意义上，政府这个词通常有广义和狭义两个概念，广义的政府泛指依法行使国家权力的一切机关，包括立法机关、行政机关和司法机关。狭义的政府专指执行和贯彻法律，负责组织国家事务的行政机关。本章采用的是狭义的概念，主要研究西方国家中与立法、司法相分立的专门行使国家行政权力的机关。一般来说，西方国家的行政机关又分为中央政府机关和地方政府机关两大部分。除了古代的城邦国家和现代的梵蒂冈外，西方各民族国家通常都有一级或几级地方政府。中央政府行政制度通常是指由一国宪法和法律所规定的中央政府行政机关的地位、职能、权限、相互关系以及活动原则的总称，它是一国政府体制得以运转的中心与枢纽。地方政府有权决定和管理一个较小地区内的政治事务，它常常是中央政府的一个分支机构。

第一节　中央行政制度体系

一、中央政府行政制度的主要类型

1. 从内阁制的产生到半总统制的确立

西方国家近代中央政府行政制度的产生是从英国内阁制的确立开始的。内阁是西方国家中央政府的领导核心。内阁制是指由内阁掌握行政权并对议会负责的一种政府制度。内阁通常由议会中占多数席位的一个政党或几个政党组成，由多数党领袖担任内阁首相，经国家元首任命，由他们对国家政策做出集体决定。人们有时把内阁称为政府，但二者不是同一概念，如在英国，政府是全体大臣和副大臣的总称，也包括各部政务次官、其他高级官员和下院的执政党议员，而内阁只由首相及外交、财政、国防、内政等大臣组成，作为政府内部的领导核心。

“内阁”(Cabinet)一词源于法文，指17世纪国王单独会见侍从和顾问的私人房间或举行秘密会议的小房间，即“内室”或“密议室”。内阁最早出现于英国，其前身是枢密院外交委员会，它是中世纪英王下面的最高行政机关。17世纪和18世纪初，在庞大的枢密院会议讨论政务之前，英王总要事先咨询一些主要大臣的意见，日久成为惯例，到威廉三世时，该委员会开始被称为内阁。1714年，根据《王位继承法》，德国汉诺威选帝侯即英王位，称为乔治一世，乔治不懂英语，经常不参加内阁会议。1717年起，内阁会议由一位大臣主持，开创了内阁首席大臣(后称首相)领导内阁，英王不得参加内阁会议的先例。1721年，辉格党领袖罗伯特·沃尔波领导的内阁在下院占多数席位时可控制下院，他的政府成为英国第一任责任内阁。1742 年，沃尔波领导的内阁集体辞职，开创了内阁必须对下院集体负责，如下院不支持其施政方针，内阁必须全体辞职的先例。1783 年，托利党人庇特出任首相，第二年下令解散下院，重新选举并获胜，开创了内阁在得不到下院支持时，可以解散下院、重新选举的先例。到 1832 年英国选举制度改革后，上述制度作为宪法惯例被固定下来，到 1937 年公布《国王的大臣法》以后，内阁和首相的名称才有了正式的法律依据，后被各国模仿。

总统制政府首创于美国。1787 年 5 月在费城召开的制宪会议上，与会代表围绕着要不要建立一个强有力的中央政府问题展开激烈的争论，最终解决了有关政府制度的 5 个问题，从而确立了美国的总统制政府模式。应该说，三权分立的宪法原则是美国总统制创立的政治基础，开国元勋们主张实现共和主义原则，反对君主制的共识也为总统制的确立提供了观念上的保证，加上不少州创立的“强”州长制为总统制的创立提供了许多有益的借鉴，总统制政府模式才在美国的土地上稳固地建立起来。

在欧洲，随着 1848 年革命的兴起，瑞士联邦制定了联邦宪法，确立委员会制为共和国的政府制度，并延续至今，成为世界上唯一长期实行委员会制政府制度的国家。瑞士所创立的委员会制是与其具体国情密切相关的，因为它是一个由 20 个联邦州和 6 个半联邦州组成的联邦制国家，是一个语言、宗教和文化都较为复杂的多民族国家，因此，通过一个具有多方代表性的委员会来协调各民族利益就成为必然；加上其国土面积较小，政务较简单，也为委员会制政府的建立创造了条件。

法国历史上曾多次出现共和制政体和君主制政体交替出现的局面，二战以后建立的法兰西第四共和国体制由于本身存在着一些无法克服的弊端，加上 1958 年阿尔及利亚驻军叛乱所造成的混乱局面，客观上为戴高乐重新出山，制定新宪法创造了契机。戴高乐所制定的第五共和国宪法在保留内阁制的前提下，大大提高了总统的地位，增强了总统的实权，从而确立了半总统制的全新政府体制。60 多年来，这一体制的稳定发展证明半总统制是切合法国实际的政治制度，20 世纪九十年代以后，俄罗斯和东欧许多国家纷纷仿效这一体制也证明半总统制政体的生命力。

2. 中央政府行政制度的类型

西方国家中央政府的类型主要有四种：内阁制政府、总统制政府、委员会制政府和半总统制政府，内阁制政府以英、日、德三国为典型，总统制政府以美国为典型，委员会制政府以瑞士为典型；半总统制政府则以法国和俄罗斯为典型。

(1) 内阁制政府的特点

内阁制政府是指由内阁总揽行政权并对议会全权负责的一种政府组织形式。内阁制源于英国，后来传入绝大多数英联邦国家，并在不少欧洲国家，如瑞典、挪威、德国和意大利得到采用。内阁制的内阁是以议会为基础产生的，通常由议会中占多数席位的一个政党或几个政党(政党联盟)组成，由多数党领袖担任内阁首脑。内阁成员一般由内阁首脑挑选，但要提请国家元首任命，方能组织内阁，由他们对国家政策做出集体决定，对议会负责并接受议会的监督。在君主立宪制下和民主共和制下的内阁制政府基本相同，只是国家元首的称号、产生、任期、活动的典礼形式以及所强调的某些原则有所不同而已。前者的国家元首是君主，而后者的国家元首一般是虚位总统。内阁制政府有两种情况，一种称为“一党内阁”，通常由一个在议会中获得半数以上席位的政党组成，英国很长时间都是如此。另一种称为“联合内阁”，由于在议会中没有一个政党获得半数以上的席位，无法单独执政，便由几个政党联合组阁，通常由一个大的但又不占多数的政党与两个或两个以上的小党结成联盟。例如，从 1969 年至今，在联邦德国的历届政府中，一直由一个支配性政党（至少拥有 40％议席，基督教民主联盟—基督教社会联盟或社会民主党）和一些其他政党（如自由民主党、左翼党和联盟 90/绿党等）共同合组执政联盟。但是，一旦联合执政的政党之间出现意见分歧时，就容易发生政府危机。此外，在西方国家议会政治中还有一种形式，称为“影子内阁”或“在野内阁”。它是指实行责任内阁制的议会反对党按照内阁的组织形式组成一个在野的执政班子，平时主要与执政党政府相抗衡，一旦在大选中获胜，就能立刻以其班底组成新内阁，实施其政策主张。

综合起来看，内阁制政府的主要特点有：第一，内阁制政府体制下，议会是国家的最高权力机关，掌握立法、组织内阁和监督政府的权力，而国家元首通常由“虚位元首”担任；第二，政府通常由在议会中占多数席位的政党或政党联盟的领袖受国家元首的委托所组成，表示政府必须取得议会多数的支持；第三，内阁首脑和有关大臣（部长）应定期向议会报告工作，并在国家元首颁布的法律和命令上副署，表示内阁对议会负责；第四，内阁成员通常都必须同时是议会的议员（以英国为代表），他们一方面在政府担负行政工作，一方面在议会参加立法工作，议会的一切重要法律提案都源于内阁，议会的立法工作实际上是在内阁指导下进行的；第五，内阁对它所执行的政策由内阁全体连带向下议院负责，议会对内阁通过“不信任案”时，内阁应总辞职，或提请国家元首下令解散议会，重新大选，以决定原内阁的去留。

（2）总统制政府的特点

总统制是由总统担任国家元首和政府首脑，行使国家最高行政权力的政体形式。总统制于 18 世纪末源于美国，但与过去相比，今天美国的这一制度已经在很多方面发生了显著的变化。除美国外，亚洲、非洲、拉丁美洲的许多国家也实行总统制。

总统制政府实行立法、行政、司法三权分立和权力制衡原则，因而与内阁制政府有很大的不同。其主要特点是：第一，总统独立于议会之外，不由议会产生，一般由公民直接或间接选举产生，总统的选举与议会的选举分别举行。所以，总统只对宪法和选民负责而不对议会负责。政府由在大选中获胜的总统组织，无须获得议会多数的支持。议会中的政党对总统并不产生直接的决定性的影响，总统所属的政党不一定是议会中的多数党。国家最高权力分别由总统和议会共同行使。第二，总统既是国家元首，又是政府首脑，这种元首是实权元首，行使宪法和法律所赋予的权力。总统与政府各部部长组成中央政府，总统本人是政府首脑，一切行政大权都集中在其一人之手。总统掌握着国家最高行政权，统率全国的武装力量；所有政府成员均由总统任免，他们都是总统的僚属，由总统领导并向其汇报工作。第三，政府与议会完全分离。政府成员不得同时兼任议员，不能参加议会立法的讨论和表决。议会中各种立法提案都由议员提出，在形式上政府不能直接向议会提出法律草案或预算案。总统可以用咨文的形式向议会陈述意见和报告工作，议会通过的法案须送交总统签署，总统有权加以否决。第四，政府不向议会负连带责任，政府成员只向总统负政治上的责任，而总统要向宪法和选民负政治上的责任。议会不能对总统投不信任票，而总统亦无权解散议会。

（3）委员会制政府的特点

委员会制又称委员制或合议制，指国家最高行政权不是集中在国家元首或政府首脑一人手中，而是由议会产生的委员会集体行使。在委员会制政体中，瑞士联邦是独一无二的，它由联邦委员会来履行全国最高行政权力，该委员会由数名委员组成，设有常任主席，主席由委员轮流担任，而且仅为名义上的最高行政首脑，并无特殊的职权。委员会制下的委员会是以集体领导的形式来行使其最高行政权，各委员职权相同，并且进行集体议事，决议是以投票结果来做出的，实行集体负责制。

瑞士的联邦委员会相当于其他西方国家的内阁，它由 7 名成员组成。委员会成员的产生是先由参加政府的政党提名，再经过各党、各州的协商，最后由联邦议会选举产生。联邦委员会设有主席和副主席各 1 名，由 7 名联邦委员轮流担任。主席任期 1 年，期满不得连任，而是由副主席接替当主席，副主席的接替是根据联邦委员当选的时间顺序确定的。委员会的 7 名委员各自掌管一个联邦政府部门，并且以资历顺序每年替换轮流担任委员会主席，本年度的副主席将在来年继任主席。委员会主席理论上虽为法律与实质上的瑞士联邦委员会主席，但“委员会整体”才是国家的行政机构。所以委员会主席本身并无较其他 6 名委员具备超然地位，并如其他委员一样在日常国务运作中须各自领导一个政府部门。若委员会面临紧急状况，无法及时做出决定时，主席有权代表整个委员会做出行动。但除了以上情况之外，瑞士联邦委员会主席只是“同僚中的第一人”(Primus inter pares)，联邦委员会主席本身并非瑞士国家元首(全体委员会才是)，即使近年来联邦委员会主席在外国进行官方访问时，逐渐有被视为国家元首的态势，但官方访问实际上是由联邦外交事务部所执行，访问代表人是经由全体委员会成员认可产生。根据联邦宪法，联邦委员会实行的是集体领导制，具体体现为集体议事和集体负责。集体议事是指联邦委员会以会议的形式制定方针政策；集体负责是指联邦委员会集体决议的责任后果，只要当选为联邦委员，就不再以政党的身份进行工作了，而且联邦委员会一经做出决议，任何委员不得公开反对。联邦委员会与联邦议会的任期相同，均为 4 年一届，可以连选连任。

委员会制政府的主要特点是：第一，议会是国家最高权力机关，它不仅拥有立法权，而且还拥有行政政策决定权，议会是委员会的上级机关，对委员会工作享有监督权，可以变更或撤销委员会的决定和措施。委员会无权解散议会，议会也无权推翻委员会。第二，国家元首是虚位的，由委员会成员轮流担任。联邦委员会主席虽然是国家元首和政府首脑，但他除了享有一些礼仪性和象征性的权力外，其他权力与委员相当。第三，国家最高行政权由委员会集体行使，实行集体负责制原则，每个委员虽然分别担任一个部的部长，但无权对本部的重大问题单独做出决定，任何决策须经联邦委员会集体讨论决定。第四，在重大立法过程中实行直接民主制的形式，即通过全民公决的方式决定宪法修改问题以及国家的一些重大决策，全民也有权对议会的立法进行最终的认可或否决。

(4) 半总统制政府的特点

半总统制政府是指具有总统制的实质，但在形式上保留了议会制，总统作为实权国家元首掌握着行政大权，内阁的地位较稳固且议会权力相对缩小的一种政府形式。它有以下几个主要特点：第一，半总统制政府行政实行二元领导体制，亦称为政府行政双头制，总统和总理的地位和权力由宪法规定，他们分别是国家元首和政府首脑，共同行使行政权，但两者的权力并不平衡。总的说来，总统的权力大于总理，行政大权主要由总统掌握，总统是事实上的行政首脑，其特征是强总统、弱总理。第二，总理一般由议会多数党领袖或多党联盟领袖担任，由总统任命。总理领导政府的工作,负责国防,确保法律的执行,向议会负责。如果议会通过对政府的不信任案,总理必须代表政府向总统提出集体辞呈。第三,总统由全民普选产生,是国家真正的权力中心。他是国家元首兼武装部队的统帅,是国家权力的"保证人和仲裁人"。除叛国罪外,总统对其执行职务的行为不负责任。总统不对议会负责,他只对全国选民负责,不受议会的弹劾。总统还有权解散议会或跳过议会直接把法律草案交全民公决通过生效。因此,从一定意义上说,半总统制政府制度下总统的权力比总统制政府制度下的总统权力要大。

从根本上来比较,半总统制政府在实质上属于总统制的特殊形式,因为其具有总统制的两个特点:作为国家元首的总统掌握着国家最高行政权力;总统由选民直接选举产生,议会不能利用不信任案迫使其辞职。但是半总统制还具有内阁制的两个特点:政府由在议会中占多数席位的政党组成;政府向议会负责,议会有权向政府提出不信任案。正由于半总统制政府从形式上看介于总统制与内阁制政府之间,才取了这个名称,也可以称为半总统半议会制政府。

二、各国中央政府体系

1. 英国——立宪君主制下的内阁制政府

英国政府体制中的行政系统以英国政府为其最高行政机关,而"政府"是由首相、阁员大臣和非阁员大臣组成的。英国中央政府的行政大权集中于内阁,它领导政府各部,掌管全国的内政外交,直接指挥军队和警察,国内外一切重大政策均由内阁制定。从权力的内涵上看,现在的英国内阁已取得历史上原属于英王的几乎所有权力,英王的政治行动要受到内阁的支配。由于政党政治的作用,内阁可在一定程度上对议会进行控制。

英国伦敦唐宁街 10 号首相官邸

图片来源:"去哪儿旅行"网,http://travel.qunar.com/p-oi4321320-tangningjie10hao-1-5? rank=0&img=true

首相是内阁的首脑,居于实际行政首长的地位。首相是英国权力最大的人物,身处全国政治权力的中枢。首相官邸在伦敦唐宁街 10 号,内阁会议也在此举行。按照惯例,首相由在大选中获得下院多数议席的政党或政党联盟的领袖担任,但形式上还是由君主指定的。首相必须是议员,且自 1902 年以来,首相由下院议员担任已成惯例。首相的职权主要包括:首先,首相有权任命内阁成员和所有政府成员,也有权解除某些大臣的职务;还有权通过向英王推荐的方式任命英国国教教会的大主教和其他神职人员;有权任命高级法官、枢密院顾问官以及其他一些重要职务;贵族爵位和各种荣誉称号也由首相提名后再请英王授予。其次,首相负责主持内阁会议,并定期向英王报告政府工作情况;首相还是政府的重要发言人,他在下院就政府的一般政策回答质询,并在有重大影响的辩论中发言,这就需要他经常与反对党领袖交锋,展示其辩论才干。再次,首相兼任内阁首席财政大臣,1919 年财政部主管公务员事务后,首相亦对公务员事务负最终责任。最后,在政府内部,首相最主要的职责是指导和协调政府政策,他要对各部的工作进行总的指导,解决大臣之间的个人矛盾和各部之间的争端,确保政府各部执行内阁的决定；同时批准各部无需提交内阁讨论的重大决定。

英国内阁是英国政府的核心，是首相行使权力的工具。内阁由首相个人遴选的大臣组成，由于内阁的阁员人数从未做过明确的规定，所以这种组阁权通常都是由首相控制的。近几十年来，内阁人数一般在20人左右。通常，首相必须将执政党的所有重要人物委以重要职务，如外交大臣、国防大臣、财政大臣、内政大臣、司法大臣、掌玺大臣等，并邀请他们入阁。在内阁中，首相常与内政大臣、外交大臣和国防大臣等组成“核心内阁”处理重大政策方针。因此，英国的政府大臣实际上分为三类：核心内阁大臣、内阁大臣、非内阁大臣。内阁大臣的责任包括两方面，一是作为政府成员共同对政府政策和行为负集体责任；二是对本部门工作负个人责任。非内阁大臣一般只负责一个部门的行政事务，不参加内阁会议，只有在讨论到与他有关的问题时，才可能被邀请列席内阁会议。另外，除了负责管理一个部门的部门大臣外，还有非部门大臣，他们没有具体的部门要管理，如枢密院大臣、兰开斯特公爵郡大臣、主计大臣、不管部大臣等，但这些非部门大臣的实权并不小，他们往往担任内阁委员会的主席，或由首相指派其他重要任务。

英国政府早在19世纪中叶就确定了集体责任制的原则，参加内阁的政府官员皆与内阁共进退，即使内阁成员在特定的问题上持有不同观点，但内阁也要对英王提供意见一致的咨询。一旦政府确定了某项政策，原则上每位大臣都必须予以支持，并有义务为之辩护，即使某位大臣在总体政策或某一重大问题上与其同僚有分歧，也必须服从一致的政策，否则就得辞职。

此外，英国内阁还设立了各种常设或特别委员会，以协助内阁工作。委员会根据授予的权限，代表内阁处理解决某方面或某件事项，必要时，可以把问题提到内阁，由内阁最后决定。内阁还设有内阁办公厅，下属机构包括内阁秘书处和人事管理局等。

随着二战以后政府行政权的不断扩张，英国中央政府的决策权越来越集中于首相个人，内阁作为一个集体决策机构正面临着挑战。由于首相作为执政党领袖拥有重要的权威，他不但能控制全国联盟，还可以通过议会督导员控制本党议员。有些时候，首相可以抛开议会和内阁，独自决定某些内政外交大事，然后迫使内阁默认，议会追认。总之，在首相与内阁的关系上，首相已占尽上风。

在英国政府制度中，仍然保留着枢密院(Privy Council)这样一个旧时的行政机关。18世纪以前，国家行政权力一直掌握在枢密院手里，随着内阁制度的发展，枢密院的作用日益减小，它的许多权力都转移到内阁。今天，枢密院已无实权，仅仅在法律上仍然是英国的最高行政机构。枢密院在形式上负责颁布英王批准的枢密院令，议会开会、休会和解散，对外宣战或媾和等，均以枢密院的名义发布正式公告，它们与议会法令具有同等效力。英国法律规定，只有枢密院顾问官才能担任政府要职，因此，内阁阁员必须首先被任命为枢密院顾问官，并可终身任职。掌管枢密院的首长是枢密院院长，担任此职的人士除了是内阁成员外，也是位阶第四高的内阁大臣。枢密院还设有各种委员会，其中的枢密院司法委员会是国家司法系统的组成部分，因为它曾经是联合王国属地、某些英联邦国家及其他地区的终审法院。

英国的文官(Civil Servant，也称为公务员)是君主法人(Crown)的雇员，包括中央政府系统非选举产生且非政治任命的事务官，不包括经选举或者政治任命产生的内阁成员及各部政务次官、政治秘书等政务官，也不包括军队、警察、地方政府以及国会设立的企事业单位的官员、国民卫生系统雇员及王室内务官员，其特点有政治中立与择优而任。英国中央政府公共雇员目前总计约 352 万人，[①]分布于 23 个内阁部门、20 个非内阁部门以及其他公共机构中。[②]地方政府的就业人数估计为 201 万，国家卫生服务局估计雇用 178 万人。[③]。由于各部建立或形成的时间和原因不尽相同，因此，其名称和大臣的称呼是不规范的。通常在 20 世纪以前成立的称 Office，20 世纪成立的称 Ministry 或 Department。各部领导体制也不一样，有的实行首长制，有的实行委员制。英国政府每设立一个新的部都需要由法律批准，已有的部如需合并、撤销或作其他变动，则不需要经过法律手续。一个部的职能转移到另一个部，或者某些职权由两个以上的部同时行使，都以枢密院令的形式发布。首相组阁建立政府时，主要是从本党利益需要任用部、会首长主持工作。一些重要的部设政务次官，主要处理部与国会的关系，部内实际工作则主要由公务员担任的常务次官处理。英国部级机构设置极为复杂，而且常有增减变化。20 世纪以来，随着政府职能的扩大，行政部门不断增加，到 60 年代以后，由于部门过多、分工过细，不利于政府进行集中管理，因此通过合并调整，缩减了一些机构，并一度朝“大部”方向发展。但由于不同的职能合成的大部管理十分混乱，不久有些大部不得不重新分开成立新的部。从部的职能看，大体可分为 4 类：第一，国家安全类，如国防部、内政部；第二，外事类，如外交和联邦事务部；第三，全国性事务管理类，如财政部、教育和科学部、贸易和工业部、卫生部、文化传媒体育部、运输部等；第四，地区性事务管理类，如苏格兰事务部、威尔士事务部、北爱尔兰事务部。

2. 美国——三权分立体制下的总统制政府

美国联邦行政系统的机构十分庞大，但完全接受作为政府首脑的美国总统的直接指挥和全面监督。联邦行政部门大致包括以下几个部分：

(1) 总统办事机构(Executive Office of the President，缩写为 EOP)，亦称为白宫直属机构，是根据 1939 年 9 月罗斯福总统发布关于“政府机构改组”第 8248 号行政命令成立的。总统办事机构由总统的亲信、顾问、专家和行政人员组成，主要任务是督导和协调各行政机构的活动，加强总统对行政部门的有效领导。总统办事机构从成立至今，其权力和规模一直在不断扩大，在 1975 年时总人数曾达到 4700 多人，其后经过削减，现人数保持在 2 000 到 2 500 人，每年预算达 3 亿到 4 亿美元[④]。目前，总统办事机构已不再限于代表总统与各行政部门进行联系，而日益成为凌驾于各行政机构之上的决策机构。它已成为联邦行政系统中最重要的一个组成部分，被称作为“无形的总统”。目前，总统办事机构由白宫办公厅、行政管理与预算局、国家安全委员会、贸易代表办公室、经济顾问委员会等 16 个单位组成。白宫办公厅主要人员包括办公厅正副主任及“总统顾问”和“总统助理”等，由于白宫办公厅是为总统个人服务，其班子由总统任命，无须参议院批准，他们在决策中的作用常常超过内阁部长。目前总统办事机构统一由白宫办公厅主任领导。行政管理与预算局协助总统编制联邦年度预

---

① 以上数据参见：*Public sector employment*，*UK: December 2021*，https://www.ons.gov.uk/employmentandlabourmarket/peopleinwork/publicsectorpersonnel/bulletins/publicsectoremployment/december2021#toc

② 参见：*Departments*，*agencies and public bodies*，https://www.gov.uk/government/organisations

③ https://www.ons.gov.uk/employmentandlabourmarket/peopleinwork/publicsectorpersonnel/bulletins/publicsectoremployment/june2020#toc

④ http://zh.wikipedia.org/wiki/%E7%BE%8E%E5%9C%8B%E7%B8%BD%E7%B5%B1%E8%BE%A6%E4%BA%8B%E6%A9%9F%E6%A7%8B

美国白宫椭圆形办公室

图片来源："冬令营"网，https://www.donglingying.cc/newchannel/news/20100904104803.html

算，监督预算执行，此外还协助总统改进政府行政管理，提出提高政府行政效率的建议等。国家安全委员会由1947年《国家安全法》设立，由总统担任主席，法定成员包括副总统、国务卿和国防部长，法定军事顾问是参谋长联席会议主席，法定情报顾问是中央情报局局长，由总统国家安全事务助理负责委员会的工作。委员会的职能是就与国家安全有关的内政、外交和军事的综合政策向总统提供咨询意见，在美国政府外交国防的最高决策方面发挥重要作用。

(2) 内阁。美国宪法中没有规定设立内阁，内阁是出于实际需要由总统设立的，它最大的特点是权力有限，结构松散。美国内阁从一开始就是作为总统的顾问机关而出现的，它向总统负责，完全不受国会的控制。内阁的意见对总统并无约束力，在法律上，总统完全可以无视内阁而自行其事。内阁的基本成员是各部部长，此外，总统还邀请一些其他高级官员参加内阁会议。如拜登政府内阁成员还包括白宫办公厅主任、美国驻联合国大使、国家情报总监和美国贸易代表，以及环境保护署、管理和预算办公室、经济顾问委员会、科技政策办公室和小企业管理局的负责人。① 内阁会议无固定会期，由总统随时召开。

(3) 行政各部。美国联邦行政系统中直接从事行政管理工作的单位是行政各部，部是整个联邦行政系统中最老和最正规的单位。美国宪法对于联邦行政机构的设置及其权限未作任何规定。联邦行政机构是国会根据美国经济、政治和社会发展的实际需要，以法律方式逐渐建立的。1789年，联邦政府初建时，行政部门只设立陆军部、财政部和国务院三个部级机构，20世纪30年代的大萧条及两次世界大战，使政府职能急剧扩大，联邦政府工作人员总数大致保持在280万左右，其中在首都华盛顿工作的约有30万人，其余均在各部、局、办公室及地方机构中任职。② 目前，美国联邦行政部门共有15个部，它们是：国务院、财政部、国防部、司法部、商务部、劳工部、内政部、农业部、卫生与公众服务部、住房与城市发展部、交通运输部、能源部、教育部、退伍军人事务部以及2002年成立的国土安全部。联邦各部通过各自的部长向总统负责。各部部长、副部长、助理部长等高级官员是政治任命官员，通常与政府共进退，他们由总统提名，经参议院批准后任命，总统可以随时解除他们的职务，而无须参议院批准。各部的组织结构基本相同，部以下设局、处、科、署，各有特定的职责范围，局长以下官员多半为职业公务员。各部通常设有"国会事务办公室"、"公众事务办公室"等，负责沟通本部同国会、联邦政府其他机构、传媒及公众之间的关系。其中卫生与公众服务部（Department of Health and Human Services）预算分配一般较高，以2016财政年度为例，该部门占整个联邦政府预算的28.6%③。

① 参见：*The Cabinet*, https://www.whitehouse.gov/administration/cabinet/

② 韩国明：《外国行政制度》，兰州大学出版社2004年版，第241页。

③ https://share.america.gov/zh-hans/federal-budget/

(4) 独立机构。在联邦行政机构中，还有大量不属于以上各部的机构负责单列的社会经济事务管理，它们通常被称为独立机构。因为它们在法律上不属于行政部门，不受总统直接控制，所以常被说成是美国政府的“无人领导的第四部门”，如今包括行政机构、公务员机构、商业监管机构、政府委员会和联盟、教育和广播机构、能源和科学机构、内政机构、劳工机构、货币和金融机构、邮政机构、退休机构、联邦财产和政府所在地机构、运输机构、志愿服务机构、国防和安全机构、民权机构、其他公司、联合项目和跨部门机构等。最早建立的独立机构是1883年由3人组成的文官委员会，随后是于1887年建立迄今仍具有重大权力的州际商业委员会。独立机构都是根据国会法令设立的，它们同时兼有立法、行政、司法三项功能，以处理性质过于复杂而不是普通行政机关所能包罗的事务，如制定企业必须遵守的规章制度、发放许可证、制定收费标准等，有些机构的重要性不在行政部之下。独立机构也接受申诉，举行听证会，做出具有约束力的裁决。若当事者不服，可以向联邦法院申诉；而对违反其裁决者，独立机构将向法院控告，要求课以民事犯罪惩罚。这些独立机构一般不实行首长负责制，而实行委员会负责制，由一个委员会领导工作。总统有权经参议院批准后任命各独立机构委员会成员，委员任期通常为5—7年，且一经任命就不得因政见不一而随意撤换。独立机构的设置，大者如邮政总局雇员达60多万人，小的不过3人。独立机构的设置，历届政府时有增减，尼克松政府时曾多达120个，卡特主政时减少到90多个，现在依然有100多个。独立机构的性质和宗旨极为不同，但大多是适应政府管理经济事务的需要而设立的，主要职能是监督和管制私营企业，保护公众的利益，也有的是给政府或人民提供特别的服务。其中较为重要的有：中央情报局(CIA)，主要职责是公开和秘密地收集和分析海外情报，对海外进行宣传活动并为总统执行秘密行动；州际商业委员会，负责管理铁路、公共汽车和公路运输，规定收费标准、路线和营业守则；联邦储备系统委员会(简称美联储)，作为美国的中央银行来制定货币和信贷政策，管制参加联邦储备系统的所有商业银行；联邦贸易委员会，负责全面监督商业活动，包括监督不公平交易和限制措施，控制广告宣传和商品商标以及一系列其他方面的商业管理办法；国家劳工关系委员会，负责全面管理集体劳资谈判，监督工会活动，制止“对劳工的不公平待遇”，处理工会间的法律纠纷等。其他独立机构还包括环境保护署、消费品安全委员会、核管制委员会、美国新闻署等。

3. 法国——半总统制下的内阁制政府

法国中央政府是法国最高行政机关，国家的对内对外政策主要通过它来贯彻实施。内阁政府受总统的直接领导，并按宪法规定向议会负责。实际上，掌握国家行政权力的政府仅仅在国民议会和总统之间起着联系作用，它担负着双重责任：既要对议会负责，又要向总统负责。内阁政府的组成，阁员的任免，内阁会议及其制定法令和命令的权力完全由总统一手操纵。这是法国政府行政系统的一个不可忽视的基本特点。

法国中央政府由总理、国务部长、部长、部长级代表和国务秘书等成员组成。宪法规定，“共和国总统任命总理”、“共和国总统根据总理的提议任免政府其他成员”。法国政府不设副部长和副总理。政府成员的人数和各部设置的数目，并无法律上的限制，总统可以根据实际需要，在组织政府时增加、合并或减少。第五共和国历届政府成员，一般维持在25人到44人之间，其中各部部长和部长级代表常有12～20人，其余为国务秘书。在法国政府成员中，除总理外，地位最高的是国务部长，他在部长会议上拥有较大发言权，受到总统的重视，国务部长一般兼任一个重要部的部长，如财政部、外交部等。法国政府中的国务秘书有三种：第一种是独立主管一个部门的国务秘书，其地位相当于部长；第二种是总理府的国务秘书，他们受总理的委托主持某一方面的工作，如妇女地位国务秘书、职业教育国务秘书等，其地位相当于总理助理；第三种是从属于某些部长的国务秘书，这类国务秘书仅在某些部如经济、财政和预算部及外交部等重要部门设置，受部长委托主持部内某一方面的工作，其地位相当于副部长，或被称为“低级部长”。宪法规定，政府成员不能兼任议员，不能兼任全国性的职业团体的代表，也不能从事其他职业性的活动。

法国总理的职权主要是领导政府的活动，对国防负责，确保法律的执行。必要时，总理可以代表总统主持最高国防会议、国防委员会会议，总理可以根据授权在特定议程上代替总统主持部长会议。总理作为政府的代表可享有立法创议权和修改宪法的建议权。总的来说，总统掌握政府的大政方针，而总理代表总统负责领导政府的日常具体活动。一方面总理要确保议会通过的法律依法执行，另一方面他又得执行总统的政策，这样，总理就在全民选出的议会和全民选出的总统之间处于中间人的地位。在实际政治生活中，法国总理主要起着“管家”、“纽带”和“保险丝”的作用①。首先，总理是总统的大管家，总统掌握大政方针，总理负责具体事务，处理那些总统不感兴趣的细枝末节的琐事；其次，总理是联系总统和议会的纽带，他负责向议会提出反映总统意图的总政策声明，总理还要同议会保持良好的关系，不断同议会多数派联系，以保证政府提议和总统政策能在议会中顺利通过，或求得议会对总统的支持；最后，总理还是总统的“避雷针”或“保险丝”，因为总理的权力转移到总统手中，总理却继续承担着“责任”，他出面为总统承担风险并做出牺牲，总统反而可以免受议会和舆论的“雷击”。总之，总统是法国政治中的超然人物。他任命总理——虽然他不可以从法律上解除他的职务，但如果总理来自相同政党或政党联盟，总统实际上能让总理经要求辞职（总理被要求在被任命前签署一封没有日期的辞职信）；总统还任命部长、部长级代表和国务秘书。当总统的政党或支持者控制国民议会时，总统是行政行动的主导者，可选择他对于政府希望的任何人，并让其跟从自己的政治日程。然而，当总统的政治对手控制国民议会时（如“左右共治”时期），总统的控制力则受到严格限制，因为他必须选择代表国民议会多数党或多党联盟的一位总理和内阁，而总统也将执行国民议会大多数的议事日程。

法国总理府马提尼翁宫

图片来源：百度百科，https://baike.baidu.com/item/%E5%B7%B4%E9%BB%8E%E5%A1%9E%E7%BA%B3%E6%B2%B3%E7%95%94/53743213

政府的行政机构由总理办事机构和直属机构及中央政府各部组成。总理的办事机构是总理府，它是总理的参谋机关，下设总理府办公厅、总秘书处和军事办公室三个重要机构，负责与总统府办公厅和中央各部联系，监督中央各部的工作，负责内阁会议的准备和传达，政府重要

① 曹沛霖等：《比较政府体制》，复旦大学出版社1993年版，第231页。

文件的起草，与议会的联系，向总理提供各种信息、资料和咨询，并安排总理的各种会见和会议。总理直属机构是由总理直接领导的、为协助总理主管某项专门工作而设立的，主要包括计划总署、原子能局和国立行政学院等。

法国中央政府各部是主管政府某一方面事务的中央行政管理机关，各有其专门的职权范围，一般保持在 20 个左右。部的数量和职责的拆分和它们之间的行政管理职能从一届政府到另一届政府不断变化。中央行政机构设置变化频繁，法国宪法和法律没有对中央政府行政机构设置的数目做出确切规定。行政机构的设立和撤销、机构的名称及机构首长的等级，均由历届总统和总理自行审定，因而变更较频繁，大的变化主要发生在总统或总理换届时。马克龙政府现设下列各部：经济、财政、工业与数字主权部，内政部，欧洲与外交部，司法部，生态转型与领土凝聚部，国民教育与青年部，武装部，卫生与预防部，劳动、充分就业与融合部，团结、自治与残疾人部，高等教育与研究部，农业与粮食主权部，转型与公共服务部，海外事务部，文化部，能源转型部，体育与奥林匹克及残奥会部。除此之外，还有男女平等、海洋事务、议会民主、对外贸易、法语国家与国际伙伴关系等由国务秘书主管的领域。[①] 同其他西方国家相比，法国政府是较为庞大的，部的数量较多，导致行政机构相对庞大。由于实行双重行政领导体制，政府对社会事务的干预较多，以及行政机构内部层次较多，大多数中央政府部门的行政层次有 5 层，且部与部之间的差异又很大。如内政部统领全国 20 多万宪兵和警察部队，国民教育与青年部管辖分散在全国各地的几十万名大、中、小学和幼儿园教师等。所有部长均由总统根据总理提名任免。此外，中央行政机构负责管理和解决社会问题的部门占较大比例。

4. 德国——强调“总理原则”的内阁制政府

德国联邦政府由联邦总理和联邦各部部长组成，联邦总理是联邦德国政府首脑，是国家行政机构的最高领导人。联邦德国实行议会内阁制，内阁总理由联邦议院多数党领袖，或占优势的政党联盟中主要政党的领袖担任。内阁总理组织政府，政府对联邦议院负责，联邦议院可以对政府提出“建设性不信任案”迫使内阁总理辞职，政府也可以提请总统批准解散联邦议院重新大选，再由新产生的联邦议院选出新的内阁总理重新组织政府。

联邦总理人选形式上由联邦总统同联邦议院中各议会党团会商提名，然后由联邦议院全体大会不经过辩论即投票选举，凡得法定过半数票者即当选。新总理就任后的第一件事就是同执政党的其他领袖会商，向总统提出内阁部长名单。联邦部长的任命和联邦政府的施政纲领不需要联邦议院批准。一般每届政府的任期与联邦议院一致，为 4 年，但在联邦议院届内，也可以改选联邦总理和重新改组联邦政府。

联邦总理作为政府首脑，是联邦德国国家机构中最有权力、最有影响的关键人物。联邦总理是内阁向联邦议院负责的唯一代表。他(她)负责制定和执行联邦政府总的政策方针，并对其承担责任；他(她)有权提名并呈请联邦总统任命各部部长和政府高级官员，可以从部长中任命一名副总理作为自己的副手。联邦总理在组织或改组联邦政府时有权决定设置多少个部和规定各部职权管辖范围，并在必要时有权改组联邦政府，撤换或增补联邦部长。联邦总理负责召开并主持内阁会议，对会议争论的问题具有裁决权，其在会上的发言具有决定性作用。联邦

① 参见：*Le Gouvernement et les institutions*，https：//www.gouvernement.fr/composition-du-gouvernement

位于柏林的联邦德国总理府

图片来源：百度百科，https://baike.baidu.com/item/%E8%81%94%E9%82%A6%E6%80%BB%E7%90%86%E5%BA%9C/8145878

总理更具权威性的地位是，当国家一旦处于“紧急状态”，平时由国防部长掌握的军队指挥权随即就转移到联邦总理手中，从而成为三军统帅。此外，联邦总理不仅有权要求联邦议院议长提前召集联邦议院大会，而且还有权提请联邦总统解散联邦议院。可见，联邦总理的权力及其地位是强有力的。西方学者把这种情况称为“总理原则”，将德国的民主称为“宰相民主”。

联邦德国中央政府机构的设置包括内阁机构、联邦总理办事机构和联邦政府各部3种类型。联邦行政系统设置的最高职能机构是内阁，它的组成以总理为首，包括由总理指定的主要部长兼任的副总理、各部部长、总理府国务秘书、联邦新闻国务秘书以及根据需要任命的不管部部长。内阁作为联邦行政系统的最高机构，权力很大，职权范围也很广泛，但内阁并没有自己的办事机构，为此，近年来相继设立内阁委员会和部际协调委员会等机构辅助内阁工作。联邦总理的办事机构是联邦总理府，其主要职责是为联邦总理的决策进行准备并监督其执行，协调联邦政府各部的工作等。

联邦德国的《基本法》和其他法律均未规定联邦政府应该设多少部，而是由联邦总理根据《基本法》赋予的“组织权”设置并调整其工作权限。联邦各部在总理的总体政策方针指导下，在权限范围内行使最高决策权和执行权。每届联邦政府部的数目大体保持在14—20个之间，2022年7月，朔尔茨政府的主要组成部门包括：经济和气候保护部，财政部，内政和国土部，外交部，司法部，劳工和社会保障部，国防部，食品和农业部，家庭、老年、妇女和青年部，卫生部，数字化和交通部，环境、自然保护、核安全和消费者保护部，教育和研究部，经济合作与发展部，住房、城市发展和建设部，总理府。① 各部部长除个别例外情况，都是从执政党或执政联盟的议员中任命。目前德国政府共有15个部，各部部长的所属党派不尽相同，由议会多数党分配组成。国防部等几个部门的总部并不在柏林，而在波恩。德国联邦各部一律不设副职，但在各部部长之间实行互相代表制度，即根据内阁决定，两个部的部长之间可以相互代表行使职权。部内机构设置、所有各部的组织层次基本上是划一的，部以下设司和直属机构。总理可随时要求部长就已采取的措施和今后打算提出报告，其活动特别是涉及对外关系的活动须经联邦总理批准。但是部长对主管部的工作负有单独的责任，具有相对的独立性，联邦总理不可以越过部长直接干预各部事务，更不可撇开部长制定有关部的法律草案和颁发命令。对于部长间的意见分歧，总理也无权单独裁定，必须通过政府，即内阁会议集体解决。

5. 日本——以执政党为中心的内阁制政府

日本实行议会内阁制，内阁是中央政府的核心，是国家的最高行政机关，宪法规定，内阁总揽行政大权，指挥、监督各级行政机关的工作。日本内阁由总理大臣及各国务大臣组成。他们都必须是文职人员，总理大臣必须是国会议员，其他国务大臣至少有一半是国会议员。

日本选择和产生内阁总理大臣的方法与英国相似，总理大臣先由国会决议在国会议员中提名，经议会选举产生后，再由天皇任命。按惯例，国会中多数党或政党联盟中占多数席位政党的领袖一般是内阁总理大臣的当然候选人。根据程序，各政党提出的候选人在形式上要一起经国会投票表决，得票多数者即当选。根据宪法和法律的规定，内阁总理大臣具有如下权能：第一，总理大臣有权代表内阁向国会提出议案，就一般国务向国会提出报告；总理大臣是内阁的首脑，也是内阁的中心，他对内有权保持内阁的统一，对外代表内阁发号施令，处理一切行政事务。第二，总理大臣有权任免各国务大臣，对行政各部具有指挥、监督权，他行使这种任免权无须经过阁议。第三，总理大臣负责主持召开内阁会议，解决大臣间的纠纷，批准对国务大臣的追诉；有权中止各行政部门做出的处分和命令，以待内阁开会进行重新处理；根据国家公安委员会建议，有权宣布全国或部分地区处于紧急状态，并可以调动自卫队，但事后必须报请国会追认。

2003 年建造的日本新首相官邸

图片来源："360百科"网站，http://upimg.baike.so.com/gallery/list? ghid=first&pic_idx=1&eid=7062546&sid=7285456

内阁总理大臣确定后，随即挑选各国务大臣进行组阁。国务大臣分两类：一类是分别担任部门领导职务的大臣，如法务大臣、外务大臣等；另一类是不担任部门领导职务的国务大臣，他们虽不担任部门领导，但往往兼任总理府下属各机构的领导。

2001年，日本完成战后最大的一次中央政府改革，将原来的1府12省9厅按职能精简整编为1府12省厅。目前，日本内阁政府主要设有两类组织机构：1府即内阁府，它取代了原来

① 参见：*Das Bundeskabinett*，https：//www.bundesregierung.de/breg-de/bundesregierung/bundeskanzleramt/bundeskabinett

的总理府，并加强其决策辅助、综合协调的职能。由原总理府、经济企划厅和冲绳开发厅合并而成的内阁府，是首相的辅助机构，它凌驾于其他各省厅之上，负责制定国家战略，有权协调、统筹各省厅之间的合作事项。内阁府下设经济财政咨询会议、宫内厅、金融监督厅等，并直接管理内阁官房、内阁法制局和人事院等。内阁官房的职责是负责内阁会议事项的整理及内阁的日常工作，负责收集、调查内阁制定重要政策的情报工作。内阁法制局是内阁的一个重要辅助机构，它负责审查提交内阁审议的法律案、政令案和条约案，着重审查其是否符合宪法精神以及是否与其他法令相抵触，同时还就有关法律问题，向内阁总理大臣和各省大臣申述意见。人事院是协助内阁专门管理人事的行政机构，是内阁的重要辅助机构之一，它负责主持国家公务员的考试和任免，决定职别和薪给以及监督工作。

日本政府机构中的 12 个省厅，相当于部的设置，其中有 11 个行政省：外务省，负责外交、安全保障、对外经济、开发援助、国际交流等事务；总务省，下设邮政事业厅、消防厅、公正交易委员会、公害协调委员会，负责行政组织、运营管理、行政监察、地方自治、选举、广播电视等事务；法务省，负责法律秩序的维持、出入国管理、人权保护等事务；财务省，其下设有国税厅，负责税收财政、国库、通货、财政投融资、国有财产管理等事务；经济产业省，负责通商、产业、经济交易、中小企业、能源、工业所有权等事务；国土交通省，下设气象厅和海上保安厅等，负责国土计划、都市、住宅、土地、水利、道路、铁道、机场、港湾、北海道开发、运输事业、观光等事务；农林水产省，负责粮食生产、储备、食品加工、流通、水产、森林、治山等事务；环境省，负责自然环境保护、地球环境保护、公害防止、废弃物处理等事务；厚生劳动省，负责劳动保险、医疗卫生、年金、福利、医药品安全、社会保障等事务；文部科学省，负责教育、文化、体育科学技术振兴等事务；防卫省，主要任务是保卫日本的和平与独立，维护国家安全，领导和管理陆、海、空自卫队的防务事务，确定自卫队的编制、装备、配置计划，拟定作战计划、决定军事行动，调度军事人员等，防卫省通过陆、海、空自卫队的幕僚长指挥自卫队。国家公安委员会，负责管理国家警察、调整警察行政、监督地方警察工作，下设警察厅，统一指挥警察行动。日本各省厅都设有大臣、政务次官、事务次官和大臣秘书官等职位，各省厅内均设大臣官房和若干局。日本政府各省厅的行政管理职权和机构设置均由省厅《设置法》明确规定，是相对稳定的。可以说，日本政府真正实现了大部体制，在西方发达国家中是部委最少的国家。

6. 俄罗斯——以总统为中心的内阁制政府

俄罗斯联邦政府是对总统负责的最高权力机关的执行机关，也是最高的行政机关，担负着管理全联邦政治、经济、军事、外交和社会等领域的管理重任。联邦政府的组成人员有：联邦政府总理、第一副总理、副总理、各部部长。根据俄罗斯联邦宪法第六章，联邦政府对俄罗斯联邦的必行事务为：草拟并向国家杜马提交联邦预算，确保预算的执行，并向国家杜马报告；确保实施统一的金融、信贷和货币政策；确保在国内实施统一的文化、科学、教育、卫生、社会保障和生态政策；管理联邦财产；采取措施，以确保国家的国防、国家安全和外交政策的执行情况；落实措施，确保法治、人权和自由，保护公共财产和秩序，控制犯罪；行使由俄罗斯联邦宪法、联邦法律和总统赋予的权力。

根据俄罗斯联邦宪法，联邦政府总理由联邦总统任命，但事先必须征得国家杜马的同意。总理的任命一般有两种情况：一是总统正式任命已被国家杜马审议通过的总理人选为联邦总理；二是在国家杜马 3 次否决总理人选之后，直接任命总理，同时解散国家杜马并举行新的杜马选举。

联邦政府由总理领导，在被任命后一周之内总理向联邦总统提交联邦政府组成的建议，经总统同意后，组建新政府；总理根据联邦宪法、法律和总统命令，确定联邦政府活动的基本方针和组织政府的工作；此外，联邦总理还可以向国家杜马提出对联邦政府的信任案；凡遇联邦总统不能履行自己的职责时，由总理临时代理。联邦政府对总统负责，接受总统的领导，并向其汇报工作。政府活动内容及其成员的任免都要由总统决定。

俄罗斯联邦政府大楼(白宫)

图片来源：百度百科，https://baike.baidu.com/item/%E8%8E%AB%E6%96%AF%E7%A7%91%E7%99%BD%E5%AE%AB/7609330

联邦政府下设的各部是政府的中央行政管理机关。中央各部在总理的统一指导和协调下开展工作，但一些特别重要的部如外交、国防等由总统直接参与领导。联邦各部由总统设立，总统也有权对其进行改组和调整。各部根据俄罗斯联邦宪法、法律以及总统命令开展活动，并对由其负责的管理部门进行领导，协调部属各机关的活动。各部设部长1人，副部长若干人。部长及副部长均由总理提名，总统任命。俄罗斯目前共有21个部以及与部同级的近20个委员会和局署，其中有5个部比较特殊，这些拥有重要权力的部由总统直接节制，称为强力部门，分别是：联邦内务部、外交部、国防部、司法部与民防、紧急情况及消除自然灾害后果部(简称紧急情况部)，其余各部则直属于联邦总理。目前，俄罗斯联邦政府设总理1名，第一副总理1名，副总理9名。主要的部委局包括：内政部、紧急情况部、外交部、国防部、司法部、卫生部、文化部、科学与高等教育部、自然资源部、工业与贸易部、农业部、体育部、住房和公共服务部、交通运输部、教育部、劳动和社会保障部、财政部、数字发展与电信部、经济发展部、能源部、远东与北极发展部，以及外国情报局、国家安全局、反垄断局、国际储备局、民族事务局等。①

三、中央政府的内部和外部关系

1. 中央政府的内部关系

所谓中央政府的内部关系，就是指政府成员(特别是内阁成员)和政府首脑的关系，也称为政府的组织原则。西方国家由于政府体制的形成过程与权力结构不同，因此政府的组织原则也有很大的差异。

英国实行的是责任内阁制，所谓"责任"包括三层含义：第一，内阁对英王负责；第二，内阁对议会负责；第三，内阁实行集体负责制。从理论上讲，首相是同级官员之首，也称为"朋辈中的第一人"，内阁像一个委员会，每个成员均可畅所欲言，凡事都经讨论通过，这是一个古老的传统。英国内阁的活动依据两条惯例性原则，即"严守机密"和"保持一致"。内阁活动极为秘密，《政府行政保密法》严格限定国家重要事务不得对外透露，内阁阁员要宣誓保密，所以外界

① 参见："Министерства и ведомства"，http://government.ru/ministries/

难以知晓。英国内阁会议一般采取协商的方式取得一致意见，如果个人有不同意见，按惯例要么放弃意见、要么提出辞职。英国内阁实行“共进退”和“阁员互相负责”原则，某一个阁员采取重要行动时需要事先征求其他阁员的意见，一旦形成决定，在执行中遭到外界攻击，则全体一致为其政策辩护。阁员之间发生冲突，由首相调解矛盾，首相要尽量争取阁员的一致意见。如果有大臣严重失职，内阁要负连带责任，宣布集体总辞职。

随着政党政治的发展和行政权的普遍扩张，作为政党领袖的首相获得了雄厚的权力基础，取得了前所未有的政治权威。由于首相控制了政党的全国联盟，他可以通过议会督导员控制本党议员；当内阁成员不支持首相时，首相可以通过得到本党议会党团支持的方式巩固其既有的地位。现在，党的领袖已与党融为一体，任何反对领袖的意见，任何对领袖的批评，任何内阁成员与首相的分歧，一旦公之于众，都会损害党的形象，降低党的威望，就会导致党在大选中失利，从而使内阁成员的官位难于保持。舆论界如果猜测某位阁员与首相有分歧时，首相常常会公开否认，甚至夸赞他；这位内阁成员也会否认分歧，公开表示对领袖的忠诚；如果分歧难以掩盖，他通常也会保持沉默，以维护领袖的威望。首相是内阁的中心人物，他不但拥有对阁员的选择权，而且还拥有重新改组内阁的权力。事实上，他的所谓“同僚”们的官运，均在首相的掌握之中。现代社会中，由于政治生涯已成为很多人的终身职业，他们对官位的珍惜也大异于前，一旦内阁成员要保官位，首相手中的任免大权就非同小可，而内阁成员对他惟命是从，也就成为理所当然的事。

美国制宪者按照分权与制衡原则建立联邦政府，不愿意采用英国式的内阁制。当时有一些元老希望设立某种形式的政务会，向总统提供建议。但联邦宪法中既没有提到内阁，也没有提到政务会，只是简单地规定，总统可以“要求各行政部门长官以书面形式发表与其各自职务的责任有关的任何问题的意见”。而总统则由此处于政府行政部门的唯一突出地位。华盛顿担任总统时开始召集各部部长议事，听取意见，这些早期的会议便被称为“内阁”会议。华盛顿时期的内阁由国务卿、陆军部长、财政部长和检察长组成，总统只把内阁用作商议和咨询机构，内阁从未起过一个集体决策机构的作用。目前，从美国的政府体制看，既不存在责任内阁制，也不存在集体负责制的原则。内阁成员各自维护自己的部门利益，他们之间的矛盾比较尖锐，冲突也容易公开化。从权力关系看，所有内阁成员都必须向总统负责，但不必遵守集体一致的原则，许多矛盾和冲突可以公开化。总统和内阁成员是领导与被领导的上下级关系，总统可以任意罢免阁员，对一切大事说了算。因此，美国的内阁完全是总统个人的一个咨询机构。

德国的内阁介于英、美之间，由于联邦总理是向议会负责的唯一政府成员，权力很大，他（她）个人的决策实际上就是政府的决策，因此，德国内阁并不是一个集体的决策机构，而只是各部部长的“集合体”。每位部长在内阁会议上主要关心和维护的是主管部的利益。与英国内阁政府不同，德国政府部长的政治命运和前途取决于主管部的政绩优劣，社会舆论对他们的评价也是着眼于部的工作，而不是在内阁中的作用。部长们依其宪法地位是内阁成员，但实际上只是各部在内阁中的代表，特别是在讨论各部的立法创议和分配预算拨款的内阁会议上，各位部长总是从主管部的利益出发，互不相让，把内阁的统一政策置于次要地位。根据有关规定，联邦总理不能对部长下达明确的命令和指示，不可绕过部长直接干预部的主管事务。他（她）和美国总统与各部部长的关系不同，和英国首相与内阁大臣的关系也不一样，联邦总理只限于行使总的政策方针的领导权，对于部长间的意见分歧，总理无权单独裁定，必须通过内阁会议集体解决。

2. 中央政府的外部关系

所谓中央政府的外部关系，就是指政府同议会的关系。由于各国权力结构不同，加上政党制度的不同影响，因此在处理政府与议会关系的原则问题上有很大的不同。

英国实行责任内阁制，由大选后获胜的议会多数党组阁，政府向议会负责，内阁阁员同时又是议会议员，这就从人员上把政府和议会联系起来了。由于议员中作为政府成员的人数占了全部议员人数的1/6(约100多人)，这样政府影响议会就更加直接，甚至出现内阁控制议会的情况。同时，英国的政党制度严格控制党员的行动，督导员随时就有关会议的议题或把按照政党意愿投票的要求传达到所有本党议员，要求其遵照执行，这种严格的政党纪律大大加强了党的领导机构对议会的控制。英国首相作为执政党领袖，既主持政府，又控制立法。以政党制度为纽带，英国内阁成为议会和政府的连结体。

美国实行三权分立体制，以总统为首的联邦政府掌握行政权，由参、众两院组成的国会掌握立法权。由于总统选举和国会选举分别举行，总统所在的执政党不一定就是国会两院的多数党，因此有时会出现总统和国会两院在政策立场上不一致的情况。由于美国的立法机构和行政机构互相平行，没有派生或从属关系，因此，联邦政府没有必要向国会承担任何责任。政府成员只向总统负责，不向国会负责；总统只向宪法和全体选民负责，不向国会负责。由于美国分权与制衡模式决定了政府成员不得兼任国会议员的惯例，因此，美国联邦政府和国会的地位和权限呈现出一种并行的关系，即地位相当、权限分明，并通过一定的制衡机制发生联系。

联邦德国是典型的议会内阁制国家，政府由议会多数党或政党联盟组阁，并向议会负责。内阁总理由议会选举，议会可以就政府议案或政策问题向政府官员提出质询，可以对总理表示不信任。但是，为了保持政府的稳定，议会提出的不信任案必须以过半数以上的议员选出新任总理人选后才能成立，这种带有德国特色的“建设性不信任案”成为稳定内阁政府的强有力措施。此外，德国内阁制还有一个重要特点，就是实行总理原则，即在政府和议会发生关系时，只有总理才能代表内阁。从总的情况看，德国联邦议会与内阁的关系较为稳定，内阁制的优点也能得到较好的体现。

第二节　中央政府的职权

一、西方国家政府职权的扩展与机构改革趋势

凡是中央政府都拥有宪法所赋予的内容广泛的职权，这些职权能够保证政府根据国家和社会发展的实际需要，不断发挥重要的功能与作用。政府的职权范围可以分为政治方面的职权和经济与社会方面的职权，也可以依据政府职权作用的方式，分为组织与指挥方面的职权以及监督与控制方面的职权等。

任何国家政府的职权都是随着经济、政治和社会的发展而扩大的。自由资本主义时期，政府主要以维护“法律与秩序”，保护私有财产，为资本自由竞争创造外部条件作为自己的重要职权。战后，随着许多国家的政府在经济与社会方面的职权日益增大，“管得最少的政府是最好的政府”这一观点已经不再切合时代的需要。西方国家政府的职权呈现出不断扩大和分化的

过程，随着政府权力容量越来越大，管理的事务越来越多，不但传统的政治职能没有减少，社会经济事务方面的职能也在迅速扩展。通常说来，西方国家政府的职权可以从三个方面来阐述：一是处理人与国家之间的关系（即保障人权，维护社会秩序），称为政府在政治方面的职权；二是处理人与社会经济结构之间的关系（即解决经济与福利问题），称为政府在经济方面的职权；三是处理人与自然环境和社会环境之间的关系（包括水土保持、环境保护、生态平衡等问题），称为政府在环境与生态保护方面的职权。其中第三点涉及整个人类的生存问题，是任何国家都不能无视的，私人的力量不可能办到，只能由政府来行使这一职权。战后，西方国家政府职权的行使效能呈现出一种不断交融的态势，如推行社会保障政策的初衷是为了履行政府的经济和社会职能，但其实施的结果大大调和了社会矛盾，实现了社会的团结和稳定，在客观上起到了实现政府政治职能的作用。

就政府所拥有的政治方面的职权来说，由于现代政府的社会控制方式更为复杂和巧妙，保证政府社会控制权的主导因素不再是纯粹的法律，而是日常的行为规范，超乎国家及其机构之上的、适用于一切等级的若干方法巧妙地"取代"了惩罚和控制。政府更多地采用民主和法治的程序来实现其政治方面的职权，通过建立适当的途径保证广大公民能够了解并参与国家的政治生活，这对其政治职权的有效实施提供了重要的渠道。

就政府所拥有的经济方面的职权来说，现代西方国家的政府已大大增强对经济事务的干预力度，政府广泛地运用立法、行政、司法权力和政策手段，直接控制、管理、计划和调节社会再生产过程。不过，由于各国国有资本在国民经济中所占的比例不同，政府行使经济职权的方式有很大的不同。在美国，国有资本在国民经济中所占的比重很低，政府主要采取财政、金融政策和企业管制政策作为发挥经济方面职权的主要手段；此外，政府也作为最大的消费者通过政府采购的方式影响社会经济活动。据有关统计，仅联邦政府国防部的军火采购就直接影响到2万多家军火公司和十几万家转包商。[①] 政府既是商品和劳务的购买者，又是某些商品和劳务的供应者。政府以买者和卖者的双重身份，直接参与资本的社会运动，进而影响社会经济活动。在法国，政府行使其经济职权采用的是另一种方式，由于法国国有资本在国民经济中所占的比重较高，政府可依靠国有资本的力量，运用计划手段来指导全国的经济活动，并收到很好的效果。战后，西方国家普遍实行"福利国家"政策，由政府直接出面对社会公共事务进行管理，范围涉及公共教育、交通规划、医疗卫生、社会保险、贫困救济等。政府把经济职权和社会职权结合起来运作，极大地推进了经济和社会领域的共同发展。

就政府所拥有的环境与生态保护方面的职权来说，现代西方国家政府为了解决诸如环境污染、生态失衡等现实问题，采取许多重要的管制措施，成立相应的机构来专门承担解决这些问题的重任。与此同时，有关生态保护和可持续发展问题的国际合作也在不断推进，1992年6月，联合国环境与发展大会（UNCED）在巴西里约热内卢举行。会议取得了重要成果，通过《里约环境与发展宣言》和《21世纪议程》，签订《生物多样性公约》、《气候变化框架公约》和《森林公约》等重要文件，成功地促进各国政府把宽泛的政策目标转化为具体的行动，并通过经济的、行政的以及制度的手段管理环境问题。近年来，西方国家纷纷制定减排指标，敦促污染企业开展节能减排改造，建立专门的政府机构对大气污染进行实时监控，推进绿色环保行业发

① 曹沛霖等：《比较政治制度》，高等教育出版社2005年版，第257页。

展。2015 年 12 月，巴黎气候变化大会通过《巴黎协定》，为 2020 年后全球应对气候变化行动做出安排，得到了国际社会积极支持和参与，全人类共同履行的环保使命使政府在保护自然与环境方面的职权范围大大扩展了。

二战以来，西方国家先后对其行政制度进行重大改革，以期适应外部环境和内部条件的发展和变化。各国中央政府机构的数量增长迅速，许多国家设立了公共服务部门和社会福利部门，公共教育、公共卫生和住房与城市发展部门不断出现。随着政府职权的日益分化，机构设置越来越趋于分工专业化。许多新设置的政府部门都是专门管理某个方面事务的，诸如科学部、能源部、环境部等，它们各自行使某项专业管理方面的职能，分工既专业又明确。同时，随着全球化趋势的加强，各国之间的信息交流越来越频繁，各国政府所面临的共同问题也越来越多，处理的方式也日益呈现出相同的面貌。比如，在 20 世纪七十年代，各国主要对政府和市场的关系问题进行重新定位；在 20 世纪八十年代，则普遍关注科层组织运行机制的有效性，提出“重塑政府”的口号；到了九十年代以后，在政府体制改革方面不再局限于固定的模式（如分权、私有化等），而是以效率、效能、回应性和责任性为导向和选择准则，探索政府机构的运作和公共事务的管理模式，追求实现“良好治理”的目标。这种政府体制改革的取向即建立一种新型政府治理范式的目标与不同历史时期社会发展环境与政府治理理念的变迁紧密地联系在一起。①

20 世纪八十年代以后，随着“新公共管理”理念的不断普及，以美国、英国、澳大利亚为代表的西方发达国家开始倾向于采用把决策制定（掌舵）和决策执行（划桨）相分离的体制，为了实现二者分离，新公共管理运动主张通过公共部门民营化的形式，把公共服务的生产和供给交由市场和社会力量来承担，政府则主要集中于掌舵性职能，如拟订政策、建立适当的激励机制、监督合同执行等，引导它们为实现公共利益的崇高目标服务。建构在这种追求公平的新公共管理理念基础上的政府治理范式是一种企业型政府治理范式，其目标是建立一个“企业型政府”（Entrepreneurial Government）。这种企业型政府是与传统的官僚型政府（Bureaucratic Government）相对应的，它要求政府部门由一群富有企业家精神的公职人员组成，他们能够运用各种创新的策略，使原本僵化的官僚体制恢复活力，使绩效不佳的政府更有效地运作。因此，推进政府行政职能的市场化管理，成为 20 世纪九十年代西方各国政府行政体制改革的重要举措。各国在行政改革实践中广泛引进企业管理方法，并用企业管理理念来重构公共部门的组织文化。新公共管理运动中，各国政府纷纷采用项目预算、绩效评估、战略管理、顾客至上、产出控制、人力资源开发等主要源于私人部门的管理实践，出现了公私部门管理在理论和方式上的逐渐融合。特别是绩效管理的运用，使各国政府开始在设定的公共服务绩效目标的基础上，对公共部门提供公共服务的全过程进行跟踪监测并做出系统的绩效评估，主要内容包括服务质量、顾客满意度、效率和成本收益等。各国中央政府纷纷把原来由政府承担的部分社会职能和经济职能推向社会，推向市场，从而减轻政府负担，缩小政府规模，精简政府人员。此外，各国政府还纷纷缩小政府的行政范围，分散政府的行政权力，这既表现为中央政府与地方政府之间的分权，也表现为中央政府行政组织内部层级之间的分权。尽管各国在这次改革中取得的成效不一，但这种治理理念与治理范式的变革代表了政府体制改革的新方向，并在今后相当长的时间里继续发挥重要影响。进入 21 世纪后，针对“新公共管理”范式过分强调效率以

① 曹沛霖等：《比较政治制度》，高等教育出版社 2005 年版，第 260－261 页。

及顾客化导向的弊端,“新公共服务”成为新的政府改革目标,各国政府开始奉行“以人为中心”的行政管理模式,强调政府的职能是服务而不是“掌舵”、公共利益是根本目标,在思想上要具有战略性,在行动上要具有民主性,积极为公民服务。政府承担的责任是复合的而非单一的,要大力弘扬公民权利和公共服务精神,推动非官僚制特征的民主决策和行政过程的分权,目的是更有效地为公众提供所需要的各种完善的公共服务。

此外,政府改革与治理理论处于共同的时代背景之下,促使政府以治理理论指导政府改革。西方多个国家的政府改革均不同程度受到治理理论的影响:以分权化改革为例,治理理论的分权化改革的主要内容是政府将权力下放给下级政府组织、企业组织、第三部门或社区公民组织,但政府分权化改革不是简单单一方向的权力下放或者向社会分权,而是较为复杂的政策组合模式。治理理论下的政府改革还强调公民参与,即政府鼓励公民参与到政府公共决策的制定和执行过程中,以提升公民的权利意识、政治素养以及社区自治能力。

综合起来看,西方国家政府机构改革主要有以下趋向:

1. 政府在维护社会秩序,保障国家安全方面的传统职权并未弱化。在冷战结束以后,以美国为首的西方国家纷纷调整国家安全战略,军费开支不但未有明显的减少,反而在原有基础上稳定增加。2001年“9·11事件”发生后,美国更是联合世界各国建立反恐联盟,同时增设国土安全部,通过阿富汗战争和伊拉克战争等大力推行其单边主义政策,大大扩展了政府在政治方面的职权。

2. 政府的经济职权运行方式发生显著变化。在20世纪八十年代以后,西方国家纷纷开始推行国有企业私有化改革,使国有企业在整个国民经济中所占的比例大幅度下降。如英国实行私有化以后,国有企业的产值占国民生产总值的比重由1979年的10%下降到目前不足1%,近100万原国有企业的职工转为私有企业的职工。① 在公共服务领域,各国相继实行“合同出租”的改革模式,通过投标者的竞争和履约行为,将原先垄断的公共产品的生产权和提供权向私营公司、非营利组织等机构转让,完成公共服务领域的“准市场化经营”,从而大大提高公共服务效率。在其他经济管理领域,政府的职能机构纷纷进行角色转换,由经济活动的参与者变为经济活动的监督者和裁判员,与此相应,政府的管理理念也在向企业化方向转变。

3. 政府在社会保障与环境保护方面的职权不断增强。战后,各国继续推行大范围的社会保障计划,把越来越多领域纳入到社会保障体系当中。为弥补政府财力和服务能力的不足,不少国家通过制定优惠政策,吸引和鼓励私人资本投入到政府包揽的社会保险、退休保障、中小学教育、医疗服务等公共事业领域中。在环境保护和生态平衡等领域,越来越多的国家政府加大投资力度,增强对污染源头的整治,制定“碳达峰”和“碳中和”目标,为保护地球环境进行政府间的密切交流与合作,这一切都意味着政府在社会管理和环境治理领域中职权的不断强化。

4. 政府对外职权不断扩展。随着全球化趋势的日益加强,各国在政治、经济、外交、贸易和军事领域都开展了全方位的合作,政府日益成为进行国际合作的主体和纽带。由于全球化时代的加速到来,国际经济贸易活动已把各国的经济生活紧密联系在一起,各国经济的增长都有赖于世界经济发展的总趋势,因此,西方国家的对外职权已从传统的政治和外交领域扩大到

① 张立荣:《中外行政制度比较》,商务印书馆2002年版,第381页。

经济贸易领域，且形成政治外交为经济贸易服务的新格局。

5. 政府机关的人力资源结构发生重大转变。政府部门改变过去选拔行政人员时只根据个体的考试能力择优录用的方式，而是开始考虑政府部门人力资源综合结构的优化，既强调对行政机构中改革与创新人才的培养，也强调对普通办事人员的系统培训和选拔。政府部门除了吸收管理人才和法律人才外，还大量吸收心理学、经济学、金融学、生态学和其它科学技术领域的专家。西方国家近期还出现"技术官僚阶层"，如政府网络工程师及电脑病毒控制专家等，这些人才的引进，从根本上提高了各国构建电子化政府的能力。越来越多国家的政府清醒认识到，只有努力借助信息科技技术，不断提高政府的服务效率和治理质量，才能真正有效地应对信息社会的挑战，这也是 21 世纪科技发展对政府管理模式和管理理念的重大挑战。

6. 数字政府的新范式出现并蓬勃发展。由于当代西方国家正处于新经济时代，信息技术的不断发展不仅改变着社会和经济，而且也在改变政府自身。因此，加速政府信息化进程，以网络和信息技术为基础构建数字政府，已成为各国政府再造的战略性措施。数字政府的实质是政府利用信息和通信技术，通过不同的信息服务设施，对政府机关、企业、社会组织和公民，在其更方便的时间、地点及方式下，更简便地履行其职能，更有效地达成治理目标，更好地为社会和公民提供公共服务。当前，伴随着互联网和信息技术的迅猛发展，人类社会进入"大数据时代"。大数据是指需要新处理模式才能确保更强的决策力、洞察力和流程优化力的海量、高速增长和多样化的信息财富。这对当代的政府行政提出了更高要求①，特别是大数据对科层运作的绩效具有改进作用，比如促进公共服务高效化、组织结构扁平化以及服务理念人性化，但它的出现却无法改变基于科层运作的公共服务生产机制，科层运作依然是各国政府运作的基本方式。大数据治理与科层运作如何实现共生共存，需要时间的检验。

二、各国中央政府的职权

1. 英国——*以内阁权力为核心*

英国内阁是"英国宪法制度的核心"，它掌握着全国的最高行政权，领导政府各部，掌管全国的内政外交，直接领导和指挥军队、警察，制订和执行一切方针政策和重大决策。具体来说，英国内阁的主要职能包括：第一，决策权，内阁作为中央行政机构范围内的最高决策机关，对政治方面的重要问题进行讨论并做出最后决定。此外，内阁还要对各个部门为列入政府立法计划而提出的议案做出最终决定，由于内阁提出的立法议案多数会被议会通过，因此内阁不仅是行政政策的最后决定者，也是公共政策和立法的主要决定者。第二，行政控制权，即内阁对政府行政承担主要责任。按照通常程序，内阁必须按照议会通过的法律和政策行使最高行政管理权。对于政策执行过程中出现的重大问题，内阁要及时进行讨论，还可以授权内阁委员会对行政工作的执行情况进行监督和控制。第三，协调权，内阁对中央行政机构范围内的协调工作承担主要责任，它拥有随时协调和划定各行政部门权限的权力；内阁有权解决所有政府部门

① 大数据所蕴涵的战略价值已经引起多数发达国家政府的重视，一方面强化自身对数据的开发利用，一方面推动大数据产业的发展和全社会的大数据应用，例如美国大数据发布后，12 个联邦部门启动了 82 个大数据相关项目，涵盖国防、国土安全、国家安全、能源、医疗卫生、食品医药、航空航天、人文社科、地质勘察等众多领域。

之间有关权限的争端，充当政府行政领域“最高法院”的角色。此外，内阁还行使着“非常权力”，根据1920年的《紧急状态法》，内阁有权在“正常物质生活受到威胁”的情况下，宣布全国处于“紧急状态”，采取各种“紧急行动”。

随着战后政府职能的不断扩展，英国政府在经济和社会管理领域的职权日益扩大，主要表现在以下几个方面：首先，把财政政策作为政府干预经济的主要手段，财政部通过对财政预算的全面控制，发挥管理和调节社会总需求的作用；财政部还通过对国际收支的管理和对通货的控制，来刺激和调节经济发展。其次，政府为了推行某项经济政策，时常对行使经济职能的机构进行调整和改革。再次，政府干预和管理经济的职权集中表现在对国有化工业的管理上，政府专门设立国家企业局，通过贷款和入股等形式影响或参与私人企业管理。不过，到20世纪80年代以后，随着撒切尔政府积极推行私有化政策，英国国有化程度不断下降，加强对私营企业的管理成为政府在经济领域的重要职能。此外，英国政府还积极履行其对教育和科学的管理职权及管理卫生事业和社会保障方面的职权。

2. 美国——以总统行政权力为中心

美国是实行总统制的国家，总统在国家行政权力的构成中占有极其重要的地位。根据美国宪法的规定和美国的政治实践，总统作为行政首长，在行政机关体系中拥有三项主要权力：一是任命权，目前，联邦系统(行政部门)的官员约有270万名，其中由总统全权任命的官员有4万至5万名；与总统的提名、任命权相关的是对上述被任命官员的免职权。二是指导决定权，为忠实执行法律，总统有权命令下属、指导下属执行其决定。三是整顿组织权，即总统有权通过对行政组织的调整和整顿来加强各部门之间的联系，执行统一的政策，协助总统开展工作。

联邦政府行政机构最基本的职权是执行法律、条例和政策，也就是把法律、条例和政策付诸实施。具体来看主要体现在三个方面：第一，解释法律和政策。即法律和政策在实施过程中，要由行政官员根据具体情况进行解释，以决定如何执行。第二，委任立法。国会制定的法律比较原则性，它常把制定实施细则的权力委托给行政机构，行政机构按照法律规定的指导原则制定具体的规章条例来实施法律，这些行政规章条例具有法律效力，公民、工商企业、社会团体，乃至州和地方政府都必须遵守。第三，委任司法。国会的立法不仅把立法权委托给行政机构，也给予行政机构做出行政裁决的权力。在个人之间、社团之间、个人与企业之间，个人、企业、社团同政府之间发生纠纷时，行政机构常受理申诉并做出裁决。各独立管制机构则举行听证会，听取争议双方律师的辩护，记录证人的证词，做出有利于这一方或那一方的裁决，行政机构在做出行政裁决时，也就是制定政策。由此可见，联邦行政机构在履行其执行法律和政策的主要职能时，也在制定政策方面起重要作用。不仅如此，它们还在政府的决策程序中发挥一定的作用。

3. 法国——强调中央集权制的行政权力

法国中央政府和各部的主要职权，是在执行总统的对内对外政策的前提下，制订向议会提出的法律草案和条约，并根据已颁布的法律制订具体的政策法令。政府决定并指导国家的政策，掌管行政机构和武装部队。战后，法兰西第五共和国确立的半总统制不但加强了以行政高度集权为特点的政府在政治方面的职权，还通过“国有化”和“计划化”方式扩大政府在经济领域和社会领域的重要职权。一方面，政府一度运用手中掌握的国有资源直接参与整个资本的社会运动，直接或间接控制全国资财的1/3，以及全国银行信贷和存款的75%，在烟草、电信、铁路、军火、煤矿、电力、交通运输等行业，政府掌握绝大部分控制权。此外，法国中央政府还牢牢掌握着对文化教育和科学技术的集中管理，由官方出面对各种文化事业进行资助，保证其纯洁性，抵御以大众文化美国化为特点的外来文化影响。政府对大众传媒的控制十分严厉，重要电台和所有电视台均归国有，政府几乎垄断了传播工具。在推行“福利国家”政策方面，法国取得较大成绩，中央政府增设不少管理社会事务的部，如社会事务和卫生部，地方和谐和住房部，生态、可持续发展和能源部，劳工、就业、职业培训和劳动关系对话部，妇女权利部，体育、青年、终身教育与社团生活部等，[①]其负责领域之广，几乎包含了每一个法国人的衣食住行和生老病死。但是近年来，特别是欧债危机以来，法国的公共债务占国内生产总值(GDP)的比例从2009年的83%升至2018年的98.4%，公债居高不下，其中一个重要原因便是法国国有企业僵化。为推动国有资产的私有化改革，马克龙政府制定了《促进增长和企业转型行动计划》，以作为改革的法律基础。其中最引人注意的一条是废除国家必须持有国有资产50%以上股份的限制，从而继续推动私有化进展与尝试，在更深层次释放法国经济体制活力。

4. 德国——以执行权下放为特色的联邦行政权

德国联邦政府的权力极为广泛，它作为国家最高行政机构，有权管辖内政、外交、国防、财政、经济和社会等各方面事务，并做出决策和行使执行权。联邦政府掌握着主要政府官员的任免权，提名任命高级军官、驻外使节，参与任命联邦法官，这些任命无须征得联邦议院的同意，只要提交联邦总统批准公布即可。联邦政府还拥有立法创议权和立法最后审核权。联邦德国的重要法律草案大多数是由联邦政府提出的，此外，联邦政府还有权在一定范围内独自拟订和发布各种命令、指示和决定，联邦政府还负责法律的实施和监督等。根据《基本法》中“紧急状态法”规定，联邦政府可以在“非常时期”拥有独揽一切的大权。由于德国中央与地方分权方式较为独特，联邦政府的行政管理更着重于决策活动，其内容主要是创制立法建议，分配财政资源，制定政策规划，而法律和政策的执行主要依靠各州。一般情况下，联邦制订的法律由各州负责执行，由联邦直接承担的行政事务仅限于外交、财政、国防、铁路、邮政、银行、水运等。据估计，联邦各部的工作量一半用于制定政策的活动，另一半主要是实施国家规划，监督部属行政机关，为本部门的行政首长、内阁和议会作参谋工作，提供信息，还有就是自身的内部管理。

5. 日本——集中型的内阁行政权

《日本国宪法》规定，行政权属于内阁。内阁除执行一般行政事务外，还执行下列各项行政事务：诚实执行法律，总理国务；处理外交关系；缔结条约，但必须在事前获得国会承认；按照法律规定的准则，掌握有关官吏的事务；编造并向国会提出预算；为实施宪法及法律的规定而制定政令；决定大赦、特赦、减刑、刑罚执行的免除及恢复权利等。此外，宪法还规定内阁有权建议解散众议院，宣布国会议员大选，建议召开国会和决定召集国会临时会议；在众议院解散后，召开参议院紧急会议；提名最高法院院长人选，任命各级法官。日本各行政省厅分别履行管理国家内政、外交及经济事务的重要职责。如制定和实施对外政策；协调国际贸易和国际经济政策；主管国家一切财政、税收、关税、证券、造币、国库及国有财产；改善、调整、检查工业产品的生产、流通和消费；振兴和指导中小企业；管理全国学校教育和社会教育；处理有关国民的

---

① 参见：http://www.scopsr.gov.cn/gjdt/201303/t20130308_210036.html

公共卫生和保健事务；制定劳动法规和劳动标准；等等。

6. 俄罗斯——强力型的联邦行政权

在以半总统制为政体形式的俄罗斯联邦，总统始终处于联邦行政权的顶峰。总统拥有内容广泛的行政权与任免权，对联邦行政决策的制定和执行起着关键性的作用。俄罗斯联邦总理是联邦政府的主要领导者，对政府的政策制定和实施承担主要责任。作为俄罗斯最高执行机关，联邦政府在国家的政治生活中起着非常大的作用，担负着国家政治、经济、军事、外交、文化及社会其它方面国务活动的重大使命。当今俄罗斯政府总理由俄罗斯总统提名，国家杜马通过后任命。总统有权解除总理职务。总统换届后，总理必须率领内阁总辞职，新任总统重新提名总理人选。在总统死亡或辞职、解职时，总理作为第一顺位继任人担任临时总统职务。2020年俄罗斯修改宪法，规定总理、内阁其他成员由国家杜马推荐、总统任命。两者的权力划分表现为：(1) 总统权力的内容体现在他是国家元首，办公地点为克里姆林宫；其身兼俄罗斯武装力量总司令，掌管核武器，为国家主权捍卫者；总统为内政外交设定方向，可以任命或解职总理和其他联邦政府部长，但须获得议会批准；所有情报部门直接向总统报告；外交部、国防部、内务部、紧急情况部和司法部直接向总统报告；总统有权主持内阁会议，但这一职责通常由总理履行；总统控制和任命俄联邦安全会议，任命央行行长；如果总统认为国家安全受到威胁，可以宣布进入紧急状态或者实行戒严。(2) 总理权力的内容体现在领导内阁工作，办公地点位于莫斯科的“白宫”；依据俄宪法，如果总统“丧失能力，不能履行职责”，总理代行总统之职；联邦政府中诸如教育部、卫生部等文职部门向总理报告；总理贯彻内政外交政策、总统政令、法律和国际协议；总理协调经济和财政政策，管理联邦财产；为燃气、电力和公共交通定价；指导社会政策、劳动政策、移民政策和家庭政策。①

俄罗斯联邦政府的职能有以下几个方面：第一，政治方面，实施保障国家防御、国家安全和贯彻国家对外政策的措施，维护国家主权和领土完整，保障公共安全。第二，经济方面，制定并向国家杜马提出联邦财政预算并确保执行，向国家杜马报告联邦财政预算的执行情况，确保在全联邦内实行统一的金融、信贷和货币政策，管理联邦财产，强化对经济进行宏观调控。第三，社会生活方面，贯彻执行联邦在文化教育、科学技术、教育、卫生、社会保障以及生态领域实行统一的国家政策，保障法制的实施、公民的权利与自由，贯彻、执行保护公共的和私人的财产、社会秩序以及同各种犯罪现象进行斗争的一切措施。第四，履行联邦宪法和其它法律、联邦总统所赋予的其它职权。

第三节　地方政府与地方自治

一、中央政府与地方政府的权力关系

地方政府一词，由英文“Local Government”翻译而来，《不列颠百科全书》认为：“地方政府乃是一种机关，以决定和执行国内较小地区的事务。”《美利坚百科全书》更为详细地指

① 参见：《俄总统、总理职权划分》，载新华网2008年5月8日，www.news.cn。

出："地方政府，在单一制国家，是中央政府的分支机构，在联邦制国家，是成员政府的分支机构。"①在中国，地方政府通常被认为是中央政府的对称。如果从层级上来分，可以把地方政府分为多级制地方政府和一级制地方政府两种；如果根据国家的结构形式来分，可以把地方政府分为联邦制国家地方政府和单一制国家地方政府两大类型。

通常说来，中央政府和地方政府在法律上和法理上的关系是：无论联邦制还是单一制国家，都是中央政府高于并领导着地方政府，但中央政府要把其法律和政策行之于民，就必须且只有通过地方政府才能进行。中央政府只有通过地方政府才能保障其权利，才能对社会经济和教育文化事业实行有效的管理和监督。一方面，中央政府必须从政治、法律、行政、财政及军事上对地方政府实行控制；另一方面，中央政府还应该得到地方政府的支持，因为它所有的资源要靠地方政府来提供，它必须积极发挥地方政府的作用才能完成这一点。如此一来就形成一对矛盾，各国由于处理这对矛盾的方式不同，所以出现千差万别的地方政府体制。就是在同一国家，地方政府体制也有所不同。在法国，解决这对矛盾的方法是着重加强中央对地方的控制，而在美国，解决方法则侧重于在充分发挥地方作用的前提下协调中央与地方的关系，这就使两国的地方政府制度呈现出截然不同的面貌。

对于西方国家的地方制度，我们应该把握它们历史发展的特点。因为许多国家并不是一开始就建立"大一统"国家，如德国直到19世纪才完全统一起来，英国是在12世纪"征服者威廉"统治时期才统一的，美国则是最早由13个殖民地政府组成联邦的，因此分权思想影响极大且深入人心。正由于西方许多民族国家是由小的王国经过不同途径统一成一个国家，所以建国初期地方政治势力相当强大，导致许多国家宪法明确规定地方政府能制定自己的法律，并实行地方自治。现在情况虽有不同，中央的权力有所扩大，但是地方主义的传统在今天仍具有很大活力。如"西进运动"增强了美国人的地方自治精神和自我管理能力，使地方政府的管理模式带有很强的群众自主管理意识。中国有着两千多年封建"大一统"的中央集权制历史，长期以来地方政府是中央政府的派出机关，县官是判断是非的法官，地方被中央牢牢控制着，无偿提供大量捐税和进贡，皇亲国戚常被委派或分封到各地，其血缘关系的纽带更是强化了中央对地方的控制权。如果说西方国家是地方政治影响中央政治的话，那中国则是中央政治决定地方政治。在政府与社会关系上，中国是"社会依靠政府"，西方是"政府依靠社会"，由于东西方地方政府管理理念根本不同，所以研究西方国家地方政府制度决不能脱离西方的政治文化。地方政府研究主要涉及以下几个视角：第一，地方政府在人民生活中具有什么意义，公民参与地方管理的程度如何。第二，中央政府给予地方政府的自治权力有多大。第三，如何提高地方政府管理的效率与活力。第四，地方政府对资源的拥有和运用情况如何。从这4个方面入手，才能对西方国家的地方政府制度有一个较为全面的认识。

二、中央与地方的分权原则

1. 联邦制国家中央与地方的分权

从法理上讲，联邦制国家中央的权力是地方让予的，而地方的权力是保留的。如美国宪法依据"人民主权"原则，明确提出中央的权力是列举的，地方的权力是保留的。国家权力根据宪

① 转引自陈嘉陵：《各国地方政府比较研究》，武汉出版社1991年版，第2页。

法由联邦政府与州政府实行分权。但是，联邦宪法又强调联邦地位高于州的原则，因此，在宪法中采用“列举权力”形式规定联邦的一系列权力，同时以“保留权力”的形式，规定一切未经列举的权力均属于州。联邦的列举权力主要包括：征税借款权，管理外贸和州际商业权，发行公债及货币权，设立联邦低级法院权，宣战、缔约和对外关系权，建立和维持陆、海军权等等。州保留的权力，主要是处理本州范围内事务的权力，如州内工商业、交通、卫生、文教以及一般民刑事案件等。根据这种联邦权力列举、州权力保留的分权方式，联邦与州的权力还有专有权力和共有权力之分。如军事、外交是联邦的专有权力，教育、治安是州的专有权力，征税是联邦与州的共有权力。此外，美国联邦与地方分权时还必须遵循以下原则：第一，明确指出禁止中央使用的权力，如不得中止人身保护状的特权；对于从任何一州输出的货物，不得征收税金或关税；不得授予贵族爵位等。第二，明确指出禁止地方使用的权力，如发行纸币和与外国签订条约等权力。第三，共同禁止使用的权力，如都不能制定追溯既往的法律等。第四，明确规定双方可以共同使用的权力，如税收权等。由于美国宪法中规定给予联邦的权力一般是原则性的、内容含糊的，这就为联邦权力的扩张留下充分的余地，也就是说“弹性权力”很大，表现在这种权力可以延伸或可以根据它暗含的权力内容加以新的解释。

德国的联邦制和美国相比有自己的特点：第一，德国联邦的权力置于州的权力之上；第二，德国在联邦与州的分权关系上主要把立法权加以划分，强调立法权主要属于中央，而行政权和司法权则主要属于地方。中央的立法权是中央的专有权力，如在外交、国防和货币等方面的立法权，地方是没有这种权力的；但地方也有其专有立法权，如在文教、警察和地区规划等方面的立法权，中央是没有的。此外，中央和地方还共有一部分立法权，如在民法、刑法、经济法、劳动法、土地法等方面，中央和地方都可以立法，但德国《基本法》明确规定，在这些领域，中央已经立法的，地方不可以立法；中央没有立法的，地方可以立法，但是一旦中央也立法后，地方法律则自然失效。可见，德国一切重要立法权均在中央，地方只制定一些服从于中央法律的地方性法规。德国行政权和司法权虽属于地方，但中央保持对专有立法领域的行政权（即执法权），如在外交、军事、联邦财政、联邦铁路、联邦邮政等方面就是如此。此外，《基本法》还规定联邦保持对地方立法和执法的监督权，联邦法院对此也保留上诉权。可见，德国联邦与州的权力关系可以简单概括为“大权独揽，小权分散”。

俄罗斯联邦中央与地方关系的最高准则是维护和巩固国家的统一，联邦宪法明确规定，俄罗斯联邦在其全部领土上享有主权，它的一切法律在其全部领土上处于至高无上的地位，各联邦主体未经中央政府同意不得改变自身的地位，没有自行退出联邦的权力。此外，联邦中央政府还依法保留下列权力：通过和修改联邦宪法和联邦其他法律；确定联邦领土的构成；规定统一市场的法律基础；对联邦国家财产进行确认和管理；对联邦财政、外汇、海关进行调节；确定联邦货币发行和价格政策的原则；主管联邦的能源体系、联邦运输、交通、信息、邮电；保障国防和国家边界的安全等。同时，联邦宪法承认和保障地方自治制度，适当划分地方的权限，规定各联邦主体有权颁布自己的宪法（宪章），有权根据联邦宪法和联邦法律规定的一般原则独立地确定自己的国家权力机关体系，都可以在联邦专有权限、联邦和联邦主体共有权限中联邦一方权限之外独立行使国家权力。

2. 单一制国家中央与地方的分权

从法理上讲，单一制国家地方的自治权是中央授予的。例如，法国依靠中央和地方的双重行政权来管理地方，中央既赋予地方自治权，同时又派行政长官直接管理地方，这些行政长官既代表中央，又代表地方；地方议会要受到地方行政长官的控制，这是法国特有的“地方行政长官制度”。英国的地方自治程度比法国强，中央只靠一定的立法和财政监督制度来控制地方。目前，英国地方政府的职权，一部分是中央授权必须执行的，另一部分是自治性质的。日本是单一制的中央集权国家，地方自治权是受中央制定的《地方自治法》《地方财政法》《地方公务员法》等法律限定的。司法权和邮政、通讯等事务都是属中央管辖的，在财政、外事和人事等方面则由中央和地方实行分权。在财政方面，中央和地方实行分类分成征税的办法，中央征收的国税占 2/3，地方税占 1/3；在外事方面，地方政府在不违反外交政策的前提下可以自主决定地方的外事活动；在人事方面，地方政府长官根据法律有对所辖地区内官员的任免权。日本虽然实行地方自治，但是作为单一制国家，其地方政府都具有两重性，既是地方行政机关，又是中央政府的委派机关。因此，中央与地方的关系总的来说是“三分自治、七分集权”。地方政府不仅要执行中央的行政任务，而且要接受中央政府在行政、财政、立法等方面的监督和控制。①

三、各国地方政府的组织形式及其职权

1. 英国——议行合一的地方政府制度

英国由英格兰、威尔士、苏格兰和北爱尔兰 4 个地区组成。英格兰划分为 9 个地区，下辖伦敦、56 个单一管理区政府、201 个非都市区和 36 个都市区政府，苏格兰下设 29 个区和 3 个特别管辖区，北爱尔兰下设 11 个区②，威尔士下设 22 个区。位于英格兰的首都伦敦也称“大伦敦”(Greater London)，下设独立的 32 个城区(London Boroughs)和 1 个“金融城”(City of London)，各区议会负责各区主要事务，与大伦敦市长及议会协同处理涉及整个伦敦的事务。此外，英国官方宣称在海外有 14 块领地，其中包括英国声称在南极洲拥有的领地。

由于历史原因，英国各个地区的地方政府制度不尽相同。苏格兰、威尔士议会及其行政机构全面负责地方事务，外交、国防与国家安全、总体经济和货币政策、就业政策以及社会保障等仍由中央政府控制。苏格兰议会在地方政务、司法、卫生、教育、经济发展等方面享有一定的立法权和行政权，并享有部分征税权，可将所得税的基本税率浮动 3%。威尔士议会主要在就业、卫生、教育和环境等问题上拥有决策权，但没有调整税率的权力，此举被视为工党政府实施权力下放的标志性成就。1999 年 5 月，苏格兰和威尔士选举成立地方议会，分别设 129 和 60 个议席，7 月 1 日，两地议会和政府正式运作。苏格兰民族党 2011 年 5 月在苏格兰议会选举中赢得多数席位后，大力推动举行苏格兰独立公投。2012 年 10 月 15 日，英国首相卡梅伦同苏格兰政府首席大臣萨蒙德在爱丁堡签署苏格兰独立公投协议。经英国议会授权，苏格兰议会有权举行独立公投，英国中央政府和苏格兰政府都表示将尊重公投结果。2013 年 11 月 14 日，苏格兰议会通过苏格兰独立公投法案，明确苏格兰独立公投于 2014 年 9 月 18 日举行，公投问题是：“苏格兰应该成为独立的国家吗？”结果 55%民众反对独立，45%支持，公投未获通

---

① 曹沛霖等：《外国政治制度》，高等教育出版社 1992 年版，第 169 页。

② 北爱尔兰 1973 年将 1898 年设立的六个郡分割成 26 个区，2015 年 4 月再合并为 11 个行政区，参见 https://en.wikipedia.org/wiki/Local_government_in_Northern_Ireland

过。根据此结果，苏格兰留在联合王国内。

1998 年 4 月 10 日，英国和爱尔兰政府及北爱冲突各方签署和平协议，后选举产生北爱尔兰地方议会。1999 年 11 月，北爱议会推举成立由北爱多党分享权力的北爱自治政府，英国向北爱移交地方事务管理权，爱尔兰放弃对北爱领土的主权要求。12 月，北爱自治政府正式运作，行使除国防、外交和税收之外的立法和行政权。南北爱部长理事会、英爱政府间会议、英爱理事会等机制也正式启动。这是北爱新教派与天主教派首次共享北爱管理权，也是自 1972 年英对北爱实行直接统治以来，北爱首次拥有自治政府。但是，北爱各派在缴械等问题上的争执使和平进程屡遭挫折。经过多次波折，2005 年 7 月 28 日，爱尔兰共和军发表声明，宣布即日起放弃武装斗争，不再从事任何非和平活动。随后，英政府拆毁在北爱的部分军事设施并分阶段撤军。2006 年 4 月，英国首相布莱尔和爱尔兰总理埃亨在北爱尔兰阿马郡举行会谈，就北爱议会恢复运作达成协议并设定时限。2007 年 3 月 9 日，北爱地方议会举行选举，民主统一党和新芬党得票总数过半。3 月 26 日，民主统一党和新芬党领袖在贝尔法斯特举行历史上首次会晤。2007 年 5 月 8 日，北爱各方经过艰苦谈判，就权力分配达成妥协，北爱尔兰地方联合政府宣告重启。2010 年 2 月，民主统一党和新芬党就移交警务和司法权问题达成协议，北爱的警务和司法权从英议会移交至北爱地方议会。

英国地方议会的历史源远流长，发展到今天，中央政府已不再委任地方官员，实现了地方议会的一元权力结构。英国地方政府实行立法和行政相结合的体制。议会每年选举一名主席主持工作，执行行政性和礼仪性的任务，市议会主席称为市长。同时，议会任命各种委员会作为自己的执行机构，负责某一方面事务的具体管理。地方议会议员任期为 4 年。郡议会、教区议会、社区议会每隔 4 年全部改选，区议会则每年改选 1/3，但郡议会选举年除外。

英国曼彻斯特市政厅

图片来源："A Day Magazine"网站，https://dev.adaymag.com/2016/05/08/beautiful-city-hall.html

英国地方政府的职权，一部分是中央政府授权必须执行的，另一部分是自治性质的。中央政府所规定的地方政府的职能为“环境的、保护的和对个人的”三类事务。环境事务指市镇和乡村设施，如桥梁、公路等的建设和维修管理及环境卫生的管理；保护事务指警务和消防；个人事务指教育和住房、福利事业等。英国各级地方政府的职权有所不同，各司其职。郡政府一般负责制定地区规划，管理贸易、运输、道路、警务、消防、教育和社会福利等事务；区政府担负住房管理和环境保护的部分事务；教区或社区政府管理丧葬、体育及娱乐设备、街道照明、停车场和人行道等。归结起来，英国地方政府的职责是：(1) 保障社会安全，掌握警务、消防、民防；(2) 市政全面规划和设施的建设、管理、维修，如桥梁、公路、博物馆、美术馆、歌剧院、图书馆等；(3) 直接为个人服务的项目，包括教育、住房、居民卫生和福利、儿童和老年人照顾等；(4) 环境保护，对工业、农业带来的污染，地方政府有权干预和管理；(5) 某些地方政府还从事商业活动，如设立市场，从事交通运输，建造公共设施，提供水电气等公用服务业等。

由于地方政府负有执行中央政府行政命令的责任，因此，中央有权对地方政府实行监督。英国住房、社区和地方政府事务部(2006 年 5 月由副首相办公室改组而来，2018 年 1 月改为现名)下设 9 个区域办公室，代表中央政府在该区域面对各地方自治体开展工作。① 中央对地方政府的监督具体体现在以下几个方面：(1) 立法监督。地方议会的决议必须取得中央有关部的批准，它们创制的法律草案，通常总要先征求有关部的意见，若与中央有关法令抵触则需服从中央。(2) 行政监督。地方政府虽由选举产生，但中央有关部有权宣布地方机构官员没有履行中央委托给它们的责任而接管它们的权力，或把此权力转给其他官吏或机构。中央有关部的大臣还通过颁布命令或指示的方式，控制或指挥地方政府。(3) 财政监督。这是中央政府对地方政府最有力的控制方式。它主要有三种形式：一是拨款控制，英国的中央政府每年要给地方政府一笔补助金，其数额一度约占地方政府总开支的 50%～60%，占中央政府总开支的 25%左右。这笔资金由各部规划项目，财政部汇总预算，最后经下院批准。中央政府对这笔补助金的支出规定严格的执行细则，而且在中央政府认为地方政府的活动不够有效的情况下，有权减少或停止拨款。二是借款权控制，即地方政府发行公债须经中央政府批准。三是账目审查，即地方政府的账目必须受中央政府的审查，为有效监督地方的支出状况，中央有关各部任命地区审计员，负责对地方政府的财务报告进行审核。英国政府从 2013 年开始，发起数十年来英国最大规模的社会福利制度改革，英国地方政府税福利(Council Tax Benefit)将被废除。从当年 4 月开始，英国政府向地方政府拨发的此项补贴款将减少 10%，地方政府不得不自行解决短缺资金。近年来英国削减社会福利的政策趋势是否会在新冠疫情的背景下发生转折，值得观察。

2. 美国——地方政府的试验室

美国是一个联邦制国家，在中央和地方的权限划分上属于地方分权制类型。美国行政区划分为十大地区：新英格兰地区、中央地区、中大西洋地区、西南地区、阿巴拉契亚山地区、高山地区、东南地区、太平洋沿岸地区、大湖地区和阿拉斯加与夏威夷，共有 50 个州和首都所在地华盛顿哥伦比亚特区，有 3 143 个县。非合并建制属地有关岛(非自治邦)、北马里亚纳群岛(自治邦)、波多黎各(自治邦)、美属维尔京群岛(非自治邦)等。

① 胡熙华：《英国地方政府改革的几点启示》，载《华中师范大学研究生学报》2008 年第 1 期。

美国各州都有自己的宪法，州议会、州法院及州政府的职能权限、组织方式均由州宪法规定，各州的宪法一般都采用类似联邦宪法的形式，大体上分为两部分：公民权利以及州与地方政府组织机构和权力限制的条款。各州政府的组织与联邦政府一样，以立法、行政和司法三个部门的相互"分立"和"制衡"为原则建立。州的行政首脑是州长(governor)，由全州普选产生。州长是最有影响和最有权力的州政府官员，州长的权力一般在州宪中列举，同总统权力类似，通常包括立法建议权、立法否决权、任命权、赦免权等，州长还是本州国民警卫队的司令官。州立法机关，除内布拉斯加州外，都实行两院制，两院亦分别称参议院和众议院。参众两院议员人数、任期长短，由于各州宪法不同，也有所不同。少则二三十人，多则六七十人。众议院任期一般为 2 年，有的州 4 年；参议员任期多为 4 年，也有的州仅 2 年。州议会的组织结构与国会的组织结构大体相似，也实行委员会制，州立法程序也同国会大致相同。州立法制度中还包括公民直接立法权和罢免权，这是联邦一级所没有的。

美国实行的是交叉重叠的多层次的地方政府体制，因为根据美国宪法，各州保留的权力一部分是给州的，也有一部分是给予人民的，人民可以自己成立政府，所以各州的地方政府不是划一的，而是多种多样的，在相互关系上不是一级领导一级的垂直领导关系。美国的任何地方政府都不能互相管辖，它们都与州政府发生关系，甚至可以跳过州政府直接同联邦发生关系。美国人认为，"凡是能够收税的都是政府"。这样，在一个地区就会有很多政府，一个政府也可以管很多行政区域，如美国的纽约行政管理局可以管 2 个州、7 个县，它是个跨行政地域的政府机构；而在纽约大都市中，约有 1 500 个政府单位，如学区、专区、特区政府等。因此美国素有"地方政府的试验室"之称。

建造于 1907 年的美国科罗拉多州市政厅

图片来源："房天下"网站，https://news.fang.com/2012-12-14/9188357_4.htm

美国在建国初期，各殖民地普遍设县(county)。其后，随着工商业的发展，人口向城市流动，城市便迅速发展起来。因此有的州便把一些县撤销，有的州则将县与城市合并，设立市政府。于是，县的数目大大减少，目前大约有 3 143 个县。县是州政府的代理处，通常是州的再划分区，包括 2 个或 2 个以上的镇及数个乡村。县政府受英国的影响，实行“立法和行政”合一的体制，立法、行政、司法三种职能由一个机构行使。县政府的主要职能是征税、借款、拨款、任命官员、建筑和维护公路和桥梁、实施福利计划等，主要官员多数是由民选产生的。

目前，美国城市地区设立的政府称为市政府(municipality)，总数大约有 19 000 多个。市政府是由州政府特许而设立的，其特许状详细列出市政府的目标、权力、功能以及管辖的疆界和市政府的组织，市政府通常具有较大的自治权力。美国的市政府一般有 3 种类型：市长制、市政委员会制、市政会议—经理制，其中市政会议—经理制是 1908 年才出现的城市管理形式，现已被越来越多的中小城市采纳。在这种形式下，由一个小型的民选市政会议制订城市法令和拟订公共政策，并聘用一名给薪的职业经理人执行这些决定，他就是市经理。市经理负责草拟城市预算及监督各部门的工作；他的任期通常不定，只要市政会议满意他的工作，就可以一直留任。

美国还有数以万计的地区由于管辖过小而无资格列为市政府，这些自治区域获得州的特许状，定为行政镇区(township)①和乡村，美国共有 20 个州设置行政镇区，目前总数大约接近于 17 000 个。行政镇区和乡村政府处理的事务严格限于地方性的需要，如铺路、供应饮水、提供警察和消防、安排垃圾处理等。镇、乡政府的政务通常委托一个民选的委员会或乡村议会处理，委员会有一个主席或会长，负责行政首长的职务。这类地方政府有一个特点是“市镇会议”，特别在美国的新英格兰地区极为普遍。市镇会议每年登记选民，公开集会选举官员，辩论地方性问题及通过政府施政的法令，并对税率及市镇预算做出决定。市镇会议往往被引为美国直接民主制的最纯粹形式。

此外，还有一类地方政府称为学区(school district)和特区(special district)政府，分别有 15 000 多个和 23 000 多个。② 它们在法律上不隶属于地域所在的县或市，而直接受州的管辖。特区政府是地方自治团体，具有法人资格，可作为起诉和被起诉的对象。

3. 法国——地方政府双头管理制

法国地方政府机构是按等级制原则设置的，同一等级的地方政府机构的组织形式是划一的。法国的地方领土单位是以领土为基础的行政主体，具有独立的公法人资格，享有行政上的自治权力。目前，法国行政区划分为大区、省、市镇、海外领地，大区是法国新的一级地方领土单位和行政建制，省下设专区和县，但不是行政区域，县是司法和选举单位。法国的一级行政区为大区(région)，全国共有 18 个大区(包括科西嘉)，其中 5 个是海外大区(DOM)；过去本土大区共有 21 个，2014 年经投票后合并部分大区成为 13 个本土大区。大区又被分为 101 个省(département)，按照字母顺序编号，用于邮政编码(亦曾用于车牌号码)。在 101 个省中，有 5

① 新英格兰镇、纽约州以及威斯康辛州等地区所使用的行政单位“城镇”(town)与有设置行政镇区的州同等级。

② 韩国明：《外国行政制度》，兰州大学出版社 2004 年版，第 252 页。

个海外省(与海外大区重叠),其与本土省享有相同的地位。101 个省又被分为 335 个区(arrondissement),区又被分为 2 054 个县(canton),县被分为 36 658 个市镇(commune),由选举产生的市议会治理。市镇是法国的基层地方领土单位,它的数量非常之多,全国(本土)共有 36 000 多个市镇,这个数目比大多数欧洲国家都多,其中面积和人口悬殊很大,人口少的不足一、二百人,多的则超过数十万人。人口最多的三个市镇(巴黎、马赛、里昂)又划分为 45 个市区。①

法国的地方政府可以分为两个部分来阐述:

(1) 地方国家行政机关。法国的地方国家行政机关是中央国家行政机关根据管理的需要,为便于公务的执行而在地方设置的,故亦称"驻外机构"或"派驻机构"。它们在特定的区域内根据中央国家行政机关的授权行事。大区驻外机构包括大区长及其附属机构和国家在大区设置的若干个与不同的中央行政部门对口的机构。这些专门权限驻外机构在大区长的统一领导下开展工作。大区长是国家在大区的代表,是地方上的国家行政权威机关,负责执行大区中的国家事务。大区长由大区首府所在地的省长兼任,大区首府所在地的省级地方国家行政机关同时也是大区地方国家行政机关。大区长负责在大区内监督国家法律法规的执行,维护国家利益,领导本地区的国家行政管理工作,处理本区域内一切涉及国家利益的事务,管辖中央各部派驻在本地区的机构,监督本区域内的行政和财务管理,促进和协调大区内其他省长的行动。此外,国家在省也设置若干驻外机构,负责国家在省的事务。这些机构在省长的统一领导下,开展各自的工作。省长是国家和中央政府派驻在省内的代表,掌握省内的全部国家行政权力,省长的地位不具保障,政府可随时任免之。省长由内政部长和总理提名,经部长会议讨论通过,总统颁布法令任命。省长的一般权力与大区长基本相同,负责维护省内的国家利益,监督国家法律法规的执行,领导国家行政管理工作。此外,他还握有一些专门的职权,如可制定适用于本省全部或部分地区的治安条例及特别治安权等。国家在市镇的主要代表是市镇长,他具有双重身份:既是国家在市镇的公职人员,又是市镇的最高行政长官。

(2) 地方政府。法国的地方政府一般分为三个层次,均实行"议行合一"的管理模式。大区政府由大区议会主席领导,他既是大区权力机关的主席,又是大区的行政首脑。大区政府负责贯彻国家的经济发展和国土整治政策,推动大区经济、社会、文化、科技、卫生事业的发展。大区议会是大区的自治权力机关,由直接普选产生。它通过商议自由地管理本大区的地方事务,对有关大区的事务拥有决策权。1982 年,法国中央政府对省的组织结构进行重大改革,将地方事务管理权由中央代表手中转到地方民选代表手中,大大增强省的自治权。此后,省政府由一个审议机构——省议会和一个执行机构——省议会主席组成。省议会是省的自治权力机关,它由省内各区居民以直接普选方式选举产生的议员组成。省议会的职权可分为两大类:一是行政事务,即通过省的预算、批准省的账目;创建公共事业;参与经济和社会事务等。二是不直接涉及省的行政事务,如对国家的某些决定发表意见,以及对国家的政治和行政问题表达自己的愿望等。省议会主席不仅是省的权力机关的主席,同时也是省的行政首脑。他领导省议会工作,主持省议会的议事活动,编制省的预算,实施省议会的各项决议,管理省的财产,领

① 参见:"法国", https://zh.m.wikipedia.org/zh-cn/%E6%B3%95%E5%9B%BD

导省的行政管理工作等。市镇政府由市镇议会、市镇长及若干名市镇长助理组成。市镇议会由直接普选产生，它的职权包括：负责市镇管理，设立市镇机构，讨论和表决市镇预算并监督执行，批准市镇长的账目，决定市镇的财产管理，领导市镇规划，创立和组织市镇的公共事业等。国家对市镇议会的运行行使一定的监管权，当市镇议会无力行使职权时，部长会议可颁布法令，说明缘由，解散市镇议会。市镇长由市镇议会在其成员中选举产生，他具有双重身份：既是国家在市镇的公务人员，又是市镇的最高行政长官。作为国家公务人员，市镇长代表国家履行某些职务，如在中央和省的国家代表的领导下，保证法律和法令的公布和执行，负责维护社会治安等；作为市镇的代表，他又执行市镇的自治公务，如领导市镇的警察和司法工作，领导市镇的工作机构，任免市镇的工作人员，实施市镇议会通过的预算和决议等。

法国里昂市政厅

图片来源："摄图"网，https://pre-xsj.699pic.com/tupian/19ualm.html

4. 德国——实行有限的地方自治权

德国在联邦以下设置两级行政区，即州和县(市)、乡(镇)。州设州政府，市、县、乡、镇各设自己的政府，它们无隶属关系，均属于州管辖，统称地方政府。德国行政区划分为联邦、州、地区三级，共有 16 个州(Bundesland)，402 个县市级行政区(包括 295 个县行政区及 105 个市行政区)，[①] 13 175 个市镇[②]。16 个州的名称是：巴登—符腾堡、巴伐利亚、柏林、勃兰登堡、不来梅、汉堡、黑森、梅克伦堡—前波莫瑞、下萨克森、北莱茵—威斯特法伦、莱茵兰—法耳茨、萨尔、萨克森、萨克森—安哈特、石勒苏益格—荷尔斯泰因和图林根。其中柏林、不来梅和汉堡是市州。

关于联邦行政管理权的划分，《基本法》规定：外交、国防、联邦财政、联邦铁路、联邦邮政等归联邦管辖。州的行政管理任务主要有以下几项：(1) 州的立法范围内的任务，主要包括文教、警察、乡镇管理和地区规划；(2)"受联邦委托执行联邦法律"，如联邦高速公路是由联邦委托州管理的；(3)"作为自己的事务执行联邦法"，如联邦颁布某一环境保护法，各州须将此作为自己的行政管理事务执行之；(4) 部分经济和财政工作。对于纯属州管辖范围内的事务，联邦无权直接干涉；属于联邦委托给州的事务，联邦主管当局可向州主管当局下达指示，监督州当局执行；在州将联邦法律作为自己的事务执行时，联邦行使监督权，并有权下达指示；如果某一州不履行某一联邦法律规定的义务，联邦政府可在联邦参议院的同意下，强迫该州履行其义务。2006 年，德国通过联邦制改革法案，采取"以权力换权力"的办法，重新调整和明确联邦与各联邦州的管辖权限，将部分立法权下放到联邦州，同时减少主要代表各州利益的联邦参议院的立法参与权和审批权，从而提高政府决策能力和立法效率。

德国州政府体制与联邦政府相似，根据"三权分立"的原则，立法、行政、司法分别由三个机关行使权力。作为立法机关的州议会由选举产生，行政则根据内阁制原则由州议会选举州的

---

① 参见："德国"，https://zh.m.wikipedia.org/zh-cn/%E5%BE%B7%E5%9B%BD

② https://www.fmprc.gov.cn/web/gjhdq_676201/gj_676203/oz_678770/1206_679086/1206x0_679088/

德国汉堡市政厅

图片来源："颇可"网，https://www.poco.cn/works/detail_id4971040

总理组成的政府负责。州法院根据法律独立行使司法权。

联邦德国的地方政府主要指州以下的县、市和乡、镇政府。某些州设的行政专区，由州政府任命，并由向州政府负责的专员主持行政事务，行政专区不设立法和司法机构。县设有县议会，议员按人口比例由选举产生，县议会通过的任何法律和议案，都不得同联邦或州的法律相抵触。县的主要行政官员是县长，他负责领导县政府和管辖在该县范围内的各项行政事务。县长一般由县议会选举产生，并负责任命在其领导下的县政府官员。各州的基层行政自治单位是市或乡、镇，较大的市兼有县的权限，其行政自治单位的政权结构各州不尽相同，但大体上都有一个代议机构和一个行政管理机构。后者一般称市或乡、镇政府。市长或乡长、镇长由当地居民直接或间接投票选举产生。一般说来，各级地方政府行政自治权的大小并不一致，它是由各州宪法和其他有关法律规定和授予的。地方自治权主要指有权自行制订不与上级政府法律相抵触的法律，有权管理自己的行政事务，有权自行推选行政官员，在上级政府对该地区做出重大决定时，该地区有权进行复决，等等。事实上，地方拥有真正的自治权是极为有限的，通常只限于公用事业、卫生、社会福利和教育等事务。即使这些有限的自治权，也受联邦政府和州政府的严格监督，联邦和州在必要时可以对地方实行干涉。

5. 日本——单一制下的地方自治

日本的地方自治是以法律为基础的。日本的国家结构是单一制，实行由中央制定法律赋予地方自治权。战后颁布的《日本国宪法》对地方自治作了专门的规定，后又相继制定《地方自治法》、《地方公务员法》、《地方财政法》和《地方税法》等，通过这些法律的实施，地方自治权力比战前扩大。

日本东京都政府大楼

图片来源：携程网，https://you.ctrip.com/travels/

日本地方自治制度下的自治团体为两类：一是都、道、府、县与市、町、村，属普通地方自治团体；二是特别地方自治团体，包括特区、地方自治联合会和财产区。市、町、村都是地方的基层单位，三者之间无隶属关系。中央与基层之间的关系是，都、道、府、县对市、町、村具有指导职能，但不是垂直领导关系。日本的都、道、府、县是平行的一级行政区，直属中央政府，但各都、道、府、县都拥有自治权，主要按法律规定权限负责所辖行政区域内的相关行政事务，其办事机构均称为厅，行政首长均称为知事。日本全国分为1都（东京都：Tokyo）、1道（北海道：Hokkaido）、2府（大阪府：Osaka、京都府：Kyoto)和43个县(如长崎县)。每个都、道、府、县都根据相应标准下设若干市、町、村,其级别相同、互无隶属关系,主要按法律规定权限负责与居民生活密切相关的行政事务,是最基础的地方行政机构。其中,市的办事机构称役所,町、村的办事机构称役场(或公所),行政首长分别称市长、町长、村长。日本目前共有792个市、743个町、183个村,其中东京都另有23个特别区。①

日本地方自治机关由议会和行政机关组成。各级地方议会均由选举产生,议员数根据地区人口数确定。各级地方行政机关均设主管,他们都是居民直接选举产生的。知事负责制定本地区的预算、征收税款、审核支付财政拨款,以及公有财产的经营管理,他还可以国家机关负责人的身份,命令和监督市、町、村地方政府以至撤换其长官。地方政府的职权,主要有以下几类:(1)管理财产的职权,包括维护、保存和使用属自治体所有的财产。(2)处理事务的职权,包括消防、环保、公用事业等。(3)行政执行权,包括办理户口,登记居民身份证,执行国家法令,以及所辖区的警察权和财政权等。但是,地方政府没有司法权,也无权处理国家运输、通讯、邮政和一切直属中央管辖的教育、科研、医疗、航运、图书馆等社会公共事务。

日本的地方政府受中央政府总务省的监督,地方政府制定、修改或废除条例,必须上报总务大臣批准。地方政府还要受中央政府各有关部门的监督和管辖,以及受总理大臣的指挥监督。在财政控制方面,中央政府可以通过"国库金补助制度"等制度在财政上控制地方政府。在立法控制方面,地方议会通过的条例,必须在全国法令允许的范围之内,否则一律无效。总的来说,中央干预方式由战前的主要通过"人"的控制转向"财"的调节。中央政府还设置了专门机构,既作为中央利益代表,综合管理地方行政财政事务,又作为地方利益代表,反映地方的合理利益要求。在财政收入集权的前提下,日本建立了较完善的以公共服务均等化为目标的现代财政调整制度。日本的中央地方关系制度尽管有精密、精确等优点,但是,也存在干预过多、管理过细、监督过频、成本过高等缺陷,"寻租"行为与浪费现象也较为普遍,促使日本着力推进地方分权改革。

6. 俄罗斯——种类多样的地方行政制度

俄罗斯联邦现有85个联邦主体(субъекты),包括22个共和国、9个边疆区、46个州、3个联邦直辖市、1个自治州和4个自治专区(截至2022年8月)。② 其中,共和国主要是以特定的民族或群体而设置的区划单位,共有22个,如车臣-印古什共和国等(需要指出的是,南方联邦区中的克里米亚共和国,未获得国际公认为俄罗斯联邦领土);边疆区是俄罗斯联邦地域面积最大、距离中央最远而人口又比较稀少、通常以其中心城市命名的区划单位,共有9个,如哈巴罗夫斯克边疆区等;州是俄罗斯联邦地域面积仅次于边疆区而数目最多的区划单位,共有46个,如库尔斯克州等;直辖市是与边疆区、州同级的区划单位,共有3个,即莫斯科、圣彼得堡,以及同为南方联邦区但未被国际普遍承认为俄罗斯领土的塞瓦斯托波尔;自治州是俄罗斯人口比较少、地域面积也很小,具有特殊民族成份和生活方式的区划单位,这样的自治州只有1个,即犹太自治州;自治专区同自治州一样,也是边疆区或州的组成部分,同样是联邦的主体,也

① 参见:"日本",http://www.xzqh.org/old/waiguo/asia/1011.htm

② 参见:"俄罗斯",https://zh.m.wikipedia.org/wiki/%E4%BF%84%E7%BD%97%E6%96%AF

俄罗斯圣彼得堡市政厅

图片来源：美篇网，https：//www.meipian.cn/2c9olbve

是一种通常由两个或两个以上民族构成的民族自治形式，共有 4 个，如亚马尔-涅涅茨自治区等。

2000 年 5 月 13 日，时任俄罗斯总统普京签署法令，把俄联邦 89 个（现为 85 个）联邦主体（共和国、边疆区、自治区、直辖市、州和自治州）按地域原则联合成 7 个联邦管区，目的是巩固国家统一，强化总统对地方的管理体制。联邦区实际并不是正式的一级行政区，类似于行政监察区，每一个联邦区都会由一位总统委派的全权代表管治。2010 年 1 月 19 日，时任俄罗斯总统梅德韦杰夫签署命令，新设立北高加索联邦管区。至此，俄罗斯联邦共设有 8 个联邦区，它们是：中央联邦区（莫斯科）、西北联邦区（圣彼得堡）、南方联邦区（顿河畔罗斯托夫）、伏尔加沿岸联邦区（下诺夫哥罗德）、乌拉尔联邦区（叶卡捷琳堡）、西伯利亚联邦区（新西伯利亚）、远东联邦区（哈巴罗夫斯克）、北高加索联邦区（皮亚季戈尔斯克）。2014 年 3 月 21 日，俄罗斯总统普京签发命令，决定在克里米亚半岛增设一个新的联邦区——克里米亚联邦区（辛菲罗波尔），至此俄罗斯的联邦区达至 9 个。2016 年 7 月 28 日，俄罗斯总统普京签署命令，南方联邦区和克里米亚联邦区合并为新的南方联邦区，联邦区数量重新归为 8 个。[①] 2018 年 11 月，普京签署总统令，将布里亚特共和国、后贝加尔边疆区划归远东联邦区，不再属于西伯利亚联邦区。

俄罗斯联邦除了有统一的联邦宪法和法律、统一的国家权力机关之外，构成它的 85 个联邦主体也都有各自的国家权力机关，其中各共和国还有自己的宪法和法律，其它联邦主体有自己的宪章和法律。俄罗斯的 85 个联邦主体在形式上被宣布是平等的，但在实际上有很大的差异，通常民族自治单位特别是共和国的权力大大超过区域性单位的权力，如共和国有权规定自己的国语，居民有权选择自己的语言等。俄罗斯联邦内部关系上实行高度的中央集权，但同时也不排除地方自治。这种自治在其职权范围内是独立的，是由公民通过地方性自治机构以一定的形式来独立地解决地方性问题和拥有、使用及支配地方的财产。地方自治机关也不列入联邦国家权力体系。

根据联邦宪法和有关组织国家立法机关和行政机关的一般原则，各联邦主体有权独立地确定自己的国家权力机关系统。联邦主体的杜马，是指组成俄罗斯联邦的各共和国的国家杜马，以及各边疆区、州、直辖市、自治州、自治专区的杜马，是各联邦主体的国家代表权力机关。各联邦主体均设立杜马，实行一院制，其主要权限包括立法、监督联邦主体对联邦主体法律的执行情况以及就联邦法律、联邦总统、国家杜马和联邦政府的法律文件是否符合宪法，向联邦宪法法院提出询问的权力等。联邦主体行政机关，也称联邦主体政府，是联邦主体的执行机关，包括政府、行政首脑、部门性和区域性的管理机关以及行政首脑组建的其它机构。它的主

① 2014 年克里米亚并入俄罗斯始终未获得国际社会普遍认可。

要职权是：执行联邦宪法和法律以及联邦主体立法机关在其权限范围内通过的决定，根据联邦总统和政府以及联邦主体行政首脑颁布的法律性文件，来行使自己的行政权力，保证本联邦主体经济和社会的发展，保障和维护公民的合法权益。

俄罗斯联邦的地方自治制度，是指在各联邦主体的一定行政区域单位内居住的居民，直接地或通过其选举产生的地方自治机关，自主地解决地方性事务，并受到国家法律保护的一种居民自我管理形式。所谓的一定行政区域单位，是指区、区辖市、镇和村居民点，它们是实行地方自治的基本单位。联邦主体内部的行政区划一般是两级，即区（市）—市、镇、村。除了3个直辖市外，其它82个联邦主体都划分为区和直辖市。区下设包括镇、村的农村居民点和包括区辖市、镇的城市居民点，它们是俄罗斯联邦最基层的区划单位。在俄罗斯联邦，人口在1.2万以上，其中85%以上的人口是工人或职员的手工业或工业中心被划为城市居民点，即区辖市和镇，而绝大多数居民从事农业劳动的地方则被划为农村居民点，即镇和村。① 各个地方自治单位根据人口数量的不同，分别设立地方自治代表机关和地方自治长官来行使职权。

四、各国地方政府改革实践

20世纪七八十年代以来，经济全球化和区域一体化趋势日益加剧，在快速的社会变迁和众多的社会矛盾、冲突的作用下，欧美发达国家都在积极寻求公共治理变革之道，以摆脱政府管理已经陷入的财政危机、管理危机和信任危机。英、美、法等国分别进行地方行政管理制度改革，合理划分中央政府与地方政府的职责权限。这场变革的核心理念和主要内容是：(1) 授权于地方政府，授权于民，建立参与型、民主型治理模式，突破传统的代议制民主的局限和束缚，激发公众直接参与地方公共事务治理的积极性和主动性。(2) 调整治理结构，由传统的以政府为主导的单中心治理向政府、民间组织、社会团体、公民共同合作并相互影响的多中心治理转变，在深层次上改变政府与市场、公共领域与私人领域之间的关系。(3) 公共政策的制定由传统的自上而下的模式（top-down）向新型的自下而上（down-top）的模式转变，强调政策制定过程中的对话与协商，建立政府与公众之间的信任机制。(4) 更加重视政府之间和政府各部门之间的合作关系，打破以往的分工界限和部门、地区壁垒，以解决共同面临的公共问题为中心，展开各种层次、各种方位的深度合作，提升政府的治理水平和能力。(5) 建立以顾客为导向的，能够及时回应公众需求，能够提供公众满意的公共产品，追求公平与公正，富有效率和活力的地方政府。② 但这场地方政府行政管理改革运动在西方各国的表现形式有很大的不同。

1. 英国地方政府改革

在英国，撒切尔夫人上台后，采取强有力的措施控制地方政府的开支，从而开启英国中央与地方关系中的中央集权化时代。撒切尔夫人和梅杰执政时期改革的特征可以归结为：(1) 崇尚市场机制和市场力量，主张尽量减少政府干预。(2) 主张廉价小政府，节省开支，减少税收，从而激励私人资本投资，促进经济繁荣。(3) 加强对高级文官的政治控制，大力削减公务员队伍规模，成立执行机构。(4) 政府引入私营部门的管理方法，鼓励公私之间的竞争，鼓励公共事务向私营部门转移。英国中央政府一是减少地方开支，二是改变地方政府职能，缩

---

① 孔寒冰：《当代各国政治体制——俄罗斯》，兰州大学出版社1998年版，第181页。
② 胡熙华：《英国地方政府改革的几点启示》，载《华中师范大学研究生学报》2008年第1期。

小地方公共部门的范围和规模。这些措施的实施,在一定程度上使中央和地方关系出现了紧张的态势。[①] 此外还把更多管理授权和竞争机制引进公共服务中,如通过实行"学校地方自主管理"(LMS)将绝大多数教育支出转嫁给地方上的学校管理机构,使之必须自负盈亏。学校也可申请成为直接拨款公立学校进而从中央政府获得财政补贴。上述变化引发了相关机构的激增与地方公共服务的日渐分化,中央政府、地方政府社会服务部门以及志愿组织的合作愈发重要,工党政府也提出一种有利于"协作政府"利益的新的机构间激励机制。

布莱尔执政时期(1997—2007)提出政府现代化议程,概括起来是:(1)政府行政简明、易操作。(2)对公众更多的回应。(3)建立合作政府。(4)强调结果。(5)推行政府现代化议程。政府现代化议程落实在地方层面上,就是提供地方政府更多的权力和机会,使地方公众加入到地方管理当中来,并强调建立清晰有力的地方政府领导能力,使地方政府重新焕发活力,提供更好的服务。[②] 与撒切尔和梅杰采用新公共管理的治理之道不同,布莱尔在公共部门施行协作(collaboration)的方式,建立在高度灵活的合作基础上,强调政府私人部门及第三部门之间的伙伴关系。现代英国地方政府只是作为地方治理中的一个主体,在代表各社群、确保问责性的地方治理原则指导下,越来越多的新公共实体与结构得到创造,地方民选政治家与地方议会的作用得到加强,行政代理机构与准政府组织(Quango)[③]的关系也越来越重要。随着私有化、合同外包与竞争的出现,由共享产权或志愿组织提供公共服务得以兴起,新工党政府尤其推崇公司合作制(PPPs)及私人主动融资(PFI)与私人部门展开合作。但仍呈现出压制地方政府中的活跃因素而造成信任缺失等不足。有学者认为,20 多年来的英国政府治理是从旧的以单一制国家、议会主权、部会责任制(ministerial responsibility)、强调中央-地方关系、同质性、一致性与"福特制"(Fordism)为特征的威斯敏斯特模式转向以"分殊化政体"(differentiated polity)、权力下放、管理授权、多层级治理、强调多元性与"后福特制"(post-Fordism)为特征的新英国式治理。[④]

近年来,关于地方政府改革的影响较大的是"地方主义法案"(Localism Act 2011),它于 2011 年 11 月被英国两院通过,法案主要针对中央政府长期干预地方政府自治权的顽疾,提出扩大地方政府和社区的权力和资源,真正发挥地方政府民选机构的作用,落实公共服务提供的责任机制,增强地方政府的回应性。法案全文共分为十大部分,包括"地方政府、社区自治、房屋政策、地方规划、伦敦"等涉及地方政府的改革内容。联合政府提出的"地方主义"治理模式意在发挥地方政府的主动性、功能性和回应性等优势,动员社区和公民社会的力量,参与到地方的自我管理和自我服务。[⑤] 英国保守党政府主张奉进步的一国保守主义为基调,与此同时,运行经济自由主义及社会自由主义的政策,地方政府改革实践有待进一步观察。

2. 美国地方政府改革

1981 年里根总统明确提出"还权于州"的主张,希望把教育、社区发展、交通、社会福利等

---

① 林尚立:《国内政府间关系》,浙江人民出版社 1998 年版,第 208 页。

② 胡熙华:《英国地方政府改革的几点启示》,载《华中师范大学研究生学报》2008 年第 1 期。

③ 最初是"准自治非政府组织"的首字母缩写,现在通常指由政府资助、委任并最终控制但仍有一定程度 独立性的组织,它们并非政府各部的组成部分,亦不直接对大臣或民选政治家负责。

④ Robert Leach, Janie Percy-Smith. *Local Governance in Britain*. New York: Palgrave, 2001

⑤ 宋雄伟:《英国地方政府治理:中央集权主义的分析视角》,载《北京行政学院学报》2013 年第 5 期,第 15-19 页。

领域内的43项联邦分类补助计划连同支付这些计划的资金逐步转移给州，但各州和地方政府的态度比较消极，最终没能真正得以贯彻实施。① 20世纪八十年代以后，美国政府尤其是州和地方政府，进行了一场称之为"重塑政府"(Reinventing Government)的行政体制改革运动。主要涉及6个方面：(1) 地方政府组织形式上的多样化导向。为了满足公众的需求，有针对性地解决一些专门性的、地区性的特殊问题，有必要建立次级的、小规模的地方政府机构，因此，大量的邻里政府应运而生。同时，对于一些涉及公众范围较广、规模效益明显且影响面较大的一些公共问题，则力求突破行政区划或原有地方政府体制的制约，谋求成立跨县、跨市或跨市县的特别目的区政府。可见，合并和分立这两种趋势并存于美国地方政府的改革和发展过程中，其结果是进一步扩大地方政府数量，增进地方政府的多样性和地方治理的分散化，大小地方政府同时并存的地方治理体系得以形成和巩固。(2) 政府间关系的合作化导向。为满足公众对政府服务的共同要求，也为了应对各类政府共同面临的挑战和任务，如区域经济一体化、环境保护和灾害防治、公共安全和反恐怖主义等，美国地方政府逐渐抛弃传统的地方主义思维和孤立主义态度，转而采取责任分担和合作主义策略。政府间的合作不仅有横向的，即地方政府间的合作，也包括纵向的，即地方政府与州政府、地方政府与联邦政府之间的合作。合作的方式和途径因合作目的不同而多种多样，如成立共同委员会、签订互助的非正式协定、设立政府理事会(councils of governments)和地区规划理事会(regional planning councils)等。(3) 公共产品和服务对象上的顾客导向。破除行政机构本位主义和对上级机关、立法机关、利益集团负责的传统思维定势，确立本地区纳税人是政府及各行政机构顾客的观念，通过社区调查、客户问卷、联系走访等方式了解公众需求，为公众提供量身定制式的个性化服务，建立健全公众对政府服务的快速反馈机制，及时矫正政府自身不当或偏离公众目标的行为。(4) 公共产品和服务供应手段上的民营化导向。在公共事务的管理中适当运用市场机制，即确认政府作为组织、协调和管理者而非单一服务提供者的角色，充分利用本地区的各种资源，与私人公司、金融机构、非赢利组织及基金会等建立伙伴关系，通过多种合作方式，如制定税收政策、财政补贴、特许经营、合同承包、股权投资等，为公众提供有效服务。(5) 纵向权力关系上的分权导向。无论是联邦政府还是州政府都不同程度地采取分权措施，将相当一部分公共管理和公共服务的事权下放到地方政府，强化地方政府的自主性管理责任，也使其承担更多的管理与服务成本。此外，把有关社区事务的管理授权给社区组织，让社区居民普遍参与社区管理。(6) 政府内部管理上的企业化导向。改变政府及其官员只讲投入不讲产出、不求有功但求无过和只会浪费不会谋利的行为方式，引入企业经营中的成本效益原则，建立企业型政府。②

此外，理顺权力管理关系是美国地方政府改革的必备条件，有学者认为实践中地方政府与州政府的纵向权力关系可以简化为四种基本模式：事实联邦主义模式；授权模式；固有自治权模式以及地方自治模式。③ 狄龙规则④与地方自治共同主导着当代美国州政府与地方政府的

① 林尚立：《国内政府间关系》，浙江人民出版社1998年版，第236页。

② http: //wenku. baidu. com/link? url = AStkjgBfeGM3 _ TkTB _ QQcGARJ6D2vcpB-S4PhCBsSH-W2g2ALYSInmdfO8saOxBu_eJL8H74S_sgcGuEaPwF1zPWCem9L1gjHrV4PFqETx3

③ 曹旭东、均衡：《美国地方政府的内外权力关系》，载《学术研究》2020年第9期，第59-64页。

④ 狄龙规则是美国处理州和地方关系的重要原则。它认为城市是州立法机关的创造物，州立法机关对其组织和结构具有绝对的控制力。参见 Osborne, Reynolds, *Local Government Law* (*4th Edition*), St. Paul: West Academic Publishing, 2016

关系，代表着州权至上与地方自治的均衡。而美国地方政府的内部权力关系多元，其模式经历了行政权的分散与集中的变迁，意味着民主与效率的均衡。地方政府拓展资源形成合作联邦制和政府间协议合作两种新现象，堪称美国特色整合模式。总的来看，美国地方政府改革具有形式上的多样性和灵活性、治理模式上的企业化以及治理权力上的高度自主化。地方治理的改革实践为联邦政府和州政府的治理打下较好的基础，成为培育公民意识的学校以及政策创新的实验室。美国地方政府运行的民主性、规范性较强，但治理效率和整合能力存在问题。

3. 法国地方政府改革

法国1982年颁布《关于市镇、省和大区权利和自由法》，拉开法国地方分权改革的序幕。在此后的十多年里，法国中央政府积极改善中央与地方的关系，充分发挥地方的积极性，使法国在维护单一制国家结构的前提下，逐步向分权管理方向发展，并进一步完善国家对地方的监督机制。1992年2月，法国政府又先后颁布关于行使地方议员权责条件法和关于共和国地方行政指导法两个重要的法律文件，标志着地方分权改革达到一个新的阶段。这些法律授予地方政府较大的权力，使它们能自主地管理所辖范围内的各项事务。① 纵观法国地方分权改革30多年来的发展，改革的内容主要包括：(1) 增加行政层次，但也改革层级过多引发的问题。1982年起将大区确定为一级地方领土单位，规定其享有与省和市镇相同的法人地位和一切权利，至此，法国的行政体制由原来的“中央—省—市镇”三级变为“中央—大区—省—市镇”四级。而2003年的修宪以及相应大区选举法的出台，乃至2010年的《地方政府改革法》②等法案，都指向重塑“省-大区”关系，如今三级地方政府实行“议政合一”体制，让大区地位宪法化，实现其经济、行政与宪法地位“三位一体”的转变，强化省与大区间的连接与合作，使地方政府层级扁平化，克服地方治理权威交叠之弊。(2) 改革地方行政管理体制。地方领土单位的行政权从国家代表的手中转移到民选权力机关手中，大区议会、省议会和市镇议会由单纯的议事机构转变为“议行合一”机构。目前，议会主席为辖区最高行政长官。中央委派到大区和省的行政官员不再行使地方事务的行政管理权。(3) 放宽对地方政府的监督。中央政府取消对地方政府的监管，地方政府做出的决定，只要不违反国家宪法、法律和法令，就不受中央政府干涉，也无须得到中央政府或其代表的同意和批准。进入21世纪后，法国还大力改进“市镇-联合体”块状结构，可在自愿原则的基础上实施试验权。(4) 扩大地方政府的权力。在进一步明确中央与地方职权划分的基础上，中央政府分期分批把原由中央政府负责的一部分事务交由地方政府管理，权限转让主要涉及计划和领土整治、城市规划、住宅建设、职业培训、交通运输、司法、教育、文化、环境保护、居住环境、青年人就业、市镇警察等领域。与此同时，中央派驻机构也进行改革，通过权力下放，中央派驻地方的行政首长权责扩大。(5) 改革地方公务员制度。1984年颁布的有关法律明确规定，地方公务员享有与国家公务员相同的法律地位和基本保障，从而奠定了地方公职人员整体的法律地位。在改革中，法国政府还将人事权向地方政府转移，地方公职人员由地方政府管理；而地方公职人员的精简也被提上议事日程，包括控制地方公务员数量和人事开支的增长，还推行公务员多元化，扩大渠道，特别注重在下层家庭中培

① 潘小娟：《法国行政体制》，中国法制出版社1997年版，第127页。
② 2010年12月16日颁布的《地方政府改革法》为法国新一轮地方政府改革描绘出具体的路线图，体现出中央政府推进地方分权的决心。

养国家行政人员，以促进组织结构调整。(6) 加强地方民主。相关法律对扩大公民参与地方生活和更好地发挥地方议员的参政作用等作了明确规定，赋予公民对本地事务的知情权、了解权和参与权，具体形式和途径有：公告情况，索取地方政府的预算文件，组织市民咨询活动，赋予地方选民请愿权，在地方议会建立口头质询制度等。(7) 赋予地方政府及其联合体试验权。相关法律允许地方政府及其联合体以试验的名义，在组织法规定的条件下和一定的目的及期限内，就其行使职权方面的内容突破现行法律、法规的有关规定，进行大胆尝试，试验期满后，再根据实际效果决定是给予推广、完善还是终止执行。为减少和避免进行试验的地方政府的违法违规行为的发生，保证国家和其他地方政府的利益不受损害，议会将对试点情况进行监督和评判。(8) 增强地方政府的财政自给能力。地方政府拥有自己的税收体制，可以在法律规定的范围内根据自己的具体情况确定地方税的征收基数和税率等，此外，国家与地方政府之间所有职权的转让均包括相应的财权的转让。①

当前，法国地方政府的开支已占到公共开支的 20%，地方政府支出比国家财富的增长高出两倍，而国家向地方的转移所需支出仅占国内生产总值中地方开支增长的一半，这种趋势有继续扩大的态势。从近年来法国地方政府改革状况来看，呈现出以下趋势：一是公共管理社会化与公共管理宪制化的双重运动，一方面建立完整而具开放性的公共管理体系，逐步形成多元的管理主题，另一方面是使国家与公民社会的重新界分在宪制框架内建设，从而保障公共管理的合法性。二是地域性结构调整与功能性结构调整双向发展，即横向上简化机构设置，扩展执行功能；纵向上减少单一功能的新组织结构，一方面针对传统的多重目的的地域性政府组织，另一方面对单一目的的功能性组织进行调整，并在整体性治理中将等级制、市场和网络结合应用。三是注重国家能力与地方实力的双层建构，逐步构建“强国家-强地方”的新格局，打造中央政府与地方政府之间的实质性伙伴关系，推动新型的平等互动。值得注意的是，面对地方治理的结构性压力，法国政府没有采行大幅度“精简合并机构”的英德式做法，而是另辟蹊径，在不改变地方领土单位数目的前提下，成立形式多样、有限目的的区域公共机构，解决地区公共事务。

4. 德国地方政府改革

20 世纪 80 年代以来，联邦德国②地方政府也进行了一系列的改革与创新，主要涉及以下几个方面：(1) 行政区划的改革。行政区划改革通过两种方式实现：一种是区划合并，撤销原来的政治和行政机构，在合并的区划范围内建立统一的地方政府；另一种模式是保留原来的政治单位，同时由几个市镇联合成立市镇联合会。市镇联合会由一个委员会领导，委员由各个成员市镇的议会任命，联合会下面设置专门的行政机构，配备专职的行政人员。(2) “新掌舵模式”的运用。新掌舵模式源于 20 世纪 80 年代兴起于英美的新公共管理运动，德国政府是到 90 年代才开始采用这一模式的。从 20 世纪 90 年代初开始，德国地方政府财政压力越来越

① 潘小娟：《法国地方分权改革》，载《中国社会导刊》2007 年第 5 期。

② 在战后重建期，联邦德国地方政府改革以确立核心制度安排，包括采取“地方政府的权力源于州政府的授予”，践行地方自我管理原则，以及既要处理地方自我管理的事务，也要执行联邦和州政府委托给它们的任务，因此通常将自我管理事务和国家委托任务放在一起处理。随后经历了 60 年代的福利国家建设期，一系列重大改革出台，产生了相当深远的影响。而在经济危机爆发后，即 20 世纪 70 年代中期到 80 年代末期，德国地方政府的改革一直处在徘徊时期。

大，在统一过程中产生的大量公共开支使公共债务飞速增加，此时，地方政府的改革者们注意到新公共管理运动倡导的“经济有效的行政”理念，将其视为灵丹妙药，并引入地方治理改革，因此德国的新掌舵模式又被称为是“德国版本的新公共管理改革”。该模式的核心原则便是借鉴私人部门的组织运行原则，以市场导向为原则来克服国家失灵和公共管理失灵的问题。改革一开始缓慢而谨慎，只是在一些经过选择的部门相对独立地进行试验，经过十几年的改革之后取得了一些成果，其中影响较大的如：引入灵活的、全球化的预算形式，并建立产出导向的预算；引入成本核算；建立绩效稽查体系；重建内部组织结构，特别是建立责任中心、内部服务提供者、集中的计划和稽查单位；引入高层管理和单位之间的合同管理等。(3) 直接民主的兴起。1990 年之前德国大部分州都实行代议民主制，政府组织机构主要是议会模式，后来受东德民主化运动的影响，联邦德国也引入了直接民主的形式，如直接选举市长和地方全民公决。(4) 地方政府组织结构的变革。地方政府组织结构由 4 种模式变为一种模式，这种模式的主要内容涉及市长的选举方式、市长的任期以及权限等，市长不由议会选举产生，而是由选民直接选举产生。组织机构的变革一方面使得市民拥有选举权，扩大了民主；另一方面市长负责行政工作又兼任议长，也有利于政府与议会之间的沟通协调，提高办事效率。(5) 电子政府的构建。为了加强与提升政府的公共管理，德国 1991 年开始进行互联网改造战略考虑，目标是更好的应用、降低成本、数据保护、信息安全以及公开透明、鼓励公民参与。德国政府在 2000 年 9 月颁布“联邦在线 2005”的电子政府建设目标，随后成立国务秘书委员会，全权负责电子政府建设和行政管理现代化的进程。① 2013 年出台《联邦电子政务法》，要求 2017—2022 年，联邦、州、地方政府必须做到市民网上办事，特别是计划 2022 年底前实现所有 575 个公共服务事项的数字化全覆盖。同采用激烈变革、引进市场化机制、实行大规模私有化的英国行政改革相比，德国的变革更多具有行政紧缩和现代化而不是市场化的特征，德国的改革可以说是对现存制度的改进而不是引进其他的制度。改革采用了渐进式的做法而没有采取疾风暴雨的激烈做法，取得的成效也很显著。②

德国地方政府具有以下特征：(1) 用法治与制度建设确保政府层级事权清晰。两德统一后，德国联邦基本法针对联邦、州、地方三级政府的不同特点，层级事权划分十分明确，各级政府之间既有分权又有协作，较好地发挥了积极性。(2) 机构设置精干。从联邦到州及地方政府，部门设置精干高效，多的十几个，少的只有四五个，真正实现了大部门制设计。(3) 工作理念先进。德国倡导把行政管理部门转变为服务性企业，转变行政机关与公民间上下级关系的传统观念，视公民为服务对象，改进管理质量，提升政府效能，政府对公众来说是开放的、透明的和可监督的。(4) 绩效考核精细。两德统一之后，公务员绩效评估分为 6 等，升迁须获得 3 等以上评价。评估标准涉及兴趣、动机、学习热情、思考及判断力、学习能力，口头及书面表达能力、遇事反应能力、单独处事能力、准时、社会交往能力等多个方面，这为国家行政能力建设提供基础性组织支撑。(5) 数字化改造系统联动。德国高度重视政府数字化改造工作，上升到联邦立法和国家战略层面，州、地方政府层面也先后启动，如黑森州、汉堡市做了大量工作，已经成为辐射周边的区域样本。(6) 社会组织功能健全。德国政府对社会组织高度重视，在

① 苏家梅：《浅析日本、德国地方政府改革对我国的借鉴意义》，载《企业导报》2012 年第 10 期。
② 刘琳：《德国地方政府改革的特点及借鉴》，载《山西财税》2009 年第 7 期。

法律政策方面为社会组织制定相当完善的法规，不干预社会组织的内部活动，同时赋予一些行业协会工商会行政职能，使其能够在发挥行业自律的同时，帮助政府实现“看不见的手”的作用。

5. 日本地方政府改革

20世纪80年代之后，日本着手实行中央向地方的分权运动，进行权力下放。主要体现在以下目标：(1) 中央与地方的事权划分更为明确。首先是对事权有了重新的界定：关系国家主权、全国统一的国民活动相关事务等宏观事务以及基本公共服务层面由中央负担，地域性的行政事务则由地方负担。其次，废除了部分中央机关对地方的委任事务，地方政府拥有更多的事务自治权。日本还设有地方分权推进委员会，切实保障地方政府的这一权力。(2) 充分确保地方的财源。20世纪80年代之前，由于实行财权集中的体制，全国的税收有70%划归于中央，地方财政比例只有30%。这种比例之下，日本地方政府是难以完成其负担的事务的。在此之后，中央政府对税额进行调整并辅以其他一些措施，现在中央与地方的分配比例约为3∶7，大大增加了地方的收入和对财政资金的使用。同时，放松对地方财政的限制，在协商的前提下，废除中央限制地方发行公债的许可制度，这也在一定程度上增加了地方政府的财政来源。[①]

从改革的具体措施来看，一是在规制改革的背景下建构政府购买公共服务制度。2004年通过“推进规制改革、民间开放3年计划”：一是将“推进民间开放(市场化试验)”的观点引入规制改革的计划；二是将改革的重点由经济性规制转向社会性规制，把职业培训、国民年金保险的征收业务等8项公共服务作为示范型事业的对象，通过竞标委托给民间经营，逐渐形成了政府购买公共服务的制度。二是简政放权，缩小政府规模。首先是裁减人员，曾在10年内将国家公务员总数削减25%，到2010年减至41万人。其次是改革公务员任用制度，实行体现能力和实绩主义的奖惩分明的人事制度。三是推进地方政府合并，将原有的3 000多个地方政府缩编为1 000个左右，同时减少中央政府对地方的干预，地方改革的依据之一是《市町村合并特例法修正案》。四是推进地方税改革，作为地方自治体在其征税权限范围内征收的税款，是地方自治体一种自主税收[②]。最具代表性的是“三位一体改革”，即大幅抑制地方缴付税总额(减收大约5.1万亿日元)，实施把所得税(国税)转到个人居民税(地方税)的税源转移，以及国库补助负担金改革。五是各方力量大力推进政府信息公开制度建设，倒逼政府改革，2001年开始施行的《行政机关保有信息公开法》借鉴地方信息公开条例和各国信息公开相关法律的成熟经验，法律制定过程中听取各方建议，实现日本中央政府层面的信息公开立法突破，从信息公开的实施机关、范围、程序、救济等方面对信息公开制度进行了初步规定，包括市民团体、在野党、地方政府在内的各方力量推动日本中央与地方信息公开立法的工作仍持续进行。

6. 俄罗斯地方政府改革

俄罗斯地方行政制度改革主要围绕着增设联邦区、开展财政联邦制、地方自治与推进公共预算公开制度改革而展开。2000年，时任总统普京签署关于将全国89个地区划分为7个联邦管区的总统令，这项法令旨在全国实施共同的法规，恢复中央对地区的控制，同时使各地的

① 刘琳：《德国地方政府改革的特点及借鉴》，载《山西财税》2009年第7期。

② 日本有两种地方税：县税以及由市、町、村征收的税。两种税均可分为具有某些指定用途的专项税和未特别指定用途的普通税。2015财年日本地方财政支出规模达到了98.4万亿日元，全国财政支出中约有58%由地方自治体支配使用。

联邦机构摆脱地方行政长官的控制。为了加强中央对地方的控制，每个联邦管区任命一位总统全权代表，全权代表直接隶属于总统并向总统汇报工作，全权代表接受国家元首的任命，任职期限由国家元首确定，但不超过总统履行其职能的期限。根据规定，全权代表有 4 项主要任务和 13 项职能。4 项任务是：第一，在联邦管区内贯彻执行总统确定的国家内外政策基本方针。第二，监督俄联邦宪法和联邦最高权力机关决议的执行情况。第三，确保总统在联邦管区干部政策的实施。第四，定期向总统报告联邦管区内的国家安全问题、社会经济和政治局势情况。全权代表最重要的职能是协调联邦权力机关与地方机构执行联邦法律、总统命令和政府决议的工作；协调护法机关的工作，评估它们的工作情况，向总统提出相应的建议；监督遵守俄联邦宪法以及有关自由和人权的联邦法律；参与联邦主体国家权力机关的工作，其中包括在必要的情况下，在州杜马和政府就有关地方和中央利益的问题发表讲话；协商联邦权力机关驻地方代表的主要干部任命；参加拟订地区发展纲领。全权代表无权干预地区首脑的职权范围。只有法律和赋予他们的权限才是全权代表的工作依据。①

20 世纪九十年代，俄罗斯联邦出台一些关于地方自治改革的法律，赋予地方自治制度合法性。1999 年，俄罗斯联邦总统批准《俄罗斯联邦地方自治领域的国家政策基本条款》，确定了国家地方自治政策的目的、优先发展方向、任务和原则。2000 年普京开始执政后，他在每年的国情咨文中都会专门阐述地方自治问题，俄罗斯地方自治制度改革步伐明显加快。

俄罗斯联邦政府于 1998 年 7 月制定并通过《1999—2001 年俄罗斯联邦预算间关系改革构想》，其要旨是改变联邦主体财政援助资金的分配办法，建立联邦主体新的财政援助机制。1999 年又通过地区财政援助基金转移支付的新分配办法，到 2001 年，俄罗斯基本完成地区财政援助基金改革。近年来，俄罗斯对中央与地方政府间财政关系的改革与调整，主要采取两项重大措施：(1) 按各级政府的职能和权限划分税种，调整中央和地方财政的税收收入，实行分税制改革；地方政府在财政和税收领域独立性加强，使俄罗斯财政收入再分配向着有利于地方财政的方向发展，地方预算在俄罗斯联合预算中的比重增加到 51%。(2) 按各级政府的职能及权限划分其支出权限和范围。俄罗斯中央与地方政府间财政关系调整与改革的最终目的，是为了提高效益、加强财政预算责任和保证地区间的公平与公正。要达到这一目标，最直接的方法是放弃联邦中央对地方财政收支的调节。但由于俄各地区之间的财政保证程度存在着巨大差异，加之受财政管理体制集中化传统根深蒂固的影响等原因，联邦政府还应当拥有比较广泛的财政权限，包括在拉平预算保证条件并对地方实行的财政税收政策施加影响方面的权限。因此，财政资金的相对集中化与财政权限的分权化原则并重，仍将是俄罗斯今后一个时期调整和改革中央与地方政府间财政关系的基本点。②

思考题：

1. 内阁制和总统制在政府管理体制方面各有什么特点？这两种体制是否存在着同一发展趋向？

① 范军：《变迁中的俄罗斯国家体制——普京改革中央与地方关系》，载《东欧中亚研究》2001 年第 4 期。

② 参见：http://www.chinaacc.com/new/287%2F291%2F330%2F2006%2F5%2Fsh439132551191560025408-0.htm

2. 当代西方国家的政府职能和以往相比是否有所变化？变化的趋势如何？

3. 如何评价西方国家的地方自治制度和地方政府改革实践？试举例说明。

4. 试分析联邦制国家与单一制国家中央与地方的分权模式的异同点。

案例八：狗、城镇及地方政府

任何一个曾漫步巴黎街头的人都知道，狗在人行道上留下了无数纪念品——巴黎的20万只狗每天在其身后留下约10吨粪便。平均一年有600人被狗粪滑倒或为了把鞋跟上的粪便括掉而摔断手脚。巴黎市政府极尽所能要避免这种事故的发生，它每年花7 000万法郎用来打扫街头狗粪。但由于巴黎狗主人长期缺乏礼貌，清除街面狗粪的努力毫无用处。

法国当局多年来一直努力要让狗主人改变陋习。他们曾试过对在路上留下狗粪者罚款3 000法郎，但没有效果。因为巴黎市政府没有自己的警察部队，这座城市唯一的警察力量是受中央政府直接控制的国民警察，他们根本不受地方政府管辖。而这些国民警察们通常把向溜狗者开罚单看作是有损尊严的事，因而他们很少有人愿意认真对待此事，结果一年开出的罚单也只有少得可怜的4张。

那么巴黎市政府为什么不创建一支自己的警察部队呢？原因是中央政府根本不同意。非但如此，而且法国中央政府甚至还不允许巴黎市政府自己制订关于本城保安、交通或卫生方面的地方法规。

现代法国国家一直在压制地方权力，这种思维居然延伸到巴黎这个法国的权力中心，似乎有点不可思议。但事实上，法国中央政府的这一做法也有其合理之处，那就是：当局格外戒备是因为有这么多国家权力机构和各部都集中在巴黎。他们极端害怕任何形式的抗议者可能染指权力对国家的中枢神经造成打击。避免出现这种局面的最佳方法就是垄断警察力量。因此，法国中央政府使全国的市长们几乎都不可能控制他们的准军事力量——警察。

对地方政权的不信任并不是法国最近的趋势。在大部分法国历史上上，巴黎暴民一直是一支需要认真对待的力量。1358年，巴黎市民发动抗税起义，差点处死了国王。1789年，法国大革命爆发后，巴黎市民索性把国王路易十六送上了断头台。1871年普法战争后，巴黎人民又一次用武装暴动挑战凡尔赛宫的权威。一次又一次血的教训，使法国中央政府自第三共和国起便不再允许巴黎拥有独立的政治权力，而是任命一个行政长官来管理这座城市。

由于地方政权被看作是对法国统一构成的威胁，因此一百年来，法国中央政府一步步有计划地剥夺了地方社会的政治自由。1982年之前，他们甚至不允许地方参与城市规划，更别提对之进行控制了。只有居民少于一万人的小镇才被允许拥有自己的警察，因为中央认为他们构成的威胁较小。

在行政区域的划分上，法国地方行政由市镇、省和大区三级组成。其中，市镇是指任何市政单位，包括村庄、小镇或城市，如巴黎就是个市镇。法国政治面貌中最突出的特点之一就是市镇数量极多，多达36 851个。这一数字比西班牙、德国、英国和意大利的总和还多。最大的市镇是巴黎，拥有200万居民，其次是里昂和马赛，各拥有100万居民。小市镇居民一般不超过10万，全国一共只有52个市镇居民超过10万，因此法国基本上是个小城镇组成的国家。

尽管省是法国的基本行政单位，但长期以来，法国仍坚持保有这么多的市镇，这丝毫不是巧合。这是法国政府有意这么做的，因为市镇是成本非常低廉的管理领土的方法。直到19世纪末，法国市长基本上一直是个荣誉职位，甚至今天法国市长还只是个志愿者：领取的薪水很少，却要尽可能多的为政府免费办地方杂事。

法国省长通常由总统、总理和内阁任命。他的权力比市长要大得多，他才是自己辖区真正的首领：他管理警察，并在需要军队干预时指挥军队，唯一不受省长控制的权力机构是检察官和财政部长及教育部长。1982年法国地方分权改革以来，这十几年，虽然法国市长和地方当局的权力一直在稳步扩大，但省长仍然监督着他们，以保证他们履行自己的职责并尊重共和国的法律。

北美人对法国的这种中央集权思想也许不习惯，觉得很难接受，但假如你在法国待的时间长了，你就会发现其实中央集权自有其可取之处：即无论你出身或阶级如何，法国人到法国的任何地方，都享受同样的服务。到任何地方，他们都说同样的语言，使用同样的法律制度，得到同样的教育，听同样的广播，看同样的电视，接受同样的保健服务，休同样的假日。从这个意义上说，法国人所享受的平等和统一性在联邦制国家里不可能存在，即使最富裕的国家如美国、德国、加拿大也不可能。

[摘编自(加) 让—伯努瓦·纳多 朱莉·巴洛著，何开松等译：《六千万法国人不可能错》，东方出版社2005年版。]

思考题：

1. 法国中央政府为什么不允许地方政府拥有必要的自主权？
2. 法国地方政府的基本权力状况如何？

第九章　公务员：政府机器的操作者

在考察西方国家政治制度时，我们会发现有一些虽不包含在政体的基本结构内，却为保证国家机构正常运转发挥出重要作用的具体政治制度，公务员制度就是其中之一。在西方国家，政府机关工作人员通常由两部分组成，一部分是经过选举产生的具有任期限制的政府首脑及其所任命的中高级官员，他们统称为政务官员；另一部分是经过公开考试，择优录用的事务官员，他们通常被称为公务员。这种“两官分途”的情况成为西方国家政府部门人力资源管理中的重要特征。从 19 世纪中后期开始，绝大多数西方国家都实行了政府公务员制度，它对选拔优秀人才进入政府部门，提高政府工作效率，保障社会稳定发展起到极为重要的作用。

第一节　公务员制度的产生、发展与改革

一、何谓公务员

公务员，也称为“文官”，英文叫 Civil Servant 或 Public Employee，可以译为“公务员”或“公共部门雇员”。以往在介绍西方国家公务员制度时常常采用“西方文官制度”这样一种表述方法，但从字面上看，Civil Servant 似乎译为“公务员”更为确切。

由于各国情况不同，政府公务员的范围划分存在很大的差异。根据公务员范围从大到小可分为三类：第一，凡政府系统中非经选举产生和政治任命的公职人员均属公务员范畴，日本和法国基本上采用这种制度。日本把从中央到地方政府系统的公职人员、国会（议员除外）、法院、国立学校、公立医院及国营单位的所有人员，都划入公务员的范围，但区分为中央公务员和地方公务员两种。在法国，凡机关工作人员统称为公务员，它分为两大类：一类是不适用公务员法的公务员，主要指议会工作人员和司法部门的法官，军事人员，以及工商业领域的国家管理、公用事业和公立公益机构的人员；另一类是适用公务员法的公务员，是指在中央政府以及其所属的驻外机构或公立公益机构的各级部门中正式担任专职工作的人员，其范围基本上同英国的公务员相同。第二，在美国和德国，公务员泛指政府机关中所有工作人员，包括总理、部长、副部长等政务官，而立法部门的参议员、众议员和国会雇员，以及司法部门的法官，不属于公务员的范畴，而适用于公务员管理法规的，只包含政府机关中的事务官。值得一提的是，美国作为三权分立的典型国家，不仅没有把立法机关和司法机关人员纳入公务员范畴，也没有把军事人员归为公务员；却把公立大学的教师归为公务员范畴，体现了对教育的极大尊重。第

三，在英国及许多英联邦国家，公务员仅指政府机关中非经选举产生和非经政治任命的事务官，其范围上至常务次官，下至工勤人员，而大臣、政务次官、法官、国有企事业单位的文职人员均不在公务员之列。尽管各国划分方法不同，但一个共同点就是，依据产生方式的不同将公务员分为政务类(Political Civil Servants)与事务类(Career Civil Servants)两大类，其中事务类公务员就是政府系统中非选举产生和非政治任命的公职人员，这是公务员的主体，也是公务员法的适用范围。

国家公务员制度，就是通过制定法律和规章，对公务员行使国家行政权力、执行国家公务依法进行科学管理的法规体系和管理制度的总称。作为西方国家政治制度的重要组成部分，公务员制度是对政府公务员进行考试、录用、考核、培训、晋升、调动、奖惩、工资、福利、退休及分类管理等作系统规定的规章制度的总称。

一个国家要进行良好的管理必须具备两个基本条件：其一，要有一个结构合理、运行良好的政府机构；其二，要有一支具有良好素质的官员队伍。随着国家职能的不断扩展，几乎所有国家的官员队伍都在呈正比例地增长，官员的管理体制也随着政府职能的分化而变化发展。现代公务员制度是在反对封建君主"恩赐官职制"的过程中，在总结"政党分赃制"的弊端基础上逐步建立与完善起来的。作为一种符合现代人力资源发展规律的科学的人事管理制度，公务员制度较为有效地克服了以往政府工作缺乏连续性和稳定性，以及效率低下的弊端，全面体现制度运行的公平、效率、法治等价值追求，是现代国家管理制度的重要一环。

二、西方国家公务员制度的产生与发展

任何一项制度的产生，都有其深刻的社会历史原因。要想全面理解制度的价值，必须研究其孕育、产生、发展的历史背景，以及其产生的政治、经济、文化基础。西方国家公务员制度，首先产生于资本主义的发源地——英国，之后在美国得到新的发展。公务员制度是19—20世纪之交近代西方国家吏制改革与政府管理科学化的产物，同时亦与现代"行政科学"的诞生以及政治行政分离思想的确立有着紧密关联。二战以后，许多国家纷纷效仿英美两国采用公务员制度。作为西方国家政治制度的重要组成部分，公务员制度是为了满足资本主义经济发展对政府职能、政府管理提出的需求而确立的，带有明显的政治特质，并伴随着西方国家政治制度的发展而不断发展。

西方国家的官吏任用制度形成于封建专制制度的崩溃时期。在封建时代，所有官吏都是皇家官员，总体上没有什么根本区别。在英国，一度盛行过"恩赐官职制"，即国王根据自己的喜好把政府官职赏赐给下属。那时候官吏的任用和升迁，主要取决于他们的门第出身和对国王的忠诚，而不是依据个人表现和真才实学。在资产阶级革命胜利以后，英国两党制逐渐形成，内阁政府的变迁，执政党的更替，经常引起政府行政人员大规模地换班，"恩赐官职制"难以保证大批优秀的年轻人通过有效途径进入官员队伍，导致政府管理人员缺乏。18世纪后期，当英国发生"工业革命"之后，随着工业资产阶级势力的日趋强大，变革这种有碍于资本主义发展的官吏任用制度的呼声日益强烈。到19世纪中叶，英国在工业革命的基础上首先进入垄断资本主义阶段，政府职能日益纷繁，职能的强化要求政府管理的高效率，而当时政府部门的官吏任用机制造成腐败成风和效率低下的现象，严重阻碍了经济与社会的发展。因此，英国政府开始寻求对整个官僚制度进行改革。

在美国，19 世纪早期，每当新总统上台后，总要把政府的官职分配给他本党在竞选中出力的人员和他的亲信，这些政府官职就会作为战利品，合法地、公开地进行肥缺的瓜分，营私舞弊和买官求职盛行一时，这一实践久而久之便形成著名的“政党分赃制”。1832 年，纽约州参议员威廉·马西曾公开辩解说：“在政治上要像在爱情上、战争上一样公平，赃物属于胜利者所有。”“分赃制”由此正式得名。这种以党派封亲信为官，以肥缺酬犬马之劳的做法，引起行政上的低效率和腐败行为高发，因而遭到各方面的反对和批评，统治阶级内部因分赃不均也经常引起相互攻击。显然，这种官吏任用制度只有利于封建势力和资产阶级中某些既得利益者，却损害了整个资产阶级的根本利益，尤其是违背了后起的工业资本家要求发展经济的愿望，违背了资产阶级“机会均等”和“自由竞争”的原则。

1847 年，曾到过中国的杜麦斯出版了《中国札记》，以近乎狂热的态度呼吁建立起向全体英国臣民开放的竞争性的考试制度，从而提高英国行政官员的水平，促进大英帝国的团结。英国政府开始在东印度公司进行试点，先后制定新的立法和行政措施，效法当时清朝政府采用的科举制度的做法，通过考试方式选拔优秀人才进入东印度公司担任管理人员，并采用有效方式加强对东印度公司人员的管理，取得了很好的管理成效。1848 年，英国财政部成立以查尔斯·特里威廉为主任的备忘录起草委员会，其工作目标的一项内容就是，为了节省经费、确保高效率，对财政部的机构状况、功能配置及其运行机制进行调查。① 1853 年，英国财政大臣格拉斯顿授意斯坦福·诺斯科特爵士和查理·屈维廉爵士就英国官员制度状况进行全面调查并提出改革意见，次年他们提出一个“关于建立英国公务员制度的报告”，通称为《诺斯科特——屈维廉报告》。该报告尖锐地批评了当时英国官员制度的根本弊病，指出任人唯亲和营私舞弊是导致政治腐败和行政效率低下的根本原因。为了从根本上革新吏制，报告要求确立公开竞争考试制度，择优录用公务员，并统一各部门录用公务员的标准，建立起一个统一的公务员制度。这一著名的报告奠定了英国现代公务员制度的基础。1855 年 5 月 21 日，英国内阁颁布了公务员制度改革的第一个枢密院令（即“关于录用王国政府公务员的枢密院令”）其后，内阁于 1870 年 6 月 4 日又颁布了关于公务员制度改革的第二个枢密院令，以补充第一个枢密院令之不足。这以后，对公务员制度的细节还不断有新的命令、规定，但其最重要原则基本上都是这两次枢密院令定下来的。所以一般都把 1870 年 6 月 4 日枢密院令的颁布作为英国现代公务员制度正式确立的标志，这也意味着世界上第一个公务员制度的正式建立。

美国在建国初期，政府的人事管理制度受到英国殖民地吏治传统的个人徇私主义的影响，政府人员挑选与任用均以个人喜好、亲疏为准，属于典型的以个人施恩徇私为主要特征的人治时代。1829 年杰克逊出任美国总统后，形成了“官吏随所属政党选举胜败为进退”的“政党分赃制”(Spoils System)，“任人唯党”“任人唯派”“任人唯亲”的局面迅即形成。其结果必然造成官吏腐败、行政效率低下、政局动荡，政党之间混争加剧、互相倾轧，因此社会各界对“政党分赃制”进行了有力抨击，改革的呼声不断高涨。1881 年以前，美国国会曾通过个别法律或法令对公务员的考试和任免做出过一些规定，如 1871 年国会授权总统颁布行政命令，对公务员录用的知识、能力、年龄、品德等都进行了规定；格兰特总统仿照英国建立公务员事务委员会，负责规划公务员考试制度的施行。但这些法规和措施既不系统，也不完善。1881 年 7 月 2 日，加

① 黄卫平、谭功荣：《公务员制度比较》，中央编译出版社 2002 年版，第 3 页。

菲尔德总统在华盛顿的一个火车站被一名求职不遂的芝加哥律师吉托用手枪击中身亡，由于总统之死实由分赃不均所致，血的教训促使美国公众对官吏制度的改革提出更为迫切的要求。1883年，共和党总统阿瑟因为要在1884年的总统竞选中与民主党决一胜负，为收买人心起见，便在美国国会通过了《公务员制度法》（也称为《彭德尔顿法》）。该法律规定了公务员事务委员会的组织和职权，强调公开竞争考试的运用和择优录用的原则；法律禁止公务员参加政治活动或捐助政党费用，不准利用官职的分配作为竞选的赌注；法律还规定实行公务员职业保险和建立统一的公务员管理体系等内容。1883年的《公务员制度法》奠定了美国现行公务员制度的基础，它较好地体现了"机会均等"的原则，其基本原则一直沿用至今。同时，该法从联邦层面所建立起的常任公务员制度逐渐消解了以往"政党分赃制"所带来的负面影响，尤其是摆脱了政党对行政官员选任的直接操纵，自此美国政府官员一分为二：主管政治选举与政治任命的政务官以及负责日常行政事务的公务员。

法国和德国由于长期保留封建官僚制度，采用现代公务员制度较晚。法国在19世纪曾试图建立统一的现代公务员制度，但未能成功，只颁布了一些单项法规，如1901年的邮电部门公务员法等。二战以后，法国开始全面改造旧的官员制度，遂于1946年10月颁布统一的公务员法。到1959年2月，新的《公务员总章程》颁布，标志着现代意义上的法国公务员制度正式建立起来。德国早在威廉一世和腓特烈大帝统治时期，就已经具备公务员制度的雏形，官吏的选拔实行考试的方法。1873年《帝国官员法》颁布，奠定了公务员制度的法律基础。魏玛共和国时期，明确规定政务官与事务官的区分，规定了考试择优、职务常任和政治中立等原则。但在二战期间，公务员制度遭到严重破坏。战后直到1953年《联邦公务员法》颁布，才最终完成了公务员制度的重建任务。① 日本在战后于1947年通过《公务员法》，奠定了现代公务员制度的基础，它实际上是搬用了美国的公务员体制。俄罗斯是在1995年颁布《俄罗斯联邦国家公务员原则法》之后，才正式建立起现行的公务员制度。

建立公务员制度的根本原因，除了上面所说的克服"恩赐官职制"和"政党分赃制"造成的弊端以外，还主要涉及以下一些方面：

首先是为了铲除王权和贵族把持的部门，肃清政府中的封建残余势力。早期，许多国家都有一大批趋炎附势的平庸官吏，通过血缘与金钱编织的关系网络，垄断政府大权，造成政府成员官官相护、裙带关系成风，而出身下层的有志之士和优秀人才则丧失了入仕为官的机会，这与资产阶级革命所追求的"自由、民主、平等"的精神大相径庭，为了更好地体现资本主义市场经济所主张的"机会均等"原则，变革旧的官吏制度，实行"人人可做官"的文官制度原则，已成为各国民主政治发展的迫切要求。

其次是为了发展代议制和政党制度的需要。各国代议制机构产生了政府，由于政府官员都有一定的任期，所以几年一次政府的变动必然导致政局不稳，政策多变。与此同时，两党制国家两大政党轮流执政，多党制国家各党派要不断地重新组合、谋求联合执政，为了保证政府政策的连续性，必然会要求政府官员中的主体部分不因政党的轮流执政而发生经常性的变动。常任文官制的产生，政务官和事务官的分列，终于形成了政党制度所需要的"静态政府"。

第三是为了提高政府管理效率的需要。西方国家随着经济的发展，特别是随着资本的社

① 周民锋：《西方国家政治制度比较》，华东理工大学出版社2001年版，第246页。

会运转的不断加速，必然要求行政部门不断提高工作效率，以适应经济发展的需要。然而，没有一流的政府管理人才，就不可能有一流的工作效率，对政府的效率要求必然导致对政府官员自身素质的较高要求，这就迫使政府部门通过择优录用的方式从社会上广招人才，不断提高公务员的学历水平和实践能力，从而彻底剔除那种保守、拖沓及墨守成规的官僚作风，提高政府工作效率，为资本主义经济的迅速发展创造条件。

三、西方国家公务员制度的改革趋势

虽然西方各国公务员制度建立的时间和进程带有不同的特点，但在公务员制度建立以后，各国都在不断地进行改革，以适应时代发展的需要。由于20世纪后半期西方各主要资本主义国家经济长期低迷，空前的财政危机和社会危机迫使政府进行改革。20世纪七十年代的石油危机和福利国家政策使得政府负担过重，公共财政赤字使得政府陷入财政紧张状态，政府急需大规模削减政府预算。此外，由于传统官僚制的低效率、高腐败和庞大臃肿的政府机关使得民众对政府愈加不满，经济全球化带来的新技术革命尤其是信息技术革命打破了长期以来政府对公共信息的垄断，现代大众政治逐渐兴起，公民开始广泛参与社会政治和管理活动，民众公共需求的不断增强和政府的软弱被动形成鲜明的对比。20世纪八十年代以后，随着民众对公共服务的要求愈发多元化，在经济结构调整与科学技术发展的双重因素加持下，社会对公共行政提出了更高要求。以集权与信息控制为基础的传统理论无法解释和解决政府所面临的困境，管理危机、财政危机、信任危机频发，对行政体系进行改革成为西方发达国家和学界不得不面临的现实问题，作为公共行政体制中重要一环的公务员制度开启新一轮改革进程。

1979年英国撒切尔夫人上台以后，英国保守党政府推行了西欧最激进的政府改革计划，开始了以注重商业管理技术、引入竞争机制和顾客导向为特征的新公共管理改革。这一改革很快形成一种国际性趋势，西方各国均先后开始政府领域的改革。总起来看，20世纪各国公务员制度改革的趋势大致有如下表现：

1. 公务员永久终身制受到质疑。最初西方国家的公务员制度为了提供连续、高效的公共服务，是作为政治压力和政党分赃制的对立物而出现的，因此通过保持终身制来避免政府更替对日常行政管理所带来的冲击。然而，这种职位和工资的永久性倾向虽然符合连续性的要求，但它不再符合政府管理的现实。当今政府的稳定性和可预测性已杳无踪影，而永久任职所产生的非灵活性和惰性已经使体制功能失调。随着市场竞争机制的引入，公私部门之间的交流与合作日趋频繁，临时性执行机构的设立和合同雇佣制的实行，均构成了公务员职业化的严峻挑战。

2. 调整公务员结构，提高公务员综合素质，实现专业化管理。各国的公务员结构都在朝着专家和专门人才的方向发展，政府所需要的专家通常包括法学家、政治学家、行政管理专家、信息控制专家和工程技术专家等，公务员队伍的专业化和知识化的特征更加明显，公务员的培训机构出现多元化趋势，培训的内容和方式日益多样化。

3. 将竞争机制引入政府，改革绩效评估机制和健全竞争激励机制。贯彻实施以工作实绩决定工作成效的制度(如实行"可比性工资"等)，采用绩效化考评的方式，建立结果导向，公务员对自己所做决策负责，把公务员的工作成绩和收入待遇挂钩，从而有效地增强公务员的工作热情，大大提高政府工作效率，同时卓有成效地克服官僚主义的弊病。

4. 精简公务员队伍层次，打破政府公务员系统的封闭性，加强公务员的相互交流，建立开放性的分类制度。目前，各国都日益关注和加强公务员队伍的流动性，以防止人员老化，不断引进新鲜血液，让政府部门在不断的新老交替过程中获得活力，让行政人员在不断的流动中找到更适合他们的岗位。

5. 改革公务员管理体制，对原有的规章制度进行重新整理和修订。加强对公务员进行企业管理方法、成本意识和效益观念的培训，将工商管理的思想引入公共部门，加强网络技术在政府管理中的应用，积极推进行政机关办公自动化。下放政府人事管理权，允许各机构根据需要自行招聘人员和确定工资。放松规制与实施合同雇佣制，增强政府管理的灵活性。如美国采取废除过多过滥法律规章的做法，而欧洲国家更多地采取内部市场与合同雇佣制来替代层级控制。

6. 动摇原公务员中立位置，变革政治家与公务员的关系。政治家与公务员之间的关系在改革中更加复杂化，一方面，改革增强了政治家对职业公务员的政治控制，赋予政治家任命高级公务员的自主权，美国和新西兰设立"高级公务员"系列，日本也引入"副大臣和大臣政务官制度"，加强内阁对行政官僚的控制。另一方面，公务员获得更多政治权利，公务员的角色更加模糊和困难。公务员拥有更多的自治权和控制权以及奖酬系统。来自外界的更多评核和更多地注重用户需求，使他们的行为更加公开化。公务员凭借专业化知识和技术对政府决策有更多的介入，同时，许多国家放宽了公务员结社和与政府谈判的限制，传统政治中立的原则由此发生动摇。

第二节　公务员管理原则及其评价

一、公务员管理原则

公务员制度是现代西方国家的人事管理制度，它鲜明地否定了带有浓厚封建色彩的"个人徇私制"等落后的人事管理体制，适应现代行政管理和社会化大生产的需要，顺应了民主政治发展的历史潮流。公务员制度作为一种具体管理国家行政事务的规范化和法制化手段，已得到各国政府的普遍认同与采用。尽管西方各国的公务员制度由于不同的国情和不同的政治文化呈现出不同的特点，但现代公务员制度所体现的基本原则却是相同的。总体而言，西方国家的公务员制度除了某些由国家传统、政治文化和价值偏好等所决定的个性特点外，各国展现了更多的共同特征，公务员制度改革趋同程度愈发加深，这一方面体现了当代公共行政部门对公务人员人力资源管理的普遍要求，更从侧面反映了公务员制度发展的一般趋势。概括起来看，西方国家公务员制度的基本原则大致包含以下内容：

1. 公开竞争原则

现代公务员制度一个重要的特点就是本着"优胜劣汰"的原则对公务员实行公开考试，择优录用。为杜绝人事制度上"任人唯亲"的弊端，英国常任文官制度的建立就以改变官员录用方式为主要突破口。通过考试录用，既可以选拔有识之士进入政府机关，又可以倡导"平等的竞争精神"，并借此创造一种"机会均等"、"公平、公开、公正"的自由竞争的政治环境，吸引和选拔更多的有识之士和有用之才进入政府部门工作，培养和造就国家管理所需要的高素质人才。因此，在西方国家，全面实行考试取仕者日益增多，即使像美国这样一个由总统直接任命官员人数最多的国家，它的联邦公务员中也有 90%是通过考试方式录用的。目前，无论是联邦政府还是地方政府，除少数的政务官，民选官员和专业技术人员，16 级至 18 级高级行政官员以外的美国公民都必须通过公务员录用考试，合格后择优录用。联邦公务员录用考试由联邦政府人事管理局负责，地方公务员录用考试由各州政府人事局执行。1959 年的法国《公务员总章程》也规定，公务员的录用主要取决于各部门考试的结果。

2. 功绩制原则

西方国家公务员制度强调功绩制原则，就是以工作实绩、效果与贡献大小，作为公务员享受待遇的主要条件，考核的结果直接与其工资、待遇及级别升迁挂钩。它注重的是工作实绩与能力，而无论资历与亲疏。功绩制原则的推行对提高公务员的素质，鼓励奖优惩劣和提高政府行政效率都起到了积极的作用。在英国，各级公务员的晋升由统考和本部门考绩这两个方面来决定，为提高各级公务员的服务效率，除平时考勤外，还有定期的考绩。定期的考绩主要侧重于判断力、责任心、创造力、可靠性、工作知识、人格性情、机敏适应、监督能力、热心情形、行为道德等诸多方面，并把各个方面分为 A、B、C、D、E 五个等级。年度考绩由被考人员的直接管理者根据被考人员一年的表现填写 Annual Report（“年度考察报告”），提出对被考核人的评定意见，最后由部门主管根据考绩决定奖惩。美国一直很重视“功绩制”的应用和推广，强调各级公务员的提升应以工作考核为依据，联邦政府自 1934 年起，即订有考绩表，实行统一的考绩制。美国是典型的采用工作标准考绩制的国家，通过职位分析，以工作数量、工作质量、工作适应能力等属于行为结果有效性的因素为主要考核内容，细分量化为 16 项指标。然后针对不同的职位制定相应的考核标准。美国考绩制度实行的是首长考核制，由部门主管对下属作考评，上级主管复评，考绩委员会审议。美国年度考核结果运用主要有 6 方面：作为裁减人员、正式任用、重新指派工作、降职免职、培训、工资晋升及发放奖金的依据。法国公务员的升迁，要参照服务年资与工作成绩两个方面，但平时服务成绩的考核，仍为升级的重要依据。法国考核公务员实行半公开制度，让公务员参与考核，对被考核人打分需经过行政对等委员会平衡，对被考核人的评语要经过复核，允许公务员对不合理的考核结果提出申诉。

3. 常任制原则

西方国家公务员制度通常实行“职务常任制”，即对通过考试进入政府部门的公务员进行职位分类，使其在政府的某一等级层次上担任一个常设性的职务，使其公务员的职业身份稳定。各国公务员法明确规定，文官“无过失，不解雇”，只要工作符合规范，且严格坚持道德操守，就可终身任职，不随执政党的变更而进退，也不得以任何理由随意解雇。德国《联邦公务员法》规定，德国的男女退休年龄是一致的，均为 65 周岁正常退休，如因特殊需要则给予特殊对待，可延长退休年龄；德国公务员退休金和养老金均由国家发放，公务员无需自己缴纳社会养老保险，这种福利政策对公务员来说没有后顾之忧。日本公务员退职时，经过本人同意，政府人事部门可以推荐其进入公营企业、公益团体乃至民营企业再就职，这不但增强了公务员系统吐故纳新的能力，也加强了政府部门同企业、法人团体的沟通，提高行政效率，使公务员离职后的工作岗位有了充分的保障。因此，常任制原则使政府公务员具有较优越的社会地位和生活保障，有利于公务员队伍的稳定和专业能力的提高，也有助于保持政府行政管理工作的连续性。

4. 中立原则

对国家与宪法的忠诚是西方国家公务员职业道德的一大要求，公共权力行使必须维护国家利益，维护宪法尊严，将国家与宪法置于最高位置。早期西方国家公务员制度强调公务员“政治中立”原则，即公务员在政党政治中要严守中立，不卷入政党竞争，限制公务员参加政党的政治活动，使公务员不偏向于某个政党，也不对执政党政治决策的成败负责，从而建立一支不受执政党更替与内阁变迁影响的常任公务员队伍。这一原则有助于避免在政党竞争的政治制度中，出现随执政党和政府的大换班而引起的政府管理混乱，保证国家机器的正常运转；也有助于避免公务员对某一政治领袖或政治派别的人身依附关系，保证公务员公正地履行职责。不少国家还明确规定公务员不准参加赢利性经济活动；不得兼任议员，如要担任议员的话必须先辞去公职；不得参加政党或工会；不准参加罢工；不能接受政治捐款等。20 世纪末，新公共管理思想席卷全球，公务员中立的原则受到严重挑战，部分国家如美国、日本、新西兰等国公务员的一些政治地位已经得到承认，但总的来说，公务员的中立原则仍是西方公务员管理的重要原则之一。但政治中立与对公务员行政伦理方面的要求并不矛盾，如美国“新公共行政”代表人物之一的弗雷德里克森就将公共服务中的基本道德责任界定为“乐善好施的爱国主义”，于公务员而言，公共行政精神意味着“对公共服务的召唤以及有效管理公共组织的一种深厚、持久的承诺”，这一精神正是公务员不以利益集团诉求为目标、旨在为国家为社会服务的中立原则的最好体现。

5. 专业化原则

战后，随着科学技术的不断发展，政府对经济和社会生活的干预日益增多，特别是电子计算机、互联网、大数据、云计算等先进技术手段在政府部门得到广泛运用后，政府越来越迫切地需要各方面的专家和技术人才。同时，为了能够更好地从宏观上控制和协调整个社会的发展，客观上要求将在政府部门中专职从事社会公共事务管理的、为政府管理提供事务性、技术性服务的人员相对独立出来，与在政府中代表阶级和政党利益、执行政治统治功能的人员相区别，通过对他们进行专门的培训和统一管理，有利于使现代政府公共事务管理实现专业化和现代化。随着当代社会职业分工的发展，行业从业人员接受职业教育与专业训练、采取共同的活动方式以及形成职业领域内共同认可的道德准则与行为规范成为职业专业化和现代化的必由之路，作为公共服务主要提供者的公务员更是如此。为此，各国政府对公务员的专业知识结构和专业知识水平提出越来越高的要求。英国在 1968 年实行文官制度改革后，政府机构中大大增加专家和科技人员的数量，10 年后公务员队伍中的专家人数就增加了 1 倍。美国联邦政府各级官员中，知识化和专业化程度日益提高的趋势也非常明显。在肯尼迪政府时期，90%的部长助理都有大学学位。日本中央政府机关的中高级官员中，基本上全部是大学毕业生，其中尤以东京大学的毕业生最多。此外，现代公务员制度还实行“分类原则”，即在“专业精神”的指导下，根据政府工作的不同专业和不同级别的各类工作人员的特点，如工作性质、责任大小、难易程度等进行分门别类，确定名称和等级，制定一套分类合理、层次清晰、职责明确的岗位职务规范，进行有区别的管理，以实现人事管理的科学化。

与专业化原则相适应的是西方国家的公务员都具有较为优厚的工资福利待遇。西方国家的公务员，特别是高级公务员的工资福利待遇，一般优于私营企业的员工。这既反映出政府部门力图建立一个稳定而高效的基层工作班子的努力，也反映出公务员为谋求自身福利而努力的成果。如英国公务员的待遇较为优厚，且生活有保障，各部常务次官的工资待遇一般比部长还要高，甚至接近于首相。因此，公务员这一职业对各界人士具有较大的吸引力，并享有较高的社会地位。美国联邦政府对文职人员薪金的支付一般较为优厚。行政 1 等至 12 等公务员的工资高于私营企业相应级别人员的工资，行政 12 至 15 等中的公务员工资也比私营企业高，而行政 16 等至 18 等公务员的工资，才比私营企业相应级别人员的工资低，这种混杂的工资制度，一直是妨碍美国政府各部门之间协调工作和提高行政效率的重要原因。

6. 法治原则

根据西方传统文化中“人性本恶”的价值精神，掌握公共权力的公务员存在着权力行使失范、错位与异化的潜在风险，因此强调“法律至上”、突出法治原则就成为防范公共权力肆意妄为的重要保证。落到公共管理领域内，法律对于责任权力边界的划定以及权力行使方式的明确彰显了“法律至上”与法治原则，在法律范围内行使公共权力是公务员必须奉行的基本价值准则之一。西方国家公务员制度是对从事国家公务人员的招考、录用、考核、培训、晋升、调动、奖惩、工资、福利、退休等系统的规定和实施，表现为一系列有关公务员的法规，从而处处体现“法治精神”，是国家人事管理规范化、理性化、法制化的具体形式。它不仅要求对公务员实行“依法管理”，即对公务员的管理工作必须有法律依据，依法办事，反对任何形式的“人治”，而且要求“以法管理”，即大量运用法律手段来管理公务员，使有关公务员的立法工作成为对公务员管理行为的重要内容，从而通过以法管人，促进依法行政，达到以法治国。[①] 西方国家公务员制度完全建立在法制化管理的基础上，完善的法律和法规对公务员制度的建立和运行起到重要的保障作用。公务员的权利和义务，公务员对国家、对公众、对上下级的关系都是通过法律来调整的，有关公务员的考试录用、晋升培训、福利保障及分类管理等一系列制度，都是以法律形式予以固定的。各国除了有公务员管理的主体法规，如日本的《国家公务员法》、美国的《公务员法》以外，还制定了多项单项管理法规，如《就业法》《考绩法》《保密法》《退休法》《职位分类法》等，从而把公务员管理纳入法治化和科学化的轨道。

为了更好地加强对公务员队伍的管理，西方各国纷纷建立起独立和统一的公务员管理机构，使公务员可以在政府内部进行流通。如英国由财政部统管公务员事务；美国在 1979 年卡特政府时期撤销公务员委员会，代之以人事管理局（Office of Personnel Management）、功绩制保护委员会（Merit Systems Protection Board）和联邦劳工关系局（Federal Labor Relations Authority）3 个独立机构，[②]分别负责公务员的日常管理和权利保障等内容；德国则由联邦人事委员会承担全部人事政策的制定和实施的责任。

西方国家公务员制度改革主要围绕制度变革与连续性、中立性、绩效以及对公众负责等核心价值的冲突而展开，其本质是介于官僚科层制与新公共管理两种公共行政理论范式之间的冲突和演进。作为与韦伯所提出的官僚制相适应的文官制度，其精神理念与基本原则在当代亦受到严峻挑战，特别是信息化与全球化时代的到来更是进一步推动了公务员制度的变迁，但上述几大基本制度原则在多次变革中得以留存与延续。所有这些公务员制度基本原则建立的

① 黄卫平、谭功荣：《公务员制度比较》，中央编译出版社 2002 年版，第 7 页。

② 龚祥瑞：《比较宪法与行政法》，法律出版社 2003 年版，第 386 页。

基础，就是西方国家长期强调的民主公正原则、平等关系原则、公开竞争原则和市场选择原则等。一方面，现代公务员制度的建立是在国家人事管理体制中努力实现民主化的重要步骤，是公民监督政府机关是否体现其利益和要求的重要途径。在公务员的选任和考任过程中，必须贯彻民主监督和公开监督的程序，公平合理地选用优秀人才。公务员制度的建立也意味着担任政府公职成为每个公民都享有的合法权利，而不再是少数人的特权，这是现代民主制度的重要原则之一。另一方面，现代公务员制度的重要价值目标是提高政府工作效率，公务员专业素质的普遍提升为提高政府效率提供了重要条件，保证了政府部门通过内部结构的不断调整和完善，努力适应时代发展的要求，为政府决策的高效化和科学化创造条件。

二、公务员制度评价

1. 西方国家公务员的政治地位

通常说来，西方国家公务员的政治地位有严格的法律规定，它属于公法所调整的关系范畴。公务员是由国家的人事部门经过特别程序选拔和任命的人员，不能因为行使行政权力或履行行政义务而自然成为公务员。公务员与国家存在着职务关系，在法律上处于特殊地位，即他受国家的委托，以国家的名义执行公务，国家要为其提供行使权力的必要条件，并承担其行为所产生的法律后果。公务员的原身份是公民，虽经法律程序进入公务员队伍，其原来的公民身份并未丧失。因此，公务员具有双重身份，既是公务员，又是公民。与此相应的也有双重行为，即个人行为和行政行为。在具体的社会活动中，就会产生确认和划分公务员身份及其行为的问题。公务员以个人名义进行的活动属于个人行为，当他以国家代表人的身份实施行政管理时，则属于行政行为。在行使管理权力时，不管他是否超出职权范围，也不管是受机关的命令还是他个人的决定，都属于行政行为。[①] 也就是对公务员本人来说，他所采取的工作行为是一种主动的、自为的行为，这不同于任命的和聘任或选举的官员，因为聘任的关系是一种私法关系，要事先进行谈判，具有合同和契约性质，而任命和聘任都是被动的行为。总起来看，西方国家公务员的地位可以归为两个方面：

（1）相对独立的地位。公务员虽常被统称为“官僚”，但他们与“政客”不同，具有一种相对独立的地位。例如，公务员只忠于国家，忠于职守，他们一经录用，终身任职，不与政府共进退，也对所有党派保持中立。例如，美国公务员的基本义务包括：忠于国家、忠于宪法、忠于职守；认真执行公务；不得假公济私；严守机密；保护政府财产，不得将其用于未经授权的任何活动。法国公务员总章程规定，公务员在工作时间内应全力完成上级交给的任务，禁止从事任何具有私人性质的赢利活动，除非行政法院设立了例外条款；公务员不得直接或通过他人中介的方式在其行政机关控制下的企业内获取利益。日本的国家公务员法规定，除法律或人事院规则所定事由外，公务员不得受到违反其意愿的强行降职、休职和免职；但是，公务员不得和公众一起罢工、怠工和搞其他争议行为或者降低政府工作效率的怠慢行为，不得策划、合谋、唆使、煽动上述行为；不得为政党或政治目的谋求或接受捐款及其他利益，不得以任何方式参与这些行为。总起来看，政治官员们决定政府机器应如何运转，公务员则是政府机器运转的实际操作者，他们同政府的关系，是一种法律基础上的关系，其在政府中的地位受到法律的保护；公务员

① 应松年：《行政法学新论》，中国方正出版社 1999 年版，第 140－141 页。

只对国家负责，不对议会和选民负责。

(2) 受法律保护的特权地位。一方面，西方国家的公务员在政策制定过程中不承担政策失误的责任，有关的责任通常由各部门的政务官员来承担；另一方面，公务员的活动具有保密性，在日常工作领域，他们只负违反法律和违背工作程序的责任。此外，在个人权利方面，西方国家的公务员普遍享有法律所赋予的政治权利、经济权利和培训教育等权利。政治权利包括公务员有信仰自由和言论自由，享有政治平等和申诉控告的权利。如法国的公务员总章程规定，言论自由是公务员的基本权利，无论公务员的政治、工会、宗教和哲学方面的言论如何，必须对他们一视同仁，这些言论的内容不能被列入公务员的个人档案。经济权利包括享有职业保障权，无过失可终身任职；享受劳动工资、津贴、福利保险等权利；享有假期和获得健康、卫生及生命安全等方面的权利和退休的权利等。培训教育权利包括公务员都能获得培训的机会，由政府承担培训费用等权利。只要工作符合岗位要求，公务员均可按照法律规定给予定期提职提薪的待遇，其工资和福利的标准往往略高于社会上同等资历和学历的人员。

2. 西方国家公务员的作用

公务员制度作为一种现代人事行政的规范体系，是人类文明与进步的共同成果，它反映了现代国家管理的客观要求和改革的发展趋势。在现代社会国际竞争日趋激烈的情形下，一个国家要立于不败之地，很大程度上取决于人力资源开发的深度和广度，取决于能否拥有一支高效率的国家公务员队伍。为此，西方国家特别重视完善公务员制度，积极致力于公共行政领域的改革和制度创新，并以此作为发掘人力资源、开展人才竞争、振兴本国经济、推动科技进步的战略重点。从以下几个方面，能清晰地看出公务员制度的建立对西方国家政治制度的产生和发展所发挥的重要作用：

(1) 从历史的角度看，公务员制度的建立是对封建官吏制度进行的一场深刻的革命。它彻底清除了政府官员队伍中的封建残余，标志着政府管理从人治走向法治，是政府管理领域中资产阶级革命的深化和具体体现。

(2) 从行政和人事管理的角度看，公务员制度的建立为实现政府管理的现代化和科学化创造了前提条件，只有在公务员制度建立和发展起来以后，才出现了行政管理学这一新兴学科。公务员制度的不断发展和完善又在政府管理领域掀起一场声势浩大的“新公共管理”改革浪潮，公务员制度的发展和创新为整个国家和社会的人力资源管理制度走向现代化提供了强大的推动力。

(3) 从社会效应来看，公务员制度的建立提供了社会发展所需要的专业化管理模式和一大批优秀的管理人才，政府运行效能的不断提高，为整个社会经济文化的发展带来稳定和效率，也为社会化大产生和科学技术的迅猛发展奠定了制度化的保障。

(4) 从政治文化的角度看，公务员制度的建立为广大公民提供了一种以平等的身份通过合法的竞争性考试进入政府工作岗位的有效通道，也为民众开拓了一条积极的参政渠道，培养了一种广泛的民主参与意识，推动了公开、公平和公正的政治理念在整个社会蔚然成风，使民主和平等的政治观念深入人心，从而为政治社会化的有效实现创造条件。

3. 西方国家公务员制度的弊端

西方国家公务员制度虽然存在着种种优点，但在长期的实际运行过程中还是体现出不少弊端。例如，终身雇用制在带来公务员队伍稳定性和行政管理连续性的同时，也带来不少弊端。职位和工资的永久性符合连续性的要求，但并不符合时代对政府必须具备的灵活性和效率性的新要求。长期而固定的工作导致年轻人在进入政府部门后所需要做的就是等资历达到一定年限后晋升，在晋升无望时就会导致对工作的懈怠和人浮于事、得过且过。传统的功绩制无法将平庸和优秀的人才区分开来，导致相当部分有能力的人更愿意去私营企业而不愿参加公务员考试。政府机构发展的外部环境已不像过去那样一成不变，在现代社会变幻莫测的发展环境之中，终身雇用的公务员所带来的非灵活性和惰性使得政府常常不能有效适应外部变化，官僚体制逐步失去其原有功效，各国政府的工作效率和灵活性也受到削弱。

此外，随着现代社会的发展，政府行政权力呈现出扩张的趋势，传统的“政治中立”价值原则受到威胁。一方面，公务员特别是高级公务员在政府中的地位提高、权力扩大，并强有力地影响着政府官员的政治决策过程。由于高级公务员在执行公务活动中，获得大量的政治信息，这就使政治官员在决策乃至竞选活动中，对公务员形成依赖。高级公务员成为政府官员和大臣的“幕僚集团”，官员的法令草案、演讲稿、质询案等相当一部分由公务员代写，官员要听取公务员的政治见解和建议。由于各部的实际权力都掌握在常务次官手里，他的周围必然会形成一个拥有实权的小官僚集团，这些人官官相护，以实力对抗行政首长，导致部长的权力被架空，这就加大了政策执行的难度，同时也造成公务员集团的保守性和官僚主义化。另一方面，政府加强对公务员事务的干预，力图将公务员活动限制在政府需要的范围之内。随着公务员工会势力的日益壮大，公务员系统实际上已成为一个相对独立的压力集团，他们要求越来越多的政治经济权力，必然对“政治中立”原则形成挑战，而且公务员凭借自身在管理和专业技术上的优势，不断干预政治发展进程。在日常管理过程中，公务员常常出于对个人利益的考虑，与自身所涉及的相关管理领域的重要人士(如企业集团老板)等建立密切的联系，并为其谋求利益，甚至会导致钱权交易的行为发生。各部门公务员之间也常常串通一气，影响甚至操纵某些政策的制定与执行，为私人和小集团谋取利益。

从总体上看，由于西方国家的公务员制度实行多年，内在的结构问题不断呈现，各国政府部门冗员充斥，繁文缛节众多，传统官僚制的层级管理和控制严格导致流程重于内容，组织办事效率不断降低，政府开支日益膨胀，在许多国家官僚集团本身成为一个强大的阶层，从而引起一系列腐败问题，这在一定程度上增加了行政成本，降低了工作效率，严重影响了公务员制度的有效运行。为了适应不断发展的形势需要，克服公务员制度的弊端，各国在 20 世纪中期以后纷纷采取措施，对公务员制度进行改革，并取得了一定的成效。

第三节　各国公务员制度比较研究

一、英国——以培养“通才”为特色

英国是公务员制度和公务员法产生最早的国家。作为采用不成文宪法的国家，英国一直未制定集公务员法律规范于一身的公务员法典(总法)，公务员制度的运行通过数量繁多的单行法规来表现；更为特殊的是，英国历来认为公务员制度问题属于国王行政特权的范围，立法机关和司法机关概不过问，因此公务员单行法规的绝大部分是由政府根据英王特权用枢密院

令规定的，再由财政部或其他部门制定规章补充后执行。这些法规对于公务员来说必须遵守，但英国普通法院一般并不执行，这使英国公务员管理制度的特点呈现非法律性质。然而，上述特征并未妨碍英国公务员法规体系的形成和完善，事实上在20世纪以后，除了枢密院令规定的有关公务员管理制度外，英国议会更多地参与公务员单行法的立法，如1911年制定的《国民保险法》、1927年的《职业争议法》、1971年的《退休金增加法》等都大大改善了英国公务员的法律地位。①

英国公务员制度的主要内容是：(1) 实行竞争考试择优录用；(2) 不依资历按工作成绩提升；(3) 政府的行政工作分为"智力"工作和日常机械性工作，分别由不同层次的人员担当；(4) 各部人员统一管理，部之间人员可以互相调动。这一制度虽经多次调整和充实，但是，它的竞争、通才、中立和常任等原则依然是当今英国公务员制度的基础。

在公务员的录用制度中，英国具有重视通才教育的传统，十分注重考察应试人的知识面，在必试和选试科目中包括英文、作文、文学、历史、地理、经济、政治、法律、哲学、数学、物理、化学、生物、外语等。在考试的标准上，英国侧重于正规的综合基础教育和训练，对专门的技能和实际经验注意不够，在竞争考试的内容上，偏重于知识面和基础理论测验。英国公务员录用的基本原则是机会平等、择优录用，但是因为英国人坚持传统的"通才"观念，他们对公务员的考选标准注重一般的教育程度和基础知识，相对于特殊或专门的技术与经验来说，个人学历更能给考生加分，所以公务员录取者多数是剑桥、牛津等名牌综合性大学的优秀毕业生。②

英国公务员招录是在中央政府制定的《2010年宪法改革和治理法》以及公务员委员会发布的招聘原则所规定的框架内，由各部门各机构便宜行事。目前英国公务员考试分两大类：A类为政府文职类工作人员，将来可以升到很高的职位；B类为技能类工作人员，只能做一些辅助性工作。英国公务员的招聘实行公开和公平竞争考试。根据各部委职位空缺情况，英国公务员招聘委员会在报纸、"公务员招聘网站"、电视等多种传播媒体上公布信息，符合条件者可登陆招考网站直接报名，甚至接受外国公民的报名。应试者根据公布的职位信息填写报考申请表，选择自己感兴趣的职位。报名时，可选择1—2个职位。英国公务员考试分为三个步骤：一是统测报考者从政治、经济、社会、文化为主的若干考题中选一种进行测试；二是专业考核，应考者根据自己的专业，选择2—3个题目作答；三是口试答辩，在书面考试的基础上进行。英国文官录用的考试考核项目比较多、范围比较广。考查包括检查个人记录、进行智力测验、直觉检测、个别测验、实际练习、互评和面试。在进行各种考查之后，考选委员会还要进行终选面试，最后评定分数，分为7个等级，只有在前3个等级的人才可以被录用。此外，政府还设立"快速升迁通道"，应试者在网上进行自我评测后参加笔试考试，考试合格后经过一天严格的面试，合格后可进入部门实习，综合评定合格后直接录用。应试者并无严格的学历要求，只要具备相关的专业知识以及了解基本的官场文化，个人能力突出，一样有机会成为公务员。新录用的公务员一般还要经过两年录用期训练，再经考核合格，才能安排工作岗位；如果在录用期内被淘汰，是没有补偿的。公务员的收入依据按劳取酬的原则，基于个人工作业绩确定薪级和收入水平。这有别于在更广泛的公共服务机构工作的人员，后者如英国国家卫生体系、地方政

---

① 黄卫平、谭功荣：《公务员制度比较》，中央编译出版社2002年版，第329页。

② 参见：http://gb.cri.cn/27824/2010/12/06/2625s3079067.htm

府、教师、警察和消防部门员工的收入需要通过劳资谈判讨价还价。需要指出的是，英国并不仅仅看重公务员的知识储备和工作技能，诚信、客观以及公正等为人行事价值观也是备受强调的，在几番修订的《公务员守则》中均对其应遵守的道德规范加以重申和阐述，以此来提高公务员团体的综合素质，维护国家工作人员形象。

撒切尔夫人对英国公务员制度进行了重大改革

图片来源：网易，https://www.163.com/dy/article/GMCJ61O30542ONZC.html

1968 年，英国批准《富尔敦报告》的改革建议，主要体现在行政管理实行专业化，改革考试制度，调整人员的通才结构；改“封闭性结构”为“开放性结构”以广开才路；设立公务员学院；鼓励公务员之间以及公务员与外界的交流，以增强公务员体制的活力；成立公务员事务委员会推行改革方案，该委员会不受内阁和各部的控制，不与任何政党发生联系。但由于该报告所提出的改革措施在较大范围内触犯了掌握实权的高级公务员的既得利益等原因，改革计划未能取得预期效果。英国公务员制度的真正改革始于 20 世纪 80 年代撒切尔夫人任首相时所推进的行政体制改革，撒切尔夫人的改革政策得到了随后的梅杰政府的继承和发展。这两次重大改革主要表现在以下几个方面：一是裁减公务员队伍以限制公务员规模的扩大；二是在人事管理领域引入绩效评估机制，成立国家审计办公室，为绩效评估机制提供组织保证；三是改革人事管理机构，取消公务员部，将原有公务员部的职能划分到财政部和内阁办公厅下设的管理和人事局负责；四是遵循“新公共管理”理念，将公务员的工资、晋升、人力资源和财政管理权力分散到各部门和各机构，通过“市场检验”行动，选择特定公共服务的最佳提供者，以使公务员树立“顾客导向”的服务理念；五是打破国家公务员终身制，多数公务员都要与政府部门签订目标管理合同，强化对公务员的管理。①

截至 2021 年 12 月，英国除苏格兰外②现有公务员总计约 572 万人，其中中央政府雇佣人员约 352 万人，地方政府雇员约 200 万人，以及公共卫生医疗系统(NHS)雇员约 178 万人。③

总之，英国公务员制度作为一种管理制度在几经改革后的今天仍是相当完备的，它作为一种机制运转得相当出色且十分有效，它在英国以议会内阁制和两党制为特点的政治体制中，起着特别重要的作用。英国公务员制度的主要特点是重视通才和具有较浓厚的贵族化色彩。

二、美国——实行“功绩制”的典范

美国联邦政府建立初期实行的是“绅士治理政府”，即总统从有名望、有地位、有学识的绅士阶层中，挑选有能力、品行好的人士担任联邦政府的官职或公职。这种制度极易形成政党分赃，即一旦某党派候选人当选，均将推举提名本党人士担任要职，从而形成政党的集体腐败。

① 闫铁毅、王国聚：《西方主要国家公务员制度的改革及启示》，载《创新杂志》2010 年合集。

② 苏格兰相关数据由苏格兰政府另行统计，苏格兰政府雇员 58.96 万人，详情参见：*Public Sector Employment In Scotland Statistics For 4th Quarter 2021*，https://www.gov.scot/publications/public-sector-employment-scotland-statistics-4th-quarter-2021/pages/2/

③ 以上数据参见：*Public sector employment, UK: December 2021*，https://www.ons.gov.uk/employmentandlabourmarket/peopleinwork/publicsectorpersonnel/bulletins/publicsectoremployment/december2021#toc

1881 年，新任总统加菲尔德被一个绝望的求职未遂者暗杀，直接促成美国 1883 年国会通过《公务员制度法》（又称《彭德尔顿法》），建立了以“功绩制”为特色的现代公务员制度。此后，联邦政府陆续制定一系列法律，充实“功绩制”的内容，如 1920 年通过《公务员退休法》、1923 年和 1949 年两个《职位分类法》、1950 年的《考绩法》等。自 20 世纪 50 年代以来，美国公务员制度又进行了一系列改革，建立和加强职类管理制度，特别是 1978 年 10 月通过的《公务员制度改革法》，在内容上确定了联邦政府人事工作应遵循的 9 项功绩原则，并对实行中的公务员制度进行若干重大改革。该法对考试、录用、管理、待遇等方面作了新的改革和调整，加强总统对人事管理的权力，进行机构调整，撤销 1883 年成立的公务员委员会，原有职权一分为三，分属新设立的人事管理局、功绩制保护委员会和联邦劳工关系局。这是美国建立公务员制度以来最为重要的一次改革。随着时代条件、政府内外环境变化，许多传统体制逐渐出现僵化，20 世纪末，克林顿政府在历时 8 年的“重塑政府”运动中，对陷于困境的传统公务员制度进行大刀阔斧的改革。这一场自 1883 年公务员制度建立以来持续时间最长的改革，被称为“重塑人力资源管理”，涉及雇用、分类、薪酬、绩效管理、培训等 14 个方面内容。进入 21 世纪之后，小布什政府推行“总统管理议程”改革方案，力图通过加大实施弹性政策与实验工程，进一步推进公务员制度的现代化转型，引入大量年轻人以走向一种以人力资本战略管理为特征的新型公务员制度。① 2010 年，奥巴马签署总统备忘录，提交《改革初步行动计划》草案，力求改进联邦政府公务员录用制度，推行人事改革新举措，改进公务员录用方式，提出进一步改善公务员录用程序，改进录用方法，确保联邦政府吸引和录用到高素质人才。在随后颁布的《政府绩效与结果现代化法案》中对“新公共服务理论”所强调的政府公共服务意识进行直接强调，界定了公务员“绩效管理技术与能力”，包含责任意识、组织实施、专业技术、沟通合作等 15 种相关核心胜任力。特朗普政府上台后，为控制联邦政府规模，曾下令短暂冻结联邦政府人员录用，同时成立创新办公室，目的是运用商业理念改革政府职能，使公务员系统的运作更为有效，以克服官僚作风。

美国公务员管理采用部外制模式，即在行政组织系统之外设置独立的公务员管理机构。美国的公务员管理机构主要由三个部门组成：(1) 人事管理局（Office of Personnel Management），这是一个直属总统的独立机构，局长由总统任命，经参议院批准，任期 4 年。人事管理局是政府的核心人事管理机构，其职能主要包括：负责有关考试、任用以及各机关编制等事宜；负责考核人员培训，鉴定其成效以及制定公务员管理规划；负责整理和规定工资、退休金、福利和奖励等事宜；负责检查各部和机构公务员的工作；负责政府各部人事管理机构同总局间的关系，以及处理、检查州政府或联邦政府同州政府间的人事问题等。(2) 功绩制保护委员会（Merit Systems Protection Board），这是一个具有司法职能的独立机构，由 3 名委员组成，委员由总统任命，经参议院批准，任期 7 年。为了保证其独立于总统和超脱于党派，其委员“只有由于不称职，玩忽职守或违法乱纪”才能被总统免职，委员中隶属于同一政党者，不得超过 2 人。委员会职责是：负责保护联邦政府各部门文职人员的人事任用权利；监督联邦政府的人事制度的实施和审查人事管理总署制定的某些规定；管理联邦政府部门及其雇员的人事诉讼。功绩制保护委员会可以自行制定有关履行职能的规章和任命下属工作人员。委员会不向任何机关提供

① 吴志华：《美国公务员制度的转型及其启示》，载《中国行政管理》2005 年第 12 期。

咨询意见，但每年应向总统或国会委员会提出预算报告。[①] (3) 联邦劳工关系局(Federal Labor Relations Authority)，由任期交叉的3名委员组成，委员由总统任命，经参议院批准，下设总顾问和行政法官若干人。3名委员中属于同一政党的不得超过2人，其任期为5年。该局的任务和权力为：决定适当的交涉单位；监督选举交涉代理人；解决有关授予国家协商权及政府协商权的争议；决定非法协商事项的申述；主持听审对不公正的劳工措施的控诉；可请求机关或劳工组织停止破坏劳工及管理当局关系的方案，并采取适当补救行动。

除此之外，政府伦理办公室、独立检察官制度等也是美国公务员管理机构的重要组成部分。水门事件之后，基于美国公众对政府官员隐瞒重大丑闻的强烈不满，1978年美国国会投票制定了《政府伦理法》，规定自总统以下民选和任命官员均有义务在规定时间内公布自己收入资产等，而使公务员财产公开更加透明合理。政府伦理办公室负责制定官员财产申报公布的执行办法，并与总检察长共同对违反伦理法的官员进行调查。1978年，国会还通过《政府行为道德法》和《独立检察官法》，将独立检察官制度以法律的形式固定下来。独立检察官是美国负责对国家高级行政官员违法犯罪行为进行调查和起诉的官员，他既不隶属于司法部长领导的联邦检察系统，也不属于联邦法院系统，而是一种为调查国家高级官员犯罪情况而设立的临时性职务，独立检察官一经任命便不能随意罢免，负责对总统、副总统、各部部长和副部长等高级行政官员的任何违法事项如贪污、贿赂、舞弊、以权谋私、妨碍公务等展开调查，任何人包括司法部均不能介入。独立检察官拥有人事权，可以自行任命所需要的人员，并向下属授权；拥有财政权，可以直接要求司法部门拨款；拥有调查权，一旦接手某案件，司法部长和其他检察官均不得干预，并可以自由查阅记录、档案、卷宗以及行政机关的文件和国家保密资料等，他可以用无限时间调查案件，直到查明真相为止。1994—1998年，独立检察官斯塔尔用了4年多时间，耗费纳税人4 000多万美元来调查克林顿总统的白水案和绯闻案，结果非但没有告倒克林顿，反而引起美国公众的反感和厌恶。因此，1999年《独立检察官法》到期时，国会经过长达数月的听证会后，一致认为该法的实践已失败，是“企图在现行的三权分立制度中强行加入第四权”，这个以维护司法公正名义诞生的独立检察官制度在实行21年后走向终结。[②]

美国公务员制度另一项重要特点是采用严格的职位分类制。美国于1923年通过《职位分类法》，将公务职位分为5类44等，并规定了相应的工资待遇。由于这种分类标准过于严格，技术性太强，手续过于复杂，使人事官员整天忙于应对各种手续，加之因为不看公务员实际表现，在报酬上并不公平，所以优秀人才难留，需要的人才难聘。在这种情况下，美国联邦政府于1980年开始在某些单位进行“简化”试验，把18级简化为专业性、技术性、专家性、行政性和办事性5类职业等级，同时简化录用程序。1986年，里根政府正式提出公务员制度简化方案，力图建立一个简化的、灵活的分类制度。这个方案用较少的“职业通道”取代原来437个职系，并且不用原来的18职级，而按“职业通道”分为4～5种工资系列；录用人员也不用等人事办公室数个月的职位分类后进行，而是先按“职业通道”分配工作。1988年开始启动的“标准和技术全国协会”人事管理示范项目进一步简化分类制度，将工作岗位分为4大类：科学和工程专业

① 黄卫平、谭功荣：《公务员制度比较》，中央编译出版社2002年版，第301-302页。
② 参见：http://baike.baidu.com/view/5432401.htm

人员、科学和工程技术人员、行政人员和保障人员，每一类包括一个或多个工资等级。这些做法充分采用品位分类制的长处，使分类制向简化、灵活、有效的方向发展。

美国作为西方最完备的公务员制度国家，拥有相当庞大的公务员队伍。在对人员结构进行优化调整后，截至 2020 年，联邦政府和各州政府总计雇佣人员数达到 1 977 万人，州政府公务员人数占了大多数约 1 426 万人，其中全职雇员约 1 114 万人，兼职雇员 311 万人。联邦政府 550 万公务员中全职雇员达 391 万人，其余 160 万人为兼职雇员。此外需要指出的是，公立学校教育、公立医疗卫生以及警察机构占到所有职能类别工作中的大头，与这些相关的全职或兼职人数约 1 120 万人，其余 857 万从事其他岗位。①

美国的公务员制度特别强调三项原则：(1) 公职人员必须通过公开的竞争性考试择优录用，任何一级职位都对考试成绩优异者开放；(2) 凡是通过公务员考试择优任用的公职人员，不得因为党派关系而被解除公职，公务员有相对的职业保障；(3) 公务员不得参加政党的竞选活动，必须在政治上保持中立。美国公务员制度的重要特色除了强调功绩制和职位分类制外，还有重视专才的传统。如在公务员考试制度上，美国侧重“专才”标准，在考试内容上侧重于专业性、实用性项目。公开竞争考试录用官员的数目较大，并且允许“侧面进入”，即高级官员不必从最低等级逐级升任。公务员一经录用，晋升的标准是看其实际能力和工作实绩。根据美国联邦行政与预算局颁布并执行的有关规定，政府各部必须连续地而不是中断性地把每项活动、每一职能机构的实际工作效率和经济效益评定出来，把那些由于个人努力促使本单位在某些方面做出显著成绩的监督人员和工作人员推选出来，由政府各部领导人指定专人组成“工效奖赏委员会”，选拔和确定做出成绩的公务员，在报各部部长审批后，对上述人员实施奖励。具体而言，授予的奖项分为三类总统奖、绩效奖以及其他奖项。总统奖授予绩效表现持续优异的高级公务员，又可细分为杰出奖和优异奖，杰出奖奖金为获得者基本年薪的 35%，优异奖为 20%；绩效奖是基于某一年度的整体表现，奖励幅度一般在 5%～20%的基本年薪之间；其他奖项专用于在某些重要场合或事件中有突出贡献的高级公务员。②

实行公务员制度改革后，美国公务员遵循弹性化的制度，永久性雇员人数不断减少，非永久性和临时雇员不断增加。在录用方面给用人单位更大自主权利，将以往过于繁琐的录用程序加以简化以吸引更多优秀人才。此外，在改革过程中，权利下放趋势愈加明显，各基层管理部门拥有更多权力。克林顿政府的“重塑人力资源管理”报告中明确指出：“重塑人力资源管理应该按照结果来重新定义责任，应该以权力分散、弱化规则、简化、弹性和扩大实质性授权为基础进行改革。”各行政部门和机构被授权自主发布录用信息、任职资格条件、自行组织竞争性录用考试、同时对录用结果负责。统一的考录与考核只针对高级公务员开展。

三、法国——以出色的公务员培训制度而闻名

法国公务员立法早在法国大革命时期便已开始，20 世纪初叶，伴随政府职能的扩大，公务员立法正式展开。一战以后，法国政府颁布了公务员制度的两个重要法令，规定了各县市政府

① 以上数据参见：*State and Local Government: Employment and Payroll Data*，https://www2.census.gov/programs-surveys/apes/datasets/2020/2020_state_local.xls

② 参见：*Awards*，https://www.opm.gov/policy-data-oversight/senior-executive-service/compensation/

公务员的考核、选拔、升迁及惩戒等办法，但这些规定未能形成周密而完整的法律。二战以后，法国重建国家公务员制度，于1946年10月制定了第一部公务员总法——《公务员总章程》，成为法国第一个具有普遍性的公务员立法。法兰西第五共和国成立后，依据宪法规定，1946年的《公务员总章程》被1959年重新公布的《公务员总章程》所取代，该法律规定了公务员的招聘、培训、鉴定、调动、职位、奖励、退休、义务和权利等一系列的规章制度。但这部《公务员总章程》只适用于在中央政府各部门中正式任职的文职公务员和在中央管辖的公立公益机构中正式任职的文职公务员。地方政府管辖的公务员由地方政府制订的公务员章程进行管理，各种专门人员（如军事人员）由专门的章程予以管理。1981年法国社会党执政后，1982年颁布的相关法律扩大了地方政府的职权，地方公务员的作用和重要性增加，地方公务员和国家公务员地位有了统一起来的必要，因此，1983年和1984年制定的现行公务员总章程把地方公务员也包括进去，同时废除了1959年的法令和市镇法典第四编的规定。现行法国公务员管理法规体系大体上分为三个层次，分别从三个不同角度进行立法，各个层次的法规分别担负着不同的管理职能。第一层次是公务员总章程，包括《国家公务员总章程》、《地方公务员章程》、《医护公务员章程》三个总法规；第二层次是单项章程，如《教师章程》、《法官章程》等；第三层次是具体措施，如各部门每年制定的录用公务员的考试规定等。可以看出，法国现行的公务员制度复杂而不统一，这一点与英、美两国是完全不一样的。

法国的公务员系统具有严谨的结构和严密的等级。从法律和职能的角度划分，法国公务员系统可分为三大门类：国家公务员、地方公务员和医疗公务员。这三大门类中又可划分为不同的职类、职系、职等、职级等。法国公务员队伍十分庞大，截至2020年12月底，公务员总人数约为561万人（包括正式、见习、临时等所有类型），其中包含国家级直管公务员249万人，地方政府直接管辖的公务员约194万人，医疗卫生等公共服务部门公务员约118万人。[①] 目前，法国对公务员实施管理的最高机关是公务员管理总局，内阁总理或其代理者担任主席，成员由国防部长、公务员管理局局长、行政部门预算局局长、人事处官员等组成，负责对公务员的管理、公务员制度改革以及监督公务员总章程的实施。

法国公务员制度最大的特点是，高级公务员大都是"技术专家"和"行政专家"，所以在公务员队伍中专家和专业人才的比例较高。这是由于法国公务员在考试合格后还须经过培训和考察才加以正式录用，高级公务员一般都得经过2～3年的培训后才加以任用，普通公务员在录用以前，一般也得经过几个月的培训才能上岗工作。法国培养专业公务员的学校很多，并且形成了一个比较完善的培训体系。培养高级公务员的有国家行政学院和巴黎综合工科学校，此外还有一些专业性学校，在各省还有各类中级公务员学校。在这个体系中，培训与录用是相结合的，而培训制度又是与普通教育制度相衔接的。其中，国家行政学院最为有名。该学院成立于1945年，直属法国中央政府，是政府总理管理的直属机构之一，也是专门培训非技术高级公务员的教育机构。据统计，法国处长以上公务员有80%毕业于该学院，一些总统（包括前总统希拉克、前总统奥朗德和现任总统马克龙等）、总理和内阁部长都是该学院的优秀毕业生。法国历史上当选年龄最小、高级公务员出身的现任总统马克龙在其任内不仅没有对公务员这一

① 参见：*Rapport Annuel Sur L'État de la Fonction Publique*, https://www.fonction-publique.gouv.fr/files/files/publications/rapport_annuel/RA_2021_web.pdf

自己发家的职业加以优待，反而要缩减每年新任公务员的招录人数（预计3年内减少12万公务员岗位）以减少政府支出，这一举措是对其在竞选总统时所抛出的“如若当选，将在任期内将法国超高的、占国内生产总值比重达55%的公共支出削减3个百分点”豪言壮语的直接回应，①此外，马克龙政府还计划打破国家行政学院毕业生直接进入国家重要机构部门工作的常规，要让他们先从低级的基层工作干起。

法国前总统希拉克毕业于法国国立行政学院

图片来源：百度，https://baijiahao.baidu.com/s?id=1645737884723468473&wfr=spider&for=pc

法国国家行政学院内部的领导部门主要有两个：一个是学院管理委员会，负责对教师的任命、对教学和行政工作提出意见；另一个是方向指导委员会，负责就学院的大政方针做出决策。国家行政学院的学生来源于两个渠道：一是年龄在26岁以下、有5年工龄的政府公务员，二是政府承认其资格的大学政治学及社会科学专业的毕业生。该学院招生制度严格，学院每年通过激烈的竞争考试，从众多报考者中录取100名左右的学员。其考试分为笔试、口试两个步骤，笔试内容有经济、法律、数学、政治等，口试是由来自社会各方面的几位考官，从不同角度提出问题，考察考生的应变能力和综合能力。学员的学习时间为3年，前1年半为实习，包括行政实习和社会实习，后1年半主要是课堂学习，课程内容从两方面着手：一是为了提高公务员综合素质以及岗位适应性，学习公共服务所涉及的各项专业知识，包括法律、公共财务、应用经济、欧洲及国际问题、公共政治、电子行政管理等；二是培养公共管理技能，包括在外部变化环境下进行团队管理、项目管理、公共绩效监测与评估、人力资源管理等。学院没有设立专职的教师，主讲教师均来自公共及私营部门的高级管理人员。学员实习安排在政府部门、欧盟相关机构以及有关企业，一般担任省长助理、法官助理和驻外大使助理等职务。全部课程结束时要进行严格的笔试和口试，并按成绩名次分配工作，直接成为高级公务员。法国国家行政学院因其制度的严格和人才培养的高质量在世界上享有盛誉。2021年4月，法国总统马克龙宣布关闭国家行政学院，并将以新的教育机构取而代之，这是对2018年“黄马甲”抗议活动后马克龙对公众承诺进行公务员制度改革的最新实践。新部门国家公共服务学院于2022年1月成立，该机构旨在为国家高级公务员的招聘、初步培训和继续教育提供帮助。②

由于历史原因，法国在20世纪80年代后开始的全球公共管理改革浪潮中并没有采用突变式改革，而是采用循序渐进的方式自上而下推进。法国公务员制度改革在行政法的框架下从以下4个方面展开：一是进行政府内部职能调整的非集权化改革，进一步下放人事权，提高接近民众的基层官员及地方官员的自主性，地区及地方的分权机构被赋予执行国家有关使命的权力，中央管理机构只是制定政策、组织、指导、评估和监督等，不对具体的执行过程予以干

① 详情参见：*France Launches ‘Profound’ Reform of Civil Service*, https://www.ft.com/content/4e6ce250-5086-11e9-b401-8d9ef1626294

② 参见：https://insp.gouv.fr/missions

预。特别是在马克龙总统上任后，提出由各部部长来负责各自部门目标的落实，并指出要让一线公务员拥有更大的自主权和自由裁量空间。当前，在公务员招录考试中采取分权模式，对A类公务人员的招录，由国家行政学院统一举行招录考试，对B类公务人员（要求高中毕业或同等学力）以及C类（要求初中毕业或同等学力再或拥有1年以上专业技术经验）公职人员的招录，在宪法和法律的框架内，下放给各机关自行处理。[①] 二是由科层型官僚体制向竞争型官僚体制过渡，在提高透明度及加强内、外控制的基础上，建立责任机制。三是重视公务员运行效能，建立结果导向而非过程导向，树立公务员的服务意识和效率意识。四是实行预算管理改革，重视公务员体系运行的效能，树立服务意识及成本意识，建立结果导向的行动模式。这4个方面在改革的推进过程中相辅相成、相互呼应，在效能原则下共同作用。同时，在历史沿袭和社会体制的影响下，法国公务员制度改革也对“民主”与“责任”格外重视。

四、德国——强调公务员的政治操守

德国是欧洲较早实行官员考试任用制度的国家，曾于1873年制定《帝国官员法》，为全国各邦的官员法奠定了法律基础。1919年德意志国成立，结束了君主制，魏玛宪法中提出“公平、平等、竞争录用国家工作人员，全心全意服务于公众”。二战以后，1949年宣告成立的联邦德国实施的《基本法》，在公务员制度方面继承了魏玛宪法之精神，强调实行“人才主义”“考试用人”“机会平等”以及公务员常任等原则，重建了公务员制度。1953年颁布《联邦官员法》，1957年又颁布《官员法总则》，经20多年的实践后，到1977年又制定了新的《联邦官员法》，明确规定了公务员制度的基本准则，确立了任用、晋升、工资、福利、进修、奖惩、退休等一系列管理制度。

德国主管公务员事务的机构是联邦人事委员会，它的地位是独立的，只服从于法律，其工作职责包括：参与制定有关公务员培训、考核、进修等管理的条例；就公务员考核、公务员级别考试和退休等问题做出决定；保护公务员的合法权益，对公务员提出的申诉负责审议等。联邦人事委员会由7名正式委员和7名副委员组成，常任正式委员2名，一名是联邦审计院院长，兼任联邦人事委员会主席，另一名常任正式委员是联邦内政部人事法律司司长，其余委员均由联邦总统根据内政部和主管工会提名任命。委员会负责对政府人事工作进行指导和监督，并负责制定人事法规，裁决人事纠纷。联邦人事委员会有裁决权，它的决议对有关部门具有约束力。此外，联邦内政部是德国管理公务员制度和处理内部事务的一个独立行政机构，是政府的职能部门，内政部长受总理府的委托，对人事委员会的工作进行监督并对人事委员会的人选具有提名权。另外，联邦内政部下设行政管理学院——即联邦行政管理学院，专门从事高级公务员的培训以及在职进修。随着近年来国际交往的不断加强，该院还负责国际合作范围内的公务员培训和进修。

德国公务员分为两类，一类是正式公务员，另一类是公共雇员。正式公务员从事特定事业，公共雇员执行特殊职能。根据德国《基本法》，正式公务员的权利、义务、报酬以及养老金等由法律规定，而公共雇员的报酬和其他工作条件取决于工会与公共雇主间的集体谈判协议。与公共雇员不同的是，作为国家权力专属行使者的公务员不允许参加罢工。

德国的公务员录用强调两方面的标准：一是政治的，二是业务的。政治标准是忠于《基本

① 朱祝霞：《国外公务员制度改革趋势——以英国、美国、法国和日本为例》，载《中国人事科学》2019年第11期，第13－19页。

法》:“保证在任何时候,根据基本法的精神,坚持自由、民主的基本制度。”业务标准包括才干、能力、专业知识等。德国的常任公务员按教育程度、考试条件和实习时间的不同分为4级:即普通官员(又叫初级职),如事务助理员、作业助理员等职;中级官员,如助理员、消防员、邮务员等职;上级官员,如事务官、护士长、警官等职;高级官员,如参事官、医务官、主任视察等。不同级别担负不同的职责,各有不同的学历要求。普通官员要求初中学历,通过官员考试,在普通行政机关担任传达、收发工作;中级官员要求中学毕业或专门职业学校毕业,受过职业训练,实习1年,通过官员考试,在普通行政机关或联邦行政机关担任一般行政工作;上级官员要求中等学校毕业或具有大学入学资格,任用前曾实习3年,通过上级官员考试可任科员,在行政机关或专业机关工作;高级官员要求大学毕业或同等学历,通过第一次国家考试,任职前实习2年以上,再通过第二次国家高等公务员职务考试,担任联邦各部内司长、处长级领导,他们直接参与政策的制订、贯彻和落实,精通业务,办事严谨,地位优越,待遇优厚,是一个特殊的阶层。公共雇员没有类似的分类等级制度,尽管工资结构有些相似,不过他们也是基于教育程度来进行招募的,必须在职业学院、大学或是内部学习期间获得必要的招聘资格。在德国,每当有晋升机会时,总是予以内部通告,并在现有职员内部根据公务员的绩效等级做出决定。公务员在特定的类别范围内逐级晋升,一般包括初任级(entry grade)、晋升级(promotion grade)和最高级(end grade)等。一般来说,德国公务员在各个类别范围内从事自己的职业生涯,但是通过继续教育课程的学习,并通过一个特殊的晋升程序,公务员也可以从较低的类别晋升到较高的类别。德国招聘公务员还有一个鲜明的特点,它不采取统一考试和统一招录的方式,而是按岗位的需要随时进行招录工作。德国制定了公务员招聘的基本框架,但是具体操作方案是根据空缺部门的具体要求制定的。

德国对公务员的监督十分严格,分为内部监督如上级对下级的监督,审计部门监督如收入审报、财产审报公务审计等,以及新闻媒体及公众监督。政府鼓励新闻媒体对公务员的公共服务甚至生活状况进行监督。政府还禁止公务员进行第二职业,从事第二职业必须获得政府审批,但政府一般不会批准,除非出现特别情况,如著作出版等,此时税费相当高,所获收益大部分都需上缴国家,然后缴税,自己所得寥寥无几。政府还禁止公务员进行各种社会兼职。

德国公务员制度最显著的特点是公务员素质较高,政府机构运行严格遵守规章并具有很高的效率。德国《联邦官员法》明确规定:“公务员应遵守的最基本的义务是效忠国家。”公务员拥有稳定的高收入和高福利的“铁饭碗”,除非犯罪不得解雇公务员。但相应的公务员的权利也遭受限制,如不得参与游行示威、罢工或劳资谈判等活动。公务员必须为全体人民服务,而不是为某一政党服务。同时,公务员有义务执行由他们的上级颁布的规定和贯彻他们的具体方针,但按照专门的法定的条款,公务员不受领导个人指使的约束,只能服从法律。在公务员考任制度方面,德国强调通专并用,兼收并蓄,灵活性较强。由于不少德国联邦政府机构较为精简,不设副职,截至2020年6月,德国全体公务人员(包含正式公务员、公共雇员和军人在内)的总人数约为496.8万人,其中联邦一级公务员50.9万,州一级公务员约249.3万人,市级公务员159.6万人,其他约36.8万人。① 因此公务员人数比起法国来要精简得多,公务员的工

---

① 参见 *Staff By Type of Employment Contract*, *30 June 2020*, https://www.destatis.de/EN/Themes/Government/Public-Service/Tables/public-service-personnel-type-employment-contract.html

作效率也很高。

五、日本——公务员“定员定编制”的首倡者

日本在明治维新之后就开始着手进行公务员制度建设，1887 年政府仿照普鲁士法典制定了《公务员考试补见习规则》和《公务员考试委任官制》，第一次明确规定通过考试录用的公务员制度。考试科目以法律知识为主，通过高级公务员考试的大多是帝国大学法学部的毕业生。这一时期的日本公务员强调对天皇的绝对服从，公务员作为官僚具有封闭性且享有特权。二战以后，在美国占领当局的推动下，日本开始进行政治体制民主化改革，在此期间，公务员制度也进行了改革，废除天皇专制主义的官吏制度，在吸收欧美公务员制度经验的基础上，制定了一系列的日本公务员管理法律法规。其中，1947 年 10 月制定的《国家公务员法》确立了国家公务员的各项基本准则，形成了以民主与效率为立法精神的公务员总法，加上后来颁布的《地方公务员法》和其它相配套的法律和法规，形成了一个比较完备的公务员管理制度。

日本公务员的管理机关是人事院。作为协助内阁管理人事行政的机关，它在内阁管辖之下，负责掌管国家公务员的考试、任免、报酬、进修与监督工作。人事院 1948 年 12 月依照日本《国家公务员法》设立，是日本的中央人事管理机关，其管辖权仅限于国家公务员，不包括地方公务员。人事院由 3 名人事官领导，其中 1 人由内阁任命为人事院总裁，由其总理院务并代表人事院，但以人事官会议为最高决策机构，重要的事项都必须在人事官会议上决议，总裁不得单独决定。人事院由事务总局下属 5 课、4 局、公务员研修所、8 个地方事务局以及冲绳事务所。① 人事官需经国会同意，由内阁总理大臣任命，天皇认证。人事官任期为 4 年，可以连选连任，但任职不可超过 12 年；任职期间如未有法定事由，不得随意罢免和调换。人事院主要权限如下：(1) 对所管辖的人事行政工作进行调查研究和监督；(2) 向有关部门和大臣就政府内各机关间人员的配备、调换、职责、人事交流等提出建议；(3) 就人事院管辖的事项，制定人事院规则，发布人事院指令，这些规则和指令具有管束政府各机关的效力；(4) 审查或裁决各行政组织对公务员的不正当处分，并有权纠正。② 人事院除了中央机构外，还设有地方机构，成为人事院的地方委员会，其任务是在人事院事务总局的指挥监督下，负责该地方人事院的各项工作。

日本人事院厅舍

图片来源：百度百科，https://baike.baidu.com/item/%E6%97%A5%E6%9C%AC%E4%BA%BA%E4%BA%8B%E9%99%A2

日本公务员制度是以美国为蓝本，结合日本的具体国情发展起来的，它规定公务员分为“特殊职”和“一般职”，前者指依法特别规定任免的职务，如总理大臣要从议员中提名经国会表决，再由天皇任命；后者是经考试录用的。同

① 日本人事院：《人事院の組織・制度等》，2013。

② 黄卫平、谭功荣：《公务员制度比较》，中央编译出版社 2002 年版，第 308 页。

时，《国家公务员职阶制法》规定，在公务员中实行职阶制，即把官职按职务的种类、复杂程度和责任大小加以分类，形成一系列官职等级，以此作为公务员管理制度的基础。日本的职阶制是先把性质相近的职务区分为“职组”，再把性质更相近的职务区分为“职系”，然后按职位的难易程度和责任大小区分“职级”，最后把各个职系内的职级联系起来，区分为若干“职等”。目前，日本公务员分类管理共分成8个职组，71个职系，6个职等，561个职级。①

日本公务员存在着相当明显的精英主义特色，不少年轻公务员来自名校。日本的公务员队伍总体来说较为精简。2020年日本人事院公布的人事报告中，数据统计显示，日本国家公职人员总人数约为332.5万人，较西方各大国相比明显较低，其中国家全职公务员约58.6万（包含特别职务29.8万人，一般职务28.8万人），地方全职公务员约273.9万人。②

日本人事院公布的人事报告显示，日本公务员考试类型分为4大类，一是综合服务考试，旨在初步录用那些从事计划政策或相关研究工作的人员；二是主要从事日常工作的一般公务员考试（大学毕业生考试、高中毕业生考试以及初任公务员中期招聘考试）；三是聘任某一行政领域需要专业知识人员的专业人员初试考试（包含国税专业人员考试、劳动标准监察员考试等15种）；四是对经验丰富人员所进行的选拔考试，以选拔具有私营企业工作经验的人员担任单位主管及以上级别的政府职位（包括部门主管在内的总计8种行政类别）。日本公务员招聘考试的目的是相对评估申请人是否具备履行各种公共服务职责所需的能力。因此，考试将结合“基本能力测试”“专业能力测试”和“面试测试”等测试类型进行，以有效验证履行政府岗位职责所需的知识、技能和其他能力和资质。例如，针对大学毕业生水平的综合服务考试包括：“基本能力测试”等笔试，以测试作为国家公职人员所需的基本智力和知识；“专业能力测试”旨在考查必要的专业知识和技能；以及“政策问题研究法”，考察政策规划、综合判断和思维能力所需要的能力。此外，还对考生进行人格和人际交往能力的“面试测试”。同时，在综合服务考试中，采用“政策问题讨论型考试”，而不是“政策问题论文型考试”，通过对一些问题的小组讨论，考察学生的表达能力和沟通能力。在这类考试中，需要较高专业知识的考试是在大学教授、内阁办公室和各部委具有专业知识的雇员进行审议和审查后准备的。③

日本公务员管理制度与欧美一些国家相比，最明显的特征是对公务员实行定员定编制度。国会通过《定员法》规定中央政府文职官员和职员的最高限额，政府在一定时期内制定《行政机关职员定员令》，规定编制总数以及各行政省和其他机关的定员人数，这对精简机构、克服人浮于事、提高行政效率具有积极的作用。日本的公务员也遵循日本特有的终身雇佣制和年功序列制度，对于高等考试合格的公务员来说，晋升所需要的经验年数往往会突破，而初等和中等考试的公务员则很难出现这种情况。因而在日本一般高等考试合格者的晋升较快，其结果是考试合格者在规定的退休前可以升到事务次官；而中等考试合格者，一般最终可晋升到省厅本部的课长级；初等考试合格者常常是升迁到课长为最高。④

---

① 黄卫平、谭功荣：《公务员制度比较》，中央编译出版社2002年版，第57页。

② 参见：*Number and Type of National Public Employees*，https://www.jinji.go.jp/en/infonpa/3_Number_and_Type_of_National_Public_Employees.pdf

③ 参见：*Annual Report FY2018（April 2018～March 2019）*，https://www.jinji.go.jp/en/recomme/annual2018/pdf/00Fulltext.pdf

④ 毛桂荣：《日本公务员制度及人事管理运作改革》，载《行政管理》2006年合集。

20世纪七十年代开始，由于石油危机以及福利国家负担过重等因素，西方各国普遍出现经济发展停滞甚至是经济衰退。公共财政收入减少、福利开支无限扩大，导致公共部门的一些问题逐渐开始显现。日本的精英主义和年功序列制极大地阻碍了低层公务员的积极性和效率，公务员中团体主义、贪污腐败等问题频繁出现，日本政界丑闻屡见不爽。面对上述种种问题，2001年日本小泉内阁通过《公务员制度改革大纲》，标志着日本公务员制度改革进入实质性阶段。改革导入能力等级制度，并以此为基础重新构筑任用、工资、评价等制度，对每个职务进行详细的分级，不再以年功为基准进行升迁和升格，而在正确地评价能力和业绩的基础上，推进能力本位的适才适用的人事配置。在公务员考试制度上，原有的初级中级高级制度不变，增加各种考试的初始合格率，规定初级中级考试合格人员如果表现突出也可以作为晋升的对象培养。日本政府还通过"下凡"制度，规定在一定年限内未晋升至高级管理岗位则会被迫辞退，通过"下凡"鼓励优秀人才去私营企业就职。此外，废除了日本原来不从民间企业退职就不能被录用为公务员的规定，简化民间人才进入公务员队伍的手续，吸引更多优秀人才进入公共行政管理领域。2014年新成立的内阁人事局，旨在国家特殊职高级公务人员的人事管理权限，通过加强管理，使之成为全体公务人员的榜样。

六、俄罗斯——公务员制度的后起之秀

随着苏联的解体，传统的干部制度被打破，新的公务员制度逐渐形成。1993年12月，俄罗斯颁布了推行国家公务员制度的第一个重要文件——《联邦国家机关条例》，该条例明确规定，国家机关必须服从法律，接受社会监督和不带任何党派政治色彩，所有俄罗斯公民都拥有在平等的基础上竞争进入国家机关的权利。这个条例还指出，已经在联邦代表权力机关、执行权力机关和司法权力机关工作的人员是联邦国家机关的工作人员，应当按照公务员的原则对他们的个人责任、职业素质、权利、社会保障以及职业技术考核、评定、试用等具体问题做出规定。这一条例确保了政府部门工作人员从过去苏联时期干部向现行公务员身份的平稳过渡。

1995年7月，《俄罗斯联邦国家公务员原则法》正式颁布，该法令确定了俄罗斯联邦国家机关的法律基础和公务员的法律地位，它明确指出，按照俄罗斯联邦法律规定的制度履行国家机关的公职职责、由联邦预算或相应的联邦主体预算支付工资的俄罗斯公民，就是国家公务员。2001年，俄罗斯联邦总统普京签署《俄罗斯联邦国家公务体系改革构想》，提出要建立统一的国家权力机关体系和与之相适应的完整的国家公务体系。2009年，俄罗斯颁布总统令《俄联邦国家公务体系改革与发展联邦计划(2009—2013年)》，为完善国家公务体系和提高职务活动的效率指明下一步的发展方向。随后先后通过两部重要法律——《俄罗斯联邦国家公务体系法》和《俄罗斯联邦国家文职公务法》，这些法律和总统令构成俄罗斯联邦国家文职公务制度的主体框架和基本内容，由此确立了当代俄罗斯联邦国家文职公务制度。除此之外，更具代表性的是基于俄罗斯联邦宪法，于2004年国家杜马批准通过的《俄罗斯联邦公务员法》，该法历经近30次修正，如今洋洋洒洒共74条，详述了俄罗斯联邦公务员中包含晋升、招录、薪酬、退休保障等方方面面。

俄罗斯的国家公职分为"甲""乙""丙"三类。根据有关法律，国家公务员要通过考试或鉴定来评定适合哪一类国家公职。为了任用和管理国家公务员，俄罗斯建立了统一的国家公务员人事制度，将公务员分为4类5级的职务分类模式，4个职务类别分别是领导类、助理类、专

家类和保障专家类。通过对不同职务的性质、难易程度和权利责任进行分类，根据俄罗斯联邦文职公务法由教育程度、工龄专业知识与技能要求等作为任职条件，每个职务分类对应相应的5个职务级别。领导类职务和助理类职务可以晋升一、二、三级，专家类职务可晋升一、二、三、四级，保障专家类职务可晋升二、三、四、五级。担任国家机构或是州一级的领导类职务，不仅要满足高等教育的学历水平，还要求至少有4年的国家公务员工作经验或相关职能部门专业领域的从事经历；四级专家类公务员职务在高等教育基础水平上需有2年以上的工作经验或从业经历，三级专家类就只需高等教育学历水平而无需资历要求；保障专家类公务员级别稍高的需要高等教育学历水平，其他有普通职业教育水平即可，没有特别的资历要求。[①] 此外，俄罗斯还建立起国家公务员名录，从规模上保证文职职位的适度发展与变动，为控制职位规模无限膨胀，保证国家机构精简起到了重要作用。

俄罗斯有关法律对公务员的义务和责任也做出了明确的规定，如国家公务员不能亲自或通过委托人从事任何经营性的活动，不能在国家机关内充当第三者，即委托人或代表等。为了推行国家公务员制度，俄罗斯于1994年6月建立国家行政管理学院，负责对当时中央和地方三级行政机构的近110万名公务员进行培训。国家行政管理学院直接归联邦总统领导，在教学和财政方面都听从联邦总统的指挥。学院的院长同时也是总统委员会的委员，负责全俄罗斯公务员的管理，并且有权向总统推荐政府、军队的高层领导人选和驻外大使的人选。这也足以看出国家行政管理学院在俄罗斯政治生活中的重要地位。[②] 此外，由总统直接领导的干部政策委员会，也在总统决定干部政策方面具有重要的作用。联邦总统通过颁布总统命令的形式，决定俄罗斯人事制度的基本方针，甚至可以规定国家机构中工作人员的数量和工资。

由于薪水高，前途光明，公务员成为俄罗斯年轻人择业首选。据统计，俄罗斯居民月平均工资为2万卢布，而莫斯科市公务员的月平均工资是4.21万卢布，莫斯科州的公务员是4.46万卢布，圣彼得堡市的公务员是4.96万卢布。据民调结果显示，有超过50%的18岁至30岁的俄罗斯人希望成为公务员，原因就是公务员待遇优厚，被年轻人看作是通往成功的捷径。[③] 2010年，俄罗斯一家调查机构对“统一俄罗斯党”的4 500名后备干部进行调查后显示，46%的受访者表示，想当公务员主要是由于存在“灰色收入”。俄罗斯从苏联转型之后，社会经济一直处于动荡状态，叶利钦时期虽然颁布了与反腐败相关的几个总统令，但反腐败立法远远不能适应形势的需要，法令的颁布往往流于形式，无法付诸实施。2002年，普京总统在国情咨文中明确提出要把惩治腐败作为政府工作的重要任务，并提出两条具体办法：一是进行行政改革，二是加强法制。尽管采取了一系列措施进行公务员制度改革，但政府机关和管理机关效率低下的问题并未得到根本改变，官员腐败、行贿受贿仍保持着上升趋势。2008年，梅德韦杰夫总统签署《反腐败法》，作为一部具有原则性指导意义的、以系统观点预防和打击腐败的法律，《反腐败法》第一次明确界定了腐败与反腐败的基本概念，2009年，梅德韦杰夫总统又签署了对俄罗斯官员进行财产申报规定的总统令，从一定意义上遏制了腐败现象。2019年，俄罗斯联邦政

---

① 参见：“Квалификационные требования, предъявляемые к госслужащим”，https：//mintrud.gov.ru/ministry/govserv/demands

② 孔寒冰：《当代各国政治体制——俄罗斯》，兰州大学出版社1998年版，第169－170页。

③ http：//finance.sina.com.cn/world/ozjj/20110124/09459299993.shtml

府启动大规模公务员制度改革，联邦政府对全体公务员工资总额的财政拨款保持不变，地方政府将在 2020 年缩编 5%，2021 年缩编 10%，中央政府在未来两年缩编 10%，旨在变相提升公务人员的薪资待遇，优化人员结构，从某种意义上说基本工资制度改革也能够部分缓解腐败现象。

2000 年底，俄罗斯各级公务员总人数为 116.34 万人。2011 年 1 月，时任俄罗斯总统梅德韦杰夫正式签署一项关于优化联邦国家公务员人数的命令，称将在未来 3 年内裁减联邦政府 20%的公务员。这是自苏联解体以来，俄罗斯联邦政府第一次大规模裁减公务员，不过，靠国家财政支持的医生、教师等行业人员不在裁员之列，这赫然体现了俄罗斯政府公务员改革的决心。然而，控制公务员人数的举措并未收到实效，截至 2020 年底，这一数字已经膨胀至 232 万人，其中联邦直属 5 万余人，其余各联邦大区总计约 227 万人。①

从干部制度到公务员制度的转变，是俄罗斯政治制度发生根本性变化的重要表现之一，与西方发达国家相比，俄罗斯联邦公务员制度还处于初创阶段，贪污腐败与低效问题较为严重，有待于今后不断发展与完善。

思考题：

1. 从西方国家当代政治制度发展状况看，公务员在政治体制改革的过程中发挥着什么样的作用？

2. 西方公务员制度对我国公务员制度的发展和完善具有什么借鉴作用？

案例九：法国国家行政学院——一所专门培养社会精英的学校

法国国家行政学院的主要任务是培养高级文官。在法国所有的精英学校中，国家行政学院肯定是声誉最高的一所，但也是最神秘的，神秘到法国人很少真正了解它的学生到底在做什么。不过人人都知道到该校就读意味着什么。自 1945 年戴高乐颁布法令建立该校以来，共有 5 500 人就读过该校，80%的毕业生在法国行政当局占据过最高职位。每年，总理都要把各部的最高职位保留给该校的 110 名毕业生，任何一届内阁部长中约一半、此前九届总理中的六位及过去三任总统中的两位都是该校的毕业生。

入读国家行政学院之难令人难以置信。它是法国唯一一所要求考生在申请前已经具备两个大学学位或一个精英学校学位的学校。在入学会考前，考生必须参加为期一年的预科班。考生争取三种类别其中之一的位置：55 个位置保留给 28 岁以下的学生；45 个位置留给 47 岁以下有过 5 年文职经历的成熟学生；10 个位置留给 40 岁以下有 8 年政治或私立部门经验的考生。

会考分两个部分：笔试和口试。笔试考生要就公共法、经济、政治思想、第二语言能力及欧盟（或社会事务）做五套题，每套 5 小时。接着他们要阅读 60 页文件并就一个问题写出部长级备忘录。

笔试从 7 个考生中淘汰 6 个。通过笔试的人才有资格参加真正的会考——口试，它再从

① 参见："Численность работников государственных органов и органов местного самоуправления по субъектам Российской Федерации"，https://rosstat.gov.ru/folder/11191

剩余考生中淘汰一半。第一部分包括三段半小时的考试，测试考生一般性的基础知识，这是容易的部分。第四场口试称为大口试，它的分数与前三场分数总和相等。在 45 分钟里，由 5 人评判组就任何事提问考生，目的很明确，就是破坏考生的坚定，更糟糕的是大口试是公开进行的。

会考一旦通过，也就意味着考生已被真正录取了，可以进入学校深造。学校的课程持续 27 个月，最先开始的是两段分别为 6 个月在省府、大使馆或法国的跨国公司的实习。省长、大使，甚至法国的 CEO（首席执行官）们都被要求在其手下带学校的实习生。他们带实习生参加所有的行政管理会议并让他们承担管理任务。

实地培训后就是课堂实习了。课程包括省府的行政管理、社会事务的控制及公共事务的管理等。他们经常以 12 人为一组，就一些重大话题如评估法国的能源政策、最低工资改革或德国的统一写出小组报告。

27 个月学习期间，学校的学生在此所做的一切都要评级。各门课结束时都要进行 5 小时的考试，考试中学生们必须阅读 80 页有关学习内容的材料，然后写出一份 4 页的部长级备忘录。27 个月结束时，学校将他们所评的等级相加，转换成一个数字分数，这个分数将决定他们将来职业生涯的许多变迁。因为这个分数随后会在所有毕业学生中被从上到下排列，转变成一种优劣强弱顺序，竞争总理每年为该校毕业生保留的职位。第一名学生首先挑选，其他人按名次和分数挑选其余的职位。一切就这么简单。

对此做法，有的外国人认为法国国家行政学院严格的分数排名制度太狭隘，但它确实有很多优点。它是一种保证录取的学生在通过会考之后不会坐享优势的方法。为了在课程结束后得到较好的委任，学生就要尽量表现。按名次选择的制度也满足了更广泛的目的。它有助于防止由熟人、朋友、政治同情者及家族精心编织成的关系网，而这种网络自中世纪直至 1945 年一直决定着高级文官的任命。在国家行政学院存在之前，家庭、伙伴关系及政治党派垄断着部长级职位。按名次选择的制度使法国的行政当局从当选政治家的影响下解放出来。部长们对聘用哪个学校毕业生没有选择权。政府被迫与省长群体及国家行政学院合作，而他们并不是由朋友指派。

由于有了国家行政学院，人们普遍可以看到稚嫩的 23 岁年轻人位居国家行政法院最高职位这样的现象。晋升无经验的国家行政学院的毕业生是该校最具争议的一个方面，大部分人认为它有正反两面理由。反对者认为：一个 36 岁或 40 岁的成熟公务员更适合担任地方法官，裁决腐败案件；赞成者认为："这个制度引进了新生思想力量，在他们年纪很轻时就给他们非同寻常的机会。"

［摘编自（加）让—伯努瓦·纳多 朱莉·巴洛著，何开松等译：《六千万法国人不可能错》，东方出版社 2005 年版。］

思考题：

1. 法国高级公务员是如何培养产生的？
2. 你认为法国如此严格地培养国家高级公务员的方式是否有效？为什么？

第十章　法院：政治体制运行中不可或缺的监督者

在西方国家，司法制度是政治制度体系中不可缺少的重要环节，它具体包括司法的基本原则、司法机关的构成、审判制度、检察制度、司法审查制度、法官制度和律师制度等。司法权通常在政治权力结构中占有十分重要的地位，独立行使司法权的司法机构成为西方各国权力机构的重要组成部分。在不同的国家，司法制度存在着很大的差别，但其在保障各国政治制度正常运行的过程中所发挥的作用是相同的。

第一节　西方国家的法律体系与司法原则

一、西方国家的法律体系

司法制度是西方国家政治制度的重要组成部分。一个国家司法制度的地位和状况，取决于这个国家政治制度的状况。由于各国的宪法体制不同，因此其司法机关和司法制度的地位与状况也不尽相同。司法制度也是一个国家法律制度的重要组成部分，一个国家法律制度的状况与该国所属的法系或法律传统有着密切的关系，某国所属的法系或法律传统的特点通常在该国的司法制度上有明显的表现。

法律体系，简称法系（families of laws），是比较法学的基本概念之一，根据不同的标准，可以将世界各国的法律制度和法律体系归结为若干不同的法系。法系从狭义上看是指一个国家的法律体系；从广义上看是指某些有着共同特征的不同国家的法律体系所组成的族、群或集团。这里所说的法律体系，是从广义而言的。人们通常按照法律的历史传统、法律技术和意识形态等方面的特征，将法系划分为中华法系、伊斯兰法系、英美法系、大陆法系和社会主义法系。① 当代西方国家主要分属两大法系：大陆法系和英美法系。

大陆法系是在欧洲大陆首先出现并发展的，故名大陆法系；它以罗马法为基础而形成，法律的主要表现形式为法典，故又可称为罗马法系或法典法系。大陆法系的分布范围很广泛，首先，它以欧洲大陆为中心，属于这一法系的欧洲大陆国家，既包括拉丁语系各国：如法国、意大利等，也包括日尔曼语系各国：如德国、瑞士、荷兰等。其次，它在欧洲大陆以外广大地区也有广泛分布，包括曾是法国、德国、荷兰等国殖民地的国家以及因其他原因受到法、德、荷等国强

---

① 曹沛霖等：《比较政治制度》，高等教育出版社 2005 年版，第 270 页。

烈影响的国家或地区。如非洲的南非、刚果等；亚洲的日本、泰国等；拉丁美洲的多数国家；美国的路易斯安那州、加拿大的魁北克省、英国的苏格兰等。

大陆法系的特点包括：(1) 以罗马法为主要历史渊源；(2) 法典是法律的基本表现形式，大陆法系国家一般不承认判例的法律效力，而以成文法为基本的法律渊源，直接规定权利义务的实体法是法律的主体，法典大都体系完整、结构严谨、概念精确；(3) 法官忠实于法律，大陆法系下的法官判决必须以成文的法律为前提，无权像英美法系的法官那样对法律做出独立的解释；(4) 立法、行政和法学家的特殊地位，在大陆国家中，司法的主要职能是依照法律解决普通案件，行政案件和宪法性案件由另一体系的行政法院和宪法法院解决，政治平衡主要通过立法和行政机构实现。①

大陆法系起源于古罗马的罗马法体系

图片来源："娟娟壁纸"网，https://www.jj20.com/zj/luomajianzhu_2955_1.html

英美法系包括英国法和美国法两个支系，故名英美法系；它是以英国普通法为基础而形成的法律的总称，故通常称为普通法法系；由于其以判例法为法的主要表现形式，故亦称判例法系。英美法系的分布范围也很广泛，属于这一法系的国家或地区包括英国本土(苏格兰除外)、爱尔兰以及曾作为英国殖民地或附属国的许多国家或地区，其中有北美的加拿大(魁北克省除外)、美国(路易斯安那州除外)，大洋洲的澳大利亚、新西兰等，亚洲的印度、马来西亚、新加坡等，非洲的尼日利亚、肯尼亚等。

英美法系的基本特点是：(1) 判例是主要的法律渊源，遵循先例是一个基本原则，即过去

① 曹沛霖等：《比较政治制度》，高等教育出版社 2005 年版，第 273 页。

的判决对以后类似案件具有拘束力；(2) 程序法的相对重要性，在英美法系国家，权利的法律保障主要是通过诉讼救济来实现的，没有救济手段就没有权利；(3) 经验重于逻辑，如果说成文法是通过逻辑和理性形成系统的权利体系来规范社会生活的话，那么判例法则是通过对过去事实的经验总结来规范社会生活的；(4) 司法的特殊地位，英美法系国家司法管辖的范围比较广泛，法官在法律的发展中具有举足轻重的影响。①

英国人首创了普通法系

图片来源："图虫"网 http://cxm922.tuchong.com/62386566/

大陆法系与英美法系的区别主要表现在以下几个方面：

(1) 在法律渊源上，大陆法系仅以制定法为正式的法律渊源，英美法系则把制定法和判例法都奉为法律的正式渊源。

(2) 在法律分类上，大陆法系国家一般将公法和私法作为法律分类的基础，英美法系国家则将普通法和衡平法作为法律的基本分类。

(3) 在法典编纂上，大陆法系国家一般都比较重视法典编纂，一些基本法律都采用较为系统的法典形式，英美法系国家的制定法则主要是单行法律、法规，很少采用法典形式。

(4) 在法院体系上，大陆法系国家分设有两个法院系统：普通法院和行政法院，普通法院管辖刑事、民事案件，行政法院管辖行政案件，而且一些大陆法系国家还设立了专门的宪法法院，专门受理违宪案件。英美法系国家传统上并无普通法院与行政法院之分，司法权由普通法院统一职掌，普通法院对刑事、民事、行政案件均有管辖权。

(5) 在法官任用和职能上，英美法系的法官通常必须从执业多年的律师中选任；而在大陆法系国家，大学法科毕业生只要通过专门的司法考试和司法培训，不必经过律师阶段即可被选任为法官。

(6) 在诉讼程序上，大陆法系国家除对轻微案件审理实行独任法官外，一般都采用法官合议制；但在英美法系国家，法院对案件的审理，一般都采取独任法官审判制。②

二、西方国家的司法原则

司法原则是指贯穿整个司法活动的基本准则，它由司法活动的目的和价值取向所决定，同时受到特定的经济、政治体制模式和历史文化传统的强烈影响。西方国家的司法原则主要包括以下 5 个方面：

(1) 司法公正原则。公平和正义是人类社会永恒的主题之一，也是法的基本价值之一，在西方国家，公平正义作为司法活动的总原则，其内容非常丰富，它除了通过司法独立、审判

① 曹沛霖等：《比较政治制度》，高等教育出版社 2005 年版，第 275 - 276 页。
② 陈业宏、唐鸣：《中外司法制度比较》，商务印书馆 2000 年版，第 32 - 34 页。

公开等各司法原则体现出来外，还具体体现为公正或正义的法院、公正的诉讼程序、公正的处理和法律援助等。西方国家法院的标记大多是一把宝剑和一架天平，宝剑代表国家权力的威严，天平代表不偏不倚和绝对的公正。许多西方国家把法院（Law Court）直接叫做公正法院（Court of Justice）或正义法院（Palace of Justice），其意主要是指法院的设置和活动必须合乎宪法和法律，只有这样的法院才能正确行使审判权，凡非法和私设的特别法庭皆在排斥和禁止之列。①

（2）司法独立原则。这是18世纪法国启蒙思想家孟德斯鸠在阐述三权分立学说时提出来的，他把司法独立的思想条理化、系统化，从而为以后一系列西方国家确立司法独立原则奠定了理论基础。资产阶级革命以后，司法独立原则逐渐被许多国家的立法所确认。如1787年美国宪法规定，司法权只属于各级法院；1946年日本宪法规定，一切司法权属于法院，所有法官依良心独立行使职权，只受宪法和法律的约束；1949年德国基本法规定，法官具有独立性，只服从法律。在西方国家，司法独立的基本内容包括：司法机关独立于立法机关、行政机关；司法机关的财政、人事、内部管理和业务活动相对独立；法院和法官独立行使司法权，他们的审判活动只服从法律，不受任何势力干涉；法官职业化；等等。

（3）法律平等原则。即法律面前人人平等原则的简称。资产阶级在摧毁封建统治的过程中，高举“自由、平等、博爱”的旗帜，向封建等级制度宣战，确立了法律面前人人平等的原则。西方各国在建国以后，法律面前人人平等被普遍地规定为一项重要的宪法原则。如1789年的法国《人权宣言》第6条首次宣布：“法律对于所有的人，无论是施行保护或处罚都是一样的。在法律面前，所有的公民都是平等的。”

（4）司法公开原则，司法公开包括审判公开和法官职务公开。审判公开包含两层含义：一是审理和判决应当公开，二是犯罪的证据应当公开，以监督审判活动，制约司法权力，防止司法专横，达到保护人民的目的。1791年，在美国国会通过的宪法第6条修正案中，审判公开原则第一次为世界上一个国家的宪法所确认。至19世纪，法国、德国、日本等国相继以立法的形式明确规定了审判公开的原则。法官职务公开是指法官的任命采用法官资格制进行，任何符合资格的人均有权利成为法官。在英美法系国家，法官一般是从律师中任命产生的；在大陆法系国家，法官大都是从法官资格考试合格者中任命产生。

（5）司法民主原则。主要包括辩护、陪审、上诉、回避以及程序正当等，这与中世纪黑暗野蛮的司法制度相比，彰显了现代文明的理性与客观。但西方学者也承认：“不论有多少律师答应为贫者服务（事实上，这样做的人是很少的），我们的法律制度必然有利于拥有财产、更为优裕的富者。”②与司法民主密切相关的是陪审制度，陪审制度是指由判断法律问题的专职法官和判断事实问题的非专职法官的陪审人员，共同参与审判。③ 西方国家的陪审制度拥有大陪审团和小陪审团两种形式，目前普遍使用的是小陪审团制度。

---

① 龚祥瑞、罗豪才、吴撷英：《西方国家的司法制度》，第115－116页，转引自陈业宏、唐鸣：《中外司法制度比较》，商务印书馆2000年版，第40－41页。

② 转引自龚祥瑞：《西方国家司法制度》，北京大学出版社1993年版，第120页。

③ 杨光斌：《政治学导论》（第四版），中国人民大学出版社2011年版，第180页。

第二节　各国法院组织系统概述

一、英国——民事与刑事分开的法院系统

长期以来，英国的司法组织错综复杂且无一完整的体系，其司法行政也不同于其他西方国家，2007 年以前，它没有司法部，司法行政事务实行多头领导，在英格兰、威尔士，由大法官、内政大臣负责，在苏格兰则由苏格兰事务大臣和苏格兰检察长掌握。2007 年 5 月，英国设立司法部，合并了原宪法事务部（也称为大法官部）和内政部负责英格兰和威尔士的刑事司法政策、判决政策、假释、监狱和防止重新犯罪的部分。需要指出的是，在英国司法体制中，英格兰和威尔士是一个系统，苏格兰是另一套法律系统，北爱尔兰是更为独立的系统，因此上述事务司法部只对英格兰和威尔士拥有管辖权，苏格兰政府负责当地司法事务，北爱尔兰法律则是议会与最高法院的“保留事务”并不是司法部的责任。

英国的法院组织系统十分复杂。若从地区上看，英格兰、威尔士和苏格兰有各自不同的法院体系。若从上下级关系看，英国法院又可分为中央法院和地方法院两级。中央法院包括英国最高法院、苏格兰最高法院（包含苏格兰高等法院、高等民事法院及法院会计师办事处）、英格兰及威尔士高级法院（包含上诉法院、高等法院及若干王室法庭）、北爱尔兰司法院（包含上诉法院和高等法院）以及枢密院司法委员会（主要作为英国海外领地、皇家属地和部分独立英联邦国家的最高法院）。地方法院则包括治安法院和郡法院等。若从审理案件的性质来分，又可分为民事法院和刑事法院两个系统。民事法院系统从低到高包括郡法院、高等法院、民事上诉法院和最高法院。刑事法院系统从低到高则有治安法院、皇家法院、刑事上诉法院和最高法院。此外，英国还有战后大量出现的行政裁判所以及某些特别法院，如军事法院、少年法院、家庭法院等。

在 1999 年英国上议院改革之前，上议院在英国法院系统中处于最顶端，具有民事和刑事案件的上诉管辖权。然而由于上议院集立法与司法权力于一身，作为英国国内最高审级，有违英国“三权分立”的原则。因此，2003 年由英国工党托尼 · 布莱尔政府提出建立最高法院的建议，后依据《2005 年宪制改革法》于 2009 年 10 月 1 日正式建立联合王国最高法院，通称英国最高法院。英国最高法院对英格兰法律、威尔士法律和北爱尔兰法律下的事务拥有终审权，主要处理来自管辖地区的上诉案件和刑事上诉案件如金融危机、恐怖主义、商业纠纷、家庭问题以及对欧盟法律进行独立解释等。由于苏格兰拥有自己独立的法律体系，英国最高法院没有权力受理来自苏格兰的刑事案件。苏格兰的刑事案件一律由苏格兰高等法院审理，因此苏格兰的高等法院也是当地的最高刑事法院，并拥有终审权。此外，在审理苏格兰高等民事法院的上诉案件时，必须有两名苏格兰大律师确认上诉合理，最高法院才可以受理上诉。最高法院的法官专职审判，而行政事务则由专职的行政团队负责，以实现审判和行政分开，此外法院本身也向公众开放，审判案件时电视台会直播案件审理过程以增加司法透明度。

英国最高法院设院长、副院长各 1 名，由 12 名最高法院法官组成，要成为合资格的最高法

院法官人选，必须担任资深法官至少 2 年、或者担任执业律师至少 15 年。遴选委员会最终提名的人选名单会经由司法大臣送交首相复核，再由首相送呈英国女王做正式任命。

英国最高法院院徽

图片来源：无忧文档，https://www.51wendang.com/doc/32ee1984f24d071bacd7a261/3

英格兰和威尔士上诉法院是英格兰和威尔士的司法系统中除英国最高法院外第二高级的法院，内设刑事法庭与民事法庭。在 1875 年成立，现在共有 37 名法官审理刑事和民事的上诉案件，民事法庭和刑事法庭分别由各自的庭长领导。刑事法庭审理来自治安法院和王室法院的上诉案件；民事法庭则审理来自郡法院和高级法院的案件。案件要上诉到上诉法院，需要得到下级法院或上诉法院的许可。上诉法院的判决在获得上诉许可后可以上诉到最高法院。上诉法院刑事法庭不受理初审案件，只受理不服刑事法院一审判决的上诉案件，由上诉法院或高等法院 3 名法官审理，不听取证人证言，主要根据有关文件做出判决，判决采取多数制。对绝大多数案件来说，上诉法院是最后的审级。该院的判决作为英格兰法律权威的体现，对英国法律的形成、改变和发展具有重大影响力。

成立于 1873 年的高等法院主要审理重大民事案件，1881 年后分设三个法庭：王座法庭、大法官法庭和家事法庭，三者在管辖范围上有特定的分工：王座法庭的主要司法权限是对有关违反契约、恢复土地权和个人侵害等案件进行一审，同时也审理下级法院的某些上诉案及行使司法监督权，其中司法监督权被认为是英国宪法权利的重要保障。王座法庭运用所谓“人身保护令状”，审查拘禁人身的合法性，王座法庭共有法官约 45 人。大法官法庭主要审理有关信托执行、抵押、财产管理、合股、专利及公司事务的案件，有法官约 12 人。家事法庭，原称遗嘱检验、离婚和海事法庭，1970 年改称现名，主要处理有关家庭事务的案件，如离婚、监护、收养、婚姻财产、无争议的遗嘱检验等方面的诉讼，并审理来自下级法院的婚姻上诉案，有法官约 17 人。①

位于伦敦的英国高等法院

图片来源：“摄图”网，https://xsj.699pic.com/tupian/0g4fil.html

郡法院在民事审判中起着重要的作用，它享有广泛的司法管辖权，处理各种轻微的民事纠纷。全英现有 280 余个郡法院，绝大多数的民事案件都由郡法院初审管辖，如不服判决则需取得郡法院上诉许可方才有权上诉。

皇家刑事法院是根据 1971 年《法院法》设置的一个新的司法机构，以取代前巡回法院和四季法院，其司法权不受地域范围或案情轻重的限制。全国划分为 6 个巡回区，每个区设若干皇家刑事法院。每个巡回区所设置的皇家刑事法院又分为 3 个等级，第一审判等级中心设在

① 曹沛霖等：《比较政治制度》，高等教育出版社 2005 年版，第 283 页。

全国 24 个比较大的城市里，由高等法院法官主持审理刑事案件，如判国、谋杀、种族灭绝等犯罪案件；第二审判等级中心设在全国 20 个比较小的城市里，由高等法院法官和巡回法官主持，审理除上述要案以外的所有该起诉的刑事案；第三审判等级中心设在 46 个城镇里，由巡回法官和兼职法官主持，审理较轻的刑事案件。皇家刑事法院在审理案件时，实行由 1 名法官主持决定具体量刑、12 名陪审员负责决定被告是否有罪的小陪审团制度。

治安法院又称速决裁判法庭，是刑事法院系统最低审级，在英格兰和威尔士约有 700 所左右，处理全国 98%的刑事案件；治安法院法官称作"治安法官"，绝大多数由不领薪俸的普通公民义务任职，这是为了保障普通刑事案件的审判能够符合社会公众的期待而选择由非专业法官来进行案件审理。除谋杀、纵火等严重刑事案件直接由皇家刑事法院一审管辖外，其余刑事案件均由其管辖审理。

二、美国——联邦和州分开的法院系统

美国共有 52 个相互独立的法院系统，包括联邦法院系统、哥伦比亚特区法院系统以及 50 个州的法院系统。联邦法院组织系统以联邦最高法院为首，最高法院享有特殊的司法审查权，包括分设全国各地的次级法院。现今的结构是：联邦最高法院、13 个巡回上诉法院、94 个地区法院以及 5 个有特别裁判权的法院。联邦和地方法院两大系统分别采用各自的法律体系管辖不同的案件和地区，但都必须遵循统一的联邦宪法。

联邦最高法院是联邦法院系统中的最高组织，也是宪法设立的唯一法院，由 1 名首席大法官和 8 名大法官组成。最高法院的初审案件只限于两类：涉及外国驻美大使、公使和领事的案件，以州为一方的案件。它每年受理的案件中绝大部分是联邦低级法院和州法院的上诉案件。最高法院是最终上诉法院，它不仅有最高裁判权，还握有"司法审查权"，有权判定立法或行政部门的行动是否违宪。需要指出的是，虽然联邦最高法院是整个国家的最高法院，其所做出的判决和决定对全国各级法院均有约束力，但这并不意味着联邦法院系统高于州法院系统，两者之间并不具有直接的隶属或是管辖关系。因此，从某种意义上说，美国的法院系统是名副其实的"双轨制"。

位于华盛顿的美国联邦最高法院

图片来源：新浪网，https://news.sina.com.cn/c/2021-03-09/doc-ikkntiak6842563.shtml

巡回上诉法院是联邦法院系统中介于地区法院和最高法院之间的中级法院，目的是为了便利案件的处理及减轻最高法院的负担。目前，美国全国 50 个州划分为 11 个司法巡回区，首都华盛顿哥伦比亚特区作为 1 个巡回区，每个巡回区设立 1 个联邦上诉法院，共 12 个上诉法院。另外还有一个特别的"联邦巡回区"，其上诉法院称为联邦巡回上诉法院，由 12 名总统提名经参议院同意任命的法官组成，办公地点也设在哥伦比亚特区。该上诉法院与其他 12 个上诉法院地位相同，但其管辖的地理范围涉及全国，而管辖的案件限于审理由各联邦地区法院及有关联邦独立管理机构转来的涉及专利、商

标、版权、合同、国内税收的案件，以及索赔法院和国际贸易法院的判决。因此，在哥伦比亚特区有两个上诉法院，一个为哥伦比亚特区上诉法院，一个为联邦巡回上诉法院，两者是不同的。每个联邦上诉法院有 6 至 28 名法官，也都是由总统提名，经参议院同意后任命，皆为终身职。上诉法院审理案件，一般由 3 名法官组成法庭，但特别重要和有争议的案件要求全体法官出席。上诉法院只有上诉审判权，负责审理本巡回区内的联邦地区法院和各种独立管制机构裁决的上诉案件。

地区法院是最低一级的联邦法院，是联邦法院系统的初审法院，全国共有 94 个联邦地区法院。它们受理的大部分案件和争端都是起于本区内，并且犯罪行为是涉及联邦政府的，如滥用邮递、盗窃联邦政府财物等，其中大部分为民事案件。在联邦法院系统中，地区法院是唯一实行陪审制的法院。

专门法院是由国会根据特别需要，通过有关法令为审理某些特殊类型案件而建立的。它包括权利申诉法院、关税法院、税务法院和军事上诉法院等。

美国各州都有独立的法院系统，从高到低分别称为州最高法院、州上诉法院和州地方法院，但各州法院系统所采用的名称不尽相同。州法院独立审理本州范围内的民事和刑事案件。由于美国是一个联邦制国家，各州之间法律制度差异很大，不同的州拥有自己不同的宪法和法院体系，因此经常会出现各州法律之间出现冲突的现象，这也是美国法院体系中最难解决和争执较多的问题。目前，大多数州的法院系统采用如上所述的“三级模式”，但内布拉斯加等个别州采用了两级模式。

联邦法院和州法院管辖的案件种类不同。在刑事方面联邦法院主要审理那些违反联邦法律的案件，而民事方面则主要审理一方为联邦政府的以及涉及不同州之间存在争议的案件。依据美国宪法，凡是法律中没有明确规定授予联邦法院司法权的案件都属于州法院审理，因此在美国绝大多数日常案件都是由各州法院审理的。诸如在加利福尼亚州、得克萨斯州等大州，州法院一年之内所审理的案件数量高达百万之巨，相比较之下，联邦法院一年审理的案件总数仅是其四分之一。

三、法国——普通法院和行政法院分开的法院系统

在法国司法系统中，占据主要地位的是司法行政机关和司法机关。法国没有独立的检察机关，而是附属在司法机关内，检察院分为大审检察院、上诉检察院和最高检察院三级。法国最高司法会议和司法部是掌管法院系统的组织、设置、撤销、人事调动和经费等事项的司法行政机关。最高司法会议由总统担任主席，司法部长任副主席，9 名委员由总统任命。

在司法行政机关之下是法院系统。法国的法院系统与英美等国不一样，它有普通法院和行政法院两套不同的系统，二者各自独立行使司法权，没有隶属关系，并分别都能做出终审判决。

首先需要指出的是，在法国的普通法院系统中，很多民事法院和刑事法院是同一个法院，在审理民事案件和刑事案件时称呼不同。比如，大审法院和轻罪法院是同一法院，在审理民事案件时称为大审法院，在审理刑事案件时称为轻罪法院。① 普通法院系统共有 1 个最高法院、

① 刘宇琼：《在自由与规制之间的动态平衡——法国司法制度及其对我国司法改革的启示》，载《比较法研究》2017 年第 5 期，第 120 - 130 页。

37 个上诉法院以及千余个基层法院，普通法院负责审理普通民事和刑事案件。基层法院主要包括初审法院、大审法院、违警罪法院和各种专门法院（如商事法院、劳资仲裁法院、社会保险诉讼委员会等）；第二等级则是专门负责上诉的上诉法院，最上一级是最高法院。法国的基层法院是主要民事案件以及劳动纠纷的审判法院，其审理多为独任审判，如不服判决可以上诉至上诉法院。作为单一上诉法院制度的法国，上诉法院并不受理和审理一审案件而只受理上诉案件。最高法院是普通法院系统内最高级的审判机关，检察院就设在法院内部。最高法院只做法律审理而不做事实审理，即受理案件后如发现原判正确则维持原判，认为原判错误则撤销原判，并将案件及相关法律一并发给审理该案件同一级别的另一法院作重新审理。

法国最高行政法院

图片来源：搜狐网，https://www.sohu.com/a/280974718_115479? _f=index_chan10news_76

行政法院系统包括中央的最高行政法院和各级地方设的行政法庭，另外还包括一些专门行政法庭，如审计法庭和处理国家补助金纠纷的法庭等，它们主要负责审理国家机关、官员同公民之间发生的争议案件。当前法国行政法院系统共有 51 个法院，包括 1 个位于巴黎的最高行政法院、8 个上诉行政法院（分设于巴黎、凡尔赛、马赛、波尔多、里昂、南特、南希、杜埃）以及 42 个地方行政法院。① 由于存在上述两个独立的法院系统，所以常常因权限划分而发生争端，为了解决对管辖权的争议，从 1872 年起就设立了权限争议法庭来判决某案审理的归属问题。

1958 年《法兰西第五共和国宪法》规定，在普通法院和行政法院系统之外，设立特别高等法院，专门审理总统或部长的犯罪。其根本职权是：第一，审理共和国总统的判国罪；第二，审理政府成员在执行职务中的犯罪及危害国家安全罪；第三，审理与政府成员勾结的同谋犯罪。

四、德国——联邦和州统一的法院系统

德国联邦法院系统由 3 类法院构成，即：普通法院、专门法院和联邦宪法法院。

普通法院共分 4 个层次：地方法院、地区法院、上诉法院和联邦法院。地方法院是法院系统的基层单位，通常由 1 名法官主持，负责审理和裁决各种民事案件和轻微的刑事案件。地区

① 黄尔：《法国司法制度运行近况》，载《中国检察官》2017 年第 21 期，第 70－73 页。

法院是地方法院的上诉法院，负责审理不服地方法院判决的上诉案件，也对某些较大案件进行初审。地区法院的初审分为两部分：一部分是审理较重的犯罪；另一部分是负责处理较大的民事和刑事案件。地区法院以上是州上诉法院，它们除受理叛逃案件和反对宪法的案件外，一般只接受上诉案件，分设民事、刑事两庭。普通法院的最高审级法院是联邦上诉法院，设于卡尔斯鲁厄，它拥有百余名法官，分设 10 个民事庭、5 个刑事庭和 7 个特别法庭，还设有一个高级民事庭和一个高级刑事庭，主要作用是平衡各法庭量刑上的差异。联邦上诉法院主要是审理上诉案件，"以保障各州法院之间法律解释的统一"。联邦上诉法院审理的所有上诉案件和初审案件均属终审，只有涉及宪法问题的案件才可再上诉宪法法院。

德国各专门法院是根据联邦立法逐步建立的，现设有位于柏林的联邦行政法院、位于慕尼黑的联邦财政法院、位于埃尔福特的联邦劳工法院和位于卡瑟尔的联邦社会法院等专门法院，各地方也分设对应的专门法院。行政法院于 1960 年设立，其主要职责是受理各行政机构之间，包括联邦一级政府机构及联邦与州、州与州之间，直至地方行政机构的非宪法性质的法律纠纷。行政法院分为三级：州行政法院、州上诉行政法院和联邦行政法院。财政法院建立于 1965 年，主要负责审理与税收、财务等方面的联邦法律有关的纠纷，但税务方面的刑事案件应由普通法院审理。财政法院只有联邦和州两级。劳工法院 1953 年建立，其职权主要是处理劳资间的争议案，如关于工资、工作条件、休假、抚恤、解雇等问题的争议，此外，劳工法院还可裁判罢工和停工的纠纷，劳工法院亦分为地方、州和联邦三级，在各级劳工法院中都有一名劳方（工会）的代表和资方（企业主）的代表参加审判。社会法院于 1958 年设立，主要审理有关社会保险、公共福利及其他社会事务的案件，如有关法定医疗保险、灾害保险、年金保险的案件，还有因训练津贴、家庭补助及其他公共福利引起的纠纷等。社会法院分为地方、州和联邦三级。此外，在专门法院中，还设有军人法院、联邦惩戒法院和联邦专利法院等，它们均仅设联邦一级，无下属法院。

根据德国《基本法》和 1951 年的《联邦宪法法院法》，德国设立联邦宪法法院。联邦宪法法院既是法院又是宪法机构，因此作为宪法机构的联邦宪法法院同普通法院最大的不同之处就在于其不受行政部门监督。联邦宪法法院设在卡尔斯鲁厄而非德国首都柏林，以彰显其对其他国家机构的独立性。和美国相类似的是，德国联邦宪法法院的主要任务是对国家机关的行为进行司法审查，对违宪行为宣布无效。联邦宪法法院的成员半数由联邦议院选举产生，半数由联邦参议院选举产生。联邦宪法法院分设两个庭，每个庭有 8 名法官。联邦宪法法院设院长和副院长各一人，两人兼任两个分庭庭长，宪法法院法官均为职业法律工作者，任期 12 年。① 两个庭中哪个有权做出最终决定，取决于《联邦宪法法院法》和全体会议结果，这是由所有 16 位法官来共同决定的，但无论哪个庭的决定都代表着联邦宪法法院的决定。在极少数情况下，全体会议自行裁定案件，比如当一个庭同另一个庭就特定法律问题的解释产生分歧就需要这么做。② 联邦宪法法院对宪法争端拥有管辖权，是保障宪法实施的最高司法机关，其判决对联邦和各州的一切政府机构、法院和社团都具有拘束力。

---

① 刘兆兴：《德国联邦宪法法院总论》，第 37－38 页，第 327－328 页，转引自沈宗灵：《比较宪法——对八国宪法的比较研究》，北京大学出版社 2002 年版，第 346 页。

② 参见：*Gericht und Verfassungsorgan*，https：//www.bundesverfassungsgericht.de/DE/Das-Gericht/Gericht-und-Verfassungsorgan/gericht-und-verfassungsorgan_node.html

德国联邦宪法法院

图片来源：百度百科，https://baike.baidu.com/item/%E5%AE%AA%E6%B3%95%E6%B3%95E9%99%A2/5904483

德国联邦宪法法院的法官在庭审中

图片来源：搜狐网，https://www.sohu.com/a/464534574_99923264

五、日本——中央到地方统一的法院系统

日本的法院分最高法院和下级法院两类。下级法院又分为高等法院、地方法院、家庭法院和简易法院。日本采用三级审判制，即初审、控诉审、上告审，第三审为终审。每个法院独立行使其管辖权，即便是下级法院也不受上级法院管辖，但上级法院有审查下级法院审判过程及结果的权力，且就案件本身而言，上级法院的判决优先于下级法院的判决，对下级法院具有约束力。①

最高法院是日本最高国家司法机关，与国会、内阁处于相等的法律地位，拥有司法权。最高法院受理对下级法院判决的控诉和对违宪及对最高法院判例有抵触的案件，并拥有终审权，制定法院规则，管理司法行政、拥有宪法赋予的"违宪审查权"。(1947 年日本宪法规定"最高法院为有权决定一切法律、命令、规则以及处分是否符合宪法的终审法院。")此外，最高法院除了对上诉及诉讼法中特别规定的上告拥有审判权外，还对人事官员的弹劾审判，拥有一审和终审的审判权。最高法院由 15 名法官组成，其中一人任院长，由内阁提名，天皇任命，其余 14 名则交由内阁任命，但也需经过天皇批准。最高法院的院长和法官一经任命，需按法律规定提交给日本国民以投票的形式，对最高法院法官是否值得信任决定给予罢免与否。最高法院内设有 1 个大法庭和 3 个小法庭，审理案件时以合议制形式进行。大法庭由全体 15 名法官组成合议体，小法庭则由 5 名法官组成合议体。在进行具体案件审判时，必须有规定最少人数的法官出席，才能开庭审判，大法庭为 9 人以上，小法庭为 3 人以上。大、小法庭都是终审判决法庭，其判决有同等效力。具体案件由大法庭或小法庭审理，判决由最高法院自行决定。日本最高法院自成立以来，已颁布了包含民事诉讼规则、刑事诉讼规则、内政审判规则以及少年审判规则等在内的 100 多条规则。②

高等法院受理对简易法院、地方法院和家庭法院判决的控诉，对"内乱罪"进行初审，以及

① 参见："裁判所の審級制度"，https://www.courts.go.jp/about/sosiki/gaiyo/index.html
② 参见："司法行政事務"，https://www.courts.go.jp/about/sosiki/saikosaibansyo/index.html

位于东京的日本最高法院

图片来源：澎湃新闻网，https://www.thepaper.cn/newsDetail_forward_13901842

对一些特别法律规定必须由高等法院初审的案件进行审理。高等法院分别位于东京、仙台、札幌、大阪、名古屋、广岛、高松以及福冈。

地方法院和家庭法院二者同级，二者数量均为 50 所。地方法院受理民事诉讼价值 30 万日元以上和罚金以上刑罚的刑事案件（“内乱罪”除外）的初审，以及对简易法院判决的控诉。家庭法院受理家庭纠纷和少年犯罪问题的案件，一般以调解为主，判决为辅，无权判监禁以上刑罚。简易法院是最基层的法院，处理轻微的民事和刑事纠纷，日本全国共有 438 所。

六、俄罗斯——由四类法院组成的法院组织系统

俄罗斯联邦的法院系统由四类法院组成：一是联邦宪法法院；二是联邦最高法院——民事、刑事、行政及其他案件的最高司法机关；三是联邦最高仲裁法院——解决经济纠纷和仲裁法院审理的其他案件的最高司法机关；四是其他联邦法院。①

联邦宪法法院由 19 名法官组成，宪法法院法官由联邦总统向联邦委员会提出人选供任命，但出任联邦宪法法院法官的资格和条件需要联邦法律规定补充要求。联邦宪法法院是负责解释俄罗斯联邦宪法、审理宪法诉讼案的司法机关，按联邦宪法规定的诉讼程序行使审判权。俄罗斯只在联邦一级设立宪法法院，也就是俄罗斯联邦宪法法院，其它联邦主体及下属区划均不设立宪法法院。作为解释宪法的最高权力机构，宪法法院要根据联邦总统、联邦委员会、国家杜马、联邦政府、各联邦主体的立法权力机构的要求，对联邦宪法做出解释。俄联邦宪法法院分为两院，其中一院由 10 名法官组成，另一院由 9 名法官组成。宪法法院的组织形式

---

① 沈宗灵：《比较宪法——对八国宪法的比较研究》，北京大学出版社 2002 年版，第 349 页。

有法院全会和两院会议两种。全会有权审议宪法法院职权范围内的任何问题;两院会议审议属于宪法法院管辖但不由宪法法院全会审理的案件。宪法法院的裁决一经做出,必须立即在裁决所涉及的联邦或联邦主体的国家权力机关正式出版物上公布。裁决一经宣布,立即生效,拒不执行、不认真执行或者阻挠执行宪法法院裁决的,将根据联邦法律的规定追究责任。被宣布为不符合宪法的文件和文件的个别条款,立即丧失法律效力;被宣布为不符合宪法的未生效的国际条约,不能在俄生效;法院和其他机关根据被宣布为违宪的文件所做出的裁决,不得执行,应依法定程序重新审议。

仲裁法院是解决经济争议和审理管辖范围内的其它案件的司法机关,主要负责解决经济纠纷,追究组织和个体经营者的行政责任。该系统包括:联邦最高仲裁法院,各联邦主体中共和国的最高仲裁法院,边疆区、州、联邦直辖市、自治州、自治专区仲裁法院。区(市)一级行政单位不设立仲裁法院。

俄罗斯联邦最高法院是审理民事案件、刑事案件、行政案件以及经济纠纷等案件的最高司法机关。2014 年,《俄罗斯联邦宪法修正案》将原来的最高仲裁法院整体纳入最高法院内。最高法院下设 9 大部门,除直接审理案件外还负责对各级法院进行监督,以及对案件的诉讼程序进行审理。

其他联邦法院主要是普通法院,俄罗斯联邦普通法院是指对民事、刑事和行政违法等案件进行审判的法院,具体包括地区法院、共和国法院、自治州区法院、边疆州区法院、军事法院、二审法院以及三审法院。

第三节　司法权的分配与实施

一、联邦制国家联邦与州司法权的分配

美国联邦宪法规定:“合众国之司法权属于最高法院及国会随时决定设立的低级法院。”联邦司法系统是联邦政府三大部门之一,拥有三权中的司法权。美国联邦司法制度是由有关调整和规定联邦司法活动、机构、原则等一系列制度组成的。联邦司法系统由联邦法院系统、联邦司法行政、职业律师、陪审制度等几部分组成,这几个部分结合在一起,共同行使联邦司法权。

和立法、行政部门一样,美国的法院也有联邦和州两套系统,彼此相互独立、无从属关系。唯一例外的是,在涉及联邦的问题上,联邦最高法院有权对州法院的判决进行复审;当州法律与联邦法律或宪法发生冲突时,州最高法院可直接将案子上诉联邦最高法院进行审理。一般来说,两个司法系统在管辖上的分工原则,也就是宪法所规定的联邦和州两者分权的原则。根据这一原则,联邦法院所管辖的范围是:涉及联邦宪法、法律和条例的案件;以联邦政府作为一方的案件;涉及“联邦性质”问题的案件;涉及外国政府代理人的案件;不同州之间或不同州公民、本国公民与外国公民之间的案件以及管辖权有争议的案件等。各州法院除联邦专有管辖案件外,具有一般管辖权,它可以扩及到不问公民资格如何的所有人以及所有事项。有的案件只能由联邦法院受理,是它的“专有管辖”;有的案件则属于联邦和州法院“共同管辖”,如不

同州公民之间的民事案件，诉讼金额在1万美元以上者，可以由当事人自行决定由哪一系统法院审理；在1万美元以下者，则只能由州法院受理。无论是联邦法院还是州法院，都可以根据职能不同而划分为审判法院和上诉法院，一般来说审判法院只负责一审，上诉法院只负责上诉，但联邦最高法院和某些州的最高法院除外，它们不仅审理上诉案件，而且也负责一部分较为特殊的一审案件。

德国联邦法院的组织机构和美国联邦法院不同，联邦一级负责不同事务的法院分散于全国各地，联邦和各州的法院不是两个平行的系统，而是单一的司法体制，各类法院依类分别构成垂直关系，以联邦法院为州以下三级法院的最高审级法院；联邦不在各州专设自己的司法机关，而就其法律事务委托州的机构和官员办理；各州法院不仅执行州的法律，也执行联邦法律，它们既是联邦法院的下属法院，又是地区和地方法院的上诉法院，而且各级法院都运用统一的法典。因此联邦法院的组织机构更多地体现出单一制国家的特点，尽管和美国的州一样，德国各州也都有自己的宪法。

联邦德国的司法权由联邦宪法法院、各联邦法院和各州法院行使。联邦宪法法院负责解释《基本法》、审理一切与《基本法》有关的案件。各联邦法院审理的范围包括：涉及联邦法律、同外国的关系、各种联邦事务、联邦与州之间以及州与州之间的争执，受理不服州法院判决的上诉案件，并予以重新审理。州和地方法院的设置基本延续了联邦一级法院的制度安排，行政法院、财税法院、劳工法院以及社会法院等一应俱全，其分别负责审理本地的、不涉及联邦和它州的案件。州设有州宪法法院，负责裁决涉及州宪法的争执案件。

二、西方国家的违宪审查制度

违宪审查制度是西方国家确保国家法制统一，维护宪法尊严，防止权力滥用，监督法律实施，审查各项法律法规是否符合宪法的一项重要法律制度。西方各国对此非常重视，纷纷建立起各自的违宪审查制度。但因各国国情不同，加之政治、经济、文化等方面的差异，各国的违宪审查制度内容也不尽相同。

所谓违宪审查制度，是指国家通过一定的程序(多为司法程序)来审查或裁决国家的立法(法律)和行政(法令)或者国家机关领导人的行为是否符合(违反)宪法的一种基本制度，是一种为防止违宪而设立的专门制度。在世界各国宪法发展潮流中，逐步形成了3种宪法审查体制：一是普通法院监督体制，即由普通法院行使违宪审查权。它起源于美国，日本、加拿大、墨西哥等64个国家采用这种监督体制。二是特设的专门机关监督体制，即由特设的专门机关(宪法法院或宪法委员会)来行使违宪审查权，目前德国、俄罗斯、意大利、奥地利等30多个国家设立了宪法法院，法国等国则设立了宪法委员会或者宪法会议；由专门机关行使违宪审查权是目前世界上的流行做法。三是立法机关监督体制，即由立法机关(议会)来行使违宪审查权，实行这种体制的有英国、瑞士等国。

美国联邦最高法院的“司法审查权”(Judicial Review)，就是最高法院有权判决联邦法律或州法律，以及总统和政府的行为是否违宪。这种权力并不是一般意义上的解释宪法的权力，实质上是拥有改变宪法的权力。但是，最高法院并不是在有关法律制定前后提出该法是否合乎宪法，而是在它受理的案件判决中宣布该法是否违宪。也就是说，美国联邦最高法院只能在判决中附带对法律条文进行具体的违宪审查，对案件和法律是否违宪一并判决，而不能独立地直接对法律实施抽象的违宪审查。判决宣布后随即成为先例或判例，对一切法院都具有约束力，当然也包括联邦最高法院自身，违宪法律从此就不能再执行了。这种“司法审查权”并不是宪法所特别规定的，而是最高法院根据它对宪法的解释得出的一种理论。这种理论在1803年“马伯利诉麦迪逊”这一里程碑性的案件中得到了强有力的说明。联邦最高法院首席大法官约翰·马歇尔在该案的判决中认为：“一项违反宪法的立法不是法律，”并进一步指出，“说明法律是什么，显然是司法部门的职权和责任。”从此，“司法审查制度”在美国确立下来并对政府活动的各个领域乃至美国社会的各个方面都产生了重大的影响。联邦最高法院运用“司法审查权”所进行的违宪审查，是对白宫和国会的约束和制衡，捍卫了美国立国之初即确立的三权分立传统，这使得宪法的权威性大大增强，同时大法官对判决进行合宪性解释，为宪法的适应性和稳定性提供了保障。

联邦首席大法官约翰·马歇尔确立了联邦最高法院的“违宪审查权”

图片来源：百度百科，https://baike.baidu.com/item/%E7%BA%A6%E7%BF%B0%C2%B7%E9%A9%AC%E6%AD%87%E5%B0%94/9966014

在美国历史上，“司法审查权”的多次运用深深地影响了美国政治的发展进程。如1954年的“布朗诉托皮卡教育管理委员会”一案中，最高法院一致判决：种族隔离的学校是不平等的，它剥夺了黑人儿童受法律同等保护的权利，违反了美国宪法第十四条修正案中“平等的法律保护”条款，这一判决推翻了1896年最高法院就“普莱西诉弗格森”案中做出的“隔离但同等”的判决，并且在国会没有通过任何立法、总统没有任何动议的情况下，由最高法院自己制定了一项适用于全国的新法律。又如1962年最高法院在“贝克诉卡尔”一案中规定在所有选举中必须执行“一人一票”的原则，这就取消了原先由各州议会控制各州选举法的权力，在全国推行统一的选区划分标准。在过去的200多年里，联邦最高法院一共判定130多项国会立法违宪，强有力地捍卫了手中握有的“司法审查权”。通过司法审查制度，美国司法机构有效地参与了法律和政策的制定和执行过程。

美国联邦最高法院创立的违宪审查制度，不仅在本国宪法制度中产生了重大作用，在世界不少国家的宪法制度中也产生了巨大的影响，它在创立后得到广泛的传播，以至为60多个国家所效法，成为世界上影响面最大、实行面最广的一种宪法监督体制。日本就是效法美国违宪审查制度较为典型的国家之一，它的宪法第81条规定：“最高法院为有权决定一切法律、命令、规则以及处分是否符合宪法的终审法院。”这一条被认为是对美国型违宪审查制度的明文化。日本同美国一样，其最高法院和下级法院除行使司法权之外，还行使违宪审查权。但与美国相比，日本违宪审判的数量是很少的。这与日本司法权较之立法权、行政权处于弱势地位这一实情不无关系，因此日本最高法院长期以来对违宪审查采取了消极谨慎的态度和宪法判断回避原则。

宪法法院违宪审查的出现是世界现代宪政史上新出现的一种制度。1920年以前，世界各国并无宪法法院等专门机关。最早提出设立宪法法院作为违宪审查机关的是奥地利出生的法学家、规范法学派代表人物汉斯·凯尔森，最早在宪法中规定设立宪法法院的国家是奥地利共和国。此后，这种体制迅速流行，许多欧洲国家相继设立宪法法院。目前世界上约有 38 个国家设立了此类宪法法院。在德国，宪法法院为 1949 年的基本法所规定，并于 1951 年建立，同时颁布《德国联邦宪法法院法》，它无疑是欧洲最强有力的宪法法院，因为其具有最广泛的管辖权。德国宪法法院独立于立法、行政和司法之外，这为实施违宪审查提供了合法性支撑，因此其违宪审查方式和程序更加灵活，可以根据情况选择主动或被动审查，审查结果具有更为普遍的约束力，审查内容也更加丰富，尤其是针对政治性问题。除了对立法的违宪审查外，它还有权审理关于议员选举案件，裁决指控联邦总统的案件，以及裁决宪法性组织之间的争议、联邦和各州之间或者各州之间的争议。在法国，1958 年设立法国宪法委员会，次年开始工作。根据《法兰西第五共和国宪法》第 56 条规定，宪法委员会由 9 名任命成员和正式成员组成，任命成员任期为 9 年，不得连任，每 3 年改组三分之一，其中 3 名成员由时任总统任命，其余 6 名成员由议会两院议长分别任命三名，正式成员由历任共和国前总统担任，宪法委员会所有成员在任职期间不得担任任何政党或政治团体的职务。① 宪法委员会的职权大体上可以分为两类，第一类是有关选举程序方面的权力，如监督总统选举的合法性，审查申诉并公布投票结果，对选举争议拥有管辖权；第二类是对立法的违宪审查，即有权裁决关于立法权限和制定法规之间的权限划分的争议，有权裁定议会任何一院的规则是否违宪的问题，以及国际条约和法律是否违宪的问题。

凡是承认立法权至高无上的国家，则大多由最高国家立法机关（议会）行使违宪审查权。如实行议会制的英国、荷兰、新西兰等国家就是采用这种模式。在英国，不存在由其他机关（如司法机关）来审查立法合宪性的问题，司法机关无权宣布某项立法违宪。宪法条文的修改、废止一概由议会决定，如果某一项议会法案与宪法原则相抵触，那么抵触部分就被认为是对宪法的修改，议会可以根据客观情况，通过立法活动随时修改或者补充宪法。另一方面，如议会通过自己的审查发现某法律违反宪法原则，也可以修改或废弃该法律。此外，在英国的宪法实施监督中也有违宪审查制的因素，它的高等法院（王座法庭）可以审查行政行为、命令和下级法院的判决是否违法，但不包括议会的立法。可见，由立法机关行使违宪审查权，是英国违宪审查制度的特征之一。

第四节　各国的司法程序和司法人员

一、英国的司法程序和司法人员

司法程序在英国法律制度中具有特殊的重要地位，可以说是英国法的中心。与大陆法系的各国相比，英国法表现出明显的“程序法”特点。英国的司法程序有几个重要的特点：第一，英国的司法程序实行“无罪推定”的原则。在庭审中，举证之责完全由原告承担，即原告必须提

① 参见：*La nomination*，https：//www.conseil-constitutionnel.fr/les-membres/statut-des-membres

供被告有罪的证据，而被告则有权反驳，并且不得被强迫提供于己不利的证据，即自认其罪。第二，实行“对审主义”、“辩论主义”原则。即庭审中原告和被告双方互相对质抗衡，通过两造及双方律师的辩论来澄清事实。第三，实行陪审制度。在西方国家中，英国的陪审制度是最发达的，一个陪审团通常由 12 名普通公民组成，他们是根据居住地或选民登记原则，无需法律资格而选任的。陪审团的作用主要是在重大的案件中参与法官的审理，并且最后进行投票，若判定被告无辜，则立即释放；若定为有罪，法官再依法量刑。第四，“司法独立”原则。即强调为保证法庭工作的正常进行，任何人都不得干预、扰乱法庭工作；法官无需经过控告和陪审，就可以以“蔑视法庭罪”对扰乱干涉法庭工作者即刻进行审理判罪。

在英国法中，法律程序的地位及其自身的特征，决定了法官、律师、陪审员等司法人员的地位和作用。律师在司法程序中扮演着极为重要的角色，他能决定诉讼的胜败，同时，法官的任命也主要是从具有多年司法经验的律师中选拔，而不是依靠大学培养。当前高等法院法官和助理法官的选拔流程已大大简化，且已经开始应用于领导成员的选任工作中。正是这样，英国的律师和法官表现出一元化的特征。与此同时，英国的律师内部又表现出二元性，英国的律师分为出庭律师（barrister）和诉状律师（solicitor），二者既有分工又有合作，但前者地位较高。“诉状律师”与“出庭律师”的分工是：前者受当事人委托，主要从事各种证据和案件必需的文字准备工作，委托出庭律师并向其介绍案件的基本情况，陪同出庭律师出庭等；值得注意的是，非诉讼法律事务由诉状律师所垄断，出庭律师无权介入；后者则是“辩护士”角色，他不能直接与当事人接触，所有的联系必须通过诉状律师；因此出庭律师对案件的了解程度远不如诉状律师，从而英国法庭上经常会出现出庭律师低声咨询诉状律师的情况；任何一名律师都不得以上述两种身份进行活动。不过，诉状律师在治安法庭和郡法院还是可以为当事人出庭辩护的，此外他还可以担任个人和家庭的法律顾问。在英国，一名律师通常必须经过十多年的司法实践，才有可能升入更高的等级，被任命为法官。英国的大法官、高等法院法官、上诉法院法官等均需由首相和司法大臣共同推荐再经英王任命，大法官拥有对司法人员的任免权，初级职务一般由大法官任命。大法官一经任命，非本人同意一般不能被免职；大法官地位极高，报酬丰厚，其年薪甚至超过首相。英国法官在执行法律时普遍具有较高的素质，近年来英国极为重视对法官领导能力和管理能力的培养，目前培养对象已经扩展至三级法院中新任命的法院领导、在任的法院领导以及高级司法领导人。

此外，由于检察机关的组织体系和职业化建设比较松散，英国直到 1986 年才建立起统一的检察机构。目前，英国已形成从中央到地方独立而统一的检察体系，总检察长由首相在资深律师中任命，是下议院议员、政府首席法律官员（非内阁阁员）、律师协会首脑。主要职责是对重大疑难刑事案件提起公诉，对涉及公共利益的民事案件代表政府出庭，就重要法律问题为政府提供法律意见等。检察长由内政大臣在律师中任命，在总检察长的领导下履行相应职责。检察长领导皇家检察署的工作，皇家检察署由检察官（prosecutors）组成，检察官必须具有律师资格。检察机关有权决定案件的起诉和不起诉，有权对审判进行某些监督。检察机关独立行使职权，不隶属于行政机构和法院。①

① 曹沛霖等：《比较政治制度》，高等教育出版社 2005 年版，第 291 - 292 页。

二、美国的司法程序和司法人员

美国的诉讼程序是一个极为复杂的过程，概括起来说不外乎3个基本阶段：庭审前阶段、庭审阶段和上诉阶段。刑事诉讼在庭审前一般要经警察机关的侦查阶段，如果警察机关确认嫌疑成立便把案件交给检察官准备起诉。在美国，检察官提出公诉的证据必须由大陪审团加以审定，如果大陪审团认为证据不足，案件便被撤销；反之便由检察官向法院提起公诉。在民事诉讼中，各国庭审前阶段一般是原告或其代理律师向法院提出起诉书，法院向被告发出相应的传票，被告或其律师提出答辩状。在此过程中，法院可以进行调解，如果调解成功，诉讼便不再进入下一阶段。庭审阶段是诉讼的关键阶段，首先要宣读起诉书，接着由被告律师陈述意见，然后进入法庭调查，包括讯问证人，裁定证据等。美国庭审阶段实行"辩论主义"原则，原告和被告双方互相对质抗衡，通过双方律师的辩论来澄清事实，法官则扮演一个"相对消极"的角色，在双方辩论结束后，根据陪审团认定的事实做出最终的法律判决。上诉是由于一方当事人对法院判决不服而提起的，它是诉讼程序的重要阶段，也是最后的阶段。复审法院主要考虑原判决是否合法，并做出法律问题上的裁决。

美国宪法规定，联邦最高法院大法官由总统任命，参议院批准。总统在提出最高法院大法官人选时一般会征求美国律师协会的意见，尽管这并不是法律所规定的必须履行的程序。国会的法律对于低级联邦法院法官的任命也作了同样规定。美国宪法或法律对于联邦法官的资格并无任何规定，但逐渐形成的习惯是：正规法学院教育和拥有法学士或法学博士(J.D.)学位，已成为担任联邦法官的先决条件。在今天没有法学士或法学博士学位的人是没有资格当法官的。许多联邦法官以前都当过律师并有司法工作经验，最高法院大法官几乎全都当过律师，其中有些人当过大公司的律师，约3/5的人当过低级法院的法官。美国法官的任命和罢免属于两个独立系统，总统一旦任命法官后，无特殊原因不得随意罢免法官。在美国，法官享有很高的社会威望，尤其是最高法院的大法官，美国人把他们"看作是宪法所赋予的广泛个人自由的监护者和解决全国性重大争论的仲裁人"。法官们的工资相当优厚，年满70岁担任联邦法官10年以上，或年满65岁担任联邦法官15年以上的法官，可以领全薪退休或辞职。其中联邦地区法院和上诉法院的首席法官开始任职时年龄必须低于65岁，任期最长为7年，并且70岁以后不能继续担任首席法官。为了保持公正身份，法官在任职期间不得参加某些政治活动，也不得兼职除教学以外的任何盈利性职位。如在任职期间有不端行为，国会可以对其提出弹劾。自美国建国以来，仅有9名联邦法院法官遭到国会弹劾，且只有4人最终被参议院判定为有罪。为了避免经济方面的问题，联邦法律还规定法官必须每年申报自己及配偶和子女的财产、负债和报销费用等，这些申报记录都由专门部门负责保存，民众可以随时查阅。值得指出的是，最高法院、上诉法院和地区法院的联邦法官一般都是终身制，专门法院的联邦法官是任期制。但终身制并不意味着一定要终身担任法官，法官可以因健康原因或其他理由辞职，前提是必须由法官自己主动提出，被免职的唯一途径只有弹劾。

美国是律师和律师制度最发达的国家之一，律师资格的授予主要是各州自己的事情，联邦层面并没有全国统一的律师资格考试。若想在联邦法院从事律师相关工作，只需通过资格审查即可，一般来说，有权在州最高法院进行诉讼的律师只需办理一些简单手续即可在联邦法院执业。传统上，律师业务主要分为刑事辩护、刑事诉讼代理、民事、经济、行政诉讼代理和法律咨询、非诉讼代理等几种。但进入20世纪以后，律师业务范围的重心已由以非经济活动的法律事务为主，向经济活动的法律事务转移，从以诉讼业务为主，向非诉讼业务、尤其是商事活动中各种非诉讼的咨询和代理业务转移。美国的律师有5项根本职能：提供咨询、熟练的辩护、改善律师职业、引导公众舆论和无私地为公众服务，但最有影响力的还是给政府做法律顾问。美国又是律师职业道德要求最完备的国家，曾在1983年由美国律师协会代表大会正式通过《律师职业行为标准规则》，要求律师廉洁从业。此外，由于美国作为一个遵循惯例法的国家，日常生活中经常出现各种法律纠纷，美国律师的社会地位很高，往往是人们崇敬的职业之一。虽然美国承袭了英国很多法律传统，但美国并没有类似于英国“诉状律师”和“出庭律师”的职业划分。

美国拥有独立的检察系统，1870年设立司法部，司法部长担任总检察长（attorney general），联邦司法部实为中央检察院。美国的检察机关不完全是按行政区域设置的，除县一级是按行政区划设置检察机关外，联邦和州的检察机关分别按司法管辖区设置。在检察机关与法院的关系方面，美国也采用审检分立制。美国检察机关拥有一定的侦察权，尤其是由联邦总检察长指挥的联邦调查局就是一个庞大的侦察机构。一般刑事案件由检察官提起诉讼，重大刑事案件的起诉，经大陪审团审查决定，由检察官制作起诉书。[①] 此外，美国还设立特别检察官，拥有独立的调查、起诉等全部权力，负责对总统、副总统、部长等高级官员调查，特别检察官对国会负责。总的来说，多样性是美国检察机关的基本特征，检察机关的职权范围不同，规模大小也不同，专业化分工亦存在差异。

三、法国的司法程序和司法人员

法国刑事诉讼、民事诉讼和行政诉讼都有各自不同的程序。刑事诉讼程序方面，当刑事案件发生后，首先由预审法官秘密地进行侦查，审问有关证人，按情节的轻重分别移交相应的检察院，由检察官准备起诉。开庭审理时，由首席法官审讯被告，被告必须据实回答；在证人作证结束后，双方开始辩论；辩论结束后，首席法官要求陪审团就事实进行裁决，然后由法官根据陪审团的决定判决罪名，宣告刑罚。在民事诉讼程序方面，一般由原告向有关法院起诉，被告进行答辩；法院对双方进行调解或做出裁决。行政诉讼程序比较简单，由原告向行政法院递交一份呈文后，查案员进行调查，听取原告和被告双方的意见，写出报告并提出自己的见解。然后开庭审判，根据调查报告、证词和被告的申述，司法组全体成员做出决定。无论经过哪种诉讼程序，如果一方不服法院的判决，可以依照法定程序提出上诉或复审。

法国的所有法官都来自法国法官学院，要经过严格的学习和培训，具有较为扎实的法学知识和较高的文化素质。法官学院每年通过考试的形式向社会公开招收学员，报考法官学院的申请者必须具备大学毕业和法律专业知识的两大最低条件，因此会重点考察申请者运用法律知识解决实际问题的能力。学员作为见习法官在学院内学习、实习并接受培训，毕业后成为正式法官。由于对法官的培养投入很大，因此初任法官要签订协议，保证在司法机关工作满一定的年限。法国的法官实行终身制，法官一旦任命并宣誓就职，非经弹劾，不得被罢免、撤职和强制提前退休；非经本人同意，不得调动和升迁。司法部身份与职业道德办公室和由总统领导下

① 曹沛霖等：《比较政治制度》，高等教育出版社2005年版，第292页。

的独立机关最高司法官委员会分别负责法官身份和法官任命及惩戒。法官犯有判国罪、贿赂罪或其它严重的罪行才被弹劾。但法官在职业活动中的失职行为不在此列，按规定法官在审判活动中的言论和行为是不受追究的。法官不得兼任公职，不得兼任议员，不得兼任经济和社会委员会委员，不得兼任获取报酬的职务，不得从事职业性的活动，也不得以党派身份从事政治活动。

法国律师的主要职能是进行辩护，他作为当事人的代表，在民事和刑事案件的整个诉讼过程中，都可以为当事人进行辩护。法国律师的另一职能是充当官方和民间机构、团体和个人的法律顾问，为它们的业务活动提供法律问题的咨询。在法国取得律师资格的条件是：法学院毕业；通过统一考试，取得"律师业技能合格证书"；三年以上的见习律师经历。具备以上 3 个条件后，根据实际表现由律师协会授予律师资格。

法国的检察机关隶属于行政机构，具体由司法部领导，所有检察官均由总统根据司法部长的提名任命，法国的司法部长虽然无权直接行使检察权，但有权向检察官发出指示。上级检察官不能代替下级检察官来行使职权，只要下级检察官职位不变，其工作行为就不会发生任何改变，具有不可替代性。法国建立了较为完善的职务评价和晋升渠道，检察官的职务晋升更多取决于个人职业能力。检察机关独立于法院，但附设于法院内部，实行所谓审检合署制。检察官在刑事案件的审判过程中充当公诉人，有权要求法官按照起诉的事实定罪量刑。

四、德国的司法程序和司法人员

德国《基本法》第 104 条对司法程序做了基本的规定。普通法院体系采取的是四级二审，辅之以复审的制度。第一审视案情轻重分别由地方法院和地区法院担任，正式审理从宣读起诉书开始，接着由被告律师陈述意见，庭长以"积极仲裁人"的形式出现，主动向被告和证人提问，指出证词矛盾之处；检察官和其他法庭成员及辩护律师只有在庭长同意下，才能向原告、被告、证人和鉴定人进行询问，在全部事实确认后，由起诉人提出法院判决建议，接着是辩护律师抗辩，最后由原告对自己的行为作最后申辩。在这些程序完成以后，法官退庭进行裁决，然后全体法官再次出庭，由庭长宣布裁决结果，至此庭审结束。如当事人对法庭处理决定不服，可采用三种方式来表示，即抗告、上诉和申请复审。在通常情况下，上诉是对第一审法院判决不服而向第二审法院提出的，申请复审则是对第二审法院判决不服而向复审法院提出的。法庭审案实行由审判员参加的陪审制度。审判员无需专门的法律训练，原则上每个公民都可以被聘为审判员，它实际上是一种荣誉职务。

德国《基本法》赋予法官很高的社会地位，按规定他们独立行使职权，只服从法律。取得法官资格必须经过两次考试，在第一次考试之前，必须先在大学里进行 3 年半以上的法学研究，其中至少有 4 个学期致力于法官法规定的裁判权研究；第一次考试通过后，再进行为期 3 年以上的实习，然后参加第二次考试，通过后便正式取得从事司法工作的资格，具有此类资格的人在担任法官 3 年后可被任命为终身法官。需要指出的是，根据《德国法官法》，德国共有终身法官、非终身法官、试用期法官以及委任法官四种，终身法官原则上来源于其他类型的法官，非终身法官主要源于公务员，较为常见的招录情况是在遇到人手不足的情况下担任法官；试用期法官的来源多样化，即便从事其他职务也可被任命为试用期法官；委任法官主要是补充金融、税务以及专利等领域后备法官不足的情况。法官坚持"司法独立原则"，不接受联邦议院、联邦参议院、政府内阁及其它相应机构的指示；法官不得兼任除高校法律教师之外的任何其他职务；法官在审理案件中，按“自由心证”和“无罪推定”原则办事。德国《基本法》规定，法官除非违反基本法，否则不得在违反其意愿的情况下，在其任期内将其撤职或停职；联邦法官在违反基本法的原则或宪法时，联邦宪法法院经联邦议院要求，可以三分之二的多数裁决将其调职或命令其退休。法官作为公务员的一种，除了遵循公务员法之外，德国还专门设立了惩戒法院对法官进行惩戒。此外，德国还存在着一些名誉法官，和我国的陪审员类似，这些法官不从事专门的法官职业，任职条件也相对更低，但是在案件的审理中享有和其他法官相同的权利。名誉法官作为一种社会力量参与法庭裁判，主要起到监督专业法官的作用，并一定程度上防止法官思维定式。

德国的律师是司法机关的独立单位，是自由职业者。律师要有法官职务的资格要求。取得律师资格要通过两次国家司法考试，总的要求是，在大学至少学习 3 年半的法律，完成各项课程后报考第一次司法考试，考试合格者获得“候补文官”资格，进入为期 2 年的预备期，参加统一司法研修，研修合格者可以参加第二次司法考试，通过考试者即可申请律师执照。[①] 在法律规定的范围内，任何人都有权选择自己的律师充当各种法律顾问，在法庭、仲裁庭或司法机关为自己提供代理或辩护。此外，和律师一样，德国的公证人也是司法机构的独立单位，与律师一样要有法官职务的资格要求，公证人是公证机构的承担者，其任务是登记各种法律诉讼程序，如登记遗产继承契约或登记土地买卖合同和签字认证等。

德国没有统一的检察院法或是检察官法，其结构安排由法院和法官的相关法律条文予以界定。德国的检察机关隶属于司法部，分为联邦总检察院、州总检察院和州检察院，但司法部和各检察院之间、上级检察院和下级检察院之间并不是严格的命令服从关系，而只是司法部对各检察院的工作业务指导，上级检察院对下级检察院诉讼程序上的指导关系。德国采用审检合署制，在每一个法院都设有检察机关的办公室，德国检察机关拥有刑事案件的侦察权和提起公诉的权利。德国检察官的准入门槛非常之高，因此任命后非因法定事由、非经法律程序不被免职。

五、日本的司法程序和司法人员

日本的司法程序是指法院、检察院和律师对各类案件进行起诉、辩护和审判的审级制度和诉讼程序、审理方式。日本采用的是四级法院三审制度，简称“三审制”。从案件在高等法院、地方法院、家庭法院、简易法院提起诉讼，进行第一审开始，如果对一审判决不服者，可以向上级法院提出诉讼，要求进行二审判决；如果对二审判决仍有疑问，或不服判决者，还可以再一次向最高法院提出上诉，要求进行第三审判决。一般情况下，同一案件可以保证得到三次审理和判决，这就是日本的“三审制”。日本的民事案件首先由原告向法院提出起诉书，法院经过对起诉书的审查后，决定驳回起诉或接受起诉、开庭审理。公开的法庭审理通过原告和被告口头辩论的方式收集双方诉讼资料，法官经过核实事实、证据后，对双方进行调解，或做出判决。判决后，双方如有不服，可以在规定的 14 天期限内向上级法院提出诉讼或越级上告。在民事诉讼

① 熊选国、陈明国、杨向斌、曹阳、王杰华、郭恒亮：《英国德国法律服务制度考察报告》，载《中国司法》2017 年第 10 期，第 76－82 页。

案件中，允许当事人聘请律师代理，律师以代理人的身份参加法庭辩论、提供证据和有关文件、资料等。刑事案件的审理包括逮捕嫌疑犯人、收集犯罪证据、提出起诉、开庭审判、法庭调查、宣告刑罚等一系列审理程序。法官在审判过程中处于提出公诉的检察官与为被告辩护的律师之间的公断人地位。在听取公诉人和辩护律师进行的法庭辩论和犯罪事实的基础上，按照法律判断是非，最终依法量刑或是宣判无罪。

日本的法官是国家机构中具有特殊地位的公务人员。对法官的选择和任免、法官拥有的身份保障和社会待遇以及弹劾法院的程序，宪法和相关法律都有明确的规定。法官的选拔和晋升遵循日本公务员的选拔方式，必须通过国家司法考试并进入研修所接受培训。日本法院法官的选任主要是由日本最高法院的"下级法院法官提名咨询委员会"以及8个高等法院的地区委员会，负责向最高法院大法官会议提出法官候选人是否符合担任条件来进行。基层法院法官通过资历慢慢晋升至高等法院法官。最高法院的法官要求更是严格，首先必须是见识广博、有精深的法律素养，年龄在40岁以上的人；其次最高法院的法官在任职前必须是工作20年以上的高等法院院长、检察厅厅长、大律师和著名教授或高级行政官员。随后根据日本宪法规定，最高法院院长由内阁提名，天皇任命，最高法院法官由内阁任命但也须经过天皇批准。最高法院法官身份来源基本已经固化，下级法院法官出身、检察官出身、律师出身、官员出身以及学者出身都要占到一定比例。高等法院和简易法院的法官均须担任过候补法官、检察官、律师、法院调查官以及大学法学教授或副教授等职务。日本的法官受到法律的严格保护，具有特殊的身份。日本法院法官不实行终身制，但是可以连任，任期一般为10年，期满后向法官提名咨询委员会提交申请经过批准后方可连任。

日本的律师辩护制度是司法审判过程中与法院、检察机关并立的律师，行使为被告进行辩护的权利的制度。日本历来对律师资格的要求极为严格，律师同法官、检察官一样，必须经过司法考试合格，司法进修生修业完毕，才能取得律师资格。此外，要具备律师资格还必须加入律师协会，在全国律师组织中注册登记后，才能正式取得律师身份。日本律师的职务与法律的各个领域都有联系。在民事案件中，律师作为当事人的代理人，可以承担出席法庭辩论、取证、征求证人等一系列诉讼活动。在刑事案件中，辩护律师站在被告的立场上，维护被告的正当权益，促使法院做出符合法律的判决，以达到为被告人或嫌疑人辩护的目的。

日本的检察制度是刑事审判中，代表国家对罪犯提起公诉的机构，刑事案件的起诉权由检察机关掌握。日本检察厅按级别分为最高检察厅、高等检察厅、地方检察厅以及区检察厅。日本检察机构与司法警察相结合，并在检察机关的指挥下，由司法警察执行对刑事犯罪的侦查和对嫌疑犯的逮捕等任务。检察官的任命有严格的选择条件，并有身份保障，检察官属于内阁法务省管辖，对上级有服从命令的义务，并非各自独立活动，而是在法务大臣的统一指挥下进行检察工作。依据《检察厅法》，检察官从高到低依次为检事总长、次长检事、检事长、检事和副检事。

六、俄罗斯的审判原则与司法人员

俄罗斯的现行审判原则大体承袭了苏联时期的形式，但独立性更强。其主要内容包括：第一，法院是唯一审判机关的原则，即俄罗斯联邦的审判权只能由法院来行使，其它任何国家机关和公职人员都不具备这种权力。第二，法官独立的原则，即法官只依据联邦宪法和联邦的其它法律从事审判工作，任何国家机关、社会团体和公职人员都无权干预法官和陪审员的审判活动。第三，诉讼公开的原则，即各级法院审理案件一律公开，除了诉讼参与人员之外，任何公民也都可以旁听审理。第四，刑事案件不得缺席审理的原则，即除非联邦法律有特殊的规定，否则，法庭不能在当事人缺席的情况下对刑事案件进行审理和进行判决。第五，当事人有平等辩论权的原则，即被告人在整个诉讼过程中有权得到辩护人帮助，不可剥夺和限制法律赋予被告的各种权利。第六，陪审员参加诉讼程序的原则。

根据俄罗斯现行宪法的规定，法官独立并只服从联邦宪法和联邦法律。他们的司法活动不受任何国家机关、社会团体、政府官员和一切公民的干预。法官有人身不可侵犯的权利，除非按照联邦法律规定的程序，否则不得追究法官的刑事责任。法官实行终身制，不可撤换，只有按照联邦法律规定的程序才可以终止或者暂时停止他们的权力。出任法官的人必须具备一定的条件，对此，俄罗斯宪法规定："年满 25 岁，受过高等法律教育并具有 5 年以上司法职业工作经历的俄罗斯公民，可担任法官。法官必须通过评估其有关法律方面知识的法律水平考试。法官主要是任命产生。《俄罗斯联邦宪法》规定年满 25 周岁有资格参评市及地区的法官候选人，高等法院要年满 30 周岁，联邦最高法院和仲裁法院则需满足 35 周岁和法律从业 10 年两个条件，而联邦宪法法院的法官不仅不得低于 40 周岁、法律从业经历不少于 15 年，而且要具有良好声誉，被业界公认具有较高水平。俄罗斯的法官地位很高，每位法官都发有公务的手枪作为自卫。法官的工资和福利待遇一般要比其他国家公务员高出许多。法官及其家庭成员有权享有包括药品费用在内的医疗保障以及自费医疗机构的医疗费用，均由联邦预算财政支付，这种特权退休后仍都得以保留。除领取国家规定的工资外，还可领取联邦最高法院根据法官职级和工龄规定的数额不菲的附加工资。法官每年享有为期 30 个工作日的带薪休假，年满 60 岁的男性法官和年满 55 岁的女性法官，只要法律职业工龄不少于 25 年和法官工龄不少于 10 年，均可领取相当于原工资 100%的退休金。

俄罗斯法院院长、副院长任期 6 年，可以连任，但在同一法院最多连任不超过两届。未经本人同意，俄罗斯法官不可被调动。俄罗斯联邦宪法法院由 11 名法官组成，最少有 8 名法官在任，联邦宪法法院才可运转。法官由联邦总统提议任命，除非被判有罪或健康原因，否则联邦法院法官可一直任职直至 70 岁。[①]

俄罗斯的律师是以其专业知识和技能为社会提供法律服务的职业从业人员，他们严格按照法律规定的活动原则和业务范围进行活动，并有特定的律师资格认定制度。俄罗斯律师必须拥有国家认可的高等教育机构授予的法学学位，同时还应拥有不少于 2 年的法律专业经验。和公务员类似，俄罗斯的律师也拥有由司法部编制的俄罗斯律师名录。

检察院系统是俄罗斯联邦司法机构的重要组成部分，也是具有司法监督职能的司法机关。联邦最高检察院设总检察长，由联邦总统提出人选名单，然后由联邦委员会任命。总检察长任期为 5 年，可连选连任，且年龄不受联邦法律的年龄限制。各级检察官应由联邦总检察长任命和免职。各级检察院独立地行使权力，不受其他国家机关、社会团体和公职人员的干涉。检察院的主要职责包括对法律执行情况的监督、对公民权利与自由的监督、对法律执行机关的监督

① 参见："Раздел первый. Организация Конституционного Суда Российской Федерации и статус судейГлава I. Общие положения"，http：//www.ksrf.ru/ru/Info/LegalBases/FCL/Pages/Chapter1.aspx

以及对被羁押者惩戒情况的监督等。①

思考题：

1. 英美两国法院组织系统具有哪些不同？造成这种差异的原因有哪些？
2. 如何评价西方国家的违宪审查制度？

案例十："辛普森案件"折射美国刑事司法制度的缺陷

1994年，前美式橄榄球运动员辛普森杀妻一案成为当时美国最为轰动的事件。此案当时的审理一波三折，最后在证据充分的情况下，辛普森竟逃脱法律制裁，在用刀杀害前妻及其男友两项一级谋杀罪的指控中以无罪获释，仅被民事判定为对两人的死亡负有责任。

1994年6月12日深夜，洛杉矶西部一豪华住宅区里，人们在一住宅门前发现两具尸体。女死者后来被证实是尼歌·布朗·辛普森，而她身后躺着的是餐馆侍应生朗·高曼，两人都被利器割断咽喉致死。死亡时间是晚上10点多。案发后凌晨，四名警察部侦探来到死者前夫即著名的黑人球星辛普森住所，在门外发现其白色的不朗哥型号汽车染有血迹，车道上也发现血迹。按铃无人回应，侦探爬墙而入，其中一个侦探福尔曼在后花园找到一只与案发现场属于同一副的血手套和其他证据。一个被电话预约接辛普森去机场的司机说，10时左右他到辛普森家按门铃无人回应。接近11点时，发现一高大黑人(与辛普森相似)匆匆从街外跑回屋，再按门铃后辛普森回应了，出来说他睡着了，然后坐车到机场去芝加哥。

案发后凌晨，辛普森在芝加哥酒店接到警方通知前妻死讯，清早赶回加州。回来后辛普森在律师极力反对下单独接受了警察一小时的问话。当时警察发现辛普森受伤，他解释说是接到前妻死讯过于激动打破镜子而受伤的。警察经过几天调查后，决定将辛普森列为主要疑犯准备逮捕。

1995年1月，辛普森案件由日裔法官伊藤主审。在九个月的审讯过程中，有沉闷枯燥普通人不易明白的血液化验证据，也有意想不到的案情发展。整个案件的审理过程颇具戏剧性。

负责办案和入屋搜查证据的主要警察证人是侦探福尔曼，他被辩护律师指控为种族歧视者。他在法庭答问时声称自己在过去几十年里从来没有用过"黑鬼"这个歧视黑人的字眼，但是后来辩护律师出乎意料地找到一盒录像带，证明他在一个短时期内用过数十次这样的字眼。这严重地摧毁了福尔曼证词的可信性。辩护律师还进一步指控除了他之外，警察局另外有人为了种族偏见，故意栽赃嫁祸辛普森，伪造证据：警方在辛普森住所发现的那双沾有被害人血迹的袜子，被辩方律师聘请的生化学家证明是实验室里的产物。陪审团哗然。

在审理过程中，主控官突然要求辛普森在法庭上戴上手套，结果，辛普森在众目睽睽下竟然无法戴上手套，显然手套太小了。虽然控诉律师找到辛普森穿戴同一手套的照片，并且有专家佐证说手套染上血液后会收缩，但是辩护律师也请专家佐证说不会如此收缩。

最后，控诉律师指出辛普森多年来暴力虐待妻子(有报警记录)，加上血迹和染血手套铁证

① 参见："Раздел III. Прокурорский надзор"，http：//www.ksrf.ru/ru/Info/LegalBases/PublicProsecutor/Pages/Chapter3.aspx

如山，力劝陪审团绝对不要让辛普森逍遥法外。而辩护律师则强烈攻击控方证据的漏洞，同时攻击证人是种族歧视者以打击证据的可信度，强调控方没有足够的证据，要求陪审团判决无罪。

在所有人的震惊中，由十名黑人、一名白人和一名西班牙人后裔组成的美国加州洛杉矶地方法院大陪审团于10月4日裁决，辛普森两项杀人罪名均不成立。辛普森最后作为一个自由人被释放。

“大家都看见了辛普森沾满鲜血的手，但法律却不能说已看见。”辛普森谋杀案的主审法官在陪审团裁定辛普森无罪后如是说。美国司法制度素来注重对人权的保障，其刑事制度对人权的基本保障以联邦宪法为依据，其中更以第四修正案所规定的“禁止政府非法搜索及其没收人民财产”与本案最有关联。美国最高法院再三宣示凡违反第四修正案而搜索或取得的物品或供词，皆属不合法的证据，法院或陪审团皆不得以之作为定罪的基础。美国案例法将此规定称之为“毒树的果实”理论，亦即如果搜证的过程不合法，其因此而取得的一切证词与证物也不合法。本案检察官并未完全依循合法的搜证程序，或严格遵循搜索票规定之时间与地点搜证，导致相当部分的证物被法庭驳弃。

极大部分美国人认为辛普森就是“杀人犯”，但同时认为，既然法院认定辛普森无罪，在法律上他就是无罪的，人们应该对司法判决保持尊重。表现了美国民众成熟的法制观念和对独立司法的尊重。

辛普森案件反映出在一个不完美世界里追求正义的困难，以及设计完美法律制度的不可能。但是在审理一个几乎是“国人皆可杀”的双尸谋杀案嫌犯时，仍能赋予并具体维护其最低公平审判之宪法权利的美国刑事司法制度，在各种不完美法律制度当中，或许自有其值得借鉴之处。

（摘编自上海社会科学院民主政治研究中心. 执政策论——各国治国理政案例研究. 北京：时事出版社 2005）

思考题：

1. 你认为此案件中辛普森最终被判无罪释放是否合理？为什么？
2. “辛普森案件”的最终审理结果体现了美国司法制度中的哪些原则？

参 考 文 献

一、中文著作

[1] 包刚升. 民主的逻辑[M]. 北京：社会科学文献出版社，2018.
[2] 包刚升. 民主崩溃的政治学[M]. 北京：商务印书馆，2015.
[3] 曹海晶. 中外立法制度比较[M]. 北京：商务印书馆，2004.
[4] 曹沛霖. 外国政治制度[M]. 北京：高等教育出版社，1992.
[5] 曹沛霖. 制度的逻辑[M]. 上海：上海人民出版社，2019.
[6] 曹沛霖等. 比较政治制度[M]. 北京：高等教育出版社，2005.
[7] 曹沛霖等. 比较政治制度[M]. 2 版. 北京：高等教育出版社，2020.
[8] 曹沛霖，徐宗士. 比较政府体制[M]. 上海：复旦大学出版社，1993.
[9] 常士訚等. 比较政治制度[M]. 天津：天津人民出版社，2013.
[10] 陈嘉陵. 各国地方政府比较研究[M]. 武汉：武汉出版社，1991.
[11] 陈业宏，唐鸣. 中外司法制度比较[M]. 北京：商务印书馆，2000.
[12] 程虹. 制度变迁的周期[M]. 北京：人民出版社，2000.
[13] 程迈. 西方政党与法治[M]. 北京：社会科学文献出版社，2018.
[14] 丁建弘. 德国通史[M]. 上海：上海社会科学院出版社，2002.
[15] 傅金铎. 国外主要国家政党政治[M]. 北京：华文出版社，2001.
[16] 甘超英. 德国议会[M]. 北京：华夏出版社，2002.
[17] 高鹏怀. 比较选举制度[M]. 北京：知识产权出版社，2008.
[18] 高奇琦. 比较政治[M]. 北京：高等教育出版社，2016.
[19] 高奇琦. 比较政治学学科、议题和方法[M]. 上海：上海人民出版社，2016.
[20] 龚文婧. 英美地方自治制度比较研究[M]. 北京：人民出版社，2017.
[21] 龚祥瑞. 比较宪法与行政法[M]. 北京：法律出版社，2003.
[22] 古洪能等. 比较政治制度[M]. 武汉：武汉大学出版社，2010.
[23] 郭成伟. 外国政体概要[M]. 南京：江苏人民出版社，2001.
[24] 郭成伟. 外国司法制度概要[M]. 南京：江苏人民出版社，2001.
[25] 郭华榕. 法国政治制度史[M]. 北京：人民出版社，2005.
[26] 韩国明. 外国行政制度[M]. 兰州：兰州大学出版社，2004.
[27] 何怀宏. 选举社会及其终结[M]. 北京：生活·读书·新知三联书店，1998.
[28] 何勤华. 现代西方的政党、民主与法治[M]. 北京：法律出版社，2010.
[29] 洪波. 法国政治制度变迁：从大革命到第五共和国[M]. 北京：中国社会科学出版社，1993.
[30] 侯学华. 西方国家政治制度比较研究[M]. 北京：时事出版社，2011.
[31] 胡盛仪等. 中外选举制度比较[M]. 北京：商务印书馆，2000.

[32] 黄卫平，谭功荣. 公务员制度比较[M]. 北京：中央编译出版社，2002.
[33] 姜海如. 中外公务员制度比较[M]. 北京：商务印书馆，2013.
[34] 蒋劲松. 议会之母[M]. 北京：中国民主法制出版社，1998.
[35] 蒋劲松. 责任政府新论[M]. 北京：社会科学文献出版社，2005.
[36] 孔寒冰. 当代各国政治体制—俄罗斯[M]. 兰州：兰州大学出版社，1998.
[37] 兰华. 西方政治制度比较研究[M]. 济南：山东人民出版社，2008.
[38] 李驰. 法国地方分权改革[M]. 北京：中国政法大学出版社，2016.
[39] 李道揆. 美国政府和美国政治[M]. 北京：商务印书馆，1999.
[40] 李鸿谷. 普京政治—俄罗斯：民主与权力[M]. 北京：生活. 读书. 新知三联书店，2012.
[41] 李路曲. 比较政治学解析[M]. 北京：中央编译出版社，2015.
[42] 李秋高. 弹劾制度比较研究[M]. 北京：中国检察出版社，2011.
[43] 李松玉. 制度权威研究：制度规范与社会秩序[M]. 北京：社会科学文献出版社，2005.
[44] 梁琴，钟德涛. 中外政党制度比较[M]. 2 版. 北京：商务印书馆，2013.
[45] 林尚立. 国内政府间关系[M]. 杭州：浙江人民出版社，1998.
[46] 刘建飞等. 英国议会[M]. 北京：华夏出版社，2002.
[47] 刘杰. 当代美国政治：修订版[M]. 北京：社会科学文献出版社，2011.
[48] 刘敏茹. 转型国家的政党制度搬迁：俄罗斯与波兰的比较分析[M]. 北京：中央编译出版社，2013.
[49] 刘小林. 当代各国政治体制—日本[M]. 兰州：兰州大学出版社，1998.
[50] 楼邦彦. 各国地方政治制度：法兰西篇[M]. 北京：商务印书馆，2012.
[51] 吕耀坤. 德国政治制度[M]. 北京：时事出版社，1997.
[52] 吕一民. 法国通史[M]. 上海：上海社会科学院出版社，2002.
[53] 潘维. 比较政治学理论与方法[M]. 北京：北京大学出版社，2014.
[54] 潘伟杰. 现代政治的宪法基础[M]. 上海：华东师范大学出版社，2001.
[55] 潘小娟. 法国行政体制[M]. 北京：中国法制出版社，1997.
[56] 庞大鹏. 观念与制度：苏联解体后的俄罗斯国家治理(1991—2010)[M]. 北京：中国社会科学出版社，2010.
[57] 钱乘旦，许洁明. 英国通史[M]. 上海：上海社会科学院出版社，2002.
[58] 冉隆勃等. 当代英国[M]. 北京：中国社会科学出版社，1990.
[59] 任进. 比较地方政府与制度[M]. 北京：北京大学出版社，2008.
[60] 上海社会科学院民主政治研究中心. 执政策论——各国治国理政案例研究[M]. 北京：时事出版社，2005.
[61] 沈宗灵. 比较宪法——对八国宪法的比较研究[M]. 北京：北京大学出版社，2002.
[62] 石杰琳. 中西方政府体制比较研究[M]. 北京：人民出版社，2011.
[63] 施雪华. 当代各国政治体制—英国[M]. 兰州：兰州大学出版社，1998.
[64] 宋玉波. 比较政治制度[M]. 北京：法律出版社，2012.
[65] 宋玉波. 民主政制比较研究[M]. 北京：法律出版社，2001.
[66] 孙玉华. 俄罗斯政治[M]. 北京：北京大学出版社，2012.
[67] 谭功荣，黄卫平. 公务员制度比较研究[M]. 重庆：重庆出版社，2007.
[68] 谭健. 日本政府体制与官员制度[M]. 北京：北京人民出版社，1991.
[69] 谭健. 外国政府管理体制评介[M]. 上海：上海人民出版社，1987.
[70] 谭君久. 当代各国政治体制——美国[M]. 兰州：兰州大学出版社，1998.
[71] 唐晓，王为，王春英. 当代西方政治制度导论[M]. 2 版. 北京：中国人民大学出版社，2016.
[72] 田有方. 两大法系军事司法制度比较研究[M]. 北京：法律出版社，2013.
[73] 佟德志. 比较政治文化导论——民主多样性的理论思考[M]. 北京：高等教育出版社，2022.

[74] 童建挺. 德国联邦制的演变：1949—2009[M]. 北京：中央编译出版社，2010.
[75] 田穗生. 中外代议制度比较[M]. 北京：商务印书馆，2000.
[76] 王邦佐，孙关宏，王沪宁，等. 新政治学概要[M]. 上海：复旦大学出版社，1998.
[77] 王长江. 世界政党比较概论[M]. 北京：中共中央党校出版社，2003.
[78] 王沪宁. 比较政治分析[M]. 上海：上海人民出版社，1987.
[79] 王乐理. 政治文化导论[M]. 北京：中国人民大学出版社，2000.
[80] 王世杰，钱端升. 比较宪法[M]. 北京：商务印书馆，1999.
[81] 王逸舟，张小明，赵梅，等. 区域国别研究和比较政治学：新问题与新挑战[M]. 上海：上海人民出版社，2020.
[82] 王正绪，耿曙，唐世平. 比较政治学[M]. 上海：复旦大学出版社，2021.
[83] 王正绪. 发展中国家比较政治学[M]. 上海：复旦大学出版社，2022.
[84] 魏晓阳. 制度突破与文化变迁：透视日本宪政的百年历程[M]. 北京：北京大学出版社，2006.
[85] 文龙. 最高权力的象征——国家元首们的不平凡生活[M]. 北京：中国广播电视出版社，2004.
[86] 吴国庆. 当代各国政治体制——法国[M]. 兰州：兰州大学出版社，1998.
[87] 吴国庆. 法国政党和政党制度[M]. 北京：社会科学文献出版社，2008.
[88] 吴国庆. 法国政治史：1958—2017[M]. 北京：社会科学文献出版社，2018.
[89] 吴国庆. 战后法国政治史[M]. 北京：社会科学出版社，2004.
[90] 吴志成. 当代各国政治体制——德国和瑞士[M]. 兰州：兰州大学出版社，1998.
[91] 薛晓源，陈家刚. 全球化与新制度主义[M]. 北京：社会科学文献出版社，2004.
[92] 谢林，方晓. 外国政府机构设置和职能[M]. 北京：中国经济出版社，1986.
[93] 许振洲. 法国议会[M]. 北京：华夏出版社，2002.
[94] 徐红. 财权掌控与财政民主——英美议会财政权的政治学分析[M]. 上海：同济大学出版社，2014.
[95] 徐育苗. 中外政治制度比较[M]. 北京：中国社会科学出版社，2004.
[96] 阎树森. 日本公务员制度研究[M]. 北京：国家行政学院出版社，2001
[97] 阎照祥. 英国史[M]. 北京：人民出版社，2003.
[98] 阎照祥. 英国政治制度史[M]. 北京：人民出版社，2012.
[99] 杨柏华，明轩. 资本主义国家政治制度[M]. 北京：世界知识出版社，1984.
[100] 杨光斌. 比较政治学：理论与方法[M]. 北京：北京大学出版社，2016.
[101] 杨光斌. 政治学导论[M]. 北京：中国人民大学出版社，2000.
[102] 杨建顺. 日本国会[M]. 北京：华夏出版社，2002.
[103] 杨祖功，顾俊礼. 西方政治制度比较[M]. 北京：世界知识出版社，1992.
[104] 应克复. 西方民主史[M]. 北京：中国社会科学出版社，1997.
[105] 尤光付. 中外监督制度比较[M]. 2 版. 北京：商务印书馆，2013.
[106] 俞邃. 外国政党概要[M]. 南京：江苏人民出版社，2001.
[107] 詹娜. 转型时期(16—18 时期)的法国贵族[M]. 武汉：武汉大学出版社，2018.
[108] 张伯玉. 日本选举制度与政党政治[M]. 北京：中国经济出版社，2013.
[109] 张定河. 美国政治制度的起源与演变[M]. 北京：中国社会科学出版社，1998.
[110] 张金鉴. 欧洲各国政府[M]. 台北：三民书局，1976.
[111] 张金鉴. 美国政府[M]. 台北：三民书局，1975.
[112] 张君. 西方政党遴选的政治学：民主化进程中的政党与议员候选人遴选[M]. 北京：中国社会科学出版社，2019.
[113] 张立荣. 中外行政制度比较[M]. 2 版. 北京：商务印书馆，2013.
[114] 张千帆. 法国与德国宪政[M]. 北京：法律出版社，2011.
[115] 张千帆. 美国联邦宪法[M]. 北京：法律出版社，2011.

[116] 张小劲,景跃进. 比较政治学导论[M]. 北京：中国人民大学出版社,2008.
[117] 张鑫. 混合选举制度对政党体系之影响：基于德国和日本的比较[M]. 天津：天津人民出版社,2018.
[118] 周杰. 日本选举制度改革探究[M]. 北京：社会科学文献出版社,2012.
[119] 周民锋. 西方国家政治制度比较[M]. 上海：华东理工大学出版社,2008.
[120] 周敏凯. 比较公务员制度[M]. 上海：复旦大学出版社,2011.
[121] 周明圣. 走向共和[M]. 北京：中央编译出版社,2004.
[122] 周石丹. 近代日本政治体制下的议政政治[M]. 北京：中国社会科学出版社,2020.
[123] 周淑真. 政党和政党制度比较研究[M]. 北京：人民出版社,2013.
[124] 周颂伦,张东. 天皇制与近代日本政治[M]. 广州：世界图书出版广东有限公司,2016.
[125] 朱晓琦. 日本政治文化与选举制度——以政治家后援会为中心的研究[M]. 北京：社会科学文献出版社,2018.
[126] 卓越. 比较政府与政治[M]. 修订版. 北京：中国人民大学出版社,2010.
[127] 资中筠. 美国十讲[M]. 桂林：广西师范大学出版社,2014.

二、译著

[1] 阿・伊・杰维廖夫,尤・巴斯维里坚科,瓦・瓦・舍洛哈耶夫. 俄罗斯政党：历史与现实[M]. 崔志宏,万冬梅,译. 北京：社会科学文献出版社,2020.
[2] 阿兰・佩雷菲特. 官僚主义的弊害[M]. 孟鞠如. 北京：东方出版社,2014.
[3] 阿伦・利普哈特. 民主的模式：36个国家的政府形式和政府绩效[M]. 2版. 陈琦,译. 上海：上海人民出版社,2017.
[4] 阿伦・利普哈特. 选举制度与政党制度：1945—1990年27个国家的实证研究[M]. 谢岳,译. 上海：上海人民出版社,2016.
[5] 艾伦・韦尔. 政党与政党制度[M]. 谢峰译. 北京：北京大学出版社,2011
[6] 安德鲁・海伍德. 政治学的思维方式[M]. 张立鹏译. 北京：中国人民大学出版社,2015
[7] 本尼迪克特. 菊与刀[M]. 吕万和等,译. 北京：商务印书馆,2012.
[8] 本尼迪克特・安德森. 想象的共同体[M]. 吴叡人,译. 上海：上海人民出版社, 2019.
[9] 比尔・考克瑟,林顿・罗宾斯,罗伯特・里奇. 当代英国政治[M]. 4版. 孔新峰,蒋鲲译. 北京：北京大学出版社,2009
[10] 伯恩斯. 民治政府：美国政府与政治[M]. 23版.吴爱明,李亚梅,译. 北京：中国人民大学出版社,2007.
[11] 波尔斯比,威尔达夫斯基. 总统选举：美国政治的战略与构架[M]. 管梅,译. 北京：北京大学出版社,2007.
[12] 查尔斯・比尔德. 美国政府与政治(上、下)[M]. 朱曾汶,译. 北京：商务印书馆,1987.
[13] 戴维・杜鲁门. 政治过程——政治利益与公共舆论[M]. 陈尧,译. 天津：天津人民出版社,2005.
[14] 戴维・米勒等. 布莱克维尔政治学百科全书[M]. 邓正来等,译. 北京：中国政法大学出版社,2002
[15] 戴维・伊斯顿. 政治生活的系统分析[M]. 王浦劬等,译. 北京：华夏出版社,1999.
[16] 戴雪. 英宪精义[M]. 雷沛鸿,译. 北京：北京中国法制出版社,2001.
[17] 丹尼斯・卡瓦纳. 英国政治：延续与变革[M]. 4版. 刘凤霞,张正国译. 北京：世界知识出版社,2014.
[18] 弗朗西斯・福山. 政治秩序与政治衰败：从工业革命到民主全球化[M]. 毛俊杰,译. 桂林：广西师范大学出版社,2015.
[19] 盖伊・彼得斯. 政治科学中的制度理论：新制度主义[M]. 3版. 王向民,段红伟,译. 上海：上海人民出版社,2016.
[20] 盖伊・彼得斯. 比较政治学：理论与方法[M]. 郝诗楠,译. 上海：上海人民出版社,2021.
[21] 赫拉尔多・L・芒克,理查德・斯奈德. 激情、技艺与方法：比较政治访谈录[M]. 汪卫华,译. 北京：当代世界出版社,2021.

[22] 霍夫施塔特. 美国政治传统及其缔造者[M]. 崔永禄,王忠和,译. 北京：商务印书馆,2010.
[23] 吉斯卡尔·德斯坦. 法兰西民主[M]. 新文,诗云,译. 北京：商务印书馆,1987.
[24] 加布里埃尔·A·阿尔蒙德,小G·宾厄姆·鲍威尔. 比较政治学——体系、过程和政策[M]. 曹沛霖,译. 上海：上海译文出版社,1987.
[25] 加布里埃尔·A·阿尔蒙德,小G·宾厄姆·鲍威尔,拉塞尔·J·多尔顿,卡雷·斯特罗姆等. 当今比较政治学：世界视角[M]. 顾肃,译. 北京：中国人民大学出版社,2014.
[26] 加布里埃尔·A·阿尔蒙德,小G·宾厄姆·鲍威尔,拉塞尔·J·多尔顿,卡雷·斯特罗姆等. 政治版图[M]. 顾肃,吕建高,向青山,译. 北京：中国人民大学出版社,2016.
[27] 加布里埃尔·A·阿尔蒙德,西德尼·维巴. 公民文化——五个国家的政治态度和民主制度[M]. 张明澍,译. 北京：商务印书馆,2014.
[28] 库特·宗特海默尔. 联邦德国政府与政治[M]. 孙克武,译. 上海：复旦大学出版社,1985.
[29] 莱蒙德·谢德曼. 德国政治概况[M]. 张丛原等,译. 北京：学林出版社,1999.
[30] 劳伦斯·迈耶,约翰·伯内特,苏珊·奥格登. 比较政治学：第2版[M]. 罗飞. 北京：华夏出版社,2001.
[31] 利昂·D·爱泼斯坦. 西方民主国家的政党[M]. 何文辉,译. 北京：商务印书馆,2014.
[32] 卢梭. 社会契约论[M]. 李平沤,译. 北京：商务印书馆,1982.
[33] 罗伯特·达尔. 现代政治分析[M]. 吴勇,译. 北京：中国人民大学出版社,2012.
[34] 罗伯特·米歇尔斯. 寡头统治铁律——现代民主体制中的政党社会学[M]. 杨军,陈秋丰,译. 杭州：浙江人民出版社,2022.
[35] 罗伯特·E. 戈定,卡尔斯·波瓦克斯,苏珊·C. 斯托克斯. 牛津比较政治学手册(上、下)[M]. 唐士其等,译. 北京：人民出版社,2016.
[36] 罗德·黑格,马丁·哈罗普. 比较政府与政治导论：第5版[M]. 张小劲,译. 北京：中国人民大学出版社,2007.
[37] 罗杰·H·戴维森. 美国国会：代议政治与议员行为[M]. 刁大明等,译. 北京：社会科学文献出版社,2016.
[38] 洛克. 政府论：上、下篇[M]. 瞿菊农译. 北京：商务印书馆,1982.
[39] 马克·凯赛尔曼,乔尔·克里格. 转型中的欧洲政治[M]. 史志钦,译. 北京：人民出版社,2016.
[40] 马太·杜甘. 国家的比较：为什么比较,如何比较,拿什么比较[M]. 文强,译. 北京：社会科学文献出版社,2010.
[41] 迈克尔·罗斯金等. 政治科学：第6版[M]. 林震等,译. 北京：华夏出版社,2001.
[42] 梅里亚姆. 美国政治思想[M]. 朱曾汶,译. 北京：商务印书馆,1984.
[43] 孟德斯鸠. 论法的精神：上、下[M]. 许明龙,译. 北京：商务印书馆,1982.
[44] 密尔. 代议制政府[M]. 汪瑄,译. 北京：商务印书馆,1982.
[45] 奈杰尔·福尔曼,道德拉斯·鲍德温. 英国政治通论[M]. 苏淑民,译. 北京：中国社会科学出版社,2015.
[46] 佩里·安德森. 从古代到封建主义的过渡[M]. 郭方,刘健,译. 上海：上海人民出版社,2016.
[47] 乔恩·皮埃尔,盖伊·彼得斯. 治理、政治与国家[M]. 唐贤兴,马婷,译. 上海：格致出版社,2019.
[48] 让—伯努瓦·纳多,朱莉·巴洛. 六千万法国人不可能错[M]. 何开松,译. 北京：东方出版社,2005.
[49] 塞缪尔·亨廷顿. 变化社会中的政治秩序[M]. 王冠华,译. 上海：上海人民出版社,2008.
[50] 斯蒂芬·赫斯. 美国政治王朝：从亚当斯到克林顿[M]. 严春松,译. 上海：上海社会科学院出版社,2017.
[51] 施密特等. 美国政府与政治[M]. 梅然,译. 北京：北京大学出版社,2005.
[52] 斯托克. 转变中的地方治理[M]. 常晶,译. 长春：吉林出版集团股份有限公司,2015.
[53] 托克维尔. 论美国的民主(上、下)[M]. 董果良,译. 北京：商务印书馆,1991.
[54] 托马斯·戴伊. 谁掌管美国(卡特时代、里根时代)[M]. 梅士,译. 北京：世界知识出版社,1986.
[55] 托德·兰德曼、埃德齐娅·卡瓦略. 比较政治中的议题与方法[M]. 4版. 汪卫华,译. 上海：格致出版

社，2021.
[56] W·菲利普斯·夏夫利. 政治科学研究方法[M]. 新知，译. 上海：上海人民出版社，2011.
[57] 维尔. 美国政治[M]. 王合等，译. 北京：商务印书馆，1981.
[58] 威尔逊. 国会政体——美国政治研究[M]. 熊希龄，吕德本，译. 北京：商务印书馆，1986.
[59] 沃尔夫冈·鲁茨欧. 德国政府与政治[M]. 7 版. 熊炜，王健，译. 北京：北京大学出版社，2010.
[60] 沃尔特·E·弗克默尔. 美国政府[M]. 汪威，译. 上海：上海社会科学院出版社，2016.
[61] 西达·斯考切波. 国家与社会革命：对法国、俄国和中国的比较分析[M]. 何俊志，王学东，译. 上海：上海人民出版社，2015.
[62] 熊彼特. 社会主义、资本主义和民主主义[M]. 吴克峰等，译. 北京：商务印书馆，1999.
[63] 亚里士多德. 政治学[M]. 吴寿彭，译. 北京：商务印书馆，1965.
[64] 伊东俊太郎、梅棹忠夫、江上波夫主编. 比较文明研究的理论方法与个案[M]. 周颂伦，译. 上海：三联书店出版社，2017.
[65] 园部逸夫. 思考皇室制度[M]. 陶旭，译. 北京：社会科学文献出版社，2012.
[66] 詹姆斯·布赖斯. 现代民治政体(上、下)[M]. 张慰慈等，译. 长春：吉林人民出版社，2001.
[67] 詹姆斯·Q·威尔逊. 美国官僚体制——政府机构的行为及其动因[M]. 李国庆译. 北京：社会科学文献出版社，2019.
[68] 詹宁斯. 英国议会[M]. 蓬勃，译. 北京：商务印书馆，1959.
[69] 佐藤功. 比较政治制度[M]. 刘庆林，张光博，译. 北京：法律出版社，1984.

三、外文文献

1. MAKARYCHEV A, MOMMEN A. Russia's Changing Economic and Political Regimes: the Putin Years and Afterwards[M]. Routledge, 2013.
2. HUTCHESON D S. Political Parties in the Russian Regions[M]. Routledge Curzon, 2003.
3. Webster Third International Dictionary[M]. Massachusetts: G&C. Merriam Company, Publishers, 1971.
4. MACRIDIS R C. Modern political systems-Europe [M]. 7th Revised ed. Longman Inc, 1990.
5. Executive Branch of the German Government: German Cabinet, German 4[R/OL].
6. Federal Ministries, German Federal Agencies, Presidents of Germany[M]. Books LLC, Wiki Series, 2011.
7. BERTSCH G K. Comparing Political Systems: Power and Policy in Three Worlds [M]. N. Y. : Wiley, 1978.
8. KOLLMAN K. The American Political System[M]. 3rd ed. New York: W. W. Norton & Company. 2017.
9. BANMNO J. The Establishment of the Japanese Constitutional System[M]. Routledge, 1995.
10. AINSWORTH S H, HARWARD B M. Political Groups, Parties and Organizations that Shaped America: An Encyclopedia and Document Collection[M]. Santa Barbara, CA: ABC-CLIO, 2019.
11. REED S R. Japanese Electoral Politics: Creating a New Party System[M]. Routledge Curzon, 2003.
12. ROD HAGUE, MARTIN HARROP. Political Science: A Comparative Introduction [M]. Palgrave Macmillan, 2013
13. AHRAM A I, KOLLNER P, SIL R. Comparative Area Studies: Methodological Rationales and Cross-Regional Applications[M]. Oxford University Press, 2018.
14. CARAMANI D. Comparative Politics[M]. 4th ed. Oxford University Press, 2017.
15. DICKOVICK J. T, EASTWOOD J. Comparative Politics: Integrating Theories, Methods, and Cases[M]. 3th ed. Oxford University Press, 2018.
16. O'NEIL P H. Essentials of Comparative Politics[M]. 6th ed. W. W. Norton & Company, 2017.
17. FIORETOS O, FALLETI T G, SHEINGATE A. The Oxford Handbook of Historical Institutionalism

[M]. Oxford University Press, 2016.

18. BOIX C, STOKES S C. The Oxford Handbook of Comparative Politics [M]. Oxford University Press, 2009.
19. MAHONEY J, THELEN K. Advances in Comparative Historical Analysis[M]. Cambridge University Press, 2015.
20. LANGE M. Comparative-Historical Methods[M]. Sage, 2013.
21. CLARK W R, GOLDER M, GOLDER S N. Principles of Comparative Politics[M]. CQ Press, 2017.